GRUNDRISSE DES RECHTS

Ulrich Eisenhardt · Gesellschaftsrecht

D1641731

Gesellschaftsrecht

von

DR. IUR. ULRICH EISENHARDT

o. Professor der Rechte
an der Fernuniversität Hagen

2., überarbeitete Auflage

C. H. BECK'SCHE VERLAGSBUCHHANDLUNG
MÜNCHEN 1982

CIP-Kurztitelaufnahme der Deutschen Bibliothek
Eisenhardt, Ulrich:
Gesellschaftsrecht / von Ulrich Eisenhardt. –
2., überarb. Aufl. – München : Beck, 1982.
  (Grundrisse des Rechts)
  ISBN 3-406-08740-X

ISBN 3 406 08740 X
Druckerei Georg Appl, Wemding

Aus dem Vorwort zur 1. Auflage

Das Buch soll die Aufgabe erfüllen, den Studierenden den wesentlichen Stoff des Gesellschaftsrechts zu vermitteln. Dazu gehört auch, daß der Leser mit den aktuellen Problemen und neueren Entwicklungen des Gesellschaftsrechts, wie z.B. der Rechtsprechung zu den als Abschreibungsgesellschaften konzipierten Publikumskommanditgesellschaften, den Bemühungen um eine Reform des GmbH-Rechts und den Auseinandersetzungen um die Einführung der paritätischen Mitbestimmung, vertraut gemacht wird.

Da sich das Buch an Studierende wendet, die die Anfangssemester bereits absolviert haben, wäre es nicht zu verantworten, auf eine kritische Auseinandersetzung mit Lehrmeinungen in der Literatur und der höchstrichterlichen Rechtsprechung zu verzichten.

Das Gesellschaftsrecht kann als Teil des Unternehmensrechts nicht isoliert betrachtet werden. Deshalb sind zwei kurze Kapitel über die Umwandlung von Gesellschaften und verbundene Unternehmen angefügt, die die Einbettung des Gesellschaftsrechts in das Unternehmensrecht verdeutlichen sollen.

Vorwort zur 2. Auflage

Die umfangreiche Rechtsprechung, die intensive Beschäftigung der rechtswissenschaftlichen Literatur mit dem Gesellschaftsrecht und die Änderung des GmbH-Gesetzes haben eine durchgängige Überarbeitung und Ergänzung des Buches erforderlich gemacht. So sind z.B. über die wegen der Änderung des GmbH-Rechts notwendig gewordene Neufassung ganzer Kapitel hinaus Ausführungen über die Prospekthaftung und die Auswirkungen der Einführung der unternehmerischen Mitbestimmung neu eingefügt.

Die Grundkonzeption der 1. Auflage ist beibehalten worden.

Für Anregungen und für die Betreuung des Manuskriptes habe ich Frau E. Markert, Herrn Dr. Y. Strothmann, Frau U. Jaklitsch, Herrn G. Knipp und Frau D. Weyerbusch zu danken.

Hagen, im August 1982   Ulrich Eisenhardt

Inhaltsverzeichnis

Abkürzungsverzeichnis

a. A. . . . . anderer Ansicht
a. a. O. . . . . am angegebenen Ort
Abs. . . . . Absatz
AcP . . . . Archiv für die zivilistische Praxis
a. F. . . . . alte Fassung
AG . . . . Aktiengesellschaft
AktG . . . . Aktiengesetz
Anm. . . . . Anmerkung
ArbeitsgerichtsG . . . Arbeitsgerichtsgesetz
Barz . . . . Barz in: Großkommentar zum
Aktiengesetz, 3. Aufl., seit 1970
Baumbach-Hueck . . GmbH-Gesetz, 13. Aufl. 1970
BayObLG . . . . . . Bayerisches Oberstes Landesgericht
BB . . . . Der Betriebsberater
BetrVG . . . . Betriebsverfassungsgesetz
BFH . . . . Bundesfinanzhof
BGB . . . . Bürgerliches Gesetzbuch
BGH . . . . Bundesgerichtshof
BGHLM . . . . Nachschlagewerk des Bundesgerichtshofs,
hrsg. von Lindenmaier-Möhring
BGHZ . . . . Entscheidungen des Bundesgerichtshofs in
Zivilsachen
BVerfG . . . . Bundesverfassungsgericht
BVerfGE . . . . . . Entscheidungen des Bundesverfassungsge-
richts
BVerwG . . . . . . Bundesverwaltungsgericht
DB . . . . Der Betrieb
d. h. . . . . das heißt
Diss. . . . . Dissertation
DFB . . . . Deutscher Fußballbund

DNotZ . . . . Deutsche Notar-Zeitschrift

Eder, Rdnr. . . . . . . Eder, Berg, Tillmann, Gaul, Handbuch der GmbH, Stand März 1982

EinkStG . . . . Einkommensteuergesetz

Enneccerus-   Allgemeiner Teil des Bürgerlichen Rechts,
Nipperdey . . . . . . 15. Aufl., Band I. 1, 1959; Band I. 2, 1960

ErbStG . . . . Erbschaftsteuergesetz

FGG . . . . Gesetz über die Angelegenheiten der freiwilligen Gerichtsbarkeit

Fischer . . . . Fischer in: Großkommentar zum Handelsgesetzbuch, 3. Aufl., ab 1967

GenG . . . . Gesetz betreffend die Erwerbs- und Wirtschaftsgenossenschaften

von Gamm in   von Gamm in: Das Bürgerliche Gesetzbuch
RGRK . . . . mit besonderer Berücksichtigung der Rechtsprechung des Reichsgerichts und des Bundesgerichtshofes, 12. Aufl., ab 1974

GG . . . . Grundgesetz für die Bundesrepublik Deutschland

GmbH . . . . Gesellschaft mit beschränkter Haftung

GmbHG . . . . Gesetz betreffend die Gesellschaften mit beschränkter Haftung

GmbH-Rdsch. . . . . Rundschau für G.m.b.H., hrsg. v. Otto Schmidt

GWB . . . . Gesetz gegen Wettbewerbsbeschränkungen (Kartellgesetz)

Heymann-Kötter . . Handelsgesetzbuch mit Erläuterungen, 4. Aufl. 1971

HGB . . . . Handelsgesetzbuch

i. E. . . . . im Ergebnis

i. Vb. m. . . . . in Verbindung mit

JR . . . . Juristische Rundschau

JuS . . . . Juristische Schulung

JW . . . . Juristische Wochenschrift

JZ . . . . Juristenzeitung

KG . . . . Kommanditgesellschaft

KGaA . . . . Kommanditgesellschaft auf Aktien

Kraft, Kölner Kommentar	Kraft in: Kölner Kommentar zum Aktiengesetz
KStG 1977	Körperschaftsteuergesetz 1977
KündigungsschutzG .	Kündigungsschutzgesetz
LG	Landgericht
MDR	Monatsschrift für Deutsches Recht
MBG	Mitbestimmungsgesetz
MünchKomm-(Bearbeiter)	Münchener Kommentar zum Bürgerlichen Gesetzbuch, ab 1978
NJW	Neue Juristische Wochenschrift
OHG	Offene Handelsgesellschaft
OLG	Oberlandesgericht
OLGE	Entscheidungssammlung der Oberlandesgerichte (Band u. Seite)
OLGZ	Entscheidungen der Oberlandesgerichte in Zivilsachen (Jahrgang und Seite)
Palandt-(Bearbeiter) .	Bürgerliches Gesetzbuch, 41. Aufl. 1982
RAG	Reichsarbeitsgericht
Rdnr.	Randnummer
RG	Reichsgericht
RGZ	amtliche Entscheidungssammlung des RG in Zivilsachen
Schilling	Schilling in: Großkommentar zum HGB, 3. Aufl., ab 1967
Schilling in Hachenburg	Schilling in: Hachenburg, Großkommentar zum GmbHG, 7. Aufl., ab 1975
Schlegelberger-Geßler	Geßler (bzw. jeweiliger Bearbeiter) in: Schlegelberger, Kommentar zum HGB, 4. Aufl. (1960–1966) und 5. Aufl. (1973 ff.)
Soergel – Schultze-v. Lasaulx	Schultze – v. Lasaulx in: Soergel-Siebert, Kommentar zum BGH, 10. Aufl.
Steffen in RGRK . .	Steffen, in: Das Bürgerliche Gesetzbuch mit besonderer Berücksichtigung der Rechtsprechung des Reichsgerichts und des Bundesgerichtshofs, 12. Aufl., ab 1974
StGB	Strafgesetzbuch

Schrifttum (Auswahl)

1. Lehrbücher:

Flume, Werner: Allgemeiner Teil des Bürgerlichen Rechts, 1. Bd., 1. Teil, Die Personengesellschaft, 1977

Hueck, Alfred und Götz: Gesellschaftsrecht, 17. Aufl. 1975 (zit.: Hueck, Gesellschaftsrecht)

Hueck, Alfred: Das Recht der offenen Handelsgesellschaft, 4. Aufl. 1971 (zit.: Hueck, OHG)

Kraft, Alfons und Peter Kreutz: Gesellschaftsrecht, 4. Aufl. 1981 (zit.: Kraft/Kreutz)

Kübler, Friedrich: Gesellschaftsrecht, 1981 (zit.: Kübler)

Lehmann, Heinrich und Rolf Dietz: Gesellschaftsrecht, 3. Aufl. 1970 (zit.: Lehmann-Dietz)

Reinhardt, Rudolf und Dietrich Schultz: Gesellschaftsrecht, 2. Aufl. 1981 (zit.: Reinhardt/Schultz)

Rittner, Fritz: Wirtschaftsrecht mit Wettbewerbs- und Kartellrecht, 1979

Westermann, H.: Personengesellschaftsrecht, 4. Aufl. 1979 (zit.: Westermann)

Wiedemann, Herbert: Gesellschaftsrecht, Bd. I. Grundlagen, 1980 (zit.: Wiedemann, Bd. I)

Würdinger, Hans: Aktienrecht und das Recht der verbundenen Unternehmen, 4. Aufl. 1981 (zit.: Würdinger)

2. Grundrisse, Lernbücher, Fallsammlungen:

Fabricius, Fritz: Grundbegriffe des Handels-, Wirtschafts- und Unternehmensrechts, Einführung anhand von Fällen, 5. Aufl. 1978

Hopt, Klaus und Günther Heil: Gesellschaftsrecht, 1979

Hüffer, Uwe: Verein und Gesellschaft, 1977

Raisch, Peter: Unternehmensrecht I, Bd. 1: Handels- und Gesellschaftsrecht, 1973, Bd. 2: Aktien- und Konzernrecht, Mitbestimmung und Fusionskontrolle, 1974 (zit.: Raisch, Unternehmensrecht)

Roth, Günther: Handels- und Gesellschaftsrecht, 1980

Teichmann, Arndt: Fälle, Fragen und Texte zum Gesellschaftsrecht, 2. Aufl. 1977

Wiedemann, Herbert: Gesellschaftsrecht, Prüfe dein Wissen, 4. Aufl. 1976

Erstes Kapitel

Grundlagen und Grundbegriffe des Gesellschaftsrechts

§ 1. Das Gesellschaftsrecht und seine Bedeutung für die Rechts- und Wirtschaftsordnung der Bundesrepublik Deutschland

Schrifttum: Ballerstedt, Was ist Unternehmensrecht? In: Festschrift für K. Duden, 1977, S. 15 ff.; Ehmke, Wirtschaft und Verfassung, 1961; Kunze, Unternehmensverband und Unternehmensrecht. In: Festschrift für K. Duden, 1977, S. 201 ff.; Mestmäcker, Wirtschaftsordnung und Staatsverfassung. In: Festschrift für Böhm, 1975, S. 383 ff.; Nipperdey, Die soziale Marktwirtschaft in der Verfassung der Bundesrepublik, 1954; Raisch, Unternehmensrecht, Bd. 2, 1975, S. 69 ff.; T. Raiser, Das Unternehmen in der verfassungsrechtlichen Ordnung der Bundesrepublik nach dem Mitbestimmungsurteil des Bundesverfassungsgerichts, JZ 1979, 489 ff.; Scheuner, Wirtschaftliche und soziale Selbstverwaltung. In: Dokumentation zum öffentlichen Recht, Bd. 2, 1971, S. 146 ff.; Tettinger, Neuer Streit um die „Wirtschaftsverfassung"? BB 1977, 1617 ff.; Wiedemann, Rechtsethische Maßstäbe im Unternehmens- und Gesellschaftsrecht, ZGR 1980, 147 ff.

I. Der Begriff Gesellschaftsrecht

1   In der Bundesrepublik Deutschland wird ein großer Teil der wirtschaftlichen Aktivitäten von Personenvereinigungen unternommen, die als Gesellschaften bezeichnet werden. Das Wort Gesellschaft wird allgemein, aber auch in der Rechtssprache unterschiedlich verwandt. Hier wird Gesellschaft als Oberbegriff für alle unten aufgeführten privatrechtlichen Personenvereinigungen verstanden. Viele wichtige Industrieprodukte, wie z. B. Flugzeuge, Computer, Automobile und

Kraftwerke, können nur noch von Organisationen erzeugt werden, die Tausende von Mitarbeitern beschäftigen. Aber auch für weniger schwierige Aufgaben erweist sich die Bildung von privaten Organisationen als sinnvoll und notwendig, weil auf diese Weise persönliche und finanzielle Ressourcen vieler Personen für die Verfolgung gemeinsamer Zwecke dienstbar gemacht werden können, was ohne eine Organisation dieser Art nicht erreichbar wäre. Das wirtschaftliche Leben in der Bundesrepublik Deutschland wird deshalb entscheidend von privaten Organisationen, den Gesellschaften, geprägt. Mit den Regelungen über diese privaten Organisationen befaßt sich das Gesellschaftsrecht.

Das Gesellschaftsrecht ist ein wichtiges Teilgebiet des Privatrechts. Es enthält Regelungen über die

— zulässigen Organisationsformen von Gesellschaften,
— Gründung und Beendigung der Gesellschaften,
— zulässige innere Struktur, insbesondere über die Willensbildung und das Verhältnis der Gesellschafter untereinander, sowie
— privatrechtlichen Beziehungen der Gesellschaft zu außenstehenden Dritten, insbesondere die Haftung und die Vertretungsmacht der Gesellschafter.

Beispiele: Die Frage, wie eine Gesellschaft gegründet werden und welchen inneren Aufbau sie haben kann, ist im Gesellschaftsrecht geregelt. Ebenso bestimmt das Gesellschaftsrecht, wer für die Verbindlichkeiten einer Gesellschaft haftet und wer für die Gesellschaft rechtsverbindlich handeln kann.

Das Gesellschaftsrecht bildet einen Kernbereich des *Unternehmensrechts,* dem Teil der Privatrechtsordnung also, der durch einzelwirtschaftliche, sozialpolitische und gesamtwirtschaftliche Aspekte geprägt wird (Ballerstedt, S. 15, 28; Kunze, S. 201 f.).

II. Das Gesellschaftsrecht und seine Stellung zu anderen Rechtsgebieten

2   Das Gesellschaftsrecht ist nicht nur in einem Gesetz geregelt. Gesellschaftsrechtliche Vorschriften finden sich u. a. im BGB, im HGB

und in einer Reihe von Spezialgesetzen, wie z. B. dem Aktiengesetz, dem GmbH-Gesetz, dem Genossenschaftsgesetz, dem Mitbestimmungsgesetz und dem Umwandlungsgesetz.

Die allgemeinen Regeln des bürgerlichen Rechts, wie z. B. diejenigen über die Geschäftsfähigkeit, die Willenserklärungen und die Auslegung, gelten auch für das Gesellschaftsrecht.

Beispiel: Ob eine Auflösung einer offenen Handelsgesellschaft durch Kündigung möglich ist, richtet sich nach § 131 HGB i. Vb. m. dem Gesellschaftsvertrag, den die Gesellschafter der offenen Handelsgesellschaft abgeschlossen haben. Ob eine Erklärung, mit der ein Gesellschafter einer offenen Handelsgesellschaft die Gesellschaft im Wege der Kündigung auflösen möchte, zugegangen und damit wirksam geworden ist, richtet sich nach §§ 130 ff. BGB.

Enge Verbindungen bestehen heute insbesondere zwischen dem Gesellschaftsrecht und dem Steuerrecht. Steuerrechtliche Aspekte beeinflussen sehr häufig die Wahl der Gesellschaftsform.

Wichtige Vorschriften über die innere Organisation von Gesellschaften finden sich im Mitbestimmungsgesetz und im Betriebsverfassungsgesetz, einem Teil des Rechts, der dem Arbeitsrecht zugeordnet ist.

III. Gesellschaftsrecht und Wirtschaftsordnung

3   Das Gesellschaftsrecht ist ein wichtiger Bestandteil der Wirtschaftsordnung der Bundesrepublik Deutschland. Das deutsche Gesellschaftsrecht gewährt zusammen mit der Berufs- und Gewerbefreiheit jeder Person das Recht, sich mit anderen Personen zur Verfolgung wirtschaftlicher Ziele zu Organisationen zusammenzuschließen sowie andere Personen in abhängiger Arbeit zu beschäftigen. Dieses Recht ist ein entscheidendes Strukturmerkmal der Wirtschaftsordnung. Die Grundlage vieler Unternehmen bildet weniger das Eigentum an materiellen Produktionsmitteln, wie z. B. Fabrikanlagen, als vielmehr die vertragliche Organisation von Mitarbeitern. So sind bei vielen Dienstleistungsunternehmen die sachlichen Produktionsmittel zur Erstellung der Unternehmensleistung von untergeordneter Be-

deutung. Das ist z.B. bei Touristikunternehmen und Gebäudereinigungsunternehmen der Fall. Jedem steht zudem das Recht zu, an Produktionsmitteln Eigentum zu erwerben. In der Bundesrepublik Deutschland können also grundsätzlich alle Personen frei entscheiden, ob sie sich zusammenschließen wollen und mit welchen Mitteln sie das zu welchem Zweck und in welcher Rechtsform tun wollen.

Als systemgebundenes Recht ist das Gesellschaftsrecht zwischen unterschiedlichen Gesellschafts- und Wirtschaftsordnungen nicht frei austauschbar. Dort, wo – wie z.B. in den Staaten des sog. Ostblocks – das private Eigentum an den Produktionsmitteln im Sinne von Verfügungs- und Nutzungsfreiheit sowie die Vertragsfreiheit und darauf basierend die private Wirtschaftsinitiative nicht zu den Essentialien der Rechts- und Wirtschaftsordnung gehören, ist das Gesellschaftsrecht der Bundesrepublik Deutschland nicht denkbar.

Die Grundentscheidungen für die Rechts- und damit auch die Wirtschaftsordnung in der Bundesrepublik Deutschland sind in der Verfassung, dem Grundgesetz, niedergelegt. Das Grundgesetz ordnet das Staatswesen Bundesrepublik Deutschland als Republik, Demokratie, sozialen Rechtsstaat und Bundesstaat. Es enthält auch eine Reihe von Normen, die das Wirtschaftsleben entscheidend prägen. Als Beispiele seien die Garantie des Privateigentums (Art. 14 Abs. 1 GG), die Sozialbindung des Eigentums (Art. 14 Abs. 2 GG), die Vereinigungsfreiheit (Art. 9 GG) und die Berufsfreiheit (Art. 12 GG) genannt. In der Frage, ob und inwieweit das Grundgesetz wirtschaftspolitische Festlegungen getroffen hat, herrscht weitgehende Übereinstimmung. Das Grundgesetz läßt die Frage nach der Wirtschaftsordnung bewußt offen, um der freien Auseinandersetzung und Gestaltung Raum zu lassen (vgl. Hesse, Grundzüge des Verfassungsrechts der Bundesrepublik Deutschland, 12. Aufl. 1980, § 1 III 2a; BVerfGE 50, 290, 336 ff.; Raiser, JZ 1979, 489). Es ist dem Gesetzgeber überlassen, die ihm jeweils sachgemäß erscheinende Wirtschaftspolitik zu verfolgen, sofern er die konkreten Verfassungsrechtssätze beachtet, von denen einige oben genannt sind. Auch die heute praktizierte Marktwirtschaft ist als solche verfassungsrechtlich nicht verankert (vgl. Raiser, JZ 1979, 489). Einigkeit herrscht allerdings darüber, daß die Grundrechte eine totale Planwirtschaft nicht zulassen. Insgesamt gesehen genießt der

Gesetzgeber also einen beträchtlichen Spielraum, um eine aus verschiedenartigen Komponenten zusammengesetzte gemischte Wirtschaftsordnung zu realisieren (vgl. Raiser, JZ 1979, 489). Der vom Grundgesetz geschaffene Gestaltungsraum wird u. a. durch das Gesellschaftsrecht ausgefüllt, das damit ein wichtiges Strukturprinzip der Rechts- und Wirtschaftsordnung in der Bundesrepublik Deutschland darstellt.

Das Gesellschaftsrecht gehört zu denjenigen Rechtsgebieten, die von besonderem gesellschaftspolitischen Interesse sind. Dies sei durch zwei Beispiele belegt:

— Die Forderung nach Einführung der paritätischen Mitbestimmung in den Großunternehmen, die gesetzliche Regelung der unternehmerischen Mitbestimmung im Mitbestimmungsgesetz von 1976 und die gerichtlichen Auseinandersetzungen, die sich daran angeschlossen haben und die nur teilweise mit dem Mitbestimmungsurteil des Bundesverfassungsgerichts (BVerfGE 50, 290 ff.) beendet worden sind, haben wie kaum eine andere Frage die gesellschaftspolitische Diskussion in der Bundesrepublik Deutschland in den letzten Jahren beherrscht.

— Die große wirtschaftliche Macht der Großunternehmen berührt das Interesse der Allgemeinheit. Die Öffentlichkeit hat deshalb ein Interesse daran, Einblick in die wirtschaftlichen Verhältnisse der großen Aktiengesellschaften, aber auch in die in anderen Rechtsformen betriebenen Großunternehmen zu nehmen. Gesellschaftsrechtliche Vorschriften haben zu einer Verschärfung der Publizitätspflichten für Großunternehmen geführt.

§ 2. Organisationsformen im wirtschaftlichen Bereich

Schrifttum: Barth, Die Steuern als gestaltende Faktoren im deutschen Gesellschaftsrecht. In: Festschrift für K. Duden, 1977, S. 37 ff.; H. P. Westermann, Zur Ableitungsfähigkeit allgemeiner Lehren zum Gesellschaftsrecht, AcP 181 (1981), 423 ff.; Wiedemann, Rechtsethische Maßstäbe im Unternehmens- und Gesellschaftsrecht, ZGR 1980, 147 ff.

I. Arten von Gesellschaften

4   Unter einer Gesellschaft wird der auf einem Rechtsgeschäft beruhende Zusammenschluß von Personen zur Verfolgung eines gemeinsamen Zweckes verstanden.

Die wichtigsten Gesellschaften sind:

a) Die Gesellschaft bürgerlichen Rechts (BGB-Gesellschaft; §§ 705 ff. BGB),

b) die offene Handelsgesellschaft (OHG; §§ 105 ff. HGB),

c) die Kommanditgesellschaft (KG; §§ 161 ff. HGB),

d) die stille Gesellschaft (§§ 335 ff. HGB),

e) der eingetragene Verein (§§ 21 ff. und 55 ff. BGB),

f) der nichtrechtsfähige Verein (§ 54 BGB),

g) der wirtschaftliche Verein (§ 22 BGB),

h) die Aktiengesellschaft (AG; AktG),

i) die Kommanditgesellschaft auf Aktien (KGaA; §§ 278 ff. AktG),

j) die Gesellschaft mit beschränkter Haftung (GmbH; GmbHG),

k) die eingetragene Genossenschaft (eG; GenG),

l) die Reederei (§§ 489 ff. HGB),

m) der Versicherungsverein auf Gegenseitigkeit (Gesetz über die Beaufsichtigung der privaten Versicherungsunternehmen und Bausparkassen vom 6. Juni 1931),

n) die bergrechtliche Gewerkschaft (Landesrechtliche Berggesetze, vor allem §§ 94 ff. des Preußischen Allgemeinen Berggesetzes).

II. Personengesellschaften und Vereine

5   Alle oben genannten Vereinigungsarten lassen sich auf zwei Grundtypen zurückführen, die beide im BGB geregelt sind:
– die Gesellschaft bürgerlichen Rechts (§§ 705 ff. BGB)
– und den eingetragenen Verein (§§ 21 ff. und 55 ff. BGB).

Die auf dem Grundtyp der BGB-Gesellschaft beruhenden Gesellschaften sind *Personengesellschaften*. Der Zusammenschluß beruht auf dem persönlichen Vertrauen, das sich die einzelnen Gesellschafter

entgegenbringen. Deshalb ist der Fortbestand einer Personengesellschaft grundsätzlich von der unveränderten Zusammensetzung des
Personenkreises abhängig, der sich zu der Gesellschaft zusammengeschlossen hat. Das bedeutet u. a.:

- Im Zweifel endet die Gesellschaft mit dem Tode eines Gesellschafters (§ 727 BGB);
- grundsätzlich muß sich keiner der Gesellschafter gegen seinen
  Willen einen anderen Gesellschafter aufzwingen lassen.

Beispiel: Der Anteil an einer OHG, einer typischen Personengesellschaft, kann ohne die Zustimmung aller Gesellschafter nicht auf eine Person, die bisher nicht Gesellschafter war, übertragen werden. Dieser Grundsatz dient lediglich dem Schutz der Gesellschafter. Er kann deshalb durch
eine davon abweichende Regelung im Gesellschaftsvertrag abgeändert
werden.

Die Personengesellschaften sind: die BGB-Gesellschaft, die offene
Handelsgesellschaft, die Kommanditgesellschaft und die stille Gesellschaft.

Die gesetzlichen Regelungen über Personengesellschaften sind im
BGB und im HGB enthalten. Die Vorschriften über die BGB-Gesellschaft finden auch auf die OHG, die KG und die stille Gesellschaft
Anwendung, soweit das HGB im Verhältnis zum BGB nicht Sonderregelungen enthält (siehe § 105 Abs. 2 und § 161 Abs. 2 HGB).

Der rechtsfähige Verein ist vom Wechsel der Mitglieder unabhängig. Sein Zweck soll die Einzelpersönlichkeit der Mitglieder über-
dauern. Der Verein besteht deshalb auch weiter, wenn ein oder mehrere Mitglieder ausscheiden. Auch ein vollständiger Mitgliederwechsel ist grundsätzlich zulässig.

Zu den Vereinigungsarten, die auf den eingetragenen Verein zurückzuführen sind, gehören u. a. die Aktiengesellschaft und die Gesellschaft mit beschränkter Haftung, obwohl beide als Gesellschaften
bezeichnet werden.

Da das Gesellschaftsrecht in verschiedenen Gesetzen geregelt ist,
sind in den letzten Jahren zunehmend Überlegungen darüber ange-
stellt worden, ob sich die ungeschriebenen oder auch nur teilweise in
den Organisationsgesetzen zum Ausdruck gekommenen Grundre-
geln in einem „Allgemeinen Teil des Gesellschaftsrechts" zusammen-

fassen lassen. Einem solchen Allgemeinen Teil könnten sich Sätze entnehmen lassen, die bei der Rechtsanwendung jedenfalls dort hilfreich sein können, wo schlichte Gesetzesauslegung nicht ausreicht. Einen solchen groß angelegten Versuch hat Wiedemann in seinem Lehrbuch des Gesellschaftsrechts unternommen und sich dabei u. a. mit den Gesellschaften in der Verfassungs- und Wirtschaftsordnung, den Strukturprinzipien und den Wertungsmaximen des Gesellschaftsrechts auseinandergesetzt. Wiedemann arbeitet auch rechtsethische Prinzipien im Gesellschaftsrecht heraus, indem er u. a. nach moralischen Kategorien und deren inhaltlicher Überprüfung im Unternehmensinnenrecht unter Berücksichtigung der verschiedenen Interessenträger, also der Kapitaleigner, der Gläubiger und der Arbeitnehmer sucht (vgl. Wiedemann, ZGR 1980, 147, 150 ff.). Mit Recht ist darauf hingewiesen worden, daß bei dem Versuch, allgemeine Regeln für das Gesellschaftsrecht insgesamt herauszuarbeiten, die typischen Interessen bewertet werden müssen, die, unabhängig von der Rechtsform, in vergleichbarer Weise auftreten können. Dabei ist stets die Realgestalt der Vereinigungen im Vergleich zum gesetzlich zur Verfügung gestellten Instrumentarium zu erfassen (so H. P. Westermann, AcP 181 (1981), 423, 425). Darstellungen und Diskussionen der Grundlagen des Gesellschaftsrechts zeigen heute, daß es gewisse gemeinsame Grundprinzipien gibt, die sich z. B. auf die Auslegung von Gesellschaftsverträgen bzw. Satzungen, den Grundsatz der Gleichbehandlung aller Gesellschafter und die Problematik der Inhaltskontrolle von Gesellschaftsverträgen und Satzungen erstrecken mögen. Stets ist aber zu berücksichtigen, daß alle Personenvereinigungen sich letztlich auf die beiden Grundtypen „Gesellschaft bürgerlichen Rechts" und „eingetragener Verein" zurückführen lassen. Da sich aus den beiden Grundtypen in mancherlei Hinsicht recht unterschiedliche Strukturprinzipien ergeben, dürfte es sehr schwierig sein, allgemeine Regeln für alle Arten von Personenvereinigungen aufzustellen.

III. Der Begriff Kapitalgesellschaft

6   Häufig wird, wenn die verschiedenen Vereinigungsarten eingeteilt werden, auch der Begriff Kapitalgesellschaft verwandt. Man kann die verschiedenen Organisationsformen, soweit es sich um sogenannte Erwerbsgesellschaften (diese dienen Erwerbszwecken) handelt, in Personengesellschaften einerseits und Kapitalgesellschaften andererseits einteilen. Personengesellschaften, die Erwerbszwecken dienen, können sein: die Gesellschaft bürgerlichen Rechts, die offene Handelsgesellschaft, die Kommanditgesellschaft und die stille Gesellschaft. Kapitalgesellschaften sind: die Aktiengesellschaft, die Kommanditgesellschaft auf Aktien und die Gesellschaft mit beschränkter Haftung. Letztere sind juristische Personen und damit rechtsfähig. Sie werden auch *Kapitalgesellschaften* genannt, weil bei ihnen in der Regel die Höhe der eingezahlten Kapitalbeträge die Grundlage für die Entscheidungsbefugnisse und die Gewinnverteilung in der Gesellschaft bildet.

IV. Die steuerliche Behandlung der nichtrechtsfähigen Personengesellschaften und der rechtsfähigen Körperschaften

7   Das Steuerrecht ist nicht neutral gegenüber den einzelnen Gesellschaftsformen.

Juristische Personen, wie z.B. die Aktiengesellschaft und die Gesellschaft mit beschränkter Haftung, unterliegen der *Körperschaftsteuer*. Für einbehaltene Gewinne beträgt die Körperschaftsteuer 56%, für ausgeschüttete Gewinne 36%. In Höhe der 36% wird die Körperschaftsteuer jedoch den Anteilseignern voll auf ihre Einkommensteuer angerechnet. Hat der Anteilseigner keine Einkommensteuer zu zahlen, wird ihm die Körperschaftsteuer voll vergütet. Die Gewinne der Personengesellschaften unterliegen nur der Einkommensteuer mit dem jeweiligen individuellen Steuersatz des Gesellschafters.

Bei der *Vermögensteuer* werden juristische Personen, also z.B. die

Aktiengesellschaft und die GmbH, erheblich benachteiligt. Ihr Vermögen wird zweimal besteuert (Doppelbesteuerung), nämlich einmal mit 0,7% bei der Körperschaft und zum zweitenmal mit 0,5% beim Anteilseigner.

Auch durch andere *Bewertungsverfahren* bei der Erbschaftsteuer und der Vermögensteuer sowie durch hohe Besteuerung bei einer Liquidation werden juristische Personen steuerlich gegenüber Personengesellschaften stärker belastet. Deshalb ist immer noch die Personengesellschaft die von ihrer steuerlichen Belastung her nächstliegende Unternehmensform in der Bundesrepublik Deutschland (vgl. Barth, S. 46). Nach wie vor ist die GmbH & Co KG die wichtigste Ausweichmöglichkeit gegenüber den höher besteuerten Kapitalgesellschaften (vgl. Barth, S. 65), wenn auch in der Regel nicht nur steuerliche Gesichtspunkte für die Wahl der Unternehmensform ausschlaggebend sind.

§ 3. Gesellschaftsvertrag und Privatautonomie

Schrifttum: Teichmann, Gestaltungsfreiheit in Gesellschaftsverträgen, 1970; H.-P. Westermann, Vertragsfreiheit und Typengesetzlichkeit im Recht der Personengesellschaften, 1970; Wiedemann, Die Auslegung von Satzungen und Gesellschaftsverträgen, DNotZ Sonderheft 1977, S. 99 ff.; Wüst, Gestaltungsfreiheit und Typenkatalog im Gesellschaftsrecht. In: Festschrift für K. Duden, 1977, S. 749 ff.

8   Jede Gesellschaft beruht auf einem Vertrag, in dem sich mehrere Personen verpflichtet haben, einen gemeinsamen Zweck zu erreichen. Der Abschluß eines solchen Vertrages ist die Voraussetzung für das Entstehen einer Gesellschaft. Der Vertrag regelt zu einem wesentlichen Teil das Verhältnis der Gesellschafter zueinander. Er wird *Gesellschaftsvertrag* genannt.

Partner eines Gesellschaftsvertrages können sowohl natürliche als auch juristische Personen sein.

Beispiel: Drei deutsche Aktiengesellschaften schließen sich zu einer BGB-Gesellschaft zusammen, deren Zweck es ist, in einem Entwicklungsland eine Düngemittelfabrik zu errichten. Partner des Gesellschaftsvertrages und damit Gesellschafter der BGB-Gesellschaft sind die drei Aktiengesellschaften (juristische Personen).

Der Grundsatz der *Privatautonomie* gilt auch für das Gesellschafts-recht. Jede Person ist grundsätzlich frei in der Entscheidung darüber, ob und mit wem sie gegebenenfalls einen Gesellschaftsvertrag abschlie-ßen will. Jeder, der mit anderen eine Gesellschaft gründen möchte, ist grundsätzlich auch frei in der Auswahl der Gesellschaftsform. Die Auswahl ist allerdings auf die in den Gesetzen geregelten Gesell-schaftsformen beschränkt.

Beispiel: A, B und C wollen eine Gesellschaft gründen, die den An- und Weiterverkauf von Erdölprodukten betreibt. Sie wollen die persönli-che Haftung so weit wie möglich beschränken, aber auch die Zahlung der Körperschaftsteuer vermeiden. Sie gründen deshalb durch Abschluß eines Vertrages eine sog. Handelsgesellschaft auf Einlagen als eine Personenge-sellschaft, bei der keiner der Gesellschafter unbeschränkt haften soll. Die von A, B und C gewählte Gesellschaftsform ist im Gesetz nicht geregelt. Es handelt sich vielmehr um eine vom Gesetzgeber bisher nicht übernomme-ne Neuschöpfung. Da es sich um eine vom Gesetzgeber nicht zugelassene Gesellschaftsform handelt, können A, B und C wirksam eine Handelsge-sellschaft auf Einlagen nicht gründen.

Im Gesellschaftsrecht gibt es also nur eine beschränkte Anzahl zu-gelassener Gesellschaftsformen, unter denen diejenigen, die eine Ge-sellschaft gründen wollen, auswählen können (numerus clausus).

Eine andere Frage ist, wie weit bei den vom Gesetzgeber zur Wahl gestellten Gesellschaftsformen Raum zur rechtsgeschäftlichen Ausge-staltung bleibt. Es geht also um das Problem, inwieweit durch den Abschluß des Gesellschaftsvertrages bei den einzelnen Gesellschafts-formen die diese Gesellschaftsformen betreffenden gesetzlichen Re-gelungen ersetzt, abgeändert oder ergänzt werden können.

Beispiel: Bei einer Kommanditgesellschaft, der sehr viele Kommanditi-sten angehören, kann es zweckmäßig sein, daß die Kommanditisten einen Verwaltungs- oder Aufsichtsrat wählen, der ihre im Gesetz geregelten Kontrollrechte wahrnimmt. Ein solches Gremium sieht das Gesetz nicht vor. Wenn ein Verwaltungs- oder Aufsichtsrat in einem Gesellschaftsver-trag verankert werden soll, ist die Frage zu entscheiden, ob eine solche Re-gelung überhaupt zulässig ist.

9 Bei der Frage, welchen Raum die Gesellschafter zur Ausgestaltung beim Abschluß des Gesellschaftsvertrages überhaupt haben, ist zu unterscheiden zwischen den Personengesellschaften einerseits und Gesellschaften, die juristische Personen sind, andererseits. Bei der BGB-Gesellschaft, der OHG und der KG sind nur die gesetzlichen Vorschriften, die das Verhältnis der Gesellschaft mit den Gläubigern, Schuldnern und anderen Außenstehenden regeln (Außenverhältnis), im wesentlichen zwingendes Recht. Das bedeutet: diejenigen gesetzlichen Regelungen, die das Außenverhältnis betreffen, können grundsätzlich durch entsprechende Vereinbarungen im Gesellschaftsvertrag nicht wirksam abgeändert werden. Der Grund für diese Regelung ist darin zu sehen, daß diejenigen, die mit der Gesellschaft in Kontakt kommen, sich auf sichere Haftungs- und Vertretungsregeln verlassen können müssen, damit sie das Risiko abschätzen können, das sie auf sich nehmen, wenn sie mit der Gesellschaft in Kontakt treten. Die Rechtssicherheit gebietet es, daß gesetzliche Vorschriften, die außenstehende Dritte berühren, nicht zur Disposition der Gesellschafter gestellt werden, weil sonst die Rechte Außenstehender erheblich gefährdet wären.

Beispiel: A, B und C gründen eine Kommanditgesellschaft. Die Hauptgeldgeber A und B sollen Kommanditisten, C soll persönlich haftender Gesellschafter sein. Im Gesellschaftsvertrag wird vereinbart, daß der persönlich haftende Gesellschafter nur insoweit vertretungsbefugt sein soll, als er Rechtsgeschäfte abschließt, deren Gegenstandswert DM 1 000,– nicht übersteigt. Nach der gesetzlichen Regelung hat der persönlich haftende Gesellschafter einer Kommanditgesellschaft unbeschränkte Vertretungsmacht. Der Umfang der Vertretungsmacht betrifft das Verhältnis der Gesellschaft zu Dritten (das Außenverhältnis). Die Vereinbarung über die Beschränkung der Vertretungsmacht ist deshalb unwirksam (BGHZ 51, 198, 200 f.). Eine Regelung über Umfang und Art der Vertretungsmacht entzieht sich der Dispositionsfreiheit der Gesellschafter.

Was die Gestaltung der inneren Struktur der Gesellschaft anbetrifft, d.h. des Verhältnisses der Gesellschafter untereinander, so besteht in größerem Umfange Gestaltungsfreiheit, da nicht die Rechte außenstehender Dritter gefährdet sind. Es ist grundsätzlich möglich, die gesetzlichen Regelungen durch Vereinbarungen zu ergänzen oder von den gesetzlichen Regelungen abzuweichen.

Beispiel: Das Gesetz sieht für die Kommanditgesellschaft keinen Aufsichtsrat oder Beirat vor. Dennoch bestehen keine Bedenken, im Rahmen der Gestaltungsfreiheit der Kommanditgesellschaft durch die Schaffung eines solchen Gremiums eine von der üblichen Gestaltung abweichende Struktur zu geben.

Auch bei den Gesellschaften, die juristische Personen sind, besteht im Hinblick auf ihre Beziehungen zu Dritten (Außenverhältnis) keine Gestaltungsfreiheit. Im Vergleich zur BGB-Gesellschaft, zur OHG und zur KG ist jedoch auch die Gestaltungsfreiheit bei der inneren Struktur dieser Gesellschaften (Innenverhältnis) erheblich eingeschränkt.

Beispiel: Die gesetzlichen Bestimmungen über die Satzung einer Aktiengesellschaft sind zwingend, soweit das Gesetz nicht ausdrücklich eine Ausnahme zuläßt (§ 23 Abs. 5 AktG).

Gestützt auf die Privatautonomie können im Hinblick auf die innere Struktur der verschiedenen Vereinigungen innerhalb der zugelassenen Gesellschaftsformen auch Strukturen verschiedener Vereinigungsarten miteinander vermischt werden (sog. Grundtypenvermischung). Eine solche Formenvermischung kann schon dadurch erreicht werden, daß eine Aktiengesellschaft oder GmbH Gesellschafter einer Personenhandelsgesellschaft wird, wie das etwa bei der GmbH & Co KG der Fall ist (die GmbH ist dabei persönlich haftender Gesellschafter der Kommanditgesellschaft).

Rdnr. 9

Zweites Kapitel

Die BGB-Gesellschaft und der eingetragene Verein als die zwei Grundtypen von Vereinigungen

§ 4. Die BGB-Gesellschaft (Gesellschaft bürgerlichen Rechts)

Schrifttum: Ballerstedt, Der gemeinsame Zweck als Grundbegriff des Rechts der Personengesellschaften, JuS 1963, 253 ff.; Beuthien, Die Haftung von Personengesellschaftern, DB 1975, 725 ff. u. 773 ff.; Fabricius, Relativität der Rechtsfähigkeit, 1963; derselbe, Zur Haftung der BGB-Gesellschaft für unerlaubte Handlungen aus der Geschäftsführung von Gesellschaftern. In: Gedächtnisschrift für Rudolf Schmidt, 1966, S. 171 ff.; Fischer, Die Gesellschaft bürgerlichen Rechts. Recht, Steuer, Betriebswirtschaft, 1977; Flume, Gesellschaft und Gesamthand, ZHR 136 (1972), 177 ff.; derselbe, Schuld und Haftung bei der Gesellschaft des bürgerlichen Rechts. In: Festschrift für Westermann, 1974, S. 119 ff.; Larenz, Lehrbuch des Schuldrechts, Bd. 2, 12. Aufl. 1981, § 60; Kornblum, Die Haftung der Gesellschafter für Verbindlichkeiten von Personengesellschaften, 1972; Nicknig, Die Haftung der Mitglieder einer BGB-Gesellschaft für Gesellschaftsschulden, 1972; Schünemann, Grundprobleme der Gesamthandsgesellschaft, 1975.

I. Begriff und Bedeutung der Gesellschaft bürgerlichen Rechts

1. Der Begriff

10   Die Gesellschaft bürgerlichen Rechts ist ein auf einem Gesellschaftsvertrag beruhender Zusammenschluß mehrerer Personen mit dem Ziel, durch gemeinsame Leistungen auf der Grundlage des persönlichen Zusammenwirkens der Mitglieder einen gemeinsamen Zweck zu erreichen (§ 705 BGB). Der Zusammenschluß der Gesellschafter muß nicht auf eine gewisse Dauer ausgerichtet sein (BGH WM 1977, 840, 841).

Beispiel: Der Gesellschaftszweck kann auch die gemeinsame Durchführung einer lediglich fünftägigen Ausstellung sein.

Mitglieder der Gesellschaft bürgerlichen Rechts können natürliche und juristische Personen sein.

Beispiel: Hartmann, Gumbel und die Zenia-Industrieabfallverwertungs-GmbH gründen eine Gesellschaft bürgerlichen Rechts, deren Gegenstand (gemeinsamer Zweck) die Verwaltung der im Eigentum der Gesellschaft stehenden Grundstücke ist. Hartmann und Gumbel sind natürliche Personen. Die GmbH ist als juristische Person Gesellschafter der BGB-Gesellschaft mit den gleichen Rechten und Pflichten wie die Gesellschafter Hartmann und Gumbel.

Allerdings kann eine Gesellschaft bürgerlichen Rechts nicht Gesellschafter einer anderen Personengesellschaft sein (BGHZ 46, 291, 296).

2. Die Rechtsquellen

11 Die BGB-Gesellschaft hat eine ausführliche Regelung in den §§ 705 ff. BGB erfahren. Da sie die Grundform für alle Personengesellschaften darstellt, finden die Vorschriften der §§ 705 ff. BGB auch auf die übrigen Personengesellschaften, die OHG und die KG, Anwendung, soweit das HGB für diese Gesellschaftsformen keine Spezialregelungen enthält.

3. Die Bedeutung

12 Die BGB-Gesellschaft erfreut sich in der Praxis einer großen Beliebtheit, weil sie für eine Vielzahl von denkbaren Zwecken geeignet ist. Dies rührt daher, daß die Vorschriften über die BGB-Gesellschaft kaum zwingende, die private Gestaltungsfreiheit einengende Regelungen enthalten. Die BGB-Gesellschaft ist, was ihre Ausgestaltungsmöglichkeiten anbetrifft, im Vergleich zu den anderen Gesellschaftsformen besonders elastisch und anpassungsfähig.

Eine besondere Bedeutung kommt der BGB-Gesellschaft als der

Gesellschaftsform zu, in der sich die Angehörigen der freien Berufe zusammenschließen können. Gesellschaftsrechtliche Schranken einerseits und standesrechtliche Einschränkungen andererseits machen es den Angehörigen der freien Berufe oft unmöglich, sich in einer anderen Gesellschaftsform als der der BGB-Gesellschaft zusammenzuschließen.

Beispiele: Eine echte Sozietät von Rechtsanwälten, d.h. eine Sozietät, bei der die Einkünfte der Gesellschaft zufließen und die Gewinne oder Verluste verteilt werden sollen, ist eine Gesellschaft bürgerlichen Rechts (vgl. BGH BB 1960, 681; vgl. auch U.Fischer, WM 1981, 638, 642).
Die Gemeinschaftspraxis von Ärzten (Arztsozietät) ist häufig eine Gesellschaft bürgerlichen Rechts. Der gemeinsame Zweck im Sinne des § 705 BGB, zu dessen Erreichung sich die Ärzte zusammenschließen, ist die gemeinsame Ausübung des Berufs (so Palandt-Thomas, § 705, Anm.9 b aa).

13   Eine BGB-Gesellschaft kann auch zur gemeinsamen Durchführung einzelner Geschäftsvorhaben gegründet werden. Sie wird dann als *Konsortium* bezeichnet. Ein Konsortium ist eine Gelegenheitsgesellschaft, zu der sich mehrere Personen zur Durchführung eines Geschäftes oder einer Reihe von Geschäften zusammenschließen. Es ist zwar auf eine wirtschaftliche Betätigung gerichtet, kann aber weder eine OHG noch eine KG sein, weil es nicht den dauernden Betrieb eines Handelsgewerbes zum Gegenstand hat (vgl. H.Westermann, Rdnr.I 40).

Beispiel: Mehrere Banken schließen sich zusammen, um einen Großkredit zur Finanzierung eines Vorhabens aufzubringen. Hier handelt es sich im Zweifel um ein sog. Finanzierungs- und Kreditkonsortium in Gestalt einer BGB-Gesellschaft.
Häufig werden auch Emissionskonsortien gebildet: Mehrere Banken schließen sich zusammen, um die Aktien einer neu gegründeten Aktiengesellschaft zu übernehmen und auf dem Markt unterzubringen. Ein Emissionskonsortium als eine nur vorübergehende Verbindung von Banken zur Erledigung einer konkreten Aufgabe liegt auch dann vor, wenn mehrere Banken „junge Aktien" bei einer Kapitalerhöhung übernehmen, um für diese Erwerber zu finden.
Gründen in der Bundesrepublik Deutschland mehrere Unternehmen eine „Arbeitsgemeinschaft", um in einem Land der Dritten Welt ein Stahlwerk zu errichten, so handelt es sich im Zweifel um ein Konsortium in Gestalt einer BGB-Gesellschaft als einer vorübergehenden Verbindung zur Erledigung einer konkreten Einzelaufgabe.

14 Häufig schließen Personen sich in Form von BGB-Gesellschaften zusammen, um bestimmte unternehmerische Teilfunktionen gemeinsam auszuüben. Solche BGB-Gesellschaften werden oft als *Interessengemeinschaften* bezeichnet.

Beispiele: Drei Chemieunternehmen schließen sich zusammen, um gemeinsam Forschungsanlagen zu errichten und zu nutzen. Dies kann in der Form einer BGB-Gesellschaft geschehen, die als Interessengemeinschaft bezeichnet wird.
Mehrere Unternehmen, die Einzelteile für die Kraftfahrzeugindustrie herstellen, schließen sich zusammen, um in der Zukunft gemeinsam für ihre Produkte auf dem europäischen Markt zu werben. Auch dies kann in der Form einer BGB-Gesellschaft geschehen.

BGB-Gesellschaften, die die gemeinsame Ausübung bestimmter unternehmerischer Teilfunktionen zum Gegenstand haben, können auch auf die Poolung von etwaigen Gewinnen gerichtet sein. BGB-Gesellschaften dieser Art sind häufig Vorstufen zu Konzernen.

15 Auch *Kartelle,* also privatrechtliche Zusammenschlüsse von selbständigen Unternehmen, deren gemeinsamer Zweck es ist, die Marktverhältnisse durch Beschränkung des Wettbewerbs zu beeinflussen, können in Form einer BGB-Gesellschaft begründet werden.

Beispiel: Die Unternehmen A, B und C, die gleichartige und gleichwertige Waren herstellen und veräußern, vereinbaren, in Norddeutschland für ihre Produkte die gleichen Preise zu fordern. Hier wollen sich die Unternehmen A, B und C in einer Gesellschaft bürgerlichen Rechts zu einem Kartell zusammenschließen.

Zu beachten ist allerdings, daß mit dem *Gesetz gegen Wettbewerbsbeschränkungen* erreicht werden soll, daß der Wettbewerb auf den Märkten erhalten bleibt und deshalb Beeinträchtigungen des Wettbewerbs verhindert werden (§ 1 GWB).

In dem oben geschilderten Beispiel ist der beabsichtigte Zusammenschluß von A, B und C geeignet, die Marktverhältnisse durch Beschränkung des Wettbewerbs zu beeinflussen. Er ist deshalb gemäß § 1 GWB verboten.

16 Die BGB-Gesellschaft ist eine der möglichen Formen, um einen *Konzern* zu bilden, allerdings wohl kaum die überwiegend genutzte. Wird bei der Konzernbildung die BGB-Gesellschaft gewählt, so werden die sich verbindenden Unternehmen Gesellschafter der BGB-Gesellschaft.

Schließen Personen einen Vertrag ab, in dem sie sich zur Gründung einer Gesellschaft verpflichten (sog. Gründungsvorvertrag), so kann damit eine BGB-Gesellschaft entstehen (vgl. H. Westermann, Rdnr. I 45).

Beispiel: X, Y und Z vereinbaren, eine Bauträgergesellschaft in Form einer Kommanditgesellschaft zu gründen und in der nächsten Zeit alle Anstrengungen zu unternehmen, um dieses Ziel zu erreichen. Es handelt sich bei dieser Vereinbarung um den Abschluß eines Vertrages, der zum Entstehen einer Gesellschaft bürgerlichen Rechts führt. Der gemeinsame Zweck im Sinne des § 705 BGB, der erreicht werden soll, ist die Gründung einer Kommanditgesellschaft als Bauträgergesellschaft.

II. Der gemeinsame Zweck

17

Fall 1: Schmidt, Walter und Koffner schließen sich zusammen, um Düngemittel an- und weiterzuverkaufen. Schon im ersten Jahr erzielen sie einen Umsatz von über DM 1 Million. Sie sind der Meinung, eine BGB-Gesellschaft gegründet zu haben. Mit Recht?

Als gemeinsamer Zweck, zu dessen Erreichung die Gesellschafter sich durch den Gesellschaftsvertrag zusammenschließen, kommt jeder erlaubte Zweck in Betracht. Dieser Zweck kann
— ein erwerbswirtschaftlicher oder
— ein ideeller sein.
Eine Reihe von Gesellschaftszwecken erwerbswirtschaftlicher Art sind oben unter Rdnr. 12 ff. bereits aufgezählt worden.
Bei der Gründung von Gesellschaften bürgerlichen Rechts zu erwerbswirtschaftlichen Zwecken hat der Gesetzgeber allerdings Grenzen gezogen. Ist der angestrebte gemeinsame Zweck der Betrieb eines vollkaufmännischen Handelsgewerbes, so kann die Gesellschaftsform, in der dieser Zweck erreicht werden soll, nicht eine BGB-Gesellschaft sein. Eine Personengesellschaft kann ein vollkaufmännisches Handelsgewerbe nur in den vom Gesetz dafür vorgesehenen Formen der OHG oder KG betreiben.

Im oben geschilderten Fall betreiben Schmidt, Walter und Koffner ein Umsatzgeschäft im Sinne des § 1 Abs. 2 Ziff. 1 HGB, also ein Handelsgewerbe. Bei einem Umsatz von über DM 1 Million ist davon auszugehen,

daß das Geschäft einen in kaufmännischer Weise eingerichteten Gewerbe-
betrieb erfordert. Da hier ein vollkaufmännisches Handelsgewerbe betrieben wird, kann es sich nicht um eine BGB-Gesellschaft handeln, sondern,
da eine Haftungsbeschränkung einzelner Personen nicht vereinbart worden
ist, um eine OHG. Betreibt eine Personengesellschaft ein Grundhandelsgewerbe, ohne daß eine Haftungsbeschränkung für einzelne Gesellschafter
vorgesehen ist, wird sie unabhängig vom Willen der Gesellschafter zur
OHG.

Minderkaufleute können sich nur in der Form einer BGB-Gesellschaft zusammenschließen.

Häufig werden BGB-Gesellschaften gegründet, um kulturelle oder
gesellschaftliche Zwecke zu verfolgen. Es handelt sich dann um *ideelle
Zwecke*.

Beispiele: 20 für das Theaterspiel interessierte Personen schließen sich
mit dem Ziel zusammen, regelmäßig Theaterstücke zu proben und in jedem Halbjahr mindestens eine Aufführung zu veranstalten. Der Erlös soll
caritativen Zwecken dienen. Es handelt sich hierbei um eine BGB-Gesellschaft.
Drei wohlhabende Bürger beschließen, einen begabten jungen Pianisten
regelmäßig finanziell zu unterstützen, um ihm den „Durchbruch" im Kon-
zertbetrieb zu ermöglichen. Auch hier handelt es sich um eine BGB-Gesellschaft.

18   ## III. Der Gesellschaftsvertrag

Eine BGB-Gesellschaft entsteht durch einen Gesellschaftsvertrag,
in dem sich die Gesellschafter verpflichten, einen gemeinsamen
Zweck zu erreichen. Die Gesellschafter fördern die Erreichung des
gemeinsamen Zwecks insbesondere durch die Zahlung der vereinbarten Beiträge.

Die Verpflichtung der Gesellschafter, zur Erreichung des gemeinsamen Zwecks zusammenwirken zu wollen, und eine Beschreibung
der Art und Weise, wie das geschehen soll, bilden deshalb den Mindestinhalt des Gesellschaftsvertrages. Mit Wirkung für das Innenverhältnis können die Gesellschafter vereinbaren, daß die Gesellschaft zu
einem Zeitpunkt, der vor Abschluß des Vertrages liegt, bereits als entstanden gilt (BGH WM 1976, 972, 974).

Rdnr. 18

Will man die *Rechtsnatur des Gesellschaftsvertrages* bestimmen, so ist zu berücksichtigen, daß die Vertragschließenden

— sich einerseits zur Erbringung bestimmter Leistungen verpflichten, also eine *Gläubiger- und Schuldnerstellung* schaffen,

— andererseits aber auch eine *Gemeinschaft errichten* wollen, deren Mitglieder sie werden möchten.

Daraus folgt: Der Gesellschaftsvertrag, durch den die BGB-Gesellschaft begründet wird, ist sowohl ein *Schuldvertrag* als auch ein *organisationsrechtlicher Vertrag,* der auf die Gründung einer Personenvereinigung abzielt (so zutreffend Larenz, § 60 I e; Lehmann-Dietz, S. 88; MünchKomm-Ulmer, § 705 Rdnr. 104 ff.). Der Gesellschaftsvertrag ist demnach ein schuldrechtlicher Vertrag, der einerseits die wechselseitigen Rechte und Pflichten der Gesellschafter – wie z. B. die Beitragspflicht – regelt, andererseits aber auch Bestimmungen über die Organisation der Gesellschaft enthält. Soweit der Gesellschaftsvertrag ein schuldrechtlicher Vertrag ist, finden auf ihn nicht nur die allgemeinen Normen des BGB über Rechtsgeschäfte (1. Buch des BGB, Allgemeiner Teil), sondern auch die Vorschriften des allgemeinen Schuldrechts (2. Buch des BGB) grundsätzlich Anwendung. Bei dem Problem, ob die §§ 320 ff. BGB auf den Gesellschaftsvertrag angewendet werden können, entzündet sich immer noch ein Streit über die Frage, ob der Gesellschaftsvertrag ein gegenseitiger Vertrag ist. Reichsgericht (u. a. RGZ 78, 303, 305; 163, 385, 388) und Bundesgerichtshof (u. a. NJW 1951, 308; WM 1959, 53, 54) sind teilweise von der Gegenseitigkeit des Gesellschaftsvertrages ausgegangen. Der BGH hat dabei allerdings betont, daß der Gesellschaftsvertrag sich vom reinen Austauschvertrag wesensmäßig unterscheidet.

In der Literatur werden gegensätzliche Positionen vertreten. Fischer (§ 105 HGB Anm. 47 a) verneint den Charakter des Gesellschaftsvertrages als Austauschvertrag und bezeichnet den Gesellschaftsvertrag als einen Vertrag, der auf die „Herstellung einer Gemeinschaft gerichtet ist" und „die Vertragsparteien – namentlich bei der OHG – zu einer engen persönlichen Bindung, zu einer Personen- und Arbeitsgemeinschaft" führt (im Ergebnis ebenso MünchKomm-Ulmer, § 705 Rdnr. 117). Westermann (Rdnr. I 85 ff.) unterscheidet zwischen dem Verhältnis des einzelnen Gesellschafters zur Gesellschaft einerseits und dem Verhältnis der Gesellschafter untereinander andererseits. Bei der typischen Erwerbsgesellschaft stehen sich nach

Westermann die Beitragspflicht des Gesellschafters und die Pflicht der Gesellschaft, diesen am Gewinn zu beteiligen, im Verhältnis von Leistung und Gegenleistung – wohl als Austauschverhältnis mit Hauptpflichten gedacht – gegenüber.

Mit Recht wird verneint, daß der Gesellschaftsvertrag ein Austauschvertrag ist, weil die Gesellschafter, die sich zusammenschließen, dies in erster Linie tun, um durch ihr Zusammenwirken einen gemeinsamen Zweck zu erreichen, nicht aber, um Leistungen auszutauschen (vgl. Hueck, Gesellschaftsrecht, § 6 II 3). Wenn aber die Verpflichtung zur Förderung des gemeinsamen Zweckes im Vordergrund steht, so ist damit im Grundsatz unvereinbar, daß ein Gesellschafter gemäß §§ 320 ff. BGB die eigene Einlageleistung von dem Erbringen der anderen Beiträge abhängig macht. Da die Verpflichtung auf den gemeinsamen Zweck im Mittelpunkt der Gesellschaft steht, sind auch die – eine synallagmatische Verknüpfung der Leistungspflichten voraussetzenden – Vorschriften über die Leistungsstörungen (§§ 323–326 BGB) grundsätzlich nicht anwendbar (vgl. MünchKomm-Ulmer, § 705 Rdnr. 118 ff.).

19 Daher ist die Anwendung insbesondere der §§ 325, 326 BGB auf Gesellschaftsverträge grundsätzlich ausgeschlossen. Es kommen in der Regel nur noch Kündigung (§ 723 BGB) oder Auflösung der Gesellschaft statt des Rücktritts vom Vertrage mit Wirkung für die Zukunft als Möglichkeiten der Beendigung der Gesellschaft in Betracht, die den Besonderheiten einer Personengesellschaft entsprechen (vgl. MünchKomm-Ulmer, § 705 Rdnr. 118 ff.; Lehmann-Dietz, S. 53).

Anderer Ansicht ist Westermann (Rdnr. I 87 ff.), der sowohl bei der zweigliedrigen Gesellschaft als auch im Verhältnis der Gesellschafter zur Gesellschaft §§ 325 und 326 BGB anwenden will, an die Stelle des Rücktrittsrechts allerdings lediglich ein Kündigungsrecht setzt.

Grundsätzlich ist der Abschluß des Gesellschaftsvertrages, mit dem die BGB-Gesellschaft begründet wird, formfrei. Der Vertrag bedarf nur dann einer Form, wenn er ein formbedürftiges Leistungsversprechen enthält.

Beispiel: Ein Gesellschafter verpflichtet sich im Gesellschaftsvertrag, ein Grundstück einzubringen, das zum Gesellschaftsvermögen gehören soll. Da der Gesellschaftsvertrag eine Einheit bildet, bedarf er insgesamt gemäß § 313 BGB der notariellen Beurkundung.

IV. Die Rechtsbeziehungen der Gesellschafter untereinander (Das Innenverhältnis)

20   1. Allgemeines

Die Rechte und Pflichten der Gesellschafter ergeben sich aus dem Gesellschaftsvertrag und den gesetzlichen Vorschriften der §§ 705 ff. BGB.

Die meisten Vorschriften der §§ 705 ff. BGB sind dispositiver Natur. Sie können also von den Gesellschaftern, die den Vertrag abschließen, durch entsprechende Vereinbarungen im Gesellschaftsvertrag abgeändert bzw. ergänzt werden. Die gesellschaftsvertragliche Vereinbarung geht im Zweifel der gesetzlichen Regelung vor. Soweit der Gesellschaftsvertrag keine Regelung enthält, gelten die gesetzlichen Bestimmungen.

Nur in seltenen Fällen ist es sinnvoll, die gesetzliche Regelung für das Innenverhältnis, die Rechtsverhältnisse der Gesellschafter untereinander, unverändert gelten zu lassen. Je nach den für die beteiligten Personen vorgesehenen Funktionen, dem Gesellschaftszweck und der Höhe der Beteiligung ist in der Regel eine vom Gesetz abweichende, zweckentsprechendere Vereinbarung im Gesellschaftsvertrag notwendig.

Beispiel: Gemäß § 709 BGB steht die Geschäftsführung allen Gesellschaftern in der Weise gemeinschaftlich zu, daß die Zustimmung aller Gesellschafter zu den einzelnen Maßnahmen erforderlich ist. In der Regel dürfte es zweckmäßig sein, das gesetzlich vorgesehene schwerfällige Einstimmigkeitsprinzip durch eine entsprechende Regelung im Gesellschaftsvertrag zu ersetzen, indem die Geschäftsführung nur einem Gesellschafter oder einer begrenzten Zahl von Gesellschaftern eingeräumt wird.

In der Praxis spielt die *Auslegung von Gesellschaftsverträgen* eine nicht unerhebliche Rolle. Bei der Interpretation von Verträgen ist der Parteiwille nicht nur Auslegungsmittel, sondern das Auslegungsziel (vgl. Wiedemann, Bd. I, § 3 II 2a). Die Auslegung von Gesellschaftsverträgen richtet sich grundsätzlich nach den allgemeinen Regeln der §§ 133, 157 u. 242 BGB. Das gilt auch für solche Klauseln, die nicht

nur für die Gesellschafter selbst, sondern auch für außenstehende
Dritte von Bedeutung sein können, wie z.B. für eine gesellschaftsvertragliche Bestimmung, nach der die Gesellschafterrechte nur an Fami-
lienangehörige abgetreten werden können (BGH WM 1978, 514 f.;
dazu U.Fischer, Die Rechtsprechung des Bundesgerichtshofes zur
Gesellschaft bürgerlichen Rechts und zur stillen Gesellschaft, WM
1981, 638). Auch die allgemeinen Grundsätze über die ergänzende
Vertragsauslegung finden auf Gesellschaftsverträge Anwendung. Dabei geht die ergänzende Vertragsauslegung dem dispositiven Recht
vor, weil der Gesellschaftsvertrag der autonomen Gestaltung der
Rechtsbeziehungen der Mitglieder dient (Wiedemann, Bd. I, § 3 II
2 b; i.E. ebenso BGH WM 1979, 327, 328). Falls die Gesellschafter
bei Abschluß des Gesellschaftsvertrages einen regelungsbedürftigen
Punkt nicht bedacht und deshalb auch keine entsprechende ausdrückliche Vereinbarung in den Vertrag aufgenommen haben, so ist auf der
Grundlage des Vertrages zu ermitteln, wie die Gesellschafter den offen gebliebenen Punkt nach Treu und Glauben geregelt hätten, wenn
sie an ihn gedacht hätten (MünchKomm-Ulmer, § 705 Rdnr. 124).

Wenn auch grundsätzlich die allgemeinen Regeln über die Auslegung (§§ 133, 157, 242 BGB) auf den Gesellschaftsvertrag anwendbar
sind, so ergeben sich doch einige Besonderheiten. Diese gründen sich
einerseits auf die meist lange Vertragsdauer und das Eigenleben, das
die Gesellschaft im Laufe der Zeit entfaltet, andererseits auf die im
Vergleich mit anderen Rechtsgeschäften stärkere und deshalb auch für
die Auslegung zu beachtende Bedeutung des Vertragszwecks und der
Treuepflicht. Letztere kann zu einer Auslegung führen, die bei einem
mehrdeutigen Wortlaut des Gesellschaftsvertrages den sachlich berechtigten Belangen der verschiedenen Gesellschafter am besten
Rechnung trägt (MünchKomm-Ulmer, § 705 Rdnr. 123).

21   **2. Die Beitragspflicht**

Die Gesellschafter sind regelmäßig zur Leistung von Beiträgen
verpflichtet (§§ 705 ff. BGB). *Beiträge* der Gesellschafter sind alle Leistungen, zu denen diese sich durch den Gesellschaftsvertrag zur För-

derung des Gesellschaftszweckes verpflichten. Beiträge können z.B. sein: Geldzahlungen, die Übereignung von beweglichen Sachen und Grundstücken, die Einbringung von Wertpapieren, das Überlassen von Patenten, die Gestattung des Gebrauchs von Sachen zur gemeinsamen Nutzung sowie Dienstleistungen.

Beispiel: Zwei Chemieunternehmen, die Pharma-Süd AG und die Lenne Arzneimittelfabrik GmbH, schließen sich zu einer „Interessengemeinschaft" – einer BGB-Gesellschaft – zusammen, um Arzneimittelforschung zu betreiben. Im Gesellschaftsvertrag wird vereinbart, daß die Gesellschafter u. a. folgende Beiträge zu erbringen haben: Die Pharma-Süd AG verpflichtet sich zur Gestattung des Gebrauchs ihrer umfangreichen Forschungsanlage zur gemeinschaftlichen Nutzung; die Lenne Arzneimittelfabrik GmbH hat der Gesellschaft 20 im Vertrage genau benannte Patente zu überlassen.

Die Beiträge müssen der Höhe nach im Gesellschaftsvertrag nicht festgelegt sein. Ihre Bestimmung kann einem Mehrheitsbeschluß der Gesellschafter vorbehalten bleiben, wenn der Gesellschaftsvertrag eine Obergrenze für die Beiträge festgesetzt hat und für die Erhöhung der Beiträge einen Mehrheitsbeschluß vorsieht (BGH WM 1976, 1053, 1055).

Nach der gesetzlichen Regelung (§ 707 BGB) besteht *grundsätzlich keine Nachschußpflicht,* d. h. die Gesellschafter sind nicht verpflichtet, die im Gesellschaftsvertrag vereinbarten Beiträge nachträglich zu erhöhen oder eine durch Verlust verminderte Einlage nachträglich zu ergänzen. Nach Abschluß des Gesellschaftsvertrages kann die Beitragspflicht nur durch eine entsprechende Änderung des Gesellschaftsvertrages erhöht werden. Dazu ist im Regelfall die Zustimmung aller betroffenen Gesellschafter erforderlich. Diese Regelung bietet den Vorteil, daß jeder Gesellschafter bei Beginn der Gesellschaft überschauen kann, welchen Umfang seine Beitragspflicht erreicht. Anders ist es z.B. bei den Vereinen, bei denen die Beiträge in der Regel durch Mehrheitsbeschluß der Mitglieder in der Mitgliederversammlung erhöht werden können.

§ 707 BGB kann jedoch durch den Gesellschaftsvertrag ausdrücklich oder den Umständen nach ausgeschlossen sein.

Rdnr. 21

22   3. Die Geschäftsführung

Wenn der Gesellschaftsvertrag keine andere Regelung vorsieht, sind die Gesellschafter zur Führung der Geschäfte der Gesellschaft nicht nur berechtigt, sondern verpflichtet (§§ 709 ff. BGB).

23   4. Treuepflichten

Dadurch, daß sich die Gesellschafter zur Erreichung eines gemeinschaftlichen Zweckes in einem Vertrag zusammengeschlossen haben, ist zwischen ihnen eine Bindung geschaffen, aus der eine Treuepflicht der Gesellschafter untereinander und im Verhältnis der Gesellschafter zur Gesellschaft entsteht. Diese Treuepflicht besteht im wesentlichen darin, daß die Gesellschafter gehalten sind, die Interessen der Gesellschaft wahrzunehmen, insbesondere alles zu unterlassen, was den Interessen der Gesellschaft zuwiderlaufen würde.

Zu derartigen Handlungs- und Unterlassungspflichten kann u.a. gehören: die Geschäftsführungstätigkeit mit der Ausübung des Widerspruchsrechts (§ 711 BGB) und der Beschlußfassung über Geschäftsführungsangelegenheiten, soweit es sich dabei um die Förderung des vertraglich vereinbarten gemeinsamen Zweckes handelt (MünchKomm-Ulmer, § 705 Rdnr. 158).

Falls ein Gesellschafter die für ihn aus dem Gesellschaftsvertrage erwachsenden Pflichten verletzt, haftet er für den daraus entstehenden Schaden nach den allgemeinen Regeln des Vertragsrechts.

Grundlage der gesellschaftsrechtlichen Treuepflicht ist der Gesellschaftsvertrag, der in seiner entsprechenden Fassung zu einer gewissen Intensivierung genereller vertraglicher Pflichten führen kann. Inwieweit dies der Fall ist, muß nach dem jeweiligen Vertragszweck bestimmt werden (vgl. Kübler, § 6 II 2 c).

Bei der Erfüllung der ihnen aus dem Gesellschaftsverhältnis insgesamt erwachsenden Verpflichtungen haben die Gesellschafter nach der gesetzlichen Regelung (§ 708 BGB) nur für diejenige Sorgfalt einzustehen, die sie in eigenen Angelegenheiten anzuwenden pflegen (diligentia quam in suis). Das bedeutet allerdings im Höchstfall den Ausschluß der Haftung für leichte, niemals aber für grobe Fahrlässigkeit (§ 277 BGB).

Beispiel: Der BGH hatte die Frage zu entscheiden, ob die Haftungsbeschränkung des § 708 BGB auch bei Körperverletzungen eines Fluggastes im Luftverkehr gilt. Er hat die Anwendung des § 708 BGB jedenfalls für den besonders gelagerten Fall bejaht, daß es sich nicht um einen Unfall im allgemeinen Luftverkehr handelt, „sondern um den Unfall eines Gesellschafters in der Gesellschaftsmaschine in Ausübung des Gesellschaftszwecks, nämlich der gemeinsamen Sportfliegerei, die in gewissem Umfang ohnehin gefahrenträchtig ist. In einem derartigen Fall könnte dem Gesichtspunkt, daß die Gesellschafter sich so nehmen müssen, wie sie sind, die Berechtigung nicht ohne weiteres abgesprochen werden" (so BGH MDR 71, 918; vgl. auch RGZ 143, 212, 215).

24   5. Der Grundsatz der gleichmäßigen Behandlung der Gesellschafter

Anerkannt ist ein verbandsrechtlicher Gleichbehandlungsgrundsatz, der besagt, daß jedes Mitglied unter gleichen Voraussetzungen ebenso zu behandeln ist wie die übrigen Mitglieder. Anders ausgedrückt bedeutet dies ein Verbot unsachlicher Differenzierung zwischen den Gesellschaftern (so Wiedemann, Bd. I., § 8 II 2) bzw. ein Verbot sachlich nicht gerechtfertigter, willkürlicher Ungleichbehandlung der Gesellschafter (so MünchKomm-Ulmer, § 705 Rdnr. 172).

Wie sich der Gleichbehandlungsgrundsatz auf die Mitglieder auswirkt, richtet sich nach der Struktur der Vereinigung. Für die BGB-Gesellschaft hat das Gesetz in §§ 706, 709 Abs. 2, 722, 734f. BGB zu erkennen gegeben, daß es von einer gewissen Gleichberechtigung der Gesellschafter ausgeht. Dabei handelt es sich jedoch überwiegend um Auslegungsregeln, die in der Regel dispositiver Natur sind (vgl. MünchKomm-Ulmer, § 705 Rdnr. 173. Zur beschränkten Reichweite des Gleichbehandlungsgebots siehe insbesondere Wiedemann, Bd. I, § 8 II 2 b mit Nachweisen).

25   6. Die Verteilung von Gewinn und Verlust

Nach der gesetzlichen Regelung haben die Gesellschafter ohne
Rücksicht auf die Höhe des von ihnen zu erbringenden Beitrages
gleichen Anteil am Gewinn und Verlust (§ 722 BGB). Es ist den Gesellschaftern jedoch unbenommen, im Gesellschaftsvertrag eine Ge-
winn- und Verlustbeteiligung nach Kapitaleinlagen oder anderen Gesichtspunkten zu vereinbaren.

**26   7. Die Übertragbarkeit von Gesellschafterrechten auf
Dritte**

Da der Zusammenschluß der Gesellschafter zu einer Gesellschaft
in der Regel auf dem persönlichen Vertrauen beruht, das sich die Gesellschafter entgegenbringen, sind die Rechte der Gesellschafter im
Zweifel nicht auf Dritte übertragbar, damit Dritte nicht ohne Einverständnis der übrigen Gesellschafter in das Gesellschaftsverhältnis mit-
einbezogen werden können (§ 717 BGB).

**27   8. Das Geltendmachen von Forderungen,
die der Gesellschaft gegen einzelne Gesellschafter zustehen**

Erfüllt ein Gesellschafter die ihm aus dem Gesellschaftsverhältnis
erwachsenden Verpflichtungen nicht, kann die Gesamtheit der Gesellschafter den Anspruch auf Erfüllung gegen diesen Gesellschafter
geltend machen (Sozialanspruch). Aus der Personenbezogenheit der
gesellschaftlichen Rechte und Pflichten folgt allerdings, daß auch ein
einzelner Gesellschafter das Recht haben kann, Forderungen der Gesellschaft im eigenen Namen geltend zu machen. Mit Rücksicht darauf, daß es sich stets um Ansprüche handelt, die allen Gesellschaftern
materiellrechtlich zustehen, kann die Leistung allerdings nur an die
Gesellschaft verlangt werden. Das bedeutet: Jeder Gesellschafter –
das gilt für alle Personengesellschaften – hat ohne Rücksicht darauf,

ob er geschäftsführungsbefugt ist oder nicht, die Befugnis zur Gesellschafterklage (actio pro socio; so die heute herrschende Meinung: vgl.
u.a.: Hueck, OHG, § 18 II. 3.; Westermann, Rdnr. I 245 f.; BGHZ 25,
47, 49 f.). Diese Befugnis des einzelnen Gesellschafters ergibt sich aus
dem Gesellschaftsvertrag, durch den jeder Gesellschafter jedem anderen Gesellschafter gegenüber verpflichtet wird (vgl. Westermann,
Rdnr. I 246).

Beispiel: A, B und C haben sich zu einer Gesellschaft bürgerlichen
Rechts zusammengeschlossen. C ist trotz Fälligkeit und mehrfacher Mah-
nung seiner Beitragspflicht, die in der Einzahlung von DM 10 000,– besteht, nicht nachgekommen. A ist befugt, von B Zahlung von DM 10 000,–
an die Gesellschaft zu verlangen und diese Forderung notfalls im Wege der
Gesellschafterklage geltend zu machen (actio pro socio).

V. Geschäftsführung und Vertretung

28   1. Begriffe

Die Gesellschaft als solche kann nicht handeln. Deshalb müssen
Gesellschafter für sie tätig werden. Bei der Tätigkeit für die Gesellschaft unterscheidet das Gesetz zwischen Geschäftsführung und Vertretung.

Unter *Geschäftsführung* ist die auf die Verfolgung des Gesellschaftszweckes gerichtete Tätigkeit der Gesellschafter zu verstehen.
Die Geschäftsführung kann bestehen in
– rein tatsächlichen Handlungen und
– rechtsgeschäftlichen Handlungen.

Beispiele für tatsächliche Handlungen, die Geschäftsführungstätigkeiten
darstellen: Die Leitung eines Unternehmens, das in der Form einer Handelsgesellschaft betrieben wird; das Aufstellen von Bilanzen; die Kontrolle
der Arbeitnehmer im Betrieb.
Beispiele für rechtsgeschäftliches Handeln, das Geschäftsführungstätigkeit darstellt: Der Abschluß von Arbeitsverträgen mit Personal; der Abschluß von Kaufverträgen betreffend den Einkauf und Verkauf von Waren
im Namen der Gesellschaft.

Die zuletzt geschilderten Handlungen stellen allerdings nicht nur

Geschäftsführungstätigkeiten dar. Es handelt sich gleichzeitig um Vertretungsmaßnahmen. Unter *Vertretungsmaßnahmen* versteht man die rechtsgeschäftlichen Erklärungen, die die Gesellschafter im Namen der Gesellschaft abgeben und entgegennehmen. Die Rechtsfolgen der Erklärungen treffen die Gesellschaft, für die gehandelt wird.

Zur Geschäftsführung gehören solche Maßnahmen nicht, die die Beziehungen der Gesellschafter zueinander und damit die Grundlagen der Gesellschaft selbst berühren (so RGZ 162, 370, 374). Änderungen des Gesellschaftsvertrages und die Auflösung der Gesellschaft sind deshalb keine Akte der Geschäftsführung.

Wenn das Gesetz auch in §§ 709 ff. BGB und §§ 714 ff. BGB zwischen Geschäftsführung und Vertretung unterscheidet, so bedeutet das nicht, daß Handlungen, die die Gesellschafter vornehmen, entweder eine Geschäftsführungsmaßnahme oder eine Vertretungshandlung sind. Häufig ist – wie oben bereits dargestellt – ein und dieselbe Handlung sowohl eine Geschäftsführungsmaßnahme als auch eine Vertretungshandlung.

Beispiel: Stellt eine BGB-Gesellschaft eine Sekretärin ein, so ist der Abschluß des Arbeitsvertrages sowohl ein Akt der Geschäftsführung als auch eine Vertretungshandlung, die die Gesellschaft rechtsgeschäftlich bindet.

Man kann den Unterschied zwischen Geschäftsführung einerseits und Vertretung andererseits wie folgt charakterisieren:
– *Geschäftsführung* ist die Betätigung der Gesellschafter für die Gesellschaft vom Innenverhältnis – dem Verhältnis der Gesellschafter zueinander – her gesehen.
– Demgegenüber ist die *Vertretung* der Gesellschaft die nach außen gerichtete Tätigkeit für die Gesellschaft, soweit sie rechtsgeschäftlicher Natur ist.

29   **2. Die Geschäftsführung**

Nach der gesetzlichen Regelung (§ 709 Abs. 1 BGB) steht die Geschäftsführung den Gesellschaftern in der Weise gemeinschaftlich zu, daß zu jeder Geschäftsführungsmaßnahme die Zustimmung aller Gesellschafter erforderlich ist (Grundsatz der Gesamtgeschäftsführung).

Beispiel: Die Entscheidung darüber, ob für eine aus 20 Gesellschaftern bestehende Gesellschaft bürgerlichen Rechts ein PKW angeschafft werden soll oder nicht, darf nicht ein einzelner oder ein Teil der Gesellschafter allein treffen. Falls der Gesellschaftsvertrag im Hinblick auf die Geschäftsführung keine andere Regelung vorsieht, müssen nach § 709 Abs. 1 BGB alle 20 Gesellschafter ihre Zustimmung geben.

Die vom Gesetz als Regelfall vorgesehene Lösung bietet zwar dem einzelnen Gesellschafter einen weitgehenden Schutz, erweist sich aber bei größeren Gesellschafterzahlen als schwerfällig und unpraktikabel. Das Gesetz räumt in §§ 709 Abs. 2, 710 und 711 BGB die Möglichkeit ein, durch den Gesellschaftsvertrag andere Geschäftsführungsregelungen zu treffen:

a) Alle Gesellschafter nehmen an der Geschäftsführung teil. Sind nicht alle Gesellschafter bereit, zu einer vorgesehenen Maßnahme der Geschäftsführung ihre Zustimmung zu erteilen, entscheidet die Stimmenmehrheit, die – je nach gesellschaftsvertraglicher Regelung – nach Köpfen (jeder Gesellschafter hat eine Stimme) oder nach Kapitalanteilen zu berechnen ist.

b) Alle Gesellschafter sollen geschäftsführungsbefugt sein, aber jeder Gesellschafter ist berechtigt, allein zu handeln; allerdings kann auch jeder andere Gesellschafter der Geschäftsführungsmaßnahme mit der Wirkung widersprechen, daß das Geschäft unterbleiben muß (§ 711 BGB).

c) Die Führung der Geschäfte kann einem oder mehreren Gesellschaftern in der Weise übertragen werden, daß die übrigen von der Geschäftsführung ausgeschlossen sind (§ 710 BGB) und ihnen auch kein Widerspruchsrecht gemäß § 711 BGB zusteht (so RGZ 102, 410, 412).

Verletzt ein Gesellschafter schuldhaft seine Geschäftsführungspflicht, so ist er der Gesellschaft aus positiver Forderungsverletzung schadensersatzpflichtig. Der Haftungsmaßstab wird durch § 708 BGB bestimmt.

30   **3. Die Vertretung**

Die Vertretungsmacht als die Befugnis, im Namen der Gesellschaft mit Wirkung für und gegen alle Gesellschafter rechtsgeschäftliche Erklärungen (Willenserklärungen) abzugeben und entgegenzunehmen, richtet sich gemäß § 714 BGB im Zweifel nach der über die Geschäftsführungsbefugnis getroffenen Vereinbarung im Gesellschaftsvertrag. Wenn eine von der gesetzlichen Regelung abweichende Vereinbarung nicht vorliegt, decken sich Geschäftsführungsbefugnis und Vertretungsmacht. Das bedeutet z. B.: Haben nach dem Gesellschaftsvertrag mehrere Gesellschafter Einzel- oder Gesamtgeschäftsführungsbefugnis gemäß § 710 BGB, so ist im Zweifel anzunehmen, daß sie dementsprechend Einzel- oder Gesamtvertretungsmacht haben.

Die Gesellschafter haben die Möglichkeit, durch den Gesellschaftsvertrag die Vertretungsmacht unabhängig von der Geschäftsführungsbefugnis zu regeln.

Haben die Gesellschafter vertraglich Einzelgeschäftsführung mit Einzelvertretungsmacht vereinbart, so läßt ein Widerspruch, den ein Gesellschafter gemäß § 711 BGB gegen Geschäftsführungsmaßnahmen einlegt, die zugleich eine Vertretungshandlung darstellen, die Vertretungsmacht unberührt (so BGHZ 16, 394, 398). Mit Recht weist Hueck (Gesellschaftsrecht, § 8 II. 1.) darauf hin, daß der Widerspruch nach außen, d. h. im Verhältnis zu Dritten, im Interesse der Verkehrssicherheit jedenfalls dann keine Wirkung entfalten kann, wenn er Dritten nicht bekannt war.

Werden die vertretungsberechtigten Gesellschafter im Namen der Gesellschaft rechtsgeschäftlich Dritten gegenüber tätig, werden daraus alle Gesellschafter berechtigt und verpflichtet. Im Zweifel haften alle Gesellschafter aus den von den Vertretern getätigten Rechtsgeschäften als Gesamtschuldner (§ 427 BGB).

VI. Das Gesellschaftsvermögen und die Haftung für die Verbindlichkeiten der Gesellschaft

31   ## 1. Das Gesellschaftsvermögen

Zum Gesellschaftsvermögen gehört das, was die Gesellschafter als Beiträge geleistet haben, und die Gegenstände, die durch die Geschäftsführung für die Gesellschaft erworben worden sind (§ 718 BGB). Dazu können zählen: bewegliche Sachen, Grundstücke, Forderungen und sonstige Rechte aller Art.

Die zum Gesellschaftsvermögen gehörenden Sachen und Rechte unterliegen einigen Sonderregelungen, die sich daraus ergeben, daß das Gesellschaftsvermögen nicht mehr dem unabhängigen und freien Willen des einzelnen Gesellschafters zur Verfügung stehen kann, sondern dem Gesellschaftszweck dienen soll und daher dem nach den gesetzlichen Vorschriften oder dem Gesellschaftsvertrag gebildeten Willen der Gesellschafter unterliegt.

Das Gesellschaftsvermögen ist *Gesamthandsvermögen*. Das heißt: das Vermögen steht den Gesellschaftern in ihrer personenrechtlichen Verbundenheit in der Art zu, daß ein einzelner Gesellschafter über seinen Anteil an dem Gesellschaftsvermögen und auch an den einzelnen dazu gehörenden Gegenständen nicht frei verfügen kann. Über das Gesellschaftsvermögen als Ganzes sowie auch über Teile des Gesellschaftsvermögens können nur alle Gesellschafter gemeinsam verfügen (§ 719 BGB). Gesamthandsvermögen bedeutet also: die dazu gehörenden Sachen und Rechte stehen allen Gesellschaftern gemeinschaftlich zu. Über einzelne Vermögensgegenstände können die Gesellschafter nur gemeinsam verfügen.

Ob es Anteile an den einzelnen zum Gesellschaftsvermögen gehörenden Gegenständen überhaupt gibt, ist bestritten (bejahend: Schulze-Osterloh, Das Prinzip der gesamthänderischen Bindung, 1972; so wohl auch Palandt-Thomas, § 719 Anm. 2 c. Verneinend Lehmann-Dietz, S. 14, die die Ansicht vertreten, es gebe überhaupt keinen „rechtlich abgrenzbaren Teil des einzelnen Teilhabers am einzelnen Gegenstand"). Der Text des § 859 Abs. 1 Satz 2 ZPO („der Anteil eines Gesellschafters an den einzelnen, zu dem Gesellschaftsvermögen gehörenden Gegenständen ist der Pfändung nicht un-

terworfen") und des § 719 BGB spricht für die Existenz eines Anteils an
den einzelnen zum Gesellschaftsvermögen gehörenden Gegenständen. Der
Streit über diese Frage ist in der Regel aber kaum mehr als akademisch, da
weder die Gesellschafter über einen solchen Anteil – sollte es ihn geben –
verfügen können (§ 719 Abs. 1 BGB), noch ein solcher Anteil der Pfändung
unterliegt (§ 859 Abs. 1 Satz 2 ZPO).

32 Es ist zu unterscheiden zwischen dem Vermögen der BGB-Gesellschaft einerseits und dem Privatvermögen der einzelnen Gesellschafter andererseits. Die Vermögensgegenstände, die ein Gesellschafter in
die Gesellschaft eingebracht hat, unterliegen nicht mehr seiner ausschließlichen Verfügungsgewalt. Die zum Gesellschaftsvermögen gehörenden Gegenstände stehen nämlich den Gesellschaftern in der
oben bezeichneten Weise gemeinschaftlich zu (§ 719 BGB).

Beispiel: Hat ein Gesellschafter einer Gesellschaft bürgerlichen Rechts,
der sich im Gesellschaftsvertrag verpflichtet hatte, ein ihm gehörendes
Grundstück in die Gesellschaft einzubringen, dieses Grundstück der Gesellschaft wirksam übereignet, so gehört dieses Grundstück nicht mehr zu
seinem Privatvermögen. Es ist nun Teil des Gesellschaftsvermögens. Träger
des Vermögens der Gesellschaft sind zwar die einzelnen Gesellschafter, die
Verfügung über das Gesellschaftsvermögen steht jedoch nicht mehr dem
einzelnen einbringenden Gesellschafter zu. Verfügungen erfolgen vielmehr
nur noch nach dem Willen der Gesellschaft, der nach den gesellschaftsvertraglichen oder gesetzlich vorgeschriebenen Regeln zustande kommt.

Die Gesamthänderschaft ist nach herrschender Meinung nicht als
ein eigener Rechtsträger anerkannt. Deshalb kann die einheitliche
Rechtszuständigkeit der Gesamthand nach außen nicht dadurch zum
Ausdruck kommen, daß die Gesamthänder unter einem besonderen
Namen für die Gesamthand auftreten und Rechte erwerben (vgl. Lehmann-Dietz, S. 109). Dadurch unterscheidet sich die BGB-Gesellschaft wesentlich von der OHG und der KG, die im Gegensatz zur
Gesellschaft bürgerlichen Rechts im eigenen Namen Rechte erwerben und Pflichten übernehmen können (§ 124 HGB). Aus diesem
Grunde stehen alle Rechte und Pflichten den Gesellschaftern zu. Daraus folgt u. a., daß dann, wenn eine BGB-Gesellschaft ein Grundstück
erwirbt, das Bestandteil des Gesellschaftsvermögens werden soll, im
Grundbuch in Abt. I nicht die Gesellschaft bürgerlichen Rechts, sondern alle Gesellschafter als Eigentümer eingetragen werden müssen.

Rdnr. 32

33   2. Die Haftung für Gesellschaftsschulden

Die Frage, ob es überhaupt Schulden der Gesellschaft (Gesellschaftsschulden) oder nur Schulden der Gesellschafter gibt, ist in der letzten Zeit wieder in den Streit der Meinungen geraten, weil nach Ansicht mancher Autoren die Gesellschaft bürgerlichen Rechts als eine organisierte Personengemeinschaft, als das Subjekt der das Gesellschaftsvermögen bildenden Rechte und der Gesellschaftsschulden angesehen werden muß. Damit wird die BGB-Gesellschaft von manchen Autoren für *relativ rechtsfähig* gehalten (so z. B. Fabricius, Relativität, S. 158 ff.). Flume (ZHR 136 (1972), 177, 189) ist der Ansicht, die Gesamthand existiere als Gruppe, denn das Gesamthandsprinzip besage nichts anderes, als daß es eine Handlungszuständigkeit und eine Rechtszuständigkeit für alle Gesamthänder zusammen, d. h. für die Gesamthänder in ihrer Verbundenheit gebe. Konsequent geht Flume dann auch davon aus, daß – obwohl „die Gruppe auch als Rechtssubjekt nichts anderes als die Mitglieder der Gruppe in ihrer Verbundenheit" sei (so in Festschrift für Westermann, S. 119, 123 f.) – die Gesellschaftsschulden „Eigenverpflichtungen der Gesellschaft", nicht Verpflichtungen „der Gesellschafter" seien. Nach Schünemann (S. 148 ff.) ist die Gesellschaft ein „potentielles Rechtssubjekt" und deshalb sogar rechtsfähig. Er erkennt die Existenz von Gesellschaftsschulden an, weil es sich um Schulden „einer personenrechtlichen Zusammenfassung der Beteiligten zur Einheit der Gesamthandsgemeinschaft" handele, für die das Vermögen der Gesamthand hafte.

Dem hält Larenz (§ 60 IV) entgegen, daß sich die oben dargestellten Auffassungen mit dem Gesetz nicht in Einklang bringen ließen, weil dieses das Gesellschaftsvermögen ausdrücklich als das „gemeinschaftliche Vermögen *der Gesellschafter*" (§ 718 BGB) bezeichne. Außerdem bestimme § 714 BGB, daß die vertretungsbefugten Gesellschafter „die anderen Gesellschafter", nicht aber die Gesellschaft verträten. Er schließt daraus, daß das Gesetz sorgfältig jede Formulierung vermeide, die darauf hindeuten könnte, die Gesellschaft sei als Rechtssubjekt zu betrachten. Larenz (§ 60 IV) hält deshalb an seiner Meinung fest, daß die Gesellschaft bürgerlichen Rechts nicht rechtsfähig sei. Daraus folgt für ihn, daß „Schuldner der im Rechtskreis der Gesellschaft entstehenden Verbindlichkeiten nur die Gesellschafter, wenn auch in ihrer Verbundenheit als solche", sein können.

In der Tat gibt das Gesetz keinerlei Hinweis darauf, daß die Gesellschaft bürgerlichen Rechts rechtsfähig ist. Aus §§ 714 und 718 BGB — insoweit ist Larenz zuzustimmen – muß der Schluß gezogen werden, daß das Gesetz der BGB-Gesellschaft die Rechtsfähigkeit nicht zuerkannt hat. Die Frage nach der Rechtsfähigkeit der BGB-Gesellschaft, wenn auch nur nach der relativen, hat aber noch nicht notwendigerweise etwas mit den Problemen der möglichen Existenz von Gesellschaftsschulden zu tun. Schließlich existiert das Gesellschaftsvermögen als Gesamthandsvermögen, dessen objektive Einheit nach außen das Gesetz betont. So kann ein Schuldner gegen eine Forderung, die zum Gesellschaftsvermögen gehört, nicht mit einer ihm gegen einen einzelnen Gesellschafter zustehenden Forderung aufrechnen (§ 719 Abs. 2 BGB). Außerdem erkennt das Gesetz in § 733 BGB für das Innenverhältnis gemeinschaftliche Schulden an. Es ist deshalb davon auszugehen, daß es *Gesellschaftsschulden* gibt, für die das Gesellschaftsvermögen haftet (so im Ergebnis auch Larenz, § 60 IV; Hueck, Gesellschaftsrecht, § 9 IV und Lehmann-Dietz, S. 111). In neuerer Zeit hat der BGH (BGHZ 74, 240, 242) noch einmal festgestellt, daß in der bürgerlich-rechtlichen Gesellschaft die persönliche Haftung des Gesellschafters für vertragliche Gesamthandsverpflichtungen nur durch Rechtsgeschäft begründet werden kann. Dieses Urteil hat die Diskussion um die Haftungsverhältnisse in der BGB-Gesellschaft neu belebt (vgl. Ulmer, JZ 1980, 354 f.; Wiedemann, JZ 1980, 195 ff.).

34　Für alle Verbindlichkeiten der Gesellschaft haftet stets das Gesellschaftsvermögen. Ob daneben auch unmittelbar die einzelnen Gesellschafter als Gesamtschuldner in Anspruch genommen werden können, ist nach der Art der Verbindlichkeit zu entscheiden.

a) Für *Verpflichtungen aus Rechtsgeschäften,* die im Namen der Gesellschaft bzw. der Gesellschafter abgeschlossen worden sind, haften alle Gesellschafter unmittelbar in voller Höhe mit ihrem gesamten Privatvermögen. Diese doppelte Haftung ist damit zu erklären, daß durch Rechtsgeschäfte die Gesellschafter in zweifacher Weise verpflichtet werden (sog. Doppelverpflichtung; vgl. dazu Kübler, § 6 III 4 b):

    — einmal in ihrer gesamthänderischen Verbundenheit, was zur Haftung des Gesellschaftsvermögens führt,

    — zum anderen werden sie Dritten gegenüber direkt als Einzelpersonen verpflichtet (§ 714 BGB).

b) Ob die Gesellschafter neben dem Gesellschaftsvermögen auch mit ihrem Privatvermögen haften, wenn Dritte Forderungen aus ungerechtfertigter Bereicherung geltend machen, ist nicht einheitlich zu beantworten. Lehmann-Dietz (S. 112) und Flume (in: Festschrift für Westermann, S. 119, 128 ff.) bejahen eine uneingeschränkte Haftung. Mit Recht differenziert Larenz (§ 60 IV) zwischen verschiedenen Möglichkeiten und stellt darauf ab, ob der Gesellschafter als Einzelperson bereichert ist. Das muß noch nicht der Fall sein, wenn das Gesellschaftsvermögen mit einem Bereicherungsanspruch belastet, per saldo also nicht wertvoller geworden ist und sich der Anteil des einzelnen Gesellschafters nicht vergrößert hat. Andererseits haften die einzelnen Gesellschafter gesamtschuldnerisch neben dem Gesellschaftsvermögen, wenn die Bereicherung aus der Leistung eines Dritten an das Gesamthandsvermögen stammt, die der Erfüllung einer vermeintlichen vertraglichen Verpflichtung diente, und der Anspruch zur Rückabwicklung geltend gemacht wird. In einem solchen Fall kann § 427 BGB angewandt werden, weil die Gesellschafter nicht nur in ihrer Verbundenheit, sondern auch als Einzelpersonen verpflichtet werden sollten. Aus dem § 714 BGB zugrundeliegenden Gedanken läßt sich ableiten, daß der Dritte, der mit der Gesellschaft kontrahieren möchte, darauf vertrauen darf, daß ihm wegen aller daraus entstehenden Ansprüche die Gesellschafter solidarisch haften (so Larenz, § 60 IV; im Ergebnis auch Flume in: Festschrift für Westermann, S. 119, 141; BGH NJW 1974, 451 f.).

c) Bei „Sozialverbindlichkeiten", d. h. Verbindlichkeiten, die der Gesellschaft aus dem Gesellschaftsverhältnis den Gesellschaftern gegenüber entstehen, handelt es sich um typische *Gesamthandsverbindlichkeiten,* für die in erster Linie nur das Gesellschaftsvermögen, nicht aber die einzelnen Gesellschafter mit ihrem Privatvermögen haften. Ließe man die Gesellschafter auch für die Sozialverbindlichkeiten mit ihrem Privatvermögen haften, so widerspräche das dem Grundgedanken des § 707 BGB (= grundsätzlich besteht keine Nachschußpflicht für Gesellschafter; so auch Larenz, § 60 IV; Palandt-Thomas, § 713 Anm. 2 g bb; BGHZ 37, 299, 302 für die OHG). Wenn ein Gesellschafter Forderungen gegen die Gesellschaft aus eigenen Mitteln erfüllt, muß er zunächst versuchen, aus dem Gesellschaftsvermögen Ersatz für seine Aufwendungen zu erhalten. Stehen der Gesellschaft dafür keine ausreichenden Mittel zur Verfügung, hat der Gesellschafter einen anteiligen Ausgleichsanspruch gemäß § 426 BGB gegen seine Mitgesellschafter (vgl. BGH WM 1979, 1282).

    Zu den *Sozialverbindlichkeiten* zählen z. B.:

    — die Verpflichtung, Aufwendungen zu erstatten (§§ 713, 670 BGB),

– die Verpflichtung, einem Gesellschafter den auf ihn entfallenden Gewinnanteil auszuzahlen (§ 721 BGB).

35 Nach heute herrschender Meinung kann bei der BGB-Gesellschaft im Gegensatz zur OHG die persönliche Haftung der Gesellschafter dadurch eingeschränkt werden, daß der Gesellschaftsvertrag die Vertretungsmacht der Gesellschafter entsprechend beschränkt. Dies muß allerdings in einer Weise geschehen, daß im Interesse des Verkehrsschutzes die Beschränkung für Dritte erkennbar ist (RGZ 63, 62, 65; 155, 75, 87; Westermann, Rdnr. I 379 mit weiteren Nachweisen).

Bedenken dagegen, daß über eine Begrenzung der Vertretungsmacht die Haftung der Gesellschafter beschränkt werden kann, hat neuerdings Flume (in: Festschrift für Westermann, S. 131 ff.) erhoben. Er vertritt die Auffassung, bei der Frage nach der Beschränkbarkeit der Haftung auf das Gesellschaftsvermögen sei nicht bei der Vertretungsmacht anzuknüpfen; vielmehr müsse der für die Gesellschaft Handelnde die Beschränkung vereinbaren (vgl. dazu Raisch, in: Festschrift für Ballerstedt, 1975, S. 443, 460 ff.).

Für eine *unerlaubte Handlung,* die ein geschäftsführungsbefugter Gesellschafter in Ausführung seiner Tätigkeit einem Dritten gegenüber begeht, haftet dieser Gesellschafter selbst. Ob der Dritte, der Gläubiger, sich wegen des ihm entstandenen Schadens auch an das Gesellschaftsvermögen und an die einzelnen Gesellschafter mit ihrem Privatvermögen halten kann, ist umstritten.

Der BGH (BGHZ 45, 311, 313) hält § 31 BGB auf die Gesellschaft bürgerlichen Rechts für nicht anwendbar, weil sie zu wenig körperschaftlich organisiert sei, als daß man die für sie handelnden Gesellschafter als ihre „Organe" im Sinne des § 31 BGB bezeichnen könne (so auch Hueck, Gesellschaftsrecht, § 9 IV. 3.). Stattdessen hält der BGH bei Vorliegen gewisser Voraussetzungen § 831 BGB für anwendbar. Dies setzt allerdings, wie der BGH einräumt, voraus, daß der Gesellschafter, der die unerlaubte Handlung begangen hat, Verrichtungsgehilfe im Sinne des § 831 BGB ist, d. h. dem Weisungsrecht eines Geschäftsherrn unterliegt, der die Tätigkeit des Handelnden jederzeit beschränken oder entziehen oder aber nach Zeit und Umfang bestimmen kann. Die Konstruktion eines Abhängigkeitsverhältnisses im Sinne von § 831 BGB läßt sich mit der Stellung eines geschäftsführenden Gesellschafters allerdings nicht vereinbaren; Sinn und Zweck des § 831 BGB würden mit seiner Anwendung in Fällen dieser Art völlig verfehlt. Deshalb will eine sich verstärkende Meinung in der Literatur § 31 BGB entsprechend anwenden (so Beuthien, DB 1975, 725 und 773; Fabricius in: Gedächtnisschrift für Rudolf Schmidt, S. 171, 194 ff.; Flume in:

Festschrift für Westermann, S. 119, 142; Kornblum, S. 44 ff.; Nicknig, S. 34 ff.; MünchKomm-Ulmer, § 705 Rdnr. 190; Wiedemann, Bd. I, § 5 III 2 a). Mit Recht weist Larenz (§ 60 IV) darauf hin, daß einer entsprechenden Anwendung des § 31 BGB die mangelnde Rechtsfähigkeit der Gesellschaft bürgerlichen Rechts nicht entgegenstehe, weil die Analogie darauf gestützt werden könne, daß die Tätigkeit des geschäftsführenden Gesellschafters „im Interesse eines Vermögens vorgenommen werde, das als ein Sondervermögen den Gesellschaftern gemeinsam zustehe"; deshalb müßten die aus dieser Tätigkeit entspringenden Verpflichtungen auch zu Lasten des Sondervermögens, des Gesellschaftsvermögens, gehen.

Eine konsequente analoge Anwendung des § 31 BGB führt allerdings dazu, daß der Gläubiger eines Anspruchs aus unerlaubter Handlung, die ein geschäftsführender Gesellschafter in Ausübung seiner Tätigkeit für die Gesellschaft begeht, sich nur an das Gesellschaftsvermögen, nicht aber an das Privatvermögen der einzelnen Gesellschafter halten kann (so im Ergebnis auch Fabricius in: Gedächtnisschrift für Rudolf Schmidt, S. 171, 194 ff.; Larenz, § 60 IV).

36   **VII. Gesellschafterwechsel**

Der Zusammenschluß zu einer Gesellschaft bürgerlichen Rechts beruht auf dem persönlichen Vertrauen, das sich die einzelnen Gesellschafter entgegenbringen. Deshalb ist der Fortbestand der BGB-Gesellschaft grundsätzlich von der unveränderten Zusammensetzung des Personenkreises abhängig, der sich zu der Gesellschaft zusammengeschlossen hat. Das bedeutet u. a.:

— im Zweifel endet die Gesellschaft mit dem Tode eines Gesellschafters (§ 727 BGB);

— grundsätzlich muß sich nach Abschluß des Gesellschaftsvertrages keiner der Gesellschafter gegen seinen Willen einen neu hinzutretenden Gesellschafter aufzwingen lassen.

Beispiel: Der Anteil an einer Gesellschaft bürgerlichen Rechts kann ohne die Zustimmung aller Gesellschafter nicht auf eine Person, die bisher nicht Gesellschafter war, übertragen werden. Dieser Grundsatz dient lediglich dem Schutz der Gesellschafter. Er kann deshalb durch eine davon abweichende Regelung im Gesellschaftsvertrag abgeändert werden.

Allerdings können die Gesellschafter, abweichend von der gesetzlichen Regelung, im Gesellschaftsvertrag vereinbaren,

— daß die Gesellschaft nach dem Tode oder dem sonstigen Ausscheiden eines Gesellschafters fortgesetzt werden soll und

– daß in die bestehende Gesellschaft andere Personen als Gesellschafter aufgenommen werden können, wenn die einzelnen oder eine qualifizierte Mehrheit der übrigen Gesellschafter damit einverstanden sind.

Zur Aufnahme eines neuen Gesellschafters in die bestehende Gesellschaft ist grundsätzlich das Mitwirken aller Gesellschafter erforderlich. Dies geschieht durch einen sogenannten *Aufnahmevertrag,* der zwischen den bisherigen Gesellschaftern und der als Gesellschafter eintretenden Person abgeschlossen wird (vgl. MünchKomm-Ulmer, § 719 Rdnr. 12). Derjenige Gesellschafter, der neu in die Gesellschaft eintritt, haftet persönlich mit seinem Privatvermögen nicht für Verbindlichkeiten, die in Verträgen begründet sind, die vor seinem Eintritt abgeschlossen worden sind. Eine entsprechende Anwendung des § 130 HGB auf die BGB-Gesellschaft ist nicht möglich. Der Altgläubiger verdient regelmäßig schon deswegen nicht den Schutz der Mithaftung des neu eingetretenen Gesellschafters, weil er aufgrund einer Verpflichtung geleistet hat oder noch leistet, die er allein im Vertrauen auf die Leistungsfähigkeit der bisherigen Gesellschafter übernommen hat (so zu Recht BGHZ 74, 240, 243 f.).

Scheidet ein Gesellschafter durch Tod aus und sieht der Gesellschaftsvertrag die Fortsetzung der Gesellschaft mit allen oder einem Teil der Erben des verstorbenen Gesellschafters vor, so treten der oder die Erben an die Stelle des Gesellschafters.

Tritt durch Erbfolge oder Aufnahmevertrag ein neuer Gesellschafter in die Gesellschaft ein, wird er Mitglied der Gesamthandsgemeinschaft. Die Identität der Gesellschaft bleibt erhalten. Das bedeutet: Der neue Gesellschafter tritt mit allen Rechten und Pflichten, die die übrigen Gesellschafter bereits haben, in die bestehende Gesellschaft ein.

Treten ein oder mehrere Erben an die Stelle eines durch Tod ausscheidenden Gesellschafters, so erstreckt sich der Machtbereich eines eingesetzten Testamentsvollstreckers nicht auf die Verwaltung eines Gesellschaftsanteils eines Gesellschafters. Die Begrenzung der Verwaltungsbefugnisse eines Testamentsvollstreckers ergibt sich bei einer Personengesellschaft schon ganz allgemein daraus, daß ihm kraft Gesetzes nur die Verwaltung des Nachlasses (§ 2205 BGB), nicht aber

die Verwaltung derjenigen Nachlaßgegenstände obliegt, die aus der
Nachlaßmasse ausgegliedert worden sind und dem einzelnen Erben
zustehen, wie das bei einem Gesellschaftsanteil der Fall ist (vgl. BGH
NJW 1981, 749, 750).

37   Ein Gesellschafter kann außer durch Tod freiwillig aus der Gesellschaft ausscheiden oder zwangsweise zum Ausscheiden gezwungen
werden.

a) Freiwillig kann ein Gesellschafter nur dann aus der Gesellschaft
ausscheiden, wenn der Gesellschaftsvertrag ihm die Möglichkeit
dazu einräumt
oder
alle übrigen Gesellschafter mit dem Ausscheiden einverstanden
sind.

b) Ein zwangsweises Ausscheiden eines Gesellschafters ist möglich,
wenn der Gesellschaftsvertrag entsprechende Möglichkeiten einräumt, einen Gesellschafter auszuschließen. Das Gesetz sieht auch
die Ausschließung eines Gesellschafters durch Beschluß der übrigen Gesellschafter unter den Voraussetzungen vor, die in § 737
BGB genannt sind.

c) Ein Gesellschafter kann gemäß § 736 BGB ausscheiden:
– durch seine Kündigung
oder
– durch die Eröffnung des Konkurses über sein Vermögen.

d) Aus dem Grundsatz der Vertragsfreiheit folgt, daß in den Gesellschaftsvertrag noch eine Reihe von anderen Gründen aufgenommen werden kann, die das Ausscheiden eines Gesellschafters zur
Folge haben sollen.

Beispiel: Der Gesellschaftsvertrag sieht vor, daß die Gesellschafter aus
der Gesellschaft ausscheiden, sobald sie 65 Jahre alt geworden sind.

Die häufig verwendete Formel von der „Übertragung eines Gesellschaftsanteils" bedeutet bei der Personengesellschaft nichts anderes als die Kombination von dem Ausscheiden eines Gesellschafters
und dem Eintritt eines neuen Gesellschafters an die Stelle des Ausscheidenden in der oben dargestellten Art und Weise.

Ein Gesellschafter, der aus der BGB-Gesellschaft ausscheidet, haf-

tet dem Gläubiger auch nach seinem Ausscheiden persönlich mit seinem Privatvermögen aus einem Vertrag, den er persönlich oder ein
vertretungsberechtigter Mitgesellschafter abgeschlossen hat, es sei
denn, der Gläubiger hat ihn aus der Haftung entlassen (BGHZ 74,
240, 241).

Mit seinem Ausscheiden verliert der Gesellschafter die mit seiner
ehemaligen Gesellschafterstellung verbundene Rechtsmacht, gemeinschaftlich mit den übrigen Gesellschaftern – oder gegebenenfalls allein – mit Wirkung für und gegen die Gesellschaft rechtsgeschäftlich
zu handeln (vgl. BGH WM 1981, 359, 360).

38   **VIII. Die Beendigung der Gesellschaft**

Die Beendigung der Gesellschaft vollzieht sich in zwei voneinander zu unterscheidenden Abschnitten:
– Der erste Abschnitt ist die Auflösung der Gesellschaft,
– der zweite die *Auseinandersetzung* (die Liquidation) der Gesellschaft, nach deren Abschluß die Vollbeendigung der Gesellschaft
erreicht ist.

Daß die Beendigung der Gesellschaft in der Regel komplizierter ist
als die Beendigung der meisten anderen Schuldverhältnisse, ergibt
sich u.a. daraus, daß ein gesamthänderisch gebundenes Vermögen
und dazu in der Regel Gesellschaftsschulden existieren.

Das BGB nennt in den §§ 723 ff. eine Reihe von Auflösungsgründen. Es ist den Gesellschaftern allerdings unbenommen, durch entsprechende Vereinbarungen im Gesellschaftsvertrag weitere Auflösungsgründe zu schaffen.

Die wichtigsten im Gesetz genannten Auflösungsgründe sind:
– die Kündigung in vielfacher Art und Weise,
– die Zweckerreichung,
– der Tod eines Gesellschafters,
– die Eröffnung des Konkurses über das Vermögen eines Gesellschafters,
– das Unmöglichwerden des Erreichens des Gesellschaftszweckes,
– ein Auflösungsbeschluß der Gesellschaft.

Mit dem Eintritt einer der Gründe, die zur Auflösung der Gesellschaft führen können, ändert die Gesellschaft zunächst nur ihren Zweck. War sie zuvor auf die Erreichung des bei Abschluß des Gesellschaftsvertrages vereinbarten gemeinsamen Zweckes gerichtet, so ist sie nun auf die Liquidation, auf die Abwicklung, gerichtet. Dabei bleibt sie Gesamthandsgemeinschaft.

Die Auflösung der Gesellschaft führt also noch nicht zu ihrer Beendigung, sondern zum Eintritt in das Abwicklungsstadium (Liquidation).

Ziel der Auseinandersetzung ist es,

— zunächst die Gläubiger aus dem Vermögen der Gesellschaft wegen ihrer Forderungen gegen die Gesellschaft zu befriedigen und

— anschließend das etwa noch übriggebliebene Vermögen der Gesellschaft unter die Gesellschafter zu verteilen.

Das Verfahren der Auseinandersetzung ist in den §§ 729 bis 740 BGB geregelt. Erst der Abschluß der Auseinandersetzung führt zur Vollbeendigung der bereits aufgelösten Gesellschaft bürgerlichen Rechts.

39   IX. Die BGB-Gesellschaft als reine Innengesellschaft

Aufgrund der Vertragsfreiheit ist es möglich, eine BGB-Gesellschaft ohne Gesamthandsvermögen zu bilden. In der Regel geschieht dies, wenn die Gesellschaft nach außen nicht hervortreten soll und die Geschäfte von einem Gesellschafter allein und im eigenen Namen geführt werden, während sie im Verhältnis der Gesellschafter untereinander (im Innenverhältnis) auf gemeinsame Rechnung gehen. Es handelt sich dann um eine sogenannte Innengesellschaft, zu deren Wesensmerkmalen das Fehlen eines Gesamthandsvermögens und einer Vertretung, überhaupt eines gemeinsamen Auftretens der beteiligten Personen als Personengemeinschaft nach außen gehört (vgl. Larenz, § 60 V).

Beispiel: A und B schließen sich zusammen, um auf dem Grundstück des A ein Haus zu errichten, das im Eigentum des A stehen soll. Der BGH (WM 1962, 1086) nahm hier ein gesellschaftsähnliches Verhältnis an, auf das die §§ 705 ff. BGB entsprechend anzuwenden seien. Lehmann-Dietz

(S. 89) sehen darin eine bürgerlich-rechtliche Gesellschaft, die als reine Innengesellschaft gestaltet ist (vgl. auch BGH WM 1977, 196).

BGB-Gesellschaften, die reine Innengesellschaften sind, sind in der Regel so strukturiert, daß nur ein Gesellschafter der Vermögensinhaber ist; nur dieser Gesellschafter tritt nach außen hervor. Die anderen Gesellschafter sind an Gewinn und Verlust beteiligt. Sie können von dem Gesellschafter, der der Vermögensinhaber ist, Abrechnung und Auszahlung verlangen. Auseinandersetzungen haben so stattzufinden, als sei das Vermögen ein gemeinschaftliches (Larenz, § 60 V).

Die Rechtsprechung hat häufig BGB-Gesellschaften als reine Innengesellschaften zwischen Eheleuten angenommen, wenn der eine Ehegatte in erheblichem Umfange ohne entsprechende Vergütung in dem Geschäft des anderen mitgearbeitet hat, das nach außen nur im Namen des anderen betrieben wurde (so u. a. BGHZ 8, 249 ff.; BGH LM Nr. 4 und 5 zu § 705 BGB). Der BGH ist davon ausgegangen, daß in so gelagerten Fällen ein Gesellschaftsvertrag im Sinne des § 705 BGB auch durch schlüssiges Verhalten zustande kommen kann. Das schlüssige Verhalten, mit dem ein durch beiderseitige Leistungen gefördertes Verfolgen eines gemeinsamen Zweckes verabredet werde, der über den typischen Rahmen einer ehelichen Lebensgemeinschaft hinausgehe, soll allerdings eine Voraussetzung für das Zustandekommen eines Gesellschaftsvertrages sein (so BGH NJW 1974, 2278).

Da bei der Innengesellschaft kein gesamthänderisch gebundenes Gesellschaftsvermögen existiert, kommt nach ihrer Auflösung eine Liquidation nicht in Betracht. Es besteht lediglich ein schuldrechtlicher Anspruch der Innenbeteiligten gegen den Inhaber des Vermögens auf Auszahlung eines Abfindungsguthabens (BGH WM 1981, 876).

Die nichteheliche Lebensgemeinschaft ist keine BGB-Gesellschaft, weil bei ihr die persönlichen Beziehungen derart im Vordergrund stehen, daß im Regelfall nicht auch von einer auf wirtschaftlichen Beziehungen beruhenden Rechtsgemeinschaft gesprochen werden kann (vgl. U. Fischer, WM 1981, 638, 643). Das schließt nicht aus, daß bei der Abwicklung solcher Lebensgemeinschaften gesellschaftsrechtliche Normen angewendet werden können, wenn die Umstände – wie z. B. ein von den Partnern in jahrelanger gemeinsamer Anstrengung geschaffenes Vermögen – dies nahelegen (vgl. BGHZ 77, 55, 56. Zu dieser Problematik eingehend MünchKomm-Ulmer, Rdnr. 38 ff. vor § 705).

§ 5. Der eingetragene Verein

Schrifttum: Birk, Der Aufnahmezwang bei Vereinen und Verbänden, JZ 1972, 343 ff.; Bötticher, Wesen und Arten der Vertragsstrafe sowie deren Kontrolle, ZfA 1970, 3 ff., 44 ff.; Flume, die Vereinsstrafe. In: Festschrift für Bötticher, 1969, S. 101 ff.; Heckelmann, Der Idealverein als Unternehmer? AcP 179 (1979), 1 ff.; Knauth, Die Ermittlung des Hauptzwecks bei eingetragenen Vereinen, JZ 1978, 339 ff.; Larenz, Allgemeiner Teil des deutschen bürgerlichen Rechts, 5. Aufl. 1980, § 10; Meyer-Cording, Die Vereinsstrafe, 1957; Mummenhoff, Gründungssysteme und Rechtsfähigkeit, 1979; Nicklisch, Der verbandsrechtliche Aufnahmezwang und die Inhaltskontrolle satzungsmäßiger Aufnahmevoraussetzungen, JZ 1976, 105 ff.; K. Schmidt, Der bürgerlich-rechtliche Verein mit wirtschaftlicher Tätigkeit, AcP 182 (1982), 1 ff.; Wendel, Der eingetragene Verein, 1952; H. P. Westermann, Zur Legitimität der Verbandsgerichtsbarkeit, JZ 1972, 537 ff.

I. Grundbegriffe und Bedeutung des Vereinsrechts

40   **1. Die Bedeutung**

Vereine im Sinne der §§ 21 ff. BGB spielen in der Gesellschaftsordnung der Bundesrepublik Deutschland eine bedeutende Rolle. Auch ohne Hinzuzählung der wirtschaftlichen Vereine prägen die Vereine in Gestalt von Sport-, Kunst-, Schützen- oder sonstigen Vereinen das gesellschaftliche Leben in der Bundesrepublik entscheidend mit. Das Vereinsrecht mit der Möglichkeit interner Ordnungsverfahren gegen Mitglieder ist allerdings erst in den letzten Jahren mehr durch die Bundesligaskandale und die damit verbundenen Probleme der Verbandsgerichtsbarkeit als durch verbandsinterne Ordnungs- und Strafverfahren in Wirtschaftsverbänden, politischen Parteien und Gewerkschaften in den Mittelpunkt des öffentlichen Interesses gerückt. Dabei wurde zwangsläufig die Frage aufgeworfen, ob das Vereinsrecht des BGB noch den Anforderungen entspricht, die in einer modernen Industriegesellschaft an eine solche Materie gestellt werden müssen.

41 2. Der Begriff

Der Verein ist eine auf Dauer begründete Personenvereinigung, die der Erreichung eines selbstgesetzten gemeinsamen Zweckes dient; er tritt unter einem eigenen Namen auf, ist vom Wechsel der Mitglieder unabhängig und körperschaftlich verfaßt.

Was die Erreichung des gemeinsamen Zweckes angeht, so ist der Verein der Gesellschaft ähnlich. Er unterscheidet sich von dieser aber wesentlich durch seinen körperschaftlichen Aufbau.

Das Vereinsrecht ist im BGB in den §§ 21 ff. geregelt. Es bildet in vielerlei Hinsicht auch die Grundlage für die durch besondere Gesetze geregelten wirtschaftlichen Vereine, wie die Aktiengesellschaft und die Gesellschaft mit beschränkter Haftung.

Das BGB unterscheidet zwischen dem in das Vereinsregister eingetragenen Verein einerseits und dem nicht eingetragenen Verein andererseits. Im Hinblick auf Zielsetzung, Funktion und Organisation unterscheiden sich der eingetragene und der nicht eingetragene Verein nicht. Ein wesentlicher Unterschied besteht allerdings in der rechtlichen Einordnung: Nur der eingetragene Verein ist juristische Person und deshalb rechtsfähig. Die nicht eingetragenen Vereine sind nicht rechtsfähig. Auf sie soll nach § 54 BGB das Recht der Gesellschaften (§§ 705 ff. BGB) Anwendung finden.

Die *Rechtsfähigkeit* erlangt der Verein, dessen Zweck nicht auf einen wirtschaftlichen Geschäftsbetrieb gerichtet ist, erst durch Eintragung in das *Vereinsregister* des zuständigen Amtsgerichts (§ 21 BGB).

42 3. Der Idealverein

Das Gesetz unterscheidet außer zwischen eingetragenen und nicht eingetragenen Vereinen auch noch zwischen *Idealvereinen* (Vereinen, deren Zweck nicht auf einen wirtschaftlichen Geschäftsbetrieb gerichtet ist, § 21 BGB) und *wirtschaftlichen Vereinen* (Vereinen, deren Zweck auf einen wirtschaftlichen Geschäftsbetrieb gerichtet ist, § 22 BGB).

Idealvereine sind deshalb in erster Linie Vereine, deren ·*Haupt-zwecke* politischer, wohltätiger, sportlicher, religiöser, wissenschaftlicher, sonstiger kultureller oder geselliger Art sind. Vereine, deren wirtschaftlicher Geschäftsbetrieb den Hauptzweck oder gar den ausschließlichen Zweck darstellt, sollen grundsätzlich *nicht* die Rechtsfähigkeit erlangen können. Der Grund dafür ist darin zu sehen, daß eingetragene Vereine lediglich mit ihrem Vereinsvermögen haften und der Gesetzgeber auf die Schaffung von Vorschriften verzichtet hat, die – wie z.B. bei der AG und der GmbH – dem Gläubigerschutz dienen (vgl. dazu Knauth, JZ 1978, 339f.; vgl. auch BGHZ 45, 395, 397).

Da Vereine, deren Zweck auf einen wirtschaftlichen Geschäftsbetrieb gerichtet ist, die Rechtsfähigkeit nur durch staatliche Verleihung erlangen können (§ 22 BGB), kommt der Bestimmung des Hauptzwecks besondere Bedeutung zu. Nach h.M. (vgl. BGHZ 45, 395, 398; Larenz § 10 Ib m.Nachw.) ist darauf abzustellen, ob der Zweck des Vereins hauptsächlich darauf gerichtet ist, mit Hilfe eines wirtschaftlichen Geschäftsbetriebes, d.h. einer nach außen gerichteten, planmäßigen und dauernden Tätigkeit Gewinne zu erzielen, die dem Verein selbst oder doch den Mitgliedern desselben in irgendeiner Weise zufließen sollen. Nach neuerer Rechtsauffassung ist unter einem wirtschaftlichen Geschäftsbetrieb i.S. der §§ 21, 22 BGB „das planmäßige und auf Dauer angelegte Auftreten des Vereins am Markt in unternehmerischer Funktion durch Einschaltung in wirtschaftliche Umsatzprozesse mit einer regelmäßig entgeltlichen Tätigkeit zu verstehen" (so BayObLG, MDR 1978, 843). Das unternehmerische Moment (so Steffen in RGRK, § 21 Rdnr. 4), das die Betätigung eines Vereins zum wirtschaftlichen Geschäftsbetrieb macht, ist allerdings nicht in seinem Auftreten im Rechtsverkehr als Kunde (z.B. Käufer, Besteller) zu sehen, sondern in seiner „planmäßigen Betätigung als Anbieter von Wirtschaftsgütern im weitesten Sinne gegen Entgelt" (so BayObLG, MDR 1978, 843; Heckelmann, AcP 179 (1979), 1, 55 hält die Vereine der Fußballbundesligen für wirtschaftliche Vereine i.S. von § 22 BGB, weil sie eben diese Voraussetzungen erfüllen).

Die gesetzliche Definition des Idealvereins und des wirtschaftlichen Vereins (§§ 21, 22 BGB) gilt weithin als mißlungen, weil sie eine Abgren-

Rdnr. 42

zung in vielen Fällen kaum ermöglicht. Deshalb werden in der Literatur
neue Abgrenzungskriterien diskutiert. Dabei wird u. a. vorgeschlagen, bei
der Betrachtung der Verhältnisse eines Vereins dessen voraussichtliche Ein-
nahmen und Ausgaben stärker zu berücksichtigen, weil dies in vielen Fällen
zu einer einfachen und objektiven Feststellung des tatsächlich verfolgten
Hauptzwecks führen könne (so Knauth, JZ 1978, 339, 343).

Auch ein Verein mit einem wirtschaftlichen Geschäftsbetrieb ist
ein Idealverein, wenn sein Hauptzweck kein wirtschaftlicher, sondern
ein idealer Zweck ist (RGZ 83, 231, 237; 154, 343, 354). Deshalb ist
ein Verein kein wirtschaftlicher Verein, sondern ein Idealverein,
wenn ein von ihm betriebener oder beabsichtigter wirtschaftlicher
Geschäftsbetrieb nur Mittel zur Förderung oder Unterstützung seiner
idealen Zwecksetzung ist (BVerwG, NJW 1979, 2265).

Beispiel: Weil der Hauptzweck, nicht aber der Nebenzweck, für die Bestimmung des Idealvereins maßgeblich ist, wird ein Tennisverein nicht
deswegen zum wirtschaftlichen Verein, weil in seinem Clubhaus Getränke
und Speisen gegen Entgelt verabreicht werden.

43   4. Der wirtschaftliche Verein

Im Gegensatz zum Idealverein erwirbt der wirtschaftliche Verein
die Rechtsfähigkeit durch staatliche Verleihung, § 22 BGB (Konzessionszwang). In der Praxis werden Konzessionen dieser Art kaum erteilt, weil das Gesellschaftsrecht für wirtschaftliche Vereine eine Reihe spezieller Rechtsformen, wie z. B. die Aktiengesellschaft und die
GmbH, zur Verfügung stellt. Diese Rechtsformen tragen in besonderem Maße dem Schutzbedürfnis der Gesellschafter und der Gläubiger
Rechnung, indem sie unabdingbare Regelungen betreffend Gründung, Kapitalaufbringung, Entnahmeverbote etc. enthalten. Wenn
diejenigen Personen, die einen wirtschaftlichen Verein gründen wollen, für ihre Ziele zweckdienlicherweise eine der vom Gesellschaftsrecht angebotenen Rechtsformen, wie Aktiengesellschaft und GmbH,
wählen können, sind sie gezwungen, sich für eine solche Rechtsform
zu entscheiden. Nach der Rechtsprechung des BGH läßt der in § 22
BGB für wirtschaftliche Vereine verordnete Konzessionszwang nicht
die Möglichkeit offen, auf einem anderen Wege als in den Formen

der Aktiengesellschaft, der GmbH und der eingetragenen Genossenschaft die Rechtsfähigkeit und die Nichthaftung der Mitglieder für
Verbindlichkeiten der Vereinigung zu erreichen (BGHZ 22, 240,
244).

Die Verleihungspraxis hat sich nach § 22 BGB von den Grundsätzen der Alternativität und Subsidiarität leiten zu lassen. Der Grundsatz der Alternativität bedeutet, daß nur solchen wirtschaftlichen Vereinen die Rechtsfähigkeit verliehen werden darf, die nicht auch nach
§ 21 BGB eintragungsfähig wären. Nach dem Grundsatz der Subsidiarität kann einem wirtschaftlichen Verein die Rechtsfähigkeit nur
verliehen werden, wenn es ihm wegen der besonderen Umstände des
Einzelfalles nicht zumutbar ist, sich zur Erlangung der Rechtsfähigkeit
nach den „besonderen reichsgesetzlichen Vorschriften" (Aktiengesetz, GmbH-Gesetz oder Genossenschaftsgesetz) zu konstituieren
oder aber auf die Rechtsfähigkeit zu verzichten. Der Subsidiaritäts-
grundsatz verstößt nicht gegen Art. 9 GG (vgl. zur Problematik
K. Schmidt, AcP 182 (1982), 32 ff. mit weiteren Nachweisen).

Für politische Parteien im Sinne des Art. 21 GG gilt das Parteienge-
setz.

44   ## II. Die Gründung des Vereins

Die Gründung eines rechtsfähigen Vereins vollzieht sich in mehreren Stufen:
— Zuerst wird ein Personenverband gegründet,
— der danach seine Rechtsfähigkeit, die Anerkennung als juristische
  Person, durch die Eintragung in das Vereinsregister erlangt.

1. Der Gründungsvertrag

Zunächst schließen diejenigen, die den Verein gründen wollen, einen Gründungsvertrag.

Gegenstand des Gründungsvertrages ist die Einigung der Gründer
— über den Zusammenschluß zu einer Organisation, die der Erreichung eines bestimmten Zweckes dient,

und

— über die Satzung, die ein Teil der Verfassung des Vereins ist.

Über die Rechtsnatur dieses Gründungsvertrages gehen die Meinungen auseinander. Dieser Streit ist nicht nur terminologischer Art, wenn man die Rechtsfolgen des Gründungsvertrages mit ins Auge faßt.

Folgert man aus der Tatsache, daß die Satzung durch den Gründungsvertrag verbindlich wird, sie bleibe auch weiterhin die „rechtsgeschäftliche Grundlage der auch durch das Gesetz bestimmten Verfassung des Vereins", so kann sie nur durch Rechtsgeschäfte geändert werden (so Hadding in Studienkommentar zum BGB, § 25 Anm. 2). Geht man aber davon aus, daß die Satzung als ein Teil des Gründungsvertrages zwar zunächst ein von den Gründern geschlossener Vertrag ist, nach dem Entstehen des Vereins aber ein „unabhängiges, rechtliches Eigenleben" erlangt und zur körperschaftlichen Verfassung des Vereins wird, so folgt nach Ansicht des BGH daraus, daß Wille und Interessen der Mitglieder zurücktreten und an ihre Stelle der Vereinszweck und die Mitgliederinteressen als die rechtsgestaltenden Kräfte, auf die es allein ankommen kann, treten (so BGHZ 47, 172, 179).

Der Gründungsvertrag ist zwar ein Rechtsgeschäft, das durch den übereinstimmenden Willen aller Beteiligten zustande kommt und die Beteiligten bindet. Er ist jedoch kein gewöhnlicher Schuldvertrag, weil er auf die Schaffung eines von der Zugehörigkeit der Gründungsmitglieder unabhängigen, diese überdauernden Verbandes gerichtet ist. Larenz (§ 10 I 1) bezeichnet den Gründungsvertrag deshalb als „personen- oder sozialrechtlichen Vertrag". Reinhardt-Schultz (Rdnr. 316) sprechen von einem *Organisationsvertrag,* der entsprechend den in Gesetz und Satzung enthaltenen Normen alle Beziehungen herstellt, die einer körperschaftlich organisierten Vereinigung eigen sind. Daraus folgt: Ist die Körperschaft erst einmal ins Leben gerufen worden, können eine Reihe von Regelungen, wie sie das Gesetz für den gewöhnlichen Schuldvertrag vorsieht, nicht mehr ohne weiteres auf den Gründungsvertrag angewandt werden. So können z.B. Vereinsmitglieder ihre Willenserklärungen, die sie beim Zustandekommen des Gründungsvertrages abgegeben haben, zwar anfechten, die Anfechtung wirkt allerdings nach herrschender Auffassung nicht in der Weise, daß der gesamte Vertrag dadurch vernichtet wird (Larenz, § 10 I 1; Lehmann-Dietz, S. 240 f.). Nichtigkeitsgründe, die mit der Beitrittserklärung eines Mitgliedes verbunden sind, wie auch Anfechtungserklärungen der Gründer wirken stets nur für die Zukunft, führen also nicht zur rückwirkenden Auflösung des Vereins oder zum rückwirkenden Ausscheiden eines Gründers.

Beispiel: Vereinsgründer A ist vor Abschluß des Gründungsvertrages arglistig getäuscht worden. Die abgegebene Anfechtungserklärung wirkt, nachdem der Verein ins Leben gerufen ist, nur noch für die Zukunft. Ob

Rdnr. 44

die erfolgreiche Anfechtung lediglich zum Ausscheiden des betreffenden Mitgliedes oder zur Auflösung des Vereines für die Zukunft führt, ist im Zweifel gemäß § 139 BGB zu entscheiden.

Entstanden ist der Verein mit dem Abschluß des Gründungsvertrages und dem Inkrafttreten der Satzung.

45   2. Die Erlangung der Rechtsfähigkeit

Rechtsfähigkeit erlangt der Verein mit der Eintragung in das Vereinsregister durch das Registergericht. Diese Eintragung darf nur erfolgen, wenn bestimmte Mindestvoraussetzungen erfüllt sind. Dazu zählen:
— die Gründung des Vereins in der oben dargestellten Art und Weise;
— die Bestellung eines Vorstandes für den Verein (§§ 26, 59 BGB);
— die Anmeldung des Vereins beim Registergericht (zuständiges Amtsgericht) durch den Vereinsvorstand mit öffentlich beglaubigter Erklärung (§ 77 BGB);
— die Beifügung der Satzung in Urschrift und Abschrift, die Namen, Zweck und Sitz des Vereins enthalten muß, und die Beifügung der Niederschrift über die Bestellung des Vorstandes (§ 59 Abs. 2 BGB).

Darüber hinaus *sollen* folgende Voraussetzungen vorliegen: Mindestens 7 Gründer sollen vorhanden sein und die Satzung unterschrieben haben, die den in § 58 BGB aufgeführten Mindestinhalt haben soll.

Das Registergericht prüft nach, ob der Verein nach den oben aufgeführten Kriterien eintragungsfähig ist. Es überprüft dabei auch, ob der Gründungsvertrag mit dem Gesetz und den guten Sitten vereinbar ist (§§ 134, 138 BGB).

Gibt es keinen Grund zur Beanstandung, muß das Amtsgericht die Anmeldung der dafür zuständigen Landesbehörde – die Zuständigkeit ist nach Landesrecht geregelt – mitteilen.

III. Die Verfassung des rechtsfähigen Vereins

46   1. Begriff und Inhalt der Verfassung des Vereins

Als die Verfassung des Vereins ist die Summe der Regelungen zu verstehen, die den inneren Aufbau und das innere Verbandsleben – die Mitgliedschaft, das Verhältnis der Organe zueinander, die Auflösung, das Schicksal des Vermögens bei der Beendigung – sowie die äußere Gestaltung – wie Zweck, Name, Sitz des Vereins sowie die Vertretung – enthält (vgl. Lehmann-Dietz, S. 245).

Die Verfassung setzt sich zusammen:
– aus den zwingenden Vorschriften des BGB über den Verein,
– aus der Satzung
– und aus den dispositiven Vorschriften des BGB, soweit die Satzung keine Bestimmungen trifft, die diese ersetzen.

Zwingende Vorschriften, die durch die Satzung weder ersetzt noch abgeändert werden können, sind: §§ 26, 27 Abs. 2, 28 Abs. 2, 29, 30, 31, 34, 35, 36, 37, 39, 41 BGB (siehe § 40 BGB).

47   2. Die Rechtsnatur der Satzung

Über die Rechtsnatur der Satzung als Teil der Verfassung des Vereins besteht wie bei der Beurteilung der Rechtsnatur des Gründungsvertrages keine einhellige Meinung. Während die Satzung nach Hadding (Studienkommentar zum BGB, § 25 Anm. 2) durch Rechtsgeschäft zustande kommt und den rein rechtsgeschäftlichen Charakter auch fortan nicht verliert, geht die Rechtsprechung (u. a. BGHZ 47, 172, 177 ff.) davon aus, daß die Satzung zunächst zwar auf einem von den Gründern geschlossenen Vertrag beruht, nach der Entstehung des Vereins aber ein „unabhängiges rechtliches Eigenleben" erlangt, zur „körperschaftlichen Verfassung des Vereins" wird und fortan das rechtliche Wollen des Vereins als der Zusammenfassung seiner Mitglieder objektiviert. Larenz (§ 10 I 2) sieht in der Satzung eine von den Gründern im Gründungsvertrag festgelegte und durch den Abschluß desselben in Gang gesetzte „normartige rechtliche Regelung, deren Geltung auf diejenigen beschränkt ist, die sich ihr durch ihren Beitritt zum Verein freiwillig unterstellt haben", und die solange für sie bindend ist, als sie die freiwillige Unterwerfung nicht durch ihren Austritt aus dem Verein beendet haben.

Nach herrschender Meinung (u.a. BGHZ 13, 5, 11; 21, 370, 373; 47, 172, 179; Lehmann-Dietz S. 246) beruht die Satzung zwar auf einem Rechtsgeschäft; sie ist jedoch nach ihrem Inkrafttreten nach den Grundsätzen zu behandeln, die für die Beurteilung objektiven Rechts anwendbar sind. Das gilt insbesondere für die Auslegung.

Ob die Satzung ihren rein rechtsgeschäftlichen Charakter beibehält oder nach den Grundsätzen für die Beurteilung objektiven Rechts zu behandeln ist, wird z.B. relevant bei der Frage, ob auf die Satzung § 139 BGB anwendbar ist oder nicht. Folgt man der herrschenden Meinung, ist § 139 BGB nicht anwendbar (so BGHZ 47, 172, 178 ff.). Grundsätzlich sind die allgemeinen Auslegungsregeln der §§ 133, 157, 242 BGB anzuwenden.

Umstritten ist, ob bei unklaren Satzungsvorschriften, die ausgelegt werden müssen, alle Behelfe herangezogen werden dürfen, auch wenn sie nicht in der Satzung oder wenigstens in den Akten des Registergerichts enthalten sind. Für die Satzung eines Vereins hat der BGH (BGHZ 47, 172, 179 f.) festgestellt, mit der Entstehung des Vereins löse sich der Verein völlig von den Personen". Damit erlange die Satzung „ein unabhängiges rechtliches Eigenleben", werde zur körperschaftlichen Verfassung des Vereins und objektiviere fortan das rechtliche Wollen des Vereins als der Zusammenfassung seiner Mitglieder. „Gründerwille und -interessen treten zurück; an ihrer Stelle gewinnen der Vereinszweck und die Mitgliedsinteressen die rechtsgestaltende Kraft, auf die es allein noch ankommen kann" (BGHZ 47, 172, 180). Wenn auch eine rein entstehungsgeschichtliche Betrachtungsweise auszuschließen ist, so ist doch mit Recht die vom BGH vertretene Auffassung nicht ohne Kritik geblieben, daß die Objektivierung des rechtlichen Willens des Vereins dazu führen müsse, daß eine Satzung lediglich aus ihrem Inhalt heraus ausgelegt werden könne und daß hierzu Willensäußerungen oder Interessen der Gründer und sonstige Vorgänge aus der Entstehungsgeschichte nicht verwertet werden dürften.

48   3. Der Inhalt der Satzung

Die Satzung eines Vereins muß einen Mindestinhalt aufweisen. Aus ihr müssen der Zweck des Vereins, sein Name und sein Sitz entnommen werden können. Es muß aus ihr auch hervorgehen, daß der Verein eingetragen werden soll (§ 57 BGB).

Außerdem soll die Satzung eine Reihe weiterer Bestimmungen enthalten (§ 58 BGB), nämlich solche

— über den Eintritt und Austritt von Mitgliedern,
— über die Frage, ob und gegebenenfalls welche Beiträge die Mitglieder zu leisten haben,
— über die Bildung des Vorstandes,
— über die Voraussetzungen, unter denen die Mitgliederversammlung zu berufen ist,
— über die Form der Berufung und
— über die Beurkundung der Beschlüsse.

49   ## IV. Die Organe des Vereins

Der Verein muß zwei Organe haben: die Mitgliederversammlung und den Vorstand.

Weitere Organe können gebildet werden. Sie sind vom Gesetz jedoch nicht zwingend vorgeschrieben.

Beispiel: Die Satzung eines Vereins kann vorsehen, daß ein „Ältestenrat" oder „Beirat" zu bilden ist, zu dessen Aufgaben u. a. die Ausübung der „Vereinsstrafgewalt" (die Verhängung von Strafen, wie Geldbußen, Ausschluß aus dem Verein etc.) nach Maßgabe der Satzung gehören soll.

1. Die Mitgliederversammlung

Man kann die Mitgliederversammlung als das oberste Organ des Vereins bezeichnen, weil sie über alle Angelegenheiten zu entscheiden hat, deren Besorgung nicht durch Gesetz oder Satzung dem Vorstand übertragen ist (§ 32 BGB). Sie führt ihre Entscheidungen nicht selbst aus. Dies obliegt dem Vorstand, dem auch die Vertretung des Vereins nach außen zusteht.

Die Mitgliederversammlung ist unter den im Gesetz oder in der Satzung genannten Voraussetzungen auch zur Satzungsänderung befugt.

Sie trifft ihre Entscheidungen durch Beschlußfassung, d.h. durch Stimmabgabe der Mitglieder und Feststellung des Ergebnisses. Die Satzung kann festlegen, wieviele Stimmen ein Mitglied hat und welche Art von Mehrheit für bestimmte Entscheidungen maßgeblich sein soll.

Die Mitgliederversammlung muß über die in der Satzung genannten Fälle hinaus einberufen werden,

— wenn das Interesse des Vereins das erfordert (§ 36 BGB) oder
— der durch die Satzung bestimmte Teil oder, falls eine solche Bestimmung fehlt, eine Minderheit von 10% der Mitglieder dies unter Angabe des Zweckes und der Gründe fordert (§ 37 Abs. 1 BGB).

50   **2. Der Vorstand**

Der von der Mitgliederversammlung durch Beschluß bestellte Vorstand besteht in der Regel aus mehreren Personen. Er ist das Geschäfts- und Vertretungsorgan des Vereins. Er vertritt diesen gerichtlich und außergerichtlich (§§ 26ff. BGB). Handlungen und Willensäußerungen des Vorstandes sind die des Vereins.

Grundsätzlich ist der Umfang der Vertretungsmacht des Vorstandes gemäß § 26 Abs. 2 Satz 1 BGB unbeschränkt; er kann allerdings gemäß § 26 Abs. 2 Satz 2 BGB mit Wirkung gegen Dritte durch die Satzung beschränkt werden. Eine entsprechende Bestimmung in der Satzung muß allerdings eindeutig die Beschränkung der Vertretungsmacht des Vorstandes erkennen lassen (BGH WM 1980, 1170 f.).

Häufig ist es zweckmäßig, in die Satzung Bestimmungen über die Art und Weise der Beschlußfassung im Vorstand aufzunehmen und – je nach Art des Vereins – den Vorstandsmitgliedern bestimmte Aufgabengebiete zuzuweisen. Diese Fragen können jedoch auch durch eine Geschäftsordnung für den Vorstand geregelt werden.

Beispiel: Der Vorstand eines Sportvereins kann nach der Satzung bestehen aus: dem ersten Vorsitzenden und dessen Stellvertreter, dem Schatzmeister, dem Sportwart und dem Jugendbeauftragten.

Ein Verein, der durch seine Satzung den Vorstandsmitgliedern Einzelvertretungsmacht eingeräumt hat, kann in der Satzung die Geschäftsführung einem anderen Organ als dem Vorstand übertragen, weil zwischen geschäftsführendem und vertretungsberechtigtem Organ keine Identität bestehen muß (BGH MDR 1978, 29).

Der Verein ist zum Ersatz derjenigen Schäden verpflichtet, die seine Organe in Ausführung einer ihnen zustehenden Verrichtung durch zum Schadensersatz verpflichtende Handlungen einem Dritten zugefügt haben (§ 31 BGB). Da diese Regelung jede Möglichkeit der Entlastung, wie sie etwa § 831 BGB zuläßt, ausschließt, wird der Verein durch § 31 BGB so gestellt, als ob er die zum Schadensersatz verpflichtende Handlung selbst begangen hätte (so die herrschende Meinung: RGZ 128, 162, 169; BGH NJW 1952, 537 f.; Lehmann-Dietz, S. 253).

§ 31 BGB ist allein keine Anspruchsgrundlage. Er erlegt nur dem Verein die Schadensersatzpflichten auf, die nach anderen Vorschriften der Person oder den Personen entstanden wären, wenn diese für sich und nicht als Organ für den Verein gehandelt hätten. Eine Schadensersatzpflicht des Vereins für Handlungen seiner Organe entsteht also über § 31 BGB nur in Verbindung mit anderen Anspruchsgrundlagen, seien sie vertraglicher Art, wie z. B. §§ 325, 286 Abs. 1 BGB und positive Forderungsverletzung, oder aus dem Deliktsbereich, wie z. B. §§ 823 ff. BGB.

Beispiel: Das dafür zuständige Vorstandsmitglied zahlt den Kaufpreis aus einem Kaufvertrag nicht, der zwischen dem Verein und V zustande gekommen ist. V entsteht dadurch ein Verzugsschaden, den er gemäß § 286 Abs. 1 BGB i. Vb. m. § 31 BGB von dem Verein fordern kann.

Dem § 31 BGB kommt über den Bereich des eingetragenen Vereins hinaus große Bedeutung zu, weil er auf alle juristischen Personen und auch auf die OHG und die KG entsprechend angewandt wird.

Zur entsprechenden Anwendung des § 31 BGB auf die Gesellschaft bürgerlichen Rechts siehe oben Rdnr. 35.

Rdnr. 50

V. Die Mitgliedschaft

51   Die Mitgliedschaft ist der Inbegriff der Rechte und Pflichten, die sich aus den Rechtsbeziehungen zwischen dem Verein und seinen Mitgliedern ergeben. Die Mitgliedschaft ist personenrechtlich geprägt. Daraus folgt, daß sie nicht übertragbar und nicht vererblich ist und ihre Ausübung auch nicht anderen überlassen werden kann (§ 38 BGB).

Die Rechtsprechung (BGHZ 28, 131, 134) nimmt je nach dem Vereinszweck ein mehr oder weniger enges Treueverhältnis zwischen den Mitgliedern und dem Verein an.

Aus der Mitgliedschaft ergeben sich in der Regel folgende Rechte:
— das Recht auf Teilnahme an der Vereinsverwaltung mit Stimmrecht und aktivem und passivem Wahlrecht zu den Ämtern des Vereins;
— das Recht, an den Veranstaltungen des Vereins teilzunehmen;
— das Recht, die vom Verein zum Gebrauch für die Vereinsmitglieder bestimmten Sachen zu benutzen.

Beispiel: Die Mitglieder eines Tennisvereins haben das Recht, die Plätze des Vereins zum Tennisspielen zu benutzen und das Clubhaus aufzusuchen.

Zu den aus der Mitgliedschaft erwachsenden Verpflichtungen können gehören:
— die Pflicht, Beiträge zu leisten;
— die Pflicht, an Versammlungen und anderen Veranstaltungen des Vereins teilzunehmen;
— die Verpflichtung, Ämter im Verein zu übernehmen.

Auch für den Verein gilt der verbandsrechtliche Grundsatz der Gleichbehandlung der Mitglieder, der allerdings nicht zwingend ist, sondern zur Disposition der Vereinsautonomie steht (vgl. Kübler, § 10 IV 2). Deshalb können durch die Satzung einzelnen Mitgliedern oder Gruppen von Mitgliedern *Sonderrechte* eingeräumt werden, die, sind sie einmal eingeräumt, nicht ohne Zustimmung der begünstigten Mitglieder beeinträchtigt oder gar entzogen werden können (§ 35 BGB).

Zu solchen Sonderrechten gehören z. B.:
— mehrfaches Stimmrecht in der Mitgliederversammlung;
— dauernder Sitz im Vorstand des Vereins;
— ganze oder teilweise Befreiung von der Beitragspflicht.

Beispiel: Die Satzung eines Sportvereins sieht vor, daß Jugendliche unter 18 Jahren und Studenten nur die Hälfte des Geldbetrages als jährlichen Beitrag zu leisten haben, den die übrigen Mitglieder zahlen müssen.

52 Die Mitgliedschaft wird, wenn das Mitglied nicht schon zu den Gründern gezählt hat, durch Eintritt in den Verein unter den Voraussetzungen, die die Satzung festlegen soll, erworben (§ 58 Ziff. 1 BGB). Meist vollzieht sich der Erwerb der Mitgliedschaft so, daß der Eintrittswillige seine Bereitschaft zum Eintritt erklärt, der Vorstand als das von der Satzung dafür bestimmte Organ über die Aufnahme beschließt und nach einem positiven Beschluß dem Eintrittswilligen gegenüber eine entsprechende Erklärung abgibt. Bei dem Eintritt in einen Verein auf die geschilderte Art und Weise handelt es sich um ein *Rechtsgeschäft,* und zwar um einen Vertrag, der auf die Begründung eines Rechtsverhältnisses abzielt (so Larenz, § 10 III b; Lehmann-Dietz, S. 257).

Durch die Satzung kann bestimmt werden, daß neue Vereinsmitglieder nur aufgenommen werden können, wenn sie bestimmte Voraussetzungen erfüllen, wie z. B. die Zugehörigkeit zu einer bestimmten Berufsgruppe oder ein Mindestalter.

Beispiel: Ein „Verein der Filmfreunde e. V." legt in seiner Satzung fest, daß Mitglieder nur Personen werden können, die volljährig sind.

53 Grundsätzlich besteht kein subjektives Recht des einzelnen darauf, in einen bestimmten Verein aufgenommen zu werden. Ein solcher Anspruch kann auch nicht aus dem Grundgesetz (Art. 9 Abs. 3 GG) abgeleitet werden. Denn auch im Hinblick auf die Aufnahme von eintrittswilligen Personen in einen Verein gilt der Grundsatz der Abschlußfreiheit, der Bestandteil der Privatautonomie ist (Larenz, § 10 III b; Lehmann-Dietz, S. 257). Das bedeutet: Nicht nur die einzelne Person kann eine privatautonome Entscheidung darüber treffen, in welchem Verein sie Mitglied werden möchte; auch die Vereine können grundsätzlich frei darüber entscheiden, wen sie als Mitglied aufnehmen möchten (vgl. Kübler, § 33 III). Der BGH (BGHZ 63, 282, 284 ff.) vertritt unter Anwendung von § 826 BGB und in Anlehnung an die Tatbestandselemente des § 27 GWB die Auffassung, daß ein Verein zur Aufnahme verpflichtet sein kann, wenn der Verein eine Monopolstellung einnimmt und die Ablehnung einer Aufnahme auch dann, wenn sie in einer von der Satzung vorgesehenen Art und Weise geschieht, im Verhältnis zu den bereits aufgenommenen Mitgliedern sachlich nicht gerechtfertigt ist und zu einer ungleichen Behandlung und unbilligen Benachteiligung eines die Aufnahme beantragenden Bewerbers führt (vgl. dazu Larenz, § 10 III b). Der BGH (WM 1979, 1114) hält es auch für möglich, daß ein Aufnahmezwang auch für solche Vereinigungen entstehen kann, die keine Monopolstellung erlangt haben, die aber eine erhebliche wirtschaftliche und soziale Machtstellung besitzen, sofern der Bewerber zur Verfolgung oder Wahrung wesentlicher Interessen auf die Mitgliedschaft angewiesen ist (vgl. dazu Nicklisch, JZ 1976, 105 ff.). Keinesfalls darf allerdings ein Aufnahmezwang – gestützt auf die Monopolstellung, eine ihr gleichkommende Machtstellung oder soziale Stellung – eine Vereinigung treffen, die allein oder überwiegend die Förderung der Geselligkeit ihrer Mitglieder zum Ziele hat. Dies muß auch dann gelten, wenn diese Vereinigung die einzige ihrer Art ist und die Mitgliedschaft ein gewisses Geltungsbedürfnis befriedigt (so zutreffend BGH WM 1979, 1114; vgl. auch Birk, JZ 1972, 343 ff.). Eine andere Lösung wäre ein unzulässiger Eingriff in die geschützte und allgemein anerkannte Verbandsautonomie (so i. E. auch K. Schmidt, JuS 1980, 145; grundlegend zum Problemkreis Aufnahmegebot und Vereinigungsfreiheit Wiedemann, Bd. I, § 12 I 3 c).

Die Mitgliedschaft endet, wenn nicht durch Tod, in der Regel durch Austritt aus dem Verein. Die Satzung kann bestimmen, daß der Austritt nur zum Schluß eines Geschäftsjahres oder nach dem Ablauf einer Kündigungsfrist möglich ist (§ 39 BGB). Darüber hinaus hat jedes Mitglied das Recht, die Mitgliedschaft fristlos aus wichtigem Grund zu kündigen (RGZ 130, 375 ff.; BGH LM Nr. 2 zu § 39 BGB).

VI. Vereinsstrafen und Ausschluß von Mitgliedern

54   ## 1. Allgemeine Grundsätze

Es besteht Einigkeit darüber, daß der Verein zulässigerweise die
Möglichkeit hat, Mitglieder auszuschließen, wenn dies in der Satzung
vorgesehen ist und ein satzungsgemäßer Ausschließungsgrund vorliegt. Darüber hinaus ist es dem Verein auch möglich, ein Mitglied
auszuschließen, wenn die Satzung eine entsprechende Regelung nicht
enthält, aber ein *wichtiger Grund* vorliegt, etwa eine grobe Pflichtver-
letzung gegenüber dem Verein.

Der wirksame Ausschluß beendet die Mitgliedschaft durch einsei-
tigen Gestaltungsakt des Vereins. Da der Ausschluß in der Regel mit
Handlungen begründet wird, die mit dem Vorwurf des vereinsschä-
digenden Verhaltens oder sonst zu mißbilligenden Handelns verbunden werden, trägt der Ausschluß fast stets den Charakter einer *Vereinsstrafe* (so zu Recht Larenz, § 10 III b).

Deshalb müssen für den Ausschluß aus dem Verein grundsätzlich
dieselben Regeln gelten wie für die Vereinsstrafe.

Als Vereinsstrafe kommt nicht nur der Ausschluß in Betracht. *Vereinsstrafen* sind darüber hinaus u.a.:

– Rügen,
– Geldbußen,
– zeitweiliger Ausschluß von den Veranstaltungen des Vereins.

55   ## 2. Vereinsstrafe und Verbandsgerichtsbarkeit

Welche Bedeutung der Verhängung von Vereinsstrafen, häufig als
„Sportgerichtsurteile" bezeichnet, und der Verbandsgerichtsbarkeit
überhaupt zukommt, ist einer breiten Öffentlichkeit, aber auch vielen
Juristen erst durch die in der Fußballbundesliga aufgetauchten Probleme bewußt geworden.

Die herrschende Meinung in der Rechtssprechung und in der Literatur geht davon aus, daß ein Verein, wenn die Satzung entsprechen-

de Bestimmungen trifft, gegenüber seinen Mitgliedern eine Strafgewalt hat, aufgrund derer er befugt ist, nach selbst gesetzten Maßstäben Strafen gegen Mitglieder zu verhängen (RGZ 140, 23 ff.; BGHZ 13, 5, 15; 21, 370 ff.; 47, 381 ff.; Larenz, § 10 IV). Der BGH (BGHZ 47, 381, 385) spricht davon, daß in jeder Art von Vereinen die Mitglieder sich mit ihrem Eintritt der Vereinsstrafgewalt unterwerfen.

Gerade in den letzten Jahren ist deutlich geworden, daß die den Vereinsbereich prägende private Satzungsautonomie und die daraus abgeleitete Vereinsstrafgewalt dazu führen können, daß sich zwischen Staat und Gesellschaft „behördenähnliche Gewaltenträger" bilden, „die nach außen als Repräsentanten von Gruppeninteressen, z. T. fast nationalen Belangen, fungieren und nach innen, den Verbandsmitgliedern gegenüber, quasi hoheitlich tätig werden" (so H. P. Westermann, JZ 1972, 537). Daß sich eine solche Entwicklung vollziehen konnte, hängt u. a. damit zusammen, daß das Vereinsrecht des BGB wenig Raum für die gestaltenden Funktionen von Verbänden in Staat und Gesellschaft läßt und für manche Bereiche einfach nicht mehr paßt. Das gilt vor allem für den in Vereinsform organisierten Bereich des Berufssports.

Beispiel: Die Struktur des organisierten deutschen Fußballs einschließlich der Bundesligen sieht folgendermaßen aus: Alle Fußballvereine sind Mitglieder von Landesverbänden, die selbst Vereine sind. Die Landesverbände (Vereine) sind Mitglieder des Deutschen Fußballbundes (DFB), der selbst ebenfalls ein Verein ist. Die Bundesliga-Lizenzspieler sind nicht Mitglieder der Vereine, für die sie spielen. Sie schließen vielmehr mit den Vereinen Arbeitsverträge ab, die der DFB vorformuliert hat. Der DFB ist als Verein Veranstalter der Bundesligen. Für diesen Wettbewerb mit dem Namen Bundesliga hat der DFB ein Statut, das sogenannte Bundesligastatut erlassen, nach dem dieser Wettbewerb ausgetragen wird. Der DFB schließt mit den in die Bundesliga aufgenommenen Vereinen, die ja nicht direkte Mitglieder des DFB sind (s. o.), einen Lizenzvertrag. Er schließt auch Verträge mit den Spielern der Vereine ab, die von ihm dabei die Erlaubnis erhalten, bei einem Bundesligaverein zu spielen (siehe zu diesen Konstruktionen H. P. Westermann, JZ 1972, 537, 538 f.). Konstruktionen dieser Art sprengen deutlich den Rahmen dessen, was der Gesetzgeber mit dem Vereinsrecht des BGB schaffen wollte.

Im Mittelpunkt der Auseinandersetzungen um Zulässigkeit und Grenzen der Vereinsstrafgewalt steht u. a. die Frage, ob damit der

„Boden des Privatrechts verlassen wird und dabei eine Anmaßung öffentlicher Strafgewalt" vorliegt (dazu BGHZ 21, 370, 374).

Flume (S. 101 ff.) geht davon aus, daß eine selbständige Strafgewalt der Vereine gegen das Strafverhängungsmonopol des Staates und damit gegen Art. 92 GG verstößt, nach dem die rechtsprechende Gewalt nur von den staatlichen Gerichten ausgeübt wird. Er wendet sich gegen jede „Vereinsstrafgewalt" und sieht in den Vereinsstrafen lediglich Vertragsstrafen im Sinne der §§ 339 ff. BGB, die gemäß § 315 Abs. 3 BGB der Nachprüfung durch die staatlichen Gerichte unterliegen und auf Antrag der Betroffenen gemäß § 343 BGB durch die Gerichte festgesetzt werden können. Eine „Anlehnung an das Modell der Vertragsstrafe" nach § 339 BGB halten auch Reinhardt-Schultz (Rdnr. 343 ff.) für richtig. Sie vertreten die Auffassung, die Verhängung von Strafen im Sinne der Zufügung eines Übels zum Zwecke der Sühne für begangenes Unrecht sei ausschließlich Sache des Staates, weil dies nur aus seiner Gewalt abgeleitet werden könne. Allerdings müsse es dem Verein möglich sein, dafür zu sorgen, daß seine Mitglieder sich satzungsgemäß verhalten. Für Satzungsverstöße vorgesehene Sanktionen, die in der Satzung oder einer besonderen Ordnung vorgesehen seien, könnten ihren Ursprung und ihre Rechtfertigung in der rechtsgeschäftlichen Übereinkunft finden, die mit dem Beitritt zum Verein vollzogen werde (vgl. Bötticher, ZfA 1970, 44 ff.).

Gegen die Auffassung, bei den Vereinsstrafen handele es sich um Vertragsstrafen im Sinne der §§ 339 ff. BGB, wendet sich vor allem Larenz (§ 10 IV), weil die Vertragsstrafen typischerweise schon im Vertrag für einen bestimmten Fall und in bestimmter Höhe festgelegt würden; dagegen werde die Vereinsstrafe durch ein Vereinsorgan im Wege eines „justizähnlichen Verfahrens von Fall zu Fall" verhängt und enthalte typischerweise eine Mißbilligung, mit der die Reaktion einer sozialen Gruppe auf ein Verhalten eines Mitgliedes, das mit den Gruppenanforderungen im Widerspruch stehe, zum Ausdruck gebracht werde. Larenz (§ 10 IV) bezeichnet die Vereinsstrafe als Disziplinarstrafe, die sich nicht auf eine selbständige Strafgewalt der Vereine gründe und deshalb nicht gegen Art. 92 GG verstoße. Die Vereinsstrafe als Disziplinarstrafe beruhe vielmehr auf einer „privatautonom begründeten Rechtsmacht, die den Vereinen gewohnheitsrechtlich zugebilligt wird", soweit sie sich diese in ihrer Satzung zugelegt haben; durch ihren Beitritt hätten sich die Mitglieder der „begrenzten satzungsmäßigen Disziplinargewalt" unterworfen. Disziplinarmaßnahmen dürften jedoch nicht außerhalb eines legitimen Zweckes – wie z.B. der Wahrung der Vereinsordnung – stehen.

Die Zulässigkeit dessen, was gemeinhin als Vereinsstrafen bezeichnet wird, ist heute unbestritten, soweit diese in der Satzung eine Grundlage finden.

Rdnr. 55

Meines Erachtens ist es richtig, nicht von Strafen zu sprechen, sondern von „besonderen Maßnahmen", die die Vereinsorgane gegen einzelne Mitglieder verhängen können, wenn diese einen Tatbestand erfüllen, der in der Satzung verankert ist. Mit der Möglichkeit, daß bei Vorliegen bestimmter Voraussetzungen ein Vereinsorgan solche Maßnahmen verhängen kann, hat sich jedes Vereinsmitglied durch den rechtsgeschäftlichen Akt seines Beitritts (Eintritt) einverstanden erklärt. Aus dieser rechtsgeschäftlichen Übereinkunft ist die Möglichkeit, im Einzelfall diese Maßnahmen zu verhängen, abzuleiten (so auch Bötticher, ZfA 1970, 44 und Reinhardt-Schultz, Rdnr. 345); die Anlehnung an die Vertragsstrafe aus den von Larenz genannten Gründen ist nicht möglich. Daraus folgt auch, daß es bei der Verhängung von Maßnahmen gegen Vereinsmitglieder keinen Bereich gibt, der sich der Nachprüfung durch die staatlichen Gerichte entzieht. Die vereinsrechtliche Rechtsprechung des BGH hat bisher in dieser Hinsicht allerdings eine kaum verständliche Zurückhaltung geübt und einen „gerichtsfreien Raum geschaffen", statt den „Rechtsstaatsgedanken eines umfassenden Gerichtsschutzes auf die intermediären Gewalten zu übertragen" (so Wiedemann, Bd. I, § 3 III 3). Der BGH hat zwar z.B. auch den Grundsatz des rechtlichen Gehörs (BGHZ 29, 352, 355) und den Gleichbehandlungsgrundsatz (BGHZ 47, 381, 385) gelegentlich berücksichtigt, andererseits aber auch neuerdings wieder betont, daß eine auf einem Satzungstatbestand beruhende Beurteilung von den Gerichten grundsätzlich nur daraufhin nachgeprüft werden könne, „ob sie offenbar unbillig ist" (so BGHZ 75, 158, 159. Es handelte sich bei dem entschiedenen Fall allerdings um den Mitgliedsausschluß aus einer politischen Partei, was die Zurückhaltung erklärlich macht).

Zu Recht gewinnt die Ansicht an Bedeutung, daß ein rechtsschutzfreier Raum weder „von oben" durch die Gesetzgebung noch „von unten" durch die betroffenen Personen legitimiert wird (so mit überzeugender Begründung Wiedemann, Bd. I, § 3 III 3). Deshalb ist nach rechtsstaatlichen Grundsätzen der Beschluß eines Vereinsorgans über die Verhängung der oben bezeichneten Maßnahmen auf seine Rechtmäßigkeit voll durch staatliche Gerichte nachprüfbar. Die Gerichte können deshalb u.a. nachprüfen:

Rdnr. 55

– ob die ergangene Maßnahme der Satzung entspricht;
– ob eine derartige, in der Satzung vorgesehene Maßnahme im Hinblick auf die Zwecke des Vereins nicht unverhältnismäßig ist;
– ob das in der Satzung für solche Zwecke vorgesehene Verfahren
  eingehalten worden ist (vgl. dazu auch Larenz, § 10 IV).

56   **VII. Das Ende des Vereins**

Das Gesetz unterscheidet in nicht ganz klar definierter Weise zwischen Auflösung und Verlust der Rechtsfähigkeit. Beides führt zum
Untergang der juristischen Person.

Zu den Auflösungsgründen gehören:
– die Auflösung durch Beschluß der Mitgliederversammlung (§ 41
  BGB);
– der Eintritt von Terminen oder Tatsachen, die nach der Satzung zur
  Auflösung führen sollen;
– der Wegfall sämtlicher Mitglieder (vgl. BGHZ 19, 51 ff.).

Auch wenn nur noch ein Mitglied übrigbleibt, kann der Verein
weiter bestehen; es ist dabei weiterhin streng zu unterscheiden zwischen der juristischen Person, die ein Einmann-Verein geworden ist,
einerseits und dem Mitglied andererseits.

Wird ein rechtsfähiger Verein aufgelöst, erfolgt ein Liquidations-
verfahren nach den vom Gesetz festgelegten Regeln, die durch die
Satzung ergänzt werden können. Mit der Liquidation sollen alle
Schulden des Vereins beglichen werden. Ein etwa verbleibender Ver-
mögensrest fällt an die in der Satzung bestimmten Personen (§ 45
BGB). Die Auflösung hat die Beendigung aller rechtlichen Beziehungen der Mitglieder untereinander zur Folge.

Soweit der Zweck der Liquidation dies erfordert, gilt der Verein
bis zur Beendigung der Liquidation als fortbestehend (§ 49 Abs. 2
BGB), kann also weiterhin Träger von Rechten und Pflichten sein.
Wenn die Mitgliederversammlung den Verein aufgelöst hat (§ 41
BGB), die Liquidation abgeschlossen und verteilbares Vermögen un-
streitig nicht mehr vorhanden ist, ist der Verein materiellrechtlich
nicht mehr existent (BGHZ 74, 212, 213).

Rdnr. 56

57   *Gründe für den Verlust der Rechtsfähigkeit* können sein:

— die Eröffnung des Konkursverfahrens über das Vermögen des Vereins (§ 42 Abs. 1 BGB). Bei Überschuldung des Vereinsvermögens hat der Vorstand die Eröffnung des Konkurs- oder Vergleichsverfahrens zu beantragen (§ 42 Abs. 2 BGB);

— die Entziehung der Rechtsfähigkeit durch das zuständige Gericht, wenn die Mitgliederzahl unter drei sinkt;

— die Sitzverlegung ins Ausland (so OLG Hamburg, OLGE 16, 121);

— die Entziehung der Rechtsfähigkeit durch die zuständige Verwaltungsbehörde in den in § 43 BGB genannten Fällen.

Beispiel: Ein Tennisverein, zu dessen Vermögen eine Reihe von Grundstücken gehört, baut auf den Grundstücken Eigentumswohnungen und veräußert sie mit Gewinn. Aus dem Erlös erwirbt er andere Grundstücke und baut erneut Eigentumswohnungen, um sie zu veräußern. Diese Tätigkeiten sind in der Satzung nicht vorgesehen. Hier könnte für die zuständige Verwaltungsbehörde ein Grund für die Entziehung der Rechtsfähigkeit nach § 43 Abs. 2 BGB vorliegen.

Auch der Entzug der Rechtsfähigkeit kann zur Liquidation führen. Im Gegensatz zur Auflösung eröffnet sich auch die Möglichkeit, die Personenvereinigung beizubehalten und als nichtrechtsfähigen Verein fortzuführen. Soll die Personenvereinigung als nichtrechtsfähiger Verein bestehen bleiben, ist keine Liquidation erforderlich. Auch eine Vermögensübertragung ist nicht notwendig. Das gesamte Vermögen geht mit Aktiven und Passiven auf den nichtrechtsfähigen Verein über.

Drittes Kapitel

Die Abgrenzung von Gesellschaften und rechtsfähigen Vereinen von Vereinigungen und Organisationen anderer Art

58 Gesellschaften bürgerlichen Rechts und Vereine sowie die auf diesen Grundformen basierenden Vereinigungsarten sind von solchen Organisationen und Vereinigungen abzugrenzen, die weder Verein noch BGB-Gesellschaften sind und auch nicht von diesen abgeleitet werden können.

§ 6. Der nichtrechtsfähige Verein

Schrifttum: Habscheid, Der nicht rechtsfähige Verein zwischen juristischer Person und Gesellschaft, AcP 155 (1956), 375 ff.; Larenz, Allgemeiner Teil des deutschen bürgerlichen Rechts, 5. Aufl. 1980, § 10 VI; H. Schumann, Zur Haftung der nichtrechtsfähigen Vereine, 1956.

I. Begriff und Bedeutung des nichtrechtsfähigen Vereins

Verzichten die Mitglieder eines Vereins darauf, die Schritte zu unternehmen, die notwendig sind, um die Rechtsfähigkeit zu erlangen, so handelt es sich gleichwohl um einen Verein, wenn eine körperschaftliche Organisation auf der Grundlage einer Satzung vorhanden ist. Wenn der Verein nicht eingetragen ist, fehlt ihm vor allem die Rechtsfähigkeit.

Der nichtrechtsfähige Verein unterscheidet sich vom rechtsfähigen Verein durch die mangelnde Rechtsfähigkeit. Auch er ist eine auf Dauer angelegte Personenvereinigung, die vom Mitgliederwechsel unabhängig ist und der Erreichung eines gemeinsamen, selbst gesetzten Zweckes dient. Er ist körperschaftlich verfaßt, hat einen Vorstand und tritt nach außen unter eigenem Namen als selbständige Einheit auf.

Die praktische Bedeutung der nichtrechtsfähigen Vereine ist nicht unerheblich. Als nichtrechtsfähige Vereine sind u. a. angesehen worden: Studentenverbindungen (RGZ 78, 134, 135), die Niederlassungen eines katholischen Ordens (RGZ 97, 122, 123), der Verband Deutscher Studentenschaften (OLG München NJW 1969, 617, 618), die Heilsarmee (RAG JW 1935, 2228), Handelssyndikate (RGZ 82, 294, 295). Vor allem ist zu berücksichtigen, daß die meisten – später eingetragenen – Vereine zunächst als nichtrechtsfähige Vereine gegründet werden.

59   II. Das auf den nichtrechtsfähigen Verein anwendbare Recht

Die fehlende Rechtsfähigkeit hat dazu geführt, daß der Gesetzgeber die Vorschriften über die Gesellschaft bürgerlichen Rechts (§§ 705 ff. BGB) für anwendbar erklärt hat (§ 54 BGB). Diese Regelung wird überwiegend für den Fall als verfehlt angesehen, daß der nichtrechtsfähige Verein außer der Rechtsfähigkeit alle Merkmale eines rechtsfähigen Vereins aufweist, weil der nach körperschaftlichen Grundsätzen aufgebaute, nicht eingetragene Verein die typischen Merkmale einer Personengesellschaft *nicht* aufweist (so Lehmann-Dietz, S. 265). Der nichtrechtsfähige Verein ist aufgrund seiner Struktur eben nicht Gesellschaft, sondern Verein.

Der BGH (BGHZ 13, 5, 11) hat die Anwendung der Grundsätze über die Ausschließung und die Vereinsgewalt auf den nichtrechtsfähigen Verein damit begründet, daß auch der nichtrechtsfähige Verein eine körperschaftliche Organisation mit einer selbständigen Vereinsgewalt aufweise und sich insoweit grundlegend von einer Gesellschaft unterscheide. Noch weitergehend hat der BGH (BGHZ 43, 316, 319) später festgestellt, in der sozialen Wirklichkeit stehe der nichtrechtsfähige Verein dem rechtsfähigen Verein sehr viel näher als der BGB Gesellschaft (hier handelte es sich um eine politische Partei), die Rechtsprechung müsse deshalb dem Auseinanderklaffen von sozialer Wirklichkeit und positivem Recht Rechnung tragen (so auch schon BGHZ 42, 210, 216 u. später BGHZ 50, 325, 328 ff. im Hinblick auf Gewerkschaften). Kübler (§ 11 I 1 c) zieht aus dieser Entwicklung den Schluß, für den nichtrechtsfähigen Verein gälten heute grundsätzlich die §§ 21 ff. BGB und nicht die §§ 705 ff. BGB.

Die Regelung des § 54 BGB hat sozialgeschichtliche Gründe. Der Gesetzgeber stand den nichtrechtsfähigen Vereinen reserviert gegenüber. Die Haltung ist u. a. mit seiner Einstellung zur Gewerkschaftsbewegung erklärbar. Die Gewerkschaften waren zum größten Teil als nichtrechtsfähige Vereine organisiert. Sie vermieden es, die Rechtsfähigkeit zu erlangen, weil der für rechtsfähige Vereine geltende, inzwischen aber aufgehobene § 43 Abs. 3 BGB Vereine mit sozialpolitischen Zielen der Kontrolle der Verwaltungsbehörden unterstellte, was die Möglichkeit eines Verbotes einschloß.

Abgesehen von den sich aus § 54 BGB selbst ergebenden Besonderheiten dürfte es richtig sein, auf den nichtrechtsfähigen Verein die Vorschriften über den rechtsfähigen Verein entsprechend anzuwenden, soweit diese Vorschriften nicht die Rechtsfähigkeit des Vereins voraussetzen (so auch Soergel-Schultze-von Lasaulx, § 54 Rdnr. 8; im Ergebnis auch MünchKomm-Reuter, § 54 Rdnr. 3).

Besonderheiten gegenüber dem rechtsfähigen Verein ergeben sich also im wesentlichen aus der mangelnden Rechtsfähigkeit. Da der nichtrechtsfähige Verein nicht juristische Person ist, sind Träger des Vereinsvermögens die Mitglieder zur gesamten Hand (§ 54 BGB i. Vb. m. §§ 718, 719 BGB; vgl. dazu oben Rdnr. 31).

60   ## III. Die Haftung

Für *rechtsgeschäftliche Verbindlichkeiten,* die ein Organ für den nichtrechtsfähigen Verein begründet, haften die Mitglieder grundsätzlich in entsprechender Anwendung des § 714 BGB i. Vb. m. § 427 BGB als Gesamtschuldner (zur Haftung für Gesellschaftsschulden vgl. oben Rdnr. 34).

In der Regel ist jedoch davon auszugehen, daß die Haftung für durch Rechtsgeschäfte begründete Verbindlichkeiten bei nichtrechtsfähigen Idealvereinen (nichtwirtschaftlichen Vereinen) durch eine ausdrücklich oder stillschweigend in die Satzung aufgenommene Bestimmung auf das Vereinsvermögen (als Gesamthandsvermögen) beschränkt ist, indem die Vertretungsmacht der Organe entsprechend beschränkt und unterstellt wird, daß eine solche Beschränkung bekannt ist oder doch von Dritten erwartet wird (so RGZ 90, 173, 176; 143, 212, 213 f.; Soergel-Schultze-von Lasaulx, § 54 Rdnr. 36). Schultze – von Lasaulx (a. a. O.) stützt eine solche Haftungsbeschränkung bei nichtrechtsfähigen Idealvereinen stärker auf die körperschaftliche Struktur und die Bildung eines Vereinsvermögens als Sondervermögen, weil dies dem Zweck und dem Wesen der Mitgliedschaft in einem Verein dieser Art und auch den Erwartungen der Vertragspartner entspreche (so auch Enneccerus-Nipperdey, § 116 IV 6 b).

Bei nichtrechtsfähigen Vereinen mit wirtschaftlicher Zielsetzung ist eine Beschränkung der Haftung aus Rechtsgeschäften auf das Gesamthandsvermögen allerdings ausgeschlossen. Bei nichtrechtsfähigen wirtschaftlichen Vereinen haften die Mitglieder vielmehr unbeschränkt und gesamtschuldnerisch mit ihrem gesamten Privatvermögen. Das ergibt sich daraus, daß die Rechtsordnung im Bereich wirtschaftlicher Betätigung grundsätzlich von der unbeschränkten Haftung ausgeht und eine Haftungsbeschränkung auf eine bestimmbare Vermögensmasse nur zuläßt, wenn – wie bei der Aktiengesellschaft und GmbH – Voraussetzungen geschaffen sind, die geeignet sind, die Gläubiger zu schützen (so zu Recht Soergel-Schultze-von Lasaulx, § 54 Rdnr. 38; im Ergebnis ebenso Lehmann-Dietz, S. 271 u. Münch Komm-Reuter, § 54 Rdnr. 18 ff.).

Neben der Haftung des nichtrechtsfähigen Vereins und unabhängig von ihr begründet § 54 S. 2 BGB eine Haftung des Handelnden, d. h. desjenigen, der für einen außenstehenden Dritten erkennbar eine bestimmte Rechtshandlung verantwortlich vornimmt (Soergel-Schultze-von Lasaulx, § 54 Rdnr. 42). Diese sog. Handelndenhaftung entsteht aus dem Zweck dieser Vorschrift ohne Rücksicht darauf, ob der Handelnde Vertretungsmacht hatte oder nicht.

Bei *unerlaubten Handlungen,* die Organe des nichtrechtsfähigen Vereines begangen haben, ist § 31 BGB entsprechend mit der Folge anzuwenden, daß die Haftung auf das Vereinsvermögen beschränkt bleibt (Habscheid, AcP 155 (1956), 375, 410; Kübler, § 11 III 4; Larenz, § 10 VI 4). Der dafür maßgebliche Gesichtspunkt ist: Auch der Vorstand eines nichtrechtsfähigen Vereins handelt in erster Linie für einen nach Art einer Körperschaft organisierten Personenverband und nicht für dessen einzelne Mitglieder; dies wird auch in der Öffentlichkeit so aufgefaßt.

Rdnr. 60

61 IV. Die passive und aktive Parteifähigkeit im Zivilprozeß

Nach § 50 Abs. 1 ZPO kann in einem Rechtsstreit grundsätzlich nur derjenige Partei sein, der rechtsfähig ist. Um es den Gläubigern zu ermöglichen, ihre Ansprüche gegen einen nichtrechtsfähigen Verein durchzusetzen, „erklärt" § 50 Abs. 2 ZPO den nichtrechtsfähigen Verein für passiv parteifähig. Das bedeutet: Der nichtrechtsfähige Verein kann unter seinem Namen verklagt und so Prozeßpartner werden. Da ihm jedoch die aktive Parteifähigkeit fehlt, kann er grundsätzlich nicht unter seinem Namen selbst klagen.

Daß der Gesetzgeber dem nichtrechtsfähigen Verein die aktive Parteifähigkeit versagt hat, ist historisch mit dem Mißtrauen den aufstrebenden Gewerkschaften gegenüber zu erklären. Die Bildung einflußreicher Vereinigungen mit politischer, sozialer oder religiöser Zielsetzung sollte erschwert werden (vgl. dazu BGHZ 50, 325 ff.). Der BGH hat in neuerer Zeit anerkannt, daß diese Regelung der seit Anfang dieses Jahrhunderts fortschreitend vollzogenen Sozial- und vor allem Rechtsentwicklung nicht mehr gerecht wird und eine Beschränkung der Gewerkschaften auf die passive Parteifähigkeit mit dem Wertsystem der geltenden materiellen Rechtsordnung nicht mehr vereinbar ist. Insbesondere unter Berücksichtigung der Tatsache, daß sich das Verhältnis des Staates zu den Gewerkschaften grundlegend gewandelt hat, sieht der BGH die Gewerkschaften, die ihrer Tradition, sich nicht in das Vereinsregister eintragen zu lassen, treu geblieben sind, im Zivilprozeß als parteifähig an (BGHZ 50, 325 ff.). Die Gewerkschaften nehmen in dieser Hinsicht allerdings eine Sonderstellung ein. Alle anderen nichtrechtsfähigen Vereine können auch weiterhin nicht als Kläger in einem Zivilprozeß auftreten (vgl. OLG München, NJW 1969, 617 f., das dem Verband Deutscher Studentenschaften die aktive Parteifähigkeit versagte; Kübler § 11 III 5).

§ 7. Körperschaften und Anstalten des öffentlichen Rechts

62   ### I. Körperschaften des öffentlichen Rechts

Körperschaften des öffentlichen Rechts, wie z. B. die Bundesrepublik Deutschland, das Land Nordrhein-Westfalen, die Fernuniversität in Hagen und die Stadt Hagen sind rechtsfähige Verbände, die mitgliedschaftlich organisiert sind und öffentlichen Zwecken dienen, zugleich aber auch private Interessen befriedigen können. Sie sind in der Regel juristische Personen des öffentlichen Rechts.

Körperschaften des öffentlchen Rechts – und hier liegt einer der wesentlichen Unterschiede zu den Körperschaften des privaten Rechts – werden nach den Vorschriften des öffentlichen Rechts gebildet und beendet. Sie sind mit hoheitlichen Befugnissen ausgestattet und haben die ihnen zugewiesenen Aufgaben mit ihren eigenen Organen und ihrem Personal, mit einem eigenen Haushalt und in eigener Verantwortung zu erfüllen.

63   ### II. Anstalten des öffentlichen Rechts

Anstalten des öffentlichen Rechts sind Organisationen, die in der Regel von einer juristischen Person des öffentlichen Rechts zur Besorgung einer oder mehrerer sachlich zusammenhängender Angelegenheiten eingerichtet und getragen werden. Der Träger übt in der Regel den maßgeblichen Einfluß auf die Anstalt aus.

Beispiele für Anstalten des öffentlichen Rechts: Bundesbahn und Bundespost; Schulen; die Bundesbank; die Bundesanstalt für Arbeitsvermittlung und Arbeitslosenversicherung; Rundfunkanstalten; Bibliotheken; Friedhöfe.

Anstalten des öffentlichen Rechts erfüllen ihre Aufgabe mit der ihnen verliehenen Hoheitsgewalt. Ihre Bestimmung ist es, unmittelbar öffentlichen Zwecken zu dienen. Dadurch unterscheiden sie sich in erster Linie von den privatrechtlichen Vereinigungen.

Bei den öffentlichen Anstalten ist zu unterscheiden zwischen vollrechtsfähigen und teilrechtsfähigen Anstalten.

Nur die vollrechtsfähigen Anstalten sind juristische Personen des öffentlichen Rechts. Sie bilden nicht nur Dritten, sondern auch dem Anstaltsträger gegenüber eine selbständige rechtliche Zurechnungs-, Zuordnungs-, Vermögens- und Haftungseinheit mit eigenem Namen. Sie haben eine eigene Satzungsgewalt, verwalten sich selbst und genießen partielle Selbstverwaltungsrechte (vgl. Wolff, § 98 II b). Die Selbständigkeit ist jedoch nur eine beschränkte, weil der Träger der Anstalt (der Anstaltsherr) auf verschiedene Art und Weise Einfluß auf die Leitung der Anstalt nehmen kann.

Teilrechtsfähige Anstalten sind nicht juristische Personen des öffentlichen Rechts. Sie haben zwar eigene Verwaltungsbefugnis und Verordnungsgewalt, aber nur in vermögensrechtlicher Hinsicht, und bilden nur Dritten, nicht aber dem Träger der Anstalt gegenüber, eine Zurechnungs-, Zuordnungs- und Haftungseinheit (vgl. Wolff, a. a. O.).

Beispiele: Deutsche Bundesbahn und deutsche Bundespost.

Ein wesentlicher Unterschied zwischen Vereinigungen des privaten Rechts und Anstalten des öffentlichen Rechts zeigt sich in den Rechtsbeziehungen, die diese Organisationen mit Dritten errichten und unterhalten. Während die Vereinigungen des Privatrechts ihre Rechtsverhältnisse mit Dritten auf der Grundlage des Privatrechts ordnen – etwa privatrechtliche Verträge schließen –, sind die Rechtsbeziehungen zwischen einer öffentlichen Anstalt und ihren Benutzern im wesentlichen auf der Grundlage des öffentlichen Rechts geregelt. Für die Gestaltung der Rechtsbeziehungen zwischen der Anstalt und ihren Benutzern ist in der Regel die Benutzungsordnung maßgeblich, die Gegenstand und Maß der Anstaltsleistungen und Berechtigungen der Benutzer gegenüber der Anstalt festlegt. Die Benutzungsordnung begründet eine sogenannte *Anstaltsgewalt,* auf der sie in der Regel auch beruht (vgl. Wolff, § 99 I u. II). Als Anstaltsgewalt kann man die abstrakte und konkrete Regelungsbefugnis des Anstaltsträgers und der Anstaltsorgane aufgrund oder im Rahmen der Gesetze bezeichnen (vgl. Wolff, § 99 II a).

§ 8. Die rechtsfähige Stiftung des privaten Rechts

Schrifttum: Liermann, Handbuch des Stiftungsrechts, Bd. 1, 1963; Larenz, Allgemeiner Teil des deutschen bürgerlichen Rechts, 5. Aufl. 1980, § 11; Schwinge, Die Stiftung im Errichtungsstadium, BB 1978, 527 ff.; Strickroth, Stiftungsrecht, 2. Aufl. 1977.

64

I. Die Bedeutung

In demokratisch und privatwirtschaftlich verfaßten Gemeinwesen, wie z. B. in den USA, hat sich die Institution der Stiftung als geeignetes Mittel für die Förderung kultureller Einrichtungen, wissenschaftlicher Projekte sowie sozialer und gesundheitlicher Hilfsmaßnahmen seit langer Zeit bewährt (siehe zur Stiftung als rechtspolitischem Problem Kübler, § 12 III). In neuerer Zeit erfreut sich die Stiftung als Organisationsform auch in der Bundesrepublik Deutschland einer wachsenden Beliebtheit. Die Gründe dafür sind vielfältig. Die Zahl der Stiftungen, die in den letzten 30 Jahren entstanden sind, wird auf etwa 4500 geschätzt (so Schwinge, BB 1978, 527).

Neben Forschungs- und Stipendienstiftungen, wie z. B. der Stiftung Volkswagenwerk, haben Familienstiftungen stets eine gewisse Rolle gespielt. Das Vermögen der Familienstiftungen besteht in der Regel aus Grundstücken, aus deren Gewinnen den Mitgliedern Geld zugewandt wird. Viele Interessengruppen, z. T. in Verbänden organisiert, und die politischen Parteien haben sich inzwischen der Rechtsform der Stiftung bedient, um ihre publizistischen, aber auch wissenschaftlichen und kulturellen Zielsetzungen intensiv verfolgen zu können.

Nach dem zweiten Weltkrieg hat die rechtsfähige Stiftung auch für das Unternehmensrecht Bedeutung gewonnen. Die Stiftung kann als Träger eines oder mehrerer Unternehmen auftreten, wobei das Stiftungsvermögen zugleich das Unternehmenskapital bildet. Anreize, die Stiftung als Unternehmensform zu benutzen, können sich aus folgenden Überlegungen ergeben:

- Die rechtsfähige Stiftung ist juristische Person mit einem eigenen, nur beschränkt haftenden Vermögen. Im Hinblick auf die Haftung gewährt sie die gleichen Vorteile wie die Kapitalgesellschaften (Aktiengesellschaft und GmbH).
- Als Träger des Unternehmens ist die Stiftung Einzelkaufmann im Sinne der §§ 1 ff. HGB. Das bringt den Vorzug mit sich, daß die zum Teil starren Vorschriften für die Unternehmensverfassung der Kapitalgesellschaften nicht anzuwenden sind. Die Unternehmensverfassung kann frei und nach anderen Gesichtspunkten gestaltet werden als bei den Kapitalgesellschaften.

Ein entscheidener Nachteil für ein Unternehmen in der Rechtsform der Stiftung besteht allerdings darin, daß das Stiftungsvermögen, welches das Unternehmenskapital bildet, rechtlich endgültig weggegeben, d. h. als Vermögen der Stiftung Rechtsperson mit der Folge geworden ist, daß eine andere Person darauf keinen Einfluß mehr nehmen kann.

65 ## II. Begriff und Rechtsquellen

Die rechtsfähige Stiftung ist eine als selbständiger Rechtsträger anerkannte, mit einem eigenen Vermögen ausgestattete Einrichtung, mit der ein dauernder Zweck, der durch den Willen der Errichtenden festgelegt wird, erreicht werden soll. Sie ist kein Personenverband. Die Stiftung als eine besondere Organisationsform ermöglicht es, die Verfolgung konkreter Ziele langfristig, auch über den Tod des Stifters hinaus, zu institutionalisieren (vgl. Kübler, § 12 I 1 a).

Das Stiftungsrecht ist in den §§ 80 ff. BGB nur unvollständig geregelt. Eine Reihe von Bundesländern hat die vom BGB offengelassenen Probleme durch Landesgesetze geregelt.

66   III. Die Entstehung der rechtsfähigen Stiftung

Die rechtsfähige Stiftung entsteht als juristische Person durch das privatrechtliche Stiftungsgeschäft und die staatliche Genehmigung (§ 80 BGB).

Das Stiftungsgeschäft ist eine einseitige, nicht empfangsbedürftige *Willenserklärung* des Stifters, die darauf abzielt, die Stiftung zur Verwirklichung eines bestimmten Zweckes als selbständigen Rechtsträger entstehen zu lassen. Zu den wesentlichen Inhalten des Stiftungsgeschäftes gehört die Festsetzung eines bestimmten Zweckes.

Das Stiftungsgeschäft kann sein:

— ein *Rechtsgeschäft unter Lebenden;* es bedarf dann der Schriftform und kann bis zur staatlichen Genehmigung vom Stifter widerrufen werden (§ 81 BGB), oder

— eine *Verfügung von Todes wegen* (Testament oder Erbvertrag) (§ 83 BGB; siehe dazu BGHZ 70, 313 ff.). Die Stiftung wird dann als Erbe eingesetzt oder mit einem Vermächtnis bedacht.

Die staatliche Genehmigung wirkt rechtsbegründend, d. h. erst durch sie entsteht eine rechtsfähige Stiftung unter der Voraussetzung, daß das Stiftungsgeschäft wirksam ist (Soergel-Schultze-von Lasaulx, § 80 Rdnr. 40).

Nach der Genehmigung entsteht ein Anspruch der rechtsfähig gewordenen Stiftung gegen den Stifter auf die Übertragung des in einem *Stiftungsgeschäft unter Lebenden* zugesicherten Vermögens (§ 82 BGB). Ist das Stiftungsgeschäft eine letztwillige Verfügung und hat der Stifter die Stiftung zum Erben eingesetzt, geht das zugesicherte Vermögen durch Gesamtrechtsnachfolge auf die Stiftung über (§ 1922 BGB).

67 ## IV. Die Verfassung der rechtsfähigen Stiftung

Wie jede andere juristische Person des Privatrechts hat auch die rechtsfähige Stiftung eine *Verfassung*. Diese wird bestimmt durch:
– Bundesrecht: BGB (§§ 85 ff., die u. a. eine teilweise entsprechende Anwendung des Vereinsrechts vorsehen (§ 86 BGB),
– Landesrecht
– und das Stiftungsgeschäft.

Die rechtsfähige Stiftung muß einen Vorstand haben, für den im wesentlichen das Vereinsrecht gilt (§ 86 BGB). Die Stiftung hat keine Mitglieder und infolgedessen auch keine Mitgliederversammlung als Organ. Es gibt lediglich diejenigen Personen, die in den Genuß der Stiftung kommen sollen. Sie werden als Bezugsberechtigte oder Destinäre bezeichnet. Ihnen stehen keine Mitgliedsrechte zu, sie haben deshalb auch an der Verwaltung der Stiftung keinen Anteil.

Ob die Bezugsberechtigten Ansprüche gegen die Stiftung – etwa Ansprüche auf Zahlung von Geld – haben, richtet sich nach der Verfassung, die durch den im Stiftungsgeschäft niedergelegten Willen des Stifters mitgestaltet wird. Wenn die Verfassung bestimmt, daß der Vorstand oder Dritte auswählen können, welche Personen in welchem Umfang in den Genuß des auszuschüttenden Geldes der Stiftung kommen sollen, besteht jedenfalls vor einer endgültigen Auswahl kein Anspruch auf Zahlung (vgl. BGH LM Nr. 1 zu § 85 BGB).

Beispiel: Der sechzigjährige Unternehmer U ist alleiniger Gesellschafter eines in der Rechtsform einer GmbH (Einmann-GmbH) betriebenen Unternehmens, das 450 Arbeitnehmer beschäftigt und eine gute Ertragslage aufweist. Bei den zukünftigen Erben (Kinder) und deren Ehegatten steht zu befürchten, daß wegen mangelnder Eignung und zu erwartender Meinungsverschiedenheiten der Bestand des Unternehmens ernsthaft gefährdet ist. Um seinen Kindern eine Versorgungsquelle zu erhalten und die Arbeitsplätze zu sichern, errichtet U zu seinen Lebzeiten eine Stiftung, in die er das gesamte Unternehmen einbringt. In dem Stiftungsgeschäft, das Bestandteil der Verfassung der Stiftung wird, ist bestimmt, daß der Vorstand der Stiftung jeweils aus drei Personen bestehen soll, die der Aufsichtsrat der X-Bank AG bestimmt. Der Vorstand soll darüber entscheiden, ob und gegebenenfalls welche Beträge halbjährlich nach dem Tode des Stifters an die als Bezugsberechtigte berufenen Kinder ausgezahlt werden sollen. In diesem Fall wird die Errichtung einer Stiftung der Interessenlage aller Beteiligten – in erster Linie der Kinder und der betroffenen Arbeitnehmer – gerecht. Es ist allerdings zu berücksichtigen, daß Zuwendungen voll erbschaft- und schenkungsteuerpflichtig sind (§ 3 Abs. 2 Ziff. 1 und § 7 Abs. 1 Ziff. 8 ErbStG).

V. Die Beendigung der Stiftung

Die Beendigung der Stiftung richtet sich nach §§ 87, 88 BGB, wonach die Liquidationsvorschriften des Vereins (§§ 46 ff. BGB) entsprechend anzuwenden sind, nach Landesrecht und dem Stiftungsgeschäft.

§ 9. Gemeinschaften im Rechtssinne

Schrifttum: Engländer, Die regelmäßige Rechtsgemeinschaft, 1914; Larenz, Lehrbuch des Schuldrechts, Bd. 2, 12. Aufl. 1981, § 61.

68   I. Die Entstehung von Gemeinschaften im Rechtssinne

Eine Rechtsgemeinschaft besteht dann, wenn ein Recht, wie z. B. das Eigentum an einer Sache, mehreren Personen gemeinsam zusteht.

Beispiel: Die Gemeinschaft nach Bruchteilen der Miteigentümer (§§ 1008 bis 1011 BGB).

Zwischen den Mitberechtigten besteht ein gesetzliches Schuldverhältnis und darüber hinaus eine personenrechtliche Verbindung lockerster Art, auf die §§ 741 ff. BGB anzuwenden sind, soweit sich aus dem Gesetz nichts anderes ergibt (Larenz, § 61 I.). Gemeinschaftsrecht ist u. a. noch in §§ 1008 ff., 1415 ff. und 2032 ff. BGB geregelt.

Gemeinschaften im Rechtssinne können entstehen:

– durch Gesetz;

Beispiel: Gemeinschaft nach Bruchteilen der Miteigentümer gemäß §§ 947, 948 BGB durch Verbindung und Vermischung beweglicher Sachen.

– durch Vertrag;

Beispiel: Die Vereinbarung einer Gütergemeinschaft durch Ehevertrag zwischen den Ehegatten (§§ 1415 ff. BGB).

— durch letztwillige Verfügung.

Beispiel: Die Erbengemeinschaft (§§ 2032 ff. BGB).

Bei der Entstehung der Gemeinschaft kann sich ein gesamthänderisch gebundenes Vermögen bilden.

Beispiel: Die Gütergemeinschaft der Eheleute (§ 1416 BGB) und die Erbengemeinschaft (§ 2032 BGB).

Dies muß allerdings nicht so sein.

Beispiel: Die Gemeinschaft der Miteigentümer nach Bruchteilen (§ 1008 BGB).

69 ## II. Der Unterschied zwischen Gemeinschaften im Rechtssinne und Gesellschaften im Sinne des § 705 BGB

Von der Gesellschaft im Sinne des § 705 BGB unterscheidet sich die Gemeinschaft im Rechtssinne in verschiedener Hinsicht.

Während Gesellschaften auf Dauer zur Erreichung eines bestimmten Zweckes begründet werden, sind manche Gemeinschaften von vornherein auf die Auseinandersetzung gerichtet.

Beispiel: Erbengemeinschaft.

Es gibt allerdings auch Gemeinschaften, die auf Dauer gegründet werden. Sie entstehen meist durch Vertrag.

Beispiel: Eine Gemeinschaft nach Bruchteilen der Miteigentümer an Grundstücken, die der Verwaltung des Grundbesitzes dient (hierauf sind §§ 1008 ff. i. Vb. m. §§ 741 ff. BGB anzuwenden).

Die Verbundenheit der Mitglieder einer Gemeinschaft untereinander ist wesentlich lockerer als die der Gesellschafter. Das wird u. a. daran deutlich, daß grundsätzlich jedes Mitglied der Gemeinschaft jederzeit die Aufhebung der Gemeinschaft verlangen (§ 749 BGB) und, anders als bei der Gesellschaft, allein über seinen Anteil verfügen kann (§ 747 BGB).

Viertes Kapitel

Die offene Handelsgesellschaft

§ 10. Begriff, Rechtsnatur und Bedeutung der offenen Handelsgesellschaft

Schrifttum: Ballerstedt, Der gemeinsame Zweck als Grundbegriff des Rechts der Personengesellschaften, JuS 1963, 253 ff.; Fabricius, Relativität der Rechtsfähigkeit, 1963; Fischer in Großkomm. HGB, § 105 Anm. 1 ff.; Hohner, Zur Beteiligung von Personengesellschaften an Gesellschaften, NJW 1975, 718 ff.; A. Hueck, Das Recht der offenen Handelsgesellschaft, 4. Aufl. 1971, §§ 1–4; Landwehr, Die Kaufmannseigenschaft der Handelsgesellschafter, JZ 1967, 198 ff.; Lieb, Zur Kaufmannseigenschaft der Gesellschafter von KG und OHG, DB 1967, 759 ff.; Raisch, Unternehmensrecht Bd. 1, 1973, S. 129 ff.; Rittner, Die werdende juristische Person, 1973; K. Schmidt, Zur Stellung der OHG im System der Handelsgesellschaften, 1972.

70

I. Der Begriff der OHG

Die offene Handelsgesellschaft ist eine Personengesellschaft, deren Zweck auf den Betrieb eines vollkaufmännischen Handelsgewerbes unter einer gemeinschaftlichen Firma gerichtet ist und bei der alle Gesellschafter den Gläubigern unbeschränkt haften (§ 105 Abs. 1 HGB). Sie ist eine Unterart der Gesellschaft bürgerlichen Rechts, also ein auf einem Vertrag (Gesellschaftsvertrag) beruhender Zusammenschluß mehrerer Personen mit dem Ziel, durch gemeinsame Leistungen auf der Grundlage des persönlichen Zusammenwirkens der Mitglieder einen gemeinsamen Zweck zu erreichen.

Von der Gesellschaft bürgerlichen Rechts unterscheidet sich die OHG u. a. dadurch, daß

– der angestrebte gemeinsame Zweck der Betrieb eines vollkaufmännischen Handelsgewerbes (§§ 1–3 HGB) ist;

Rdnr. 70

- die Haftung der Gesellschafter den Gesellschaftsgläubigern gegenüber bei keinem der Gesellschafter beschränkt sein kann;
- die Gesellschaft eine gemeinschaftliche Firma (§§ 17 ff., 105 Abs. 1 HGB) haben muß;
- sie unter dieser Firma Rechte erwerben und Verbindlichkeiten eingehen sowie vor Gericht klagen und verklagt werden kann (§ 124 HGB).

II. Die Rechtsnatur der OHG

71   ### 1. Die OHG als Handelsgesellschaft

Die OHG ist stets *Handelsgesellschaft,* weil sie notwendigerweise ein Handelsgewerbe betreibt. Als Handelsgesellschaft ist die OHG stets Kaufmann (§ 6 HGB).

Nach der in der Rechtsprechung (BGHZ 45, 282 ff.; BGH LM Nr. 1 zu § 406 HGB) und Teilen der Literatur noch vertretenen Meinung soll auch der einzelne Gesellschafter der OHG Kaufmann sein, weil er in der Geschäftsführung die notwendige Freiheit haben soll (so Westermann, Rdnr. I 148; Ballerstedt, JuS 1963, 253, 259, Hueck, OHG, § 3 III). Diese Ansicht ist zunehmend auf Kritik gestoßen. Gegen die Ansicht, der OHG-Gesellschafter sei ohne Rücksicht auf Geschäftsführungs- und Vertretungsbefugnis Kaufmann, spricht, daß nur der OHG, nicht aber dem einzelnen Gesellschafter die Produktionsmittel des Unternehmens zur Verfügung stehen und nur die OHG als übergeordnete Einheit, nicht aber der einzelne Gesellschafter das Handelsgewerbe betreibt (so Reinhardt-Schultz, Rdnr. 105). Deshalb ist davon auszugehen, daß nicht jeder OHG-Gesellschafter auch Kaufmann ist (Landwehr, JZ 1967, 198 ff.; Lieb, DB 1967, 759, 761 ff.).

Geben die Gesellschafter einer OHG nicht nur vorübergehend den Betrieb des vollkaufmännischen Handelsgewerbes auf, wird die OHG zu einer Gesellschaft bürgerlichen Rechts, ohne daß die Gesellschaft dadurch ihre Identität einbüßt. Dabei ist unerheblich, ob die Aufgabe des Geschäftsbetriebes aufgrund einer freien Entschließung oder unabhängig vom Willen der Gesellschafter eingetreten ist (BGHZ 32, 307 ff.).

72   2. Die Gesellschafter einer OHG

Gesellschafter einer OHG können alle natürlichen und juristischen Personen sein (RGZ 105, 101, 102).

Besonderheiten können sich allerdings aus der Zusammensetzung der Gesellschafter ergeben. Eine OHG, an der nach dem Ausscheiden aller natürlichen Personen außer einer GmbH nur Kommanditgesellschaften beteiligt sind, deren jeweils einziger persönlich haftender Gesellschafter eine GmbH ist, darf die bisherige Firma nur fortführen, wenn ihr ein Zusatz beigefügt wird, der das Fehlen einer unmittelbar oder mittelbar für die Gesellschaftsschulden haftenden natürlichen Person kenntlich macht (BGH WM 1977, 971 f.; BGHZ 65, 103 ff.).

Problematisch ist, ob auch nichtrechtsfähige Personenzusammenfassungen Gesellschafter einer OHG werden können. Diese Frage ist vor allem für die BGB-Gesellschaft aktuell, wenn man bedenkt, daß häufig Großunternehmen in der Form von Aktiengesellschaften sich in einem Gemeinschaftsunternehmen als BGB-Gesellschaft zusammenschließen. Auch wenn man davon ausgeht, daß die BGB-Gesellschaft nicht rechtsfähig ist, ist sie doch eine organisierte Personengemeinschaft, bei der zu überlegen ist, ob sie in einer OHG die Rechte und Pflichten eines Gesellschafters übernehmen kann. Fischer (§ 105 HGB Anm. 28) vertritt die Ansicht, die BGB-Gesellschaft könne nach außen nicht als geschlossene Einheit auftreten, was zur Folge habe, daß nicht die Gesellschaft, sondern nur die einzelnen Gesellschafter Vertragspartner werden könnten. Gegen die Möglichkeit, daß eine BGB-Gesellschaft Gesellschafterin einer OHG wird, spricht letztlich das formale Hindernis, daß die BGB-Gesellschaft nicht als Einheit in das Handelsregister eingetragen wird und an der Publizität des Handelsregisters nicht teilnehmen kann (so Hohner, NJW 1975, 718 f.; Westermann, Rdnr. I 119). Das bedeutet: Die für den Rechtsverkehr wünschenswerte Klarheit, die durch die Eintragung in das Handelsregister geschaffen werden soll, ist nicht vorhanden, wenn man die im Handelsregister als solche nicht geführte BGB-Gesellschaft als Gesellschafterin einer OHG zuließe.

Mit der gleichen Begründung wird auch verneint, daß ein nichtrechtsfähiger Verein, dessen körperschaftliche organisatorische Einheit außer Frage steht, Gesellschafter einer OHG werden kann (Westermann, Rdnr. I 120).

Nach überwiegender Meinung kann eine *Erbengemeinschaft* nicht Mitglied einer OHG sein (BGHZ; 68, 225, 237; Hueck, OHG, § 2 Ziff. 3). Der BGH begründet seine Ansicht im wesentlichen damit, daß eine Personenhandelsgesellschaft wie die OHG in der Regel eine persönlichkeitsbezogene Arbeits- und Haftungsgemeinschaft darstelle, bei der eine Erbengemeinschaft ihrer Natur nach nicht Mitglied sein könne. Neben der fehlenden Selbständigkeit der Erbengemeinschaft nach außen wird auch die unbeschränkte persönliche Haftung aller Erben mit der Erbrechtsregelung nicht als vereinbar angesehen (so Westermann, Rdnr. I 122).

Einige Autoren halten es allerdings für möglich, daß eine Erbengemeinschaft – jedenfalls für eine gewisse Zeit – Mitglied einer Personenhandelsgesellschaft sein und die ihr damit zugewiesene Rolle auch durchführen kann. Eisele (AcP 158 (1959/60), 319 ff.) meint, die personenrechtlichen Elemente der Mitgliedschaft, wie Geschäftsführung, Vertretung, Kontrolle und Ausübung des Stimmrechts, könnten in erbrechtlich zulässiger Weise durch einen gemäß §§ 2038, 741 BGB gewählten Vertreter wahrgenommen werden. Börner (AcP 166 (1966), 426 ff.) vertritt die Ansicht, weder die von den Gesellschaftern gebildete Arbeitsgemeinschaft noch die Haftungsgemeinschaft schließe die Gesellschafterstellung der Erbengemeinschaft aus. Er weist mit Nachdruck auf die unerwünschten Haftungsfolgen der unmittelbaren Erbennachfolge in den Gesellschaftsanteil für den Fall hin, daß der Gesellschaftsanteil den wesentlichen Bestandteil des Nachlasses bildet. Der Ansatzpunkt für die Besorgnis, der Gesellschaftereintritt der Erben sei eine Nachlaßteilung im Sinne der §§ 2059, 2060 BGB und habe zur Folge, daß die beschränkte Erbenhaftung nun nicht mehr geltend gemacht werden könne, dürfte allerdings nicht richtig sein, denn unter Teilung im Sinne des § 2059 versteht das BGB die rechtsgeschäftliche Übertragung von Gegenständen des Nachlasses auf die Miterben im Zuge der Erbauseinandersetzung (so Ulmer, ZGR 1972, 195, 203 Anm. 44).

73   3. Die gesetzliche Regelung

Eine gesetzliche Regelung hat die OHG in den §§ 105 ff. HGB erfahren. Soweit die §§ 105 ff. HGB keine Sonderregelung im Verhältnis zu den §§ 705 ff. BGB enthalten, sind auf die OHG auch die Vorschriften über die Gesellschaft bürgerlichen Rechts (§§ 705 ff. BGB) anzuwenden.

Beispiel: In §§ 105 ff. HGB ist nicht geregelt, ob die Gesellschafter zur Zahlung eines höheren als des vereinbarten Beitrages verpflichtet sind (sog. Nachschußpflicht). Wenn sich im Gesellschaftsvertrag eine solche Verpflichtung nicht findet, ist § 707 BGB anzuwenden. Danach sind die Gesellschafter weder zur Zahlung eines höheren als des vereinbarten Beitrages noch zur Ergänzung einer durch Verlust verminderten Einlage verpflichtet.

Rdnr. 73

74   4. Die Rechtsnatur der OHG als Personenhandels-gesellschaft

Die OHG ist eine Personengesellschaft im Sinne des § 705 BGB und kein Verein. Sie ist stets Handelsgesellschaft (vgl. oben Rdnr. 71) und wird deshalb als *Personenhandelsgesellschaft* bezeichnet. Die OHG ist eine *Gesamthandsgemeinschaft*. Das bedeutet: Träger des Gesell-schaftsvermögens sind die Gesellschafter in ihrer gesamthänderischen Verbundenheit und nicht die Gesellschaft als solche (so die herr-schende Meinung: Fischer, § 105 HGB Anm. 7 und Hueck, OHG, § 3 IV).

Die OHG stellt eine organisatorische Einheit dar und nimmt als solche am Rechtsverkehr teil. Sie kann gemäß § 124 HGB unter ihrer Firma Rechte erwerben und Verpflichtungen eingehen, vor Gericht klagen und verklagt werden. Das hat in zunehmendem Maße Anlaß gegeben, darüber zu streiten, ob die OHG eine juristische Person sei oder nicht. Die Beantwortung dieser Streitfrage hat praktische Bedeu-tung für die Rechtsanwendung. So hängt von der Beantwortung der Frage z. B. ab, ob Rechtssätze, die für die juristische Person gelten, wie z. B. § 31 BGB, auch für die OHG Anwendung finden sollen. Nach herrschender Meinung ist die OHG keine juristische Person (so Fischer, § 105 HGB Anm. 7 und 8 mit ausführlichen Hinweisen; Hueck, OHG, § 3 IV). Das Reichsgericht hatte sich schon relativ früh auf den Standpunkt gestellt, die OHG sei keine juristische Person und diese Meinung auch beibehalten (RGZ 3, 57 und 165, 193, 203). Der BGH (BGHZ 34, 293, 296) hat diese Ansicht bestätigt und betont, OHG und KG seien trotz ihrer starken Verselbständigung keine juri-stischen Personen. Wegen der oben genannten Merkmale der OHG war und ist man allerdings in zunehmendem Maße bereit, von einer „juristischen Teilperson" zu sprechen (so z. B. Fabricius, S. 181). Schon das Reichsgericht (RGZ 136, 402, 406) hatte die vorsichtige Formu-lierung benutzt, daß sich die OHG „in der Tat der juristischen Person nähert."

Da die OHG in wesentlichen Teilen doch Gesellschaft im Sinne des § 705 BGB ist, also vor allem nicht körperschaftlich organisiert und auch nicht vom Wechsel ihrer Mitglieder unabhängig ist, kann sie nicht juristische Person sein. Das schließt aber nicht aus, daß die OHG eine *Übergangsform* von der Gesellschaft zur juristischen Person darstellt, bei der einerseits die Gesellschafter zwar als Gesamthands-gemeinschaft Inhaber der zum Gesellschaftsvermögen gehörenden Rechte sind, andererseits aber „die Geschlossenheit des Verbandes doch schon eine recht erhebliche Stärke gewonnen hat" (so Hueck, OHG, § 3 IV). Wenn man dieser Meinung folgt, ist es konsequent, die OHG zwar nicht als juristische Person, aber als teilrechtsfähig an-zusehen (so Fabricius, S. 181). Das ermöglicht jedenfalls eine entspre-chende Anwendung von Vorschriften des Rechts der juristischen Per-son, wie z. B. § 31 BGB. Außerdem kann die OHG (und auch die KG) in einem Testament als Erbe eingesetzt werden.

75   ### III. Die Bedeutung der OHG als typische Personenhandelsgesellschaft

Da große Unternehmen in der Regel viel Kapital benötigen, müs-sen sie in einer Gesellschaftsform organisiert sein, die ihnen die Inan-spruchnahme des Kapitalmarktes ermöglicht. Die für größere Unter-nehmen geeignete Gesellschaftsform ist deshalb die Aktiengesell-schaft. Kleinere und mittlere Unternehmen waren lange Zeit über-wiegend in der Form der OHG organisiert, weil eine Reihe von Merkmalen der OHG gerade für Unternehmen dieser Größenord-nung als besonders geeignet angesehen wurden, so z. B.: eine im Ver-gleich zu den juristischen Personen geringere Steuerbelastung; alle Gesellschafter sind in der Regel geschäftsführungs- und vertretungs-befugt; alle Gesellschafter haften voll mit ihrem gesamten Privatver-mögen und sind damit in der Lage, eine günstige Kreditbasis zu schaffen. Das volle Haftungsrisiko, das die Gesellschafter einer OHG zu tragen haben, ist allerdings wohl der Hauptgrund dafür, daß das bevorzugte Interesse an der OHG stark gesunken ist und daß Gesell-schaftsgründer nach Gesellschaftsformen suchen, die eine geringere Haftungsgefahr mit sich bringen. Als solche Gesellschaftsformen kommen in erster Linie die Kommanditgesellschaft, die GmbH und als Typenvermengung aus beiden die GmbH & Co KG in Betracht. Die offene Handelsgesellschaft ist nur dann die geeignete Gesellschaftsform, wenn alle Gesellschafter ihre volle Arbeitskraft und ihr gesamtes Vermögen – auch das Privatvermögen – als Haftungsgrundlage dem Unternehmen zur Verfügung stellen wollen, die Ausübung der Gesellschafterpflichten und -rechte den Hauptberuf der Gesellschafter bildet und es erforderlich ist, die Kreditwürdigkeit des Unternehmens durch die unbeschränkte Haftung der Gesellschafter zu stärken.

§ 11. Der Gesellschaftsvertrag der OHG

I. Abschluß und Inhalt des Gesellschaftsvertrages

Fall 2: Korte, Minz und Scherz wollen eine OHG gründen, um Glücksspielautomaten herzustellen und zu veräußern. Jeder der Beteiligten verpflichtet sich in einem schriftlichen Gesellschaftsvertrag, eine Kapitaleinlage in Höhe von DM 50 000,– zu erbringen. Minz ist gerade 17 Jahre alt geworden. Seine Eltern erklären Korte und Scherz, sie seien nicht einverstanden. Korte und Scherz verlangen nun von Minz, dieser möge seine Kapitaleinlage an die Gesellschaft erbringen. Zu Recht?

76   ### 1. Einleitung

Die offene Handelsgesellschaft beruht auf dem gemeinsamen Willen der beteiligten Gesellschafter, sich zur Verfolgung eines gemeinsamen Zwecks, nämlich dem Betrieb eines vollkaufmännischen Handelsgewerbes unter gemeinschaftlicher Firma, zusammenzuschließen. Damit sind zugleich die beiden wesentlichen Unterscheidungsmerkmale gegenüber der BGB-Gesellschaft genannt: Die OHG betreibt ein vollkaufmännisches Handelsgewerbe und tritt im Geschäftsverkehr unter einer gemeinsamen Firma auf.

Das Entstehen einer OHG setzt – wie das Entstehen einer jeden Gesellschaft – den Abschluß eines Gesellschaftsvertrages voraus.

Rdnr. 76

77   **2. Der Inhalt des Gesellschaftsvertrages**

Inhalt des Gesellschaftsvertrages ist die Verpflichtung aller Beteiligten, die Erreichung des gemeinsamen Zweckes in der im Vertrage vorgesehenen Art und Weise zu fördern. Zu den im Vertrag häufig geregelten Verpflichtungen der Gesellschafter gehören: die Leistung der vereinbarten Beiträge, die in Geld- und Sachwerten oder Diensten, wie z.b. der Geschäftsführung, bestehen können, und die Gewinn- und Verlustbeteiligung.

Beispiel: Alt, Henke und Schnell gründen unter der Firma „Spielwaren Hermann Alt & Co" eine OHG. Sie stellen Kinderspielzeug her und verkaufen es. In § 2 des schriftlichen Gesellschaftsvertrages heißt es: „Gegenstand des Unternehmens ist die Herstellung und der Vertrieb von Kinderspielzeug." § 3 Abs. 1 lautet: „Alle Gesellschafter sind zur Geschäftsführung verpflichtet." Der gemeinsame Zweck, zu dessen Erreichung sich Alt, Henke und Schnell zu einer OHG zusammengeschlossen haben, ist die Herstellung und der Vertrieb von Kinderspielzeug, um auf diese Art und Weise Gewinn zu erzielen. Zu den Verpflichtungen, die die Gesellschafter mit dem Abschluß des Gesellschaftsvertrages übernommen haben, gehört u.a. die Pflicht, die Geschäfte der Gesellschaft zu führen.

Die weitgehend zur Disposition der vertragschließenden Gesellschafter stehenden gesetzlichen Regelungen über die OHG (§§ 105 ff. HGB) werden in vielfacher Hinsicht den heutigen geänderten wirtschaftlichen Verhältnissen nicht mehr gerecht. In der Praxis werden deshalb unter Nutzung des durch die Privatautonomie geschaffenen Freiraumes häufig Gesellschaftsverträge abgeschlossen, die mehr oder minder stark von dem im Gesetz vorgegebenen Leitbild abweichen.

Für die *Auslegung* von Gesellschaftsverträgen gelten die allgemeinen Grundsätze, insbesondere § 157 BGB. Bei der auch möglichen ergänzenden Vertragsauslegung ist wegen der besonderen Bedeutung der Vertragsfreiheit für das Verhältnis der Gesellschafter untereinander auf den mutmaßlichen Willen der Vertragschließenden abzustellen und zu versuchen, im Einzelfall eine interessengerechte Lösung zu finden. Deshalb ist stets zunächst einmal auf der Grundlage des Gesellschaftsvertrages zu ermitteln, wie die Gesellschafter den offengebliebenen Punkt unter Berücksichtigung des Gebots von Treu und

Glauben geregelt hätten, wenn sie bei Abschluß des Vertrages an ihn gedacht hätten (so BGH BB 1979, 287; Fischer, § 105 HGB Anm. 59).

78   3. Der Abschluß des Gesellschaftsvertrages

Weil der Abschluß des Gesellschaftsvertrages ein Rechtsgeschäft ist, sind die allgemeinen Regeln über Rechtsgeschäfte anzuwenden. So ist u.a. häufig darüber zu entscheiden, ob Personen mit ihren Erklärungen eine rechtliche Bindung, nämlich den Abschluß eines Gesellschaftsvertrages, überhaupt herbeiführen wollten oder nicht.

Beispiel: Kunz betreibt unter der Firma „Wilhelm Kunz – Elektrogroßhandel" einen Elektrogroßhandel. Als er in finanzielle Schwierigkeiten gerät, erklärt sich sein Schwager Frenzel bereit, sich mit einer Einlage von DM 150 000,– zu beteiligen und das Unternehmen mit zu betreiben, wenn er die gleichen Rechte und Pflichten wie Kunz erhalte. Kunz ist einverstanden. Beide sind sich in einem längeren Gespräch einig geworden, daß die Firma fortgeführt, die Beteiligungsverhältnisse 50% zu 50% betragen und Frenzel ebenso wie Kunz mit seinem gesamten Privatvermögen haften soll. Hier haben Kunz und Frenzel mit ihren Erklärungen einen Rechtserfolg angestrebt: Frenzel ist als persönlich haftender Gesellschafter in das Geschäft des Einzelkaufmanns Kunz eingetreten, was zur Folge hat, daß eine offene Handelsgesellschaft entstanden ist. Dieser Erfolg beruht auf einem Rechtsgeschäft. Der Zusammenschluß von Kunz und Frenzel, der erfolgt ist, um den Elektrogroßhandel gemeinsam zu betreiben (die angestrebte Verfolgung eines gemeinsamen Zwecks), ist eine Gesellschaft, und zwar eine offene Handelsgesellschaft.

Der Abschluß eines Gesellschaftsvertrages ist grundsätzlich formfrei. Enthält der Gesellschaftsvertrag allerdings ein Leistungsversprechen, das formbedürftig ist, dann bedarf der gesamte Gesellschaftsvertrag der Form (RGZ 50, 163, 165 f. und 97, 219, 221). Der ohne die erforderliche Form geschlossene Vertrag ist gemäß § 125 BGB nichtig.

Beispiel: Im Gesellschaftsvertrag verpflichtet sich ein Gesellschafter, ein ihm gehörendes Grundstück in die Gesellschaft einzubringen. Gemäß § 313 BGB bedarf dieses Leistungsversprechen einer bestimmten Form, der notariellen Beurkundung, damit es wirksam wird. Dadurch wird der gesamte Gesellschaftsvertrag formbedürftig.

Auch wenn der Abschluß eines Gesellschaftsvertrages grundsätzlich formfrei ist, empfiehlt es sich, ihn jedenfalls schriftlich zu fixieren, um für die Zukunft Rechtssicherheit zu schaffen.

Geschäftsunfähige und in ihrer Geschäftsfähigkeit beschränkte Personen können allein keine wirksame Willenserklärung abgeben, wenn sie einen Gesellschaftsvertrag abschließen wollen. Die gesetzlichen Vertreter können nur mit Genehmigung des Vormundschaftsgerichts für die Vertretenen einen Gesellschaftsvertrag abschließen (§ 1643 i. Vb. m. § 1822 Nr. 3 BGB). Auch die Zustimmung der gesetzlichen Vertreter zu Willenserklärungen, die Minderjährige bereits abgegeben haben, um einen Gesellschaftsvertrag abzuschließen, ist ohne Genehmigung des Vormundschaftsgerichts nicht wirksam.

In Fall 2 verlangen Korte und Scherz von Minz die Leistung der Kapitaleinlage von DM 50 000,– zu Recht, wenn zwischen den drei Personen ein wirksamer OHG-Gesellschaftsvertrag zustande gekommen ist, der eine Einlageverpflichtung des Minz in Höhe von DM 50 000,– enthält (§§ 105 Abs. 2, 109 HGB und § 705 BGB). Das Zustandekommen eines Gesellschaftsvertrages setzt voraus, daß sich alle Beteiligten über sämtliche Punkte, auf deren Festlegung auch nur ein Gesellschafter Wert legt, einigen. Der Antrag eines einzelnen Gesellschafters zum Abschluß des Vertrages muß sich an alle anderen Gesellschafter richten, um von diesen angenommen zu werden. Korte und Scherz haben je ein Angebot zum Abschluß eines Gesellschaftsvertrages mit einer Einlageverpflichtung eines jeden Gesellschafters von DM 50 000,– abgegeben und auch angenommen. Fraglich ist jedoch, ob Minz ebenfalls ein wirksames Vertragsangebot abgeben und annehmen konnte. Minz war minderjährig (§ 106 BGB). Der Abschluß des OHG-Gesellschaftsvertrages brachte Minz nicht lediglich einen rechtlichen Vorteil im Sinne des § 107 BGB. Seine Eltern haben die nach § 107 BGB notwendige Einwilligung nicht erteilt. Auch eine erteilte Einwilligung hätte allerdings, um wirksam werden zu können, der Genehmigung des Vormundschaftsgerichts bedurft (§§ 1643, 1822 Nr. 3 BGB). Die Willenserklärungen des minderjährigen Minz sind deshalb nichtig. Minz hat also weder ein Angebot zum Abschluß des Gesellschaftsvertrages abgegeben, noch die Angebote des Korte und Scherz angenommen. Mit ihm ist deshalb ein Gesellschaftsvertrag nicht abgeschlossen worden. Deshalb können Korte und Scherz von ihm nicht die Zahlung einer Kapitaleinlage in Höhe von DM 50 000,– verlangen.

79   II. Die Rechtsnatur des OHG-Gesellschaftsvertrages

Der Gesellschaftsvertrag der OHG ist ein schuldrechtlicher Vertrag, der die wechselseitigen Rechte und Pflichten der Gesellschafter regelt und auch Bestimmungen über die Organisation der Gesellschaft enthält. Man kann ihn als einen Vertrag bezeichnen, der auf die Herstellung einer Gemeinschaft gerichtet ist und die Vertragsparteien zu einer engen persönlichen Bindung in Gestalt einer „Personal- und Arbeitsgemeinschaft" führt (Fischer, § 105 HGB Anm. 47 a).

Obwohl der Gesellschaftsvertrag der OHG ein schuldrechtlicher gegenseitiger Vertrag ist, sind die §§ 320 ff. BGB nur sinngemäß anzuwenden, soweit dies mit dem Charakter der OHG vereinbar ist. (Zur Rechtsnatur von Gesellschaftsverträgen bei Personengesellschaften im einzelnen siehe oben Rdnr. 18).

§§ 326 und 325 BGB können im Hinblick auf das damit verbundene Rücktrittsrecht nicht mehr angewandt werden, sobald die Gesellschaft in Vollzug gesetzt worden ist. An Stelle des Rücktritts kommt nur noch der Antrag auf Auflösung der Gesellschaft durch gerichtliche Entscheidung bei Vorliegen eines wichtigen Grundes gemäß § 133 HGB in Betracht.

Die Anwendung von §§ 323, 324 BGB wird mit Modifikationen für möglich gehalten (Fischer, § 105 HGB Anm. 47 e, f, und Westermann, Rdnr. I 91 f.).

Beispiel: Wird einem Gesellschafter die Leistung des Beitrages aus einem von keiner Seite zu vertretenden Grunde unmöglich, entfällt der Anspruch dieses Gesellschafters auf Gewinnbeteiligung gemäß § 323 BGB (vgl. Westermann, Rdnr. I 91).

§ 12. Errichtung und Entstehung einer OHG

Schrifttum: Fischer in Großkomm. zum HGB, § 105 Anm. 62 ff.; Hueck, OHG, § 5.

80   ## I. Die Entstehung einer OHG

Der wichtigste Akt für die Entstehung der OHG ist der Abschluß des Gesellschaftsvertrages. Die Gesellschaft ist gemäß § 106 HGB bei dem Gericht, in dessen Bezirk sie ihren Sitz hat, zur Eintragung in das Handelsregister anzumelden.

Der Feststellung des Zeitpunktes, zu welchem die OHG gegenüber Dritten wirksam entsteht, kommt wegen der strengen Haftung der Gesellschafter aus § 128 HGB eine besondere Bedeutung zu.

Was den Zeitpunkt des Entstehens der Gesellschaft angeht, so ist zu unterscheiden zwischen

— dem *Innenverhältnis,* dem Verhältnis der Gesellschafter zu- und untereinander, und

— dem *Außenverhältnis,* dem Verhältnis der Gesellschaft und der Gesellschafter zu Dritten.

Wenn der gemeinsame Zweck der Gesellschaft der Betrieb eines vollkaufmännischen Handelsgewerbes im Sinne des § 1 HGB sein soll, entsteht die OHG im Innenverhältnis bereits mit dem Abschluß des Gesellschaftsvertrages und nicht erst mit dem Beginn des Geschäftsbetriebes (RGZ 112, 280 ff.; Fischer, § 105 HGB Anm. 62a).

In den Fällen der §§ 2 und 3 HGB gelangt die OHG erst mit der Eintragung in das Handelsregister zur Entstehung, weil das von der Gesellschaft betriebene Gewerbe erst vom Zeitpunkt der Eintragung an als Handelsgewerbe gilt. In der Zeit zwischen dem Abschluß des Gesellschaftsvertrages und der Eintragung in das Handelsregister ist die Gesellschaft eine Gesellschaft bürgerlichen Rechts. Auf diese können allerdings, was das Verhältnis der Gesellschafter untereinander angeht, bereits die Vorschriften der §§ 105 f. HGB ergänzend Anwendung finden, weil das im Zweifel dem Willen der Gesellschafter entsprechen dürfte, die eine OHG begründen wollen (so zu Recht Fischer, § 105 HGB Anm. 62 b).

Im *Außenverhältnis* gelangt die OHG noch nicht allein durch den Abschluß des Gesellschaftsvertrages zur Entstehung, weil es sich dabei um einen Akt der Gesellschafter handelt, der für Dritte nicht ohne weiteres erkennbar ist. Im Verhältnis zu Dritten ist die OHG entstanden, wenn

— die Gesellschaft in das Handelsregister eingetragen ist (§ 123 Abs. 1 HGB) oder

— auch schon vor der Eintragung, wenn die Gesellschaft mit ihren Geschäften begonnen hat, soweit sich aus § 2 HGB nichts anderes ergibt.

Beispiel: Kramer und Schmitz wollen unter der Firma „Baustoffhandlung Kramer & Co." eine OHG gründen, deren Gegenstand der An- und Verkauf von Baustoffen sein soll. Sie schließen einen Gesellschaftsvertrag ab. Noch vor der Eintragung in das Handelsregister kauft Schmitz im Namen und unter der Verwendung der Firma 20 t Zement und läßt sich von einer Bank ein Darlehen in Höhe von DM 50 000,– gewähren. Beide Handlungen sind solche, die einen Geschäftsbeginn der Gesellschaft im Sinne des § 123 Abs. 2 HGB darstellen, weil sie unter den Begriff des Geschäftsbetriebes fallen. Hier ist die OHG auch im Außenverhältnis vor der Eintragung in das Handelsregister entstanden.

81   II. Der Eintritt in das Geschäft eines Einzelkaufmanns (28 HGB)

Fall 3: Einzelkaufmann A betreibt einen Mineralölhandel. Die Rheinische Bank AG hat ihm am 1.6.1978 ein Darlehen in Höhe von DM 300 000,– gewährt, das nach drei Jahren zurückgezahlt sein soll. Am 1.1.1981 tritt B als persönlich haftender Gesellschafter in das Geschäft des A ein. Als die Rheinische Bank AG trotz mehrfacher an A gerichteter Aufforderungen im Juli 1981 die Darlehenssumme nicht zurückerhält, verlangt sie nun Zahlung von DM 300 000,– von B. Mit Recht?

Wenn jemand als persönlich haftender Gesellschafter in das Geschäft eines Einzelkaufmanns eintritt, entsteht eine OHG, wenn zwischen dem Einzelkaufmann und dem Eintretenden ein Gesellschaftsvertrag abgeschlossen wird.

Für den Fall eines solchen Eintritts regelt § 28 HGB den Übergang der Forderungen und Verbindlichkeiten, die im Betriebe des Geschäfts des Einzelkaufmanns entstanden sind, auf die Gesellschaft.

In Fall 3 ist durch den Eintritt von B in das Einzelhandelsgeschäft des Kaufmanns A eine OHG entstanden. Gemäß § 28 HGB haftet die Gesellschaft für alle im Betriebe des Geschäfts entstandenen Verbindlichkeiten des früheren Geschäftsinhabers. Dazu gehört auch die Darlehensrückzahlungsforderung der Rheinischen Bank AG in Höhe von DM 300 000,–. Da die Darlehensverbindlichkeit des A nunmehr auch zu einer Verbindlichkeit der Gesellschaft, der OHG, geworden ist, haftet für diese Verbindlichkeit nun auch der Gesellschafter B gemäß § 128 HGB. Diese Haftung bezieht sich auch auf solche Verbindlichkeiten, die vor Eintritt des Gesellschafters entstanden sind.

Unter den in § 28 Abs. 2 HGB genannten Voraussetzungen ist eine die Haftung der Gesellschaft ausschließende Regelung zulässig. Nach dem Wortlaut des § 28 Abs. 2 HGB ist mit der abweichenden Vereinbarung in erster Linie der Ausschluß der Haftung der Gesellschaft selbst gemeint. Die persönliche Haftung der Gesellschafter und damit auch die der eintretenden Gesellschafter ergibt sich nicht aus § 28 Abs. 1 HGB, sondern aus § 128 HGB, der eine die persönliche Haftung der Gesellschafter für Gesellschaftsschulden ausschließende Vereinbarung nicht zuläßt. Die Interessenlage aller Beteiligten einschließlich der Gläubiger gebietet es indessen, § 28 Abs. 2 HGB so auszulegen, daß der Ausschluß auch auf die persönliche Haftung des oder der neu eintretenden Gesellschafter beschränkt werden kann. Der Sinn der in § 28 Abs. 1 HGB enthaltenen Regelung besteht nämlich darin, den bisherigen Gläubigern das Geschäftsvermögen eines Einzelkaufmanns, das dieser in eine neu gegründete Personengesellschaft einbringt, als Haftungsobjekt zu erhalten. Deshalb ist es möglich, mit einer „abweichenden Vereinbarung" i. S. des § 28 Abs. 2 HGB nicht nur die Haftung der Gesellschaft für Altschulden auszuschließen, sondern diese bestehen zu lassen und lediglich zu vereinbaren, daß der neu eintretende Gesellschafter für jene Verbindlichkeiten nicht haftet (so OLG Celle, OLGZ 1981, 1).

82   **III. Der Vorvertrag zu einem Gesellschaftsvertrag**

Fall 4: Der Einzelkaufmann A, der Baumaterialien an- und verkauft, gibt seinem Prokuristen B an dessen 25jährigem Dienstjubiläum mündlich das Versprechen, ihn „in absehbarer Zeit mit einem ordentlichen Anteil an seinem Geschäft zu beteiligen". B zeigt sich hocherfreut und äußert, daß ihm dies der schönste Lohn für seine Arbeit in den letzten 25 Jahren sei. Als zwei Jahre später der A den B noch immer nicht in irgendeiner Weise an seinem Geschäft beteiligt hat, macht B geltend, er habe einen Anspruch auf eine angemessene Beteiligung an dem Geschäft, er könne den Abschluß eines Gesellschaftsvertrages verlangen. Kann B von A den Abschluß eines Gesellschaftsvertrages (OHG-Vertrag) verlangen?

Es kommt häufig vor, daß noch vor dem Abschluß des Gesellschaftsvertrages einer OHG ein Vorvertrag abgeschlossen wird, der
die Verpflichtung zum Abschluß eines Gesellschaftsvertrages für die
OHG zum Gegenstand hat. Wie andere Vorverträge, die einem abzu-
schließenden Schuldverhältnis vorausgehen, muß auch der Vorvertrag zu einem OHG-Gesellschaftsvertrag bereits so weit konkretisier-
te Vereinbarungen enthalten, daß der wesentliche Inhalt des nachfol-
genden Vertrages, dessen Abschluß angestrebt wird, bereits erfaßt ist.
Der Vorvertrag muß jedenfalls so gestaltet sein, daß wichtige Einzelheiten, die fehlen, aber Gegenstand des Hauptvertrages sein müssen,
im Streitfall durch ergänzende Vertragsauslegung, notfalls durch das
Gericht, festgestellt werden können (RGZ 156, 129, 138; BGH LM
Nr. 3 zu § 705 BGB). Ein Vorvertrag kommt allerdings nur zustande,
wenn Einmütigkeit der Parteien darüber besteht, welche Gesellschaftsform angestrebt wird. Auch über die Höhe der Beteiligung der
Vertragschließenden an der künftigen Gesellschaft muß in der Regel
im Vorvertrag bereits Klarheit geschaffen werden (OLG Frankfurt
MDR 1973, 759 f.).

Ist ein Vorvertrag wirksam zustande gekommen, kann aufgrund
des Vorvertrages auf dem Abschluß des Gesellschaftsvertrages bestan-
den werden. Ist der Gesellschaftsvertrag selbst –, etwa weil ein Gesellschafter ein Grundstück einbringt – formbedürftig, ist auch der
Vorvertrag formbedürftig.

In Fall 4 hätte B einen Anspruch auf Abschluß eines OHG-Vertrages,
wenn zwischen ihm und A ein Vorvertrag, der auf den Abschluß eines
OHG-Gesellschaftsvertrages gerichtet gewesen wäre, zustande gekommen
wäre. Nach den oben dargelegten Grundsätzen bestehen hier Zweifel daran, ob der Vorvertrag bereits ein solches Maß an Bestimmtheit enthält, daß
im Streitfall der Inhalt des Vertrages richterlich festgesetzt werden kann. Es
fehlen notwendige Anhaltspunkte dafür, die fehlende Einigung über wesentliche Punkte des Vertrages richterlich festsetzen oder ergänzen zu können. So ist z. B. nicht klar, welche Höhe die Beteiligung des B betragen soll.
Außerdem ist nicht einmal über die Rechtsform und die Art der Beteiligung eine bindende Einigung erzielt worden. Außer einer OHG käme als
Rechtsform hier auch noch eine Kommanditgesellschaft oder eine stille
Gesellschaft in Betracht. Welche Gesellschaftsform ins Auge gefaßt war,
läßt sich nicht feststellen. Daraus ist zu entnehmen, daß der zwischen A und
B getroffenen Abrede die notwendige Bestimmtheit fehlt, um daraus auf

das Bestehen eines Vorvertrages zum Abschluß eines Gesellschaftsvertrages schließen zu können. B hat deshalb gegen A keinen Anspruch auf Abschluß eines Gesellschaftsvertrages.

83   **IV. Die Scheingesellschaft**

Es kommt vor, daß Personen einen Gesellschaftsvertrag einer OHG nur zum Schein abschließen, um den Namen der Gesellschaft für irgendwelche Zwecke verwenden zu können. Dabei sind sich die Vertragschließenden darüber im klaren, daß zwischen ihnen in Wirklichkeit eine Gesellschaft nicht gewollt ist (vgl. BGH LM Nr. 4 zu § 105 HGB). Besonders häufig geschieht dies, um auf unlautere Weise einen Kredit zu erlangen. In solchen Fällen handelt es sich um eine *Scheingesellschaft*.

Bei einer Scheinhandelsgesellschaft fehlt es schon am Abschluß eines wirksamen Gesellschaftsvertrages. Es entsteht also keine OHG. Infolgedessen können die Gesellschafter untereinander und Dritten gegenüber keine Rechte geltend machen, die auf dem Recht der OHG beruhen (Hueck, Gesellschaftsrecht, § 14 II). Das bedeutet, daß der Scheingesellschaft z. B. nicht das Firmenrecht zusteht und sie auch nicht unter der Firma klagen kann. Allerdings können gutgläubige Dritte, die aufgrund des hervorgerufenen Scheins, es bestünde eine OHG, darauf vertrauen, daß sie es mit einer OHG zu tun haben, gegenüber denjenigen, die den Rechtsschein in zurechenbarer Weise hervorgerufen haben, die Rechte geltend machen, die ihnen nach dem OHG-Recht zustehen würden. Das entspricht dem gewohnheitsrechtlich geltenden Satz, daß derjenige, der im Handelsverkehr öffentliche Erklärungen abgibt, sich von gutgläubigen Dritten an diesen Erklärungen festhalten lassen muß. In der Praxis bedeutet dies, daß insbesondere die Regeln des OHG-Rechts betreffend die unbeschränkte Haftung aller Gesellschafter (§ 128 HGB) und diejenigen über die Vertretungsmacht Anwendung finden (vgl. Hueck, Gesellschaftsrecht, § 14 II).

Der Rechtsschein einer OHG wird im Rechtsverkehr insbesondere durch das Auftreten unter einer gemeinschaftlichen Firma, z. B. durch die Verwendung entsprechender Briefbögen und Zeitungsanzeigen, hervorgerufen.

§ 13. Die Beziehungen der Gesellschafter untereinander (Das Innenverhältnis)

Schrifttum: Barz, Know how als Einbringungsgegenstand. In: Festschrift für Walter Schmidt, 1959, S. 157 ff.; Flume, Gesellschaft und Gesamthand, ZHR 136 (1972), 177 f.; A. Hueck, OHG, §§ 9 bis 18; G. Hueck, Der Grundsatz der gleichmäßigen Behandlung im Privatrecht, 1958; Plassmann, Darlehenskonto statt zweitem Kapitalkonto, BB 1978, 413 ff.; Sudhoff, Dienstleistungen als Gesellschaftereinlage, NJW 1964, 1249 ff.

I. Die Rechtsgrundlagen des Innenverhältnisses bei der OHG

84   Gesetzlich geregelt ist das Verhältnis der Gesellschafter einer offenen Handelsgesellschaft untereinander in den §§ 109–122 HGB und, soweit diese Vorschriften nicht eine Sonderregelung enthalten, ergänzend in den §§ 705 ff. BGB.

Dem § 109 HGB ist zu entnehmen, daß das Rechtsverhältnis der Gesellschafter untereinander durch den Gesellschaftsvertrag frei geregelt werden kann. Der Gesellschaftsvertrag bestimmt also weitgehend das Verhältnis der Gesellschafter untereinander. § 109 HGB wiederholt für die offene Handelsgesellschaft lediglich den allgemeinen, auch für das Handelsrecht geltenden privatrechtlichen Grundsatz, daß die Vertragschließenden ihre Rechtsverhältnisse frei gestalten können. Wie oben (Rdnr. 8) bereits dargelegt, gilt der Grundsatz der Privatautonomie auch für das Gesellschaftsrecht, im besonderen Maße für das Recht der Personengesellschaften.

Die §§ 109 ff. HGB sind deshalb nur dann anzuwenden, wenn sich aus dem Gesellschaftsvertrag nichts anderes ergibt. Grundsätzlich hat also der Gesellschaftsvertrag Vorrang vor der gesetzlichen Regelung.

Es existieren nur wenige gesetzliche Bestimmungen, die durch eine Vereinbarung im Gesellschaftsvertrag nicht abgeändert oder ausgeschlossen werden können. Zu den Vorschriften, die nicht ausgeschlossen oder geändert werden können, gehört die Bestimmung über das Kontrollrecht der Gesellschafter in § 118 HGB. Die Gestaltungsfreiheit der Gesellschafter findet hier ihre Grenze. Eine das Kontrollrecht eines Gesellschafters ausschließende oder beschränkende Vereinbarung ist unter den in § 118 Abs. 2 HGB genannten Voraussetzungen unwirksam.

In der Praxis ist es nur selten sinnvoll, die gesetzliche Regelung des Innenverhältnisses unverändert gelten zu lassen. Je nach den für die beteiligten Personen vorgesehenen Funktionen, dem Gesellschaftszweck und der Höhe der Beteiligung ist meist eine zweckentsprechende vertragliche Vereinbarung notwendig.

II. Überblick über die Rechte und Pflichten der Gesellschafter

85 **1. Der Grundsatz der gleichmäßigen Behandlung der Gesellschafter**

Auch für die Personenhandelsgesellschaft gilt der Grundsatz der gleichmäßigen Behandlung der Gesellschafter (vgl. oben Rdnr. 24). Das heißt nicht, daß alle Gesellschafter gleichberechtigt sind. Nach herrschender Auffassung gibt es keinen Grundsatz der Gleichberechtigung der Gesellschafter (so Hueck, OHG, § 9 III). Der Grundsatz der gleichmäßigen Behandlung der Gesellschafter bedeutet im wesentlichen ein Verbot unsachlicher Differenzierung zwischen den Gesellschaftern (vgl. Wiedemann, Bd. I, § 8 II 2).

Da die Gesellschafter grundsätzlich den Umfang ihrer Rechte und Pflichten abweichend von der gesetzlichen Regelung im Gesellschaftsvertrag frei bestimmen können, können sie auch vom Grundsatz der gleichmäßigen Behandlung aller Gesellschafter abweichende Regelungen treffen. Deshalb können einige Gesellschafter ohne weiteres mehr Pflichten als andere übernehmen. Es kann aber auch vereinbart werden, daß einige Gesellschafter für besondere Leistungen besondere Vergünstigungen erhalten.

Im Recht der OHG hat der Grundsatz der gleichmäßigen Behandlung in den §§ 114 Abs. 1 und 125 Abs. 1 HGB seinen Niederschlag gefunden, wonach in der Regel die Gesellschafter in gleichem Maße zu Geschäftsführung und Vertretung berechtigt und verpflichtet sind. Außerdem findet er sich in § 119 Abs. 1 HGB, wonach die von den Gesellschaftern zu fassenden Beschlüsse grundsätzlich der Zustimmung aller Gesellschafter bedürfen.

86   2. Die Sozialansprüche

Zu den Ansprüchen, die aus dem Gesellschaftsverhältnis gegen die einzelnen Mitglieder (Gesellschafter) erwachsen können, zählen
— Ansprüche auf Leistung von Beiträgen,
— Ansprüche auf die Erfüllung von Geschäftsführungspflichten,
— Ansprüche auf Erfüllung von gesellschaftlichen Treuepflichten, insbesondere auf die Einhaltung des Wettbewerbsverbots (§ 112 HGB).
Diese Ansprüche, die nach dem Gesellschaftsvertrag der Gesellschaft gegen die einzelnen Gesellschafter zustehen, werden *Sozialansprüche* genannt.

87   3. Die Sozialverpflichtungen

Andererseits erwachsen den Gesellschaftern aus dem Gesellschaftsvertrag Ansprüche gegen die Gesellschaft. Zu diesen Ansprüchen können gehören:
— der Anspruch auf den Gewinnanteil,
— der Anspruch auf Ausübung des Stimmrechts,
— der Anspruch auf Information und Kontrolle,
— der Anspruch auf eine Vergütung für die Geschäftsführung,
— der Anspruch auf Ersatz von Aufwendungen, soweit solche gemacht worden sind.
Der Gesellschaft erwachsen in diesem Rahmen aus dem Gesellschaftsverhältnis gegenüber den einzelnen Gesellschaften Verpflichtungen, die man *Sozialverpflichtungen* nennt.

88   **III. Die Beitragspflicht der Gesellschafter**

Mit dem Gesellschaftsvertrag schließen sich die Gesellschafter zusammen, um den gemeinsamen Zweck, den sie anstreben, zu erreichen. Dieser Zweck ist in der Regel nur zu erreichen, wenn die Gesellschafter sich im Gesellschaftsvertrag verpflichten, Beitragsleistungen zu erbringen, die den gemeinsamen Zweck fördern.

Beiträge der Gesellschafter sind alle Leistungen, zu denen sich die Gesellschafter durch den Gesellschaftsvertrag zur Förderung des Gesellschaftszwecks verpflichten. Dazu können u. a. zählen: Geldzahlungen, die Übereignung von beweglichen Sachen und Grundstücken, die Einbringung von Wertpapieren, das Überlassen von Patenten, die Gestattung des Gebrauchs von Sachen zur gemeinsamen Nutzung, Dienstleistungen, wie z. B. Geschäftsführung (Sudhoff, NJW 1964, 1249 ff.), Forderungen, ein ganzes Unternehmen mit Firma und Kundschaft, die Kenntnis von Absatzmöglichkeiten und Bezugsquellen (RGZ 95, 147, 150) und technische Erfahrungen (Barz, S. 157 ff.).

Beispiel: Alwin, Müller und Groß haben sich zu einer offenen Handelsgesellschaft zusammengeschlossen. In dem notariell beurkundeten Gesellschaftsvertrag hat sich Alwin verpflichtet, ein Kapital in Höhe von DM 200 000,– einzubringen. Müller hat sich bereit erklärt, zwei Patente einzubringen. Groß hat sich verpflichtet, der Gesellschaft ein ihm gehörendes Grundstück zu übereignen. Alle Leistungsverpflichtungen, die die Gesellschafter eingegangen sind, sind Beitragsverpflichtungen. Ob sie als gleichwertig anzusehen sind, ist eine Frage der Bewertung.

89   **IV. Die Verteilung von Gewinn und Verlust**

Das Gesetz enthält in den §§ 120–122 HGB Bestimmungen über die Verteilung von Gewinn und Verlust sowie zur Berechnung von Entnahmen. In der Regel finden sich in den Gesellschaftsverträgen Vereinbarungen, die die gesetzliche Gewinn- und Verlustregelung ersetzen, weil diese nur selten der wirklichen Lastenverteilung in der OHG entspricht. Zur Anwendung der gesetzlichen Vorschriften über Gewinn und Verlust kommt es deshalb nur selten.

Die gesetzlichen Vorschriften über die Gewinn- und Verlustverteilung regeln nur die interne Lastenverteilung unter den Gesellschaftern. Sie haben deshalb nichts mit der Haftung der Gesellschafter gegenüber den Gläubigern der Gesellschaft für Verbindlichkeiten der Gesellschaft zu tun. Gegenüber den Gläubigern der Gesellschaft haften alle Gesellschafter unabhängig von der Gewinn- und Verlustverteilung unmittelbar und in voller Höhe mit ihrem gesamten Privatvermögen (§ 128 HGB).

Häufig werden in den Gesellschaftsvertrag Vereinbarungen darüber aufgenommen, wie das Gesellschaftsvermögen zu bewerten ist, inwieweit der Gewinn entnommen werden darf und wie etwaige Gehaltszahlungen an einen geschäftsführenden Gesellschafter abgerechnet werden.

Beispiel für eine typische Regelung in einem Gesellschaftsvertrag einer OHG: Von dem Jahresgewinn erhält der Gesellschafter D vorab 25% zum Ausgleich für seine Tätigkeit für die Gesellschaft. Der Restgewinn wird im Verhältnis der Festkapitalanteile verteilt. Ein Verlust wird ebenfalls im Verhältnis der Festkapitalanteile verteilt. Die Gesellschafter sind berechtigt, in monatlichen Teilbeträgen $\frac{1}{12}$ des auf sie entfallenden Gewinnanteils des vorhergehenden Jahres zu entnehmen. Die Gesellschafter können durch Mehrheitsbeschluß die Ausübung des Entnahmerechts auf die Dauer von höchstens 10 Monaten aussetzen, wenn die wirtschaftliche Lage der OHG, insbesondere die Liquiditätslage, dies erforderlich macht.

Die Jahresbilanz einer OHG unterscheidet sich von derjenigen einer Aktiengesellschaft im wesentlichen dadurch, daß für die Gewinnberechnung ohne Rücksicht auf die Verluste, die in früheren Geschäftsjahren etwa gemacht worden sind, allein das Ergebnis des letzten Geschäftsjahres maßgeblich ist.

90 Die Bewegungen des Kapitalanteils werden bilanztechnisch auf sogenannten Kapitalkonten gebucht, die für die einzelnen Gesellschafter geführt werden müssen. Die Kapitalkonten sollen die Kapitalanteile der Gesellschafter wiedergeben. Der Kapitalanteil ist der wertmäßige Anteil des Gesellschafters am Gesellschaftsvermögen (= an dem nach kaufmännischen Bewertungsgesichtspunkten errechneten Wert des Gesellschaftsvermögens; vgl. Plassmann, BB 1978, 413; Kübler, § 7 III 2 c).

Es ist möglich, für jeden Gesellschafter nur ein Kapitalkonto zu führen, auf dem seine Einlage, die er geleistet hat, sowie danach anfallende Gewinne und Verluste zu verbuchen sind. Auf diesem Konto des Gesellschafters sind dann allerdings auch sämtliche Entnahmen zu verbuchen. Wenn nach der Regelung im Gesellschaftsvertrag der in einem Jahr anfallende Gewinn nach dem Stand der Gesellschafterkonten verteilt werden soll, so stehen sich diejenigen Gesellschafter günstig, die ihre auf sie entfallenden Gewinne nicht entnehmen, sondern stehenlassen, so daß ihr Gesellschafterkonto anwächst, solange die Gesellschaft Gewinne macht. Benachteiligt sind diejenigen Gesellschafter, die darauf angewiesen sind, regelmäßig Entnahmen zu tätigen, um etwa davon den Unterhalt für die Familie u.ä. zu bestreiten.

Aus diesen und anderen Gründen werden in der Praxis im Gesellschaftsvertrag häufig Vereinbarungen getroffen, nach denen Festkapitalkonten einerseits und Privatsonderkonten für jeden Gesellschafter andererseits geführt werden. Auf dem sogenannten *Festkapitalkonto* werden nur die nach dem Gesellschaftsvertrage zu leistenden Einlagen verbucht. In der Regel enthält der Gesellschaftsvertrag die Vorschrift, daß der Geschäftserfolg (Gewinn und Verlust) unter den Gesellschaftern im Verhältnis ihrer prozentualen Beteiligung, die sich aus den Festkapitalkonten ergibt, verteilt wird, nachdem zuvor die Gehälter der geschäftsführenden Gesellschafter abgezogen worden sind. Das Festkapitalkonto ist zugleich das Kapitalkonto. Die Beteiligungsverhältnisse an der Gesellschaft richten sich dann nach dem Festkapitalkonto. Sie sind damit unveränderlich, es sei denn, die Gesellschafter vereinbaren eine entsprechende Änderung des Gesellschaftsvertrages. Neben den Festkapitalkonten werden dann noch sogenannte *Privatsonderkonten* geführt, auf denen alle nicht gebundenen Gewinne gutgeschrieben werden, von denen die Entnahmen abzuschreiben sind. Es muß dann allerdings auch vertraglich festgelegt werden, von welchem Konto ein eventueller Verlust abzuschreiben ist.

Die auf Sonderkonten (auch Reserve- oder Darlehenskonten genannt) gebuchten Beträge sind nicht Teil der Einlage. Sie stellen vielmehr Forderungen der Gesellschafter gegen die Gesellschaft dar (vgl. Grossfeld, Bilanzrecht, § 14 II 2a). Wird an einen Gesellschafter eine Summe ausgezahlt, die größer ist als das auf dem Sonderkonto verbuchte Guthaben, so kann in Höhe des überschießenden Betrages eine Forderung der Gesellschaft an den Gesellschafter entstehen. Die bei einer Personenhandelsgesellschaft geführten Sonderkonten der Gesellschafter sind also im Zweifel dazu bestimmt, echte Forderungen und Schulden der Gesellschafter gegenüber der Gesellschaft auszuweisen (BGH BB 1978, 630 f.).

Bei der OHG muß jährlich die Ermittlung von Gewinn oder Verlust stattfinden. Festgelegte Gewinne oder Verluste müssen auf die Gesellschafter verteilt werden, und zwar so, daß das Ergebnis auf eine der oben geschilderten Arten auf einem Konto sichtbar wird.

V. Die Treuepflichten der Gesellschafter

91   **1. Überblick**

Dadurch, daß sich die Gesellschafter zur Erreichung eines gemeinsamen Zweckes in einem Vertrage zusammengeschlossen haben, ist zwischen ihnen eine Bindung geschaffen worden, aus der eine Treuepflicht der Gesellschafter untereinander und im Verhältnis der Gesellschafter zur Gesellschaft entsteht (vgl. oben Rdnr. 23). Diese Treuepflicht besteht im wesentlichen in folgendem: Die Gesellschafter haben die Verpflichtung, die Interessen der Gesellschaft wahrzunehmen, insbesondere alles zu unterlassen, was den Interessen der Gesellschaft zuwiderlaufen würde.

Die Pflicht, die Interessen der Gesellschaft wahrzunehmen, orientiert sich in erster Linie an dem Zweck, zu dessen Erreichung sich die Gesellschafter zusammengeschlossen haben. Deshalb trifft diese Verpflichtung in erster Linie diejenigen Gesellschafter, die die Geschäfte der Gesellschaft führen.

Die Treuepflicht der Gesellschafter findet ihre Grenze an den eigenen berechtigten Interessen, die jedem Gesellschafter auch unter Berücksichtigung der Gemeinschaftsinteressen zugebilligt werden müssen. Wo die Grenze zwischen der Treuepflicht der Gesellschafter und deren eigenen Interessen, die sie wahrnehmen möchten, zu ziehen ist, ist nach den Verpflichtungen zu bestimmen, die die Gesellschafter im Gesellschaftsvertrage übernommen haben. Für die geschäftsführenden Gesellschafter bedeutet dies: sie haben sich durch die Verpflichtung, die Geschäfte der Gesellschaft zu führen, im Zweifel damit einverstanden erklärt, ihre eigenen Interessen denjenigen der Gesellschaft unterzuordnen.

92   2. Das Wettbewerbsverbot

Fall 5: A ist Gesellschafter einer OHG, die ein Consultingunternehmen betreibt, dessen Tätigkeit sich darauf beschränkt, Exporteuren und Importeuren von Waren das Auslandsgeschäft zu erleichtern. A eröffnet nun ein anderes Beratungsunternehmen, das sich von Anfang an darauf spezialisiert, Betriebe zu überprüfen und Rationalisierungsvorschläge zu erarbeiten. Die übrigen Gesellschafter der OHG verlangen von A, daß dieser an die OHG Schadensersatz leistet. Mit Recht?

Bei der OHG gehört zu den Treuepflichten der Gesellschafter auch das *Wettbewerbsverbot,* das im Gesetz (§§ 112, 113 HGB) ausdrücklich geregelt ist. Das Wettbewerbsverbot bedeutet: Kein Gesellschafter darf in dem *Handelszweig* der Gesellschaft Geschäfte machen. Der Begriff Handelszweig im Sinne des § 112 HGB ist nicht identisch mit dem Zweck der Gesellschaft. § 112 HGB will geschäftliche Handlungen verhüten, die dem Gesellschaftsunternehmen nachteilig sein können (BGHZ 70, 331, 333). Deshalb ist das Wettbewerbsverbot beschränkt auf den Handelszweig der Gesellschaft. Geschäfte in dem Handelszweig der Gesellschaft sind also Geschäfte, die die Gesellschaft, so wie der Geschäftsbetrieb ausgerichtet ist und wie er tatsächlich gehandhabt wird, selbst abschließen würde oder könnte (BGH BB 1957, 874).

Der Begriff des Handelszweiges der Gesellschaft ist nach dem Zweck zu bestimmen, der mit dem Wettbewerbsverbot erreicht werden soll: Es sollen solche Wettbewerbshandlungen durch Gesellschafter verhindert werden, die dem Gesellschaftsunternehmen nachteilig sein können; ob dies so ist, kann in der Regel nur im Einzelfall entschieden werden (OLG Hamburg, OLGE 32, 104). Es ist stets zu berücksichtigen, daß das Wettbewerbsverbot zur Förderung des gemeinsamen Zweckes – dem gemeinsamen Betrieb des Handelsgewerbes – beitragen soll, der Inhalt der gegenseitigen Verpflichtungen der Gesellschafter ist. Deshalb darf der Begriff des Handelszweigs nicht eng aufgefaßt werden (BGHZ 70, 331, 333).

In Fall 5 hat die OHG gegen A einen Schadensersatzanspruch aus § 113 HGB nur dann, wenn A gegen das Wettbewerbsverbot, dem er als Gesellschafter der OHG gemäß § 112 HGB unterliegt, verstoßen hat und der

OHG daraus ein Schaden entstanden ist. Das Wettbewerbsverbot im Sinne des § 112 HGB hat A nur verletzt, wenn er ohne Einwilligung der anderen Gesellschafter in dem Handelszweig der Gesellschaft Geschäfte macht oder an einer gleichartigen Gesellschaft als persönlich haftender Gesellschafter beteiligt ist. Betreibt die OHG, wie im vorliegenden Falle, ein Beratungsunternehmen, so ist nicht jedes Geschäft, das unter den Begriff des Beratungsgeschäfts fällt, verboten. Es kommt vielmehr darauf an, ob es ein Geschäft ist, wie es in dem gerade von der Gesellschaft betriebenen Geschäftszweig vorkommt. Hat sich die OHG auf bestimmte Arten von Beratungsgegenständen spezialisiert, wie z. B. hier auf das Export- und Importgeschäft, so sind nach dem Wettbewerbsverbot solche Geschäfte nicht untersagt, die ganz außerhalb dieses Rahmens liegen, wohl aber solche, die im Betriebe der Gesellschaft auch nur gelegentlich vorgenommen werden. Es ist allerdings nicht erforderlich, daß die Gesellschaft das einzelne Geschäft genauso, wie es vom Gesellschafter getätigt worden ist, auch selbst gemacht hätte. Im zu erörternden Falle befaßt sich die OHG mit der Betriebsrationalisierung überhaupt nicht. A verstieß deshalb nicht gegen das Wettbewerbsverbot, als er sein Beratungsunternehmen mit diesem Spezialgebiet eröffnete und betrieb. Deshalb kann die OHG gemäß § 113 i. Vb. m. § 112 HGB keinen Schadensersatz von ihm verlangen.

VI. Geschäftsführung und Beschlußfassung

93   1. Die Geschäftsführung

Geschäftsführung ist die auf die Verfolgung des Gesellschaftszwekkes gerichtete Tätigkeit der Gesellschafter. Sie kann in tatsächlichen und rechtsgeschäftlichen Handlungen bestehen (siehe dazu oben Rdnr. 28).

Das Gesetz (§§ 114 ff. HGB) geht bei der OHG von dem Grundsatz der Einzelgeschäftsführung aller Gesellschafter aus. Das bedeutet: Jeder Gesellschafter ist allein zum Handeln berechtigt und verpflichtet. Er ist in seinem Handlungsspielraum allerdings eingeschränkt durch ein *Widerspruchsrecht,* das jedem Gesellschafter eingeräumt ist. Dieses Widerspruchsrecht haben die anderen geschäftsführenden Gesellschafter nicht nur bei ungewöhnlichen Geschäften. Macht ein Gesellschafter von seinem Widerspruchsrecht Gebrauch, so muß die geplante Geschäftsführungsmaßnahme unterbleiben (§ 115 Abs. 1 HGB).

94   2. Gesellschafterbeschlüsse

Um Geschäftsführungsmaßnahmen handelt es sich nicht, wenn
— der Gesellschaftsvertrag geändert,
— die Gesellschaft aufgelöst,
— außergewöhnliche Maßnahmen getroffen werden sollen (§ 116 Abs. 2 HGB)
— oder verschiedene Maßnahmen in und nach der Liquidation der Gesellschaft zu treffen sind.

Zu den aufgezählten Maßnahmen sind Gesellschafterbeschlüsse notwendig. Zulässig sind Gesellschafterbeschlüsse grundsätzlich bei allen die Gesellschaft betreffenden Angelegenheiten. Das gilt auch für solche Angelegenheiten der Gesellschaft, die in die Zuständigkeit der einzelnen geschäftsführenden Gesellschafter gehören. Auch bei solchen Angelegenheiten können die Gesellschafter sich entschließen, Gesellschafterbeschlüsse herbeizuführen.

Im Gesellschaftsvertrag kann festgelegt werden, daß bei bestimmten Maßnahmen die Gesellschafter einen Beschluß fassen müssen. Handelt dann ein Gesellschafter ohne den notwendigen Beschluß der Gesellschaft, begeht er eine Vertragsverletzung, die für ihn zu einer Schadensersatzverpflichtung aus positiver Forderungsverletzung führen kann.

Gemäß § 119 Abs. 1 HGB sind Gesellschafterbeschlüsse, soweit der Gesellschaftsvertrag nichts anderes vorsieht, grundsätzlich einstimmig in einem formfreien Verfahren zu fassen. Eine solche Beschlußfassung muß nicht auf einer Gesellschafterversammlung geschehen. Schriftliche Abstimmung oder entsprechende Absprachen durch Telefongespräche sind zulässig. Der Gesellschaftsvertrag kann auch eine Regelung enthalten, die vorsieht, daß in manchen oder allen Angelegenheiten, in denen Gesellschafterbeschlüsse herbeigeführt werden sollen, Mehrheitsbeschlüsse gefaßt werden müssen. Gemäß § 119 Abs. 2 HGB ist im Zweifel die Mehrheit nach der Zahl der Gesellschafter zu berechnen; jeder Gesellschafter hat dann eine Stimme.

95   **VII. Informations- und Kontrollrechte**

Da bei der OHG in der Regel alle Gesellschafter an der Geschäftsführung beteiligt sind, haben sie jederzeit die Möglichkeit, sich über
alle Angelegenheiten der OHG selbst zu informieren. Deshalb bedarf
es keiner besonderen Informations- und Kontrollrechte. Rechte dieser Art müssen allerdings den von der Geschäftsführung ausgeschlossenen Gesellschaftern zugestanden werden (§ 118 HGB).

96   **VIII. Der Aufwendungsersatz**

Auslagen, die einem Gesellschafter bei der Führung der Geschäfte
der Gesellschaft entstehen, sollen nicht von den einzelnen Gesellschaftern selbst getragen werden. Die Gesellschafter haben deshalb
Aufwendungsersatzansprüche gegen die Gesellschaft (§ 110 HGB).

Aufwendungen im Sinne des § 110 HGB sind Vermögensopfer
jeder Art, die ein Gesellschafter im Interesse der Gesellschaft gemacht
hat, ohne dazu aus dem Verhältnis der Gesellschafter untereinander
verpflichtet zu sein.

Beispiel: Hat ein geschäftsführender Gesellschafter aus seinem Privatvermögen Geld zur Begleichung von Verbindlichkeiten der Gesellschaft
aufgebracht, wozu er nach dem Gesellschaftsvertrag nicht verpflichtet ist, so
hat er damit eine Aufwendung gemacht, deren Ersatz er gemäß § 110 HGB
von der Gesellschaft verlangen kann.

97   **IX. Das Gesellschaftsvermögen**

Es ist zu unterscheiden zwischen dem Vermögen der OHG einerseits und dem Privatvermögen der einzelnen Gesellschafter andererseits. Das ausschließlich dem Gesellschafter gehörende Vermögen ist
dessen Privatvermögen. Das in die Gesellschaft eingebrachte Vermögen eines Gesellschafters wird zum Gesellschaftsvermögen.

Da für die OHG besondere Vorschriften über das Gesellschafts-

vermögen im HGB fehlen, finden die Regelungen über die BGB-
Gesellschaft (§§ 718 ff. BGB) Anwendung (§ 105 Abs. 2 HGB).
Zum Gesellschaftsvermögen gehören die Beiträge, die die einzelnen Gesellschafter in die Gesellschaft eingebracht haben, und die
durch die Geschäftsführung für die Gesellschaft erworbenen Gegenstände. Dies können sein: bewegliche Sachen, Grundstücke, Forderungen, Patente und sonstige Rechte, z. B. Nutzungsrechte aller Art.
Auch Werte tatsächlicher Art, wie z. B. technisches know how, Ge-
schäftserfahrung und Kundenstamm können Gegenstände des Gesellschaftsvermögens sein.

Die OHG ist nach herrschender Meinung ebensowenig wie die
BGB-Gesellschaft eine juristische Person (vgl. dazu oben Rdnr. 74).
Deshalb sind Träger des Gesellschaftsvermögens stets die einzelnen
Gesellschafter. *Das Gesellschaftsvermögen ist Gesamthandsvermögen,* es
steht also allen Gesellschaftern in ihrer personenrechtlichen Verbundenheit in der Weise zu, daß ein einzelner Gesellschafter über seinen
Anteil an dem Gesellschaftsvermögen und auch an den einzelnen
dazu gehörenden Gegenständen nicht frei verfügen kann (vgl. dazu
oben Rdnr. 31).

§ 14. Die Beziehungen der Gesellschafter zu Dritten (Die Außenbeziehungen)

Schrifttum: Buchner, Gesellschaftschuld und Gesellschafterschuld bei
der OHG, JZ 1968, 622 ff.; Flume, Der Inhalt der Haftungsverbindlichkeit
des Gesellschafters nach § 128 HGB. In: Festschrift für Reinhardt, 1972,
S. 223 ff.; derselbe, Gesellschaftsschuld und Haftungsverbindlichkeit des
Gesellschafters bei der OHG. In: Festschrift für Knur, 1972, S. 125 ff.;
A. Hueck, OHG, §§ 19 bis 22; Müller, Die Einwirkung des Konkurses der
OHG auf die persönliche Haftung des Gesellschafters, NJW 1968, 225 ff.;
von Stebut, die Haftung ausgeschiedener Gesellschafter für Gesellschafts-
verbindlichkeiten aus Dauerschuldverhältnissen, ZGR 1981, 183 ff.

I. Die Vertretung

1. Die gesetzliche Regelung

98   Die Vertretungsmacht als die Befugnis, im Namen der Gesellschaft mit Wirkung für und gegen alle Gesellschafter rechtsgeschäftliche Erklärungen (Willenserklärungen) abzugeben und entgegenzunehmen, steht nach der gesetzlichen Regelung bei der OHG jedem einzelnen Gesellschafter zu (§ 125 HGB). Das bedeutet: Jeder Gesellschafter kann im Namen der OHG wirksame, diese rechtsgeschäftlich bindende Erklärungen (Willenserklärungen) abgeben und entgegennehmen. Die Rechtsfolgen dieser Erklärungen treffen dann die Gesellschaft und die Gesellschafter, für die der handelnde Gesellschafter die Willenserklärung abgibt oder entgegennimmt.

Beispiel: Bebel, Kraft und Schmitz gründen eine OHG. Gegenstand des Unternehmens ist der Handel mit Brennstoffen und Erdölprodukten. Die Gesellschaft führt die Firma „Bebel & Co Brennstoffe". Nach dem Gesellschaftsvertrag ist Bebel der alleinige Geschäftsführer. Schmitz kauft im Namen der OHG bei der Erdöl AG 100 000 l Heizöl. Als die Erdöl AG von der OHG den Kaufpreis verlangt, erklären Bebel und Kraft, sie seien mit dem von Schmitz abgeschlossenen Kaufvertrag nicht einverstanden. Gemäß § 125 HGB ist jeder Gesellschafter allein zur Vertretung der OHG ermächtigt, es sei denn, daß im Gesellschaftsvertrag eine andere Regelung getroffen worden ist. Hier war ein Ausschluß des Alleinvertretungsrechts eines jeden Gesellschafters im Gesellschaftsvertrag nicht vereinbart. Die Tatsache, daß Schmitz von der Geschäftsführung ausgeschlossen ist, ist nur im Innenverhältnis der Gesellschafter zueinander bedeutsam. Eine Beschränkung der Vertretungsmacht des Schmitz trat hierdurch nicht ein. Der Widerspruch von Bebel und Kraft ist deshalb für die Wirksamkeit der von Schmitz abgegebenen Willenserklärung belanglos. Schmitz konnte im Namen der OHG eine für diese wirksame Willenserklärung, die zum Abschluß eines Kaufvertrages führte, abgeben. Zwischen der Erdöl AG und der OHG ist deshalb ein Kaufvertrag zustande gekommen. Die Erdöl AG kann von der OHG Zahlung des Kaufpreises verlangen.

Der Gesellschaftsvertrag kann bestimmen, daß alle oder jedenfalls mehrere Gesellschafter nur gemeinsam die OHG vertreten können (Gesamtvertretung). Eine solche Regelung bildet in der Praxis jedoch die Ausnahme.

Gemäß § 126 HGB ist der Umfang der Vertretungsmacht grundsätzlich unbeschränkt. Das bedeutet, daß sich die Vertretungsmacht auf alle gerichtlichen und außergerichtlichen Rechtshandlungen erstreckt; eingeschlossen sind auch die Veräußerung und Belastung von Grundstücken und die Erteilung und der Widerruf einer Prokura (§ 126 Abs. 1 HGB).

Was den Inhalt und den Umfang der Vertretungsmacht angeht, so ist im Hinblick darauf der Grundsatz der Vertragsfreiheit wesentlich eingeschränkt. Zum Schutze Dritter, die mit der OHG Rechtsgeschäfte abschließen wollen, ist eine Einschränkung des Umfangs der Vertretungsmacht Dritten gegenüber unwirksam (§ 126 Abs. 2 HGB).

„Alle gerichtlichen und außergerichtlichen Geschäfte und Rechtshandlungen" im Sinne des § 125 Abs. 1 HGB sind nicht nur diejenigen, die der Betrieb des Handelsgewerbes, das die OHG betreibt, mit sich bringt. Der Umfang der Vertretungsmacht ist vielmehr umfassend.

99   Der Grundsatz der Unbeschränkbarkeit der Vertretungsmacht eines vertretungsberechtigten Gesellschafters gilt grundsätzlich nur gegenüber Dritten, die im Rechtsverkehr mit der OHG geschützt werden sollen. Er gilt hingegen nach herrschender Meinung (BGHZ 38, 26 ff.; Fischer, § 126 HGB Anm. 16 f.) nicht im Verhältnis der Gesellschafter zu ihrer eigenen Gesellschaft. Der BGH weist zu Recht darauf hin, daß der Grundsatz der Unbeschränkbarkeit der Vertretungsmacht gemäß § 126 HGB dem Schutze Dritter dient, die mit einer Personenhandelsgesellschaft in geschäftliche Verbindungen treten; sie brauche deshalb auch nur gegenüber Dritten rechtlich zwingend zu sein. Die Gesellschafter selber, die mit ihrer Gesellschaft in geschäftliche Verbindung träten, bedürften eines solchen Schutzes nicht, wenn sie selbst eine vom Gesetz abweichende Regelung für richtig gehalten und für die Gestaltung der Vertretungsverhältnisse bei ihren eigenen Geschäftsbeziehungen zu ihrer Gesellschaft einen anderen Weg beschritten hätten. Es sei unbedenklich, den Gesellschaftern in dieser Hinsicht Dispositionsfreiheit zu lassen, ohne damit gegen den gesetzlichen Grundgedanken des § 126 HGB, der den Schutz des Geschäftsverkehrs bezwecke, zu verstoßen.

100   2. Das Verbot der Drittorganschaft

Nach herrschender Meinung ist es unzulässig, im Gesellschaftsvertrag zu vereinbaren, daß alle Gesellschafter von der Vertretung und
der Geschäftsführung der Gesellschaft ausgeschlossen werden sollen
und stattdessen ein Nichtgesellschafter geschäftsführungs- und vertretungsberechtigt im Sinne der §§ 114 ff. und 125 f. HGB sein soll
(Verbot der Drittorganschaft [Fremdorganschaft] bzw. Grundsatz der
Selbstorganschaft [BGHZ 33, 105, 108; 41, 367, 369; 51, 198,
199 f.]). Dieses Verbot der Drittorganschaft wird im wesentlichen auf
das Wesen der Personengesellschaft, mit dem die Drittorganschaft
nicht zu vereinbaren sei, und auf das Verbot der Abspaltung von Mitverwaltungsrechten von der Gesellschafterstellung zurückgeführt.

Demgegenüber halten u.a. Reinhardt-Schultz (Rdnr. 173 ff.) eine
im Gesellschaftsvertrag vereinbarte Drittorganschaft für zulässig, weil
nach ihrer Meinung dem Recht der OHG, so wie es im HGB niedergelegt worden sei, nicht entnommen werden könne, daß einem
Nichtgesellschafter die Befugnis zur Geschäftsführung und Vertretung nicht eingeräumt werden könne.

Die Problematik der Selbstorganschaft für Personengesellschaften,
d.h. des Grundsatzes, daß OHG und KG stets allein durch die Gesellschafter, also ohne die Mitwirkung Dritter, handlungsfähig sein müssen, hängt eng zusammen mit dem sog. *Abspaltungsverbot*. Letzteres
besagt folgendes: Die Abspaltung einzelner Verwaltungsrechte von
dem Gesellschaftsanteil in der Weise, daß sie auf einen anderen übertragen werden, wie das z.B. bei der Übertragung des Stimmrechts eines Gesellschafters auf eine dritte Person der Fall ist, ist nicht zulässig,
weil dies mit dem Wesen der Gesamthandsgemeinschaft nicht zu
vereinbaren ist (vgl. auch § 717 S. 1 BGB). Die Verwaltungsrechte eines Gesellschafters sind mit seinem Anteil notwendig verbunden und
können von ihm nicht losgelöst und selbständig übertragen werden
(so BGHZ 3, 354, 356). Damit ist die formale Unteilbarkeit des Gesellschaftsanteils festgelegt, was nicht ausschließt, daß andere privatrechtliche Konstruktionen, die nicht die unmittelbare Übertragung
des Verwaltungsrechts zum Gegenstand haben, im Ergebnis aber die

gleiche Wirkung haben, zulässig sind (vgl. Kübler, § 20 II 3). Deshalb ist es auch nach herrschender Auffassung nicht ausgeschlossen, daß ein Dritter mit einer umfassenden Vollmacht, die man als Generalvollmacht bezeichnen und die auch noch über den gesetzlich festgelegten Umfang einer Prokura hinausgehen kann, ausgestattet wird. In einer Generalbevollmächtigung dieser Art wird keine Umgehung des Verbots einer Übertragung der organschaftlichen Vertretungsbefugnisse gesehen (vgl. dazu BGHZ 36, 292, 295). In solchen Fällen liegt keine echte Drittorganschaft vor, weil die Stellung eines gesetzlichen (organschaftlichen) Vertreters der Personengesellschaft unangetastet bleibt.

Das Abspaltungsverbot und das Verbot der Drittorganschaft sind jedenfalls dann verletzt, wenn es in der gesellschaftsrechtlichen Organisation und Konstruktion eigenständige Entscheidungsbefugnisse für Dritte (Nichtgesellschafter) „ohne das Korrektiv der gesellschaftsrechtlichen Bindung gegenüber den (Mit-) Gesellschaftern und der (beschränkbaren) persönlichen Haftung gegenüber den Gläubigern" gibt (so zu Recht Kübler, § 20 II 3 c). Der BGH hat eine Überschreitung der Grenze zum Unzulässigen u. a. dort gesehen, wo ein Gesellschafter sich in einem weiten Bereich seiner wirtschaftlichen Betätigung praktisch selbst entmündigt hat (BGHZ 44, 158, 161).

Beispiel (nach BGHZ 44, 158 ff.): A, B und C sind Gesellschafter einer OHG. A schließt mit T einen Vertrag, in dem T als Treuhänder bezeichnet wird und durch den T das Recht zur Teilnahme an der Gesellschafterversammlung mit der alleinigen Wahrnehmung des Stimmrechts und des Widerspruchsrechts (§ 116 Abs. 2 HGB) des A erhalten soll. Aufgrund des Vertrages soll T auch das Einsichts- und Auskunftsrecht gemäß § 118 HGB ausüben und an Weisungen des A nicht gebunden sein. Der BGH hat in einer derartig weitgehenden Bindung „eine solche Aufgabe der eigenen freien Selbstbestimmung" gesehen, daß er sie als mit „den Grundwerten unserer Rechtsordnung" nicht vereinbar und deshalb gemäß § 138 BGB für sittenwidrig erachtet hat.

II. Die Haftung der Gesellschafter für Verbindlichkeiten der Gesellschaft

101 ### 1. Einleitung

Fall 6: Beitz und Krümel gründen unter der Firma „Beitz & Co Elektro-einrichtungen" eine OHG. Die X-Bank gewährt der OHG ein Darlehen in Höhe von DM 200 000,–. Als bei Fälligkeit die Gesellschaft die Darlehenssumme nicht zurückzahlen kann, nimmt die X-Bank den Gesellschafter Beitz in Anspruch. Mit Recht?

Unternehmerische Aktivitäten sind häufig mit Risiken verbunden. Hat eine Einzelperson Verluste erlitten, muß sie für diese einstehen und dulden, daß ihr gesamtes Vermögen vom Gläubiger verwertet wird. Es ist deshalb möglich, daß eine Person durch ein mißglücktes Geschäft ihr ganzes Vermögen verliert. Eine allgemeine gesetzliche Haftungsbegrenzung gibt es nicht. Eine Haftungsbeschränkung könnte sich für eine einzelne Person nur aus einem mit einem jeden Gläubiger geschlossenen Vertrag ergeben. Zum Abschluß eines solchen Vertrages sind Gläubiger in der Regel jedoch nicht bereit.

Beteiligt sich eine Person an einer Gesellschaft, so entsteht die Frage, welche Vermögensmassen für die Verbindlichkeiten, die im Zusammenhang mit der Gesellschaft entstehen, haften, welche Gegenstände also z.B. im Konkurs der Gesellschaft von den Gläubigern der Gesellschaft verwertet werden können.

Für die OHG ist charakteristisch, daß alle ihre Gesellschafter unbeschränkt auch mit ihrem Privatvermögen für die Verbindlichkeiten der Gesellschaft haften (§ 128 HGB). Gerade diese Eigenheit als Kredit- und Haftungsgemeinschaft gewährleistet die besondere Kreditfähigkeit der OHG. Andererseits ist die Beteiligung an einer OHG für einen Gesellschafter aus diesen Gründen besonders gefährlich.

In Fall 6 kann die Bank ihren Anspruch auf § 607 BGB i. Vb. m. § 128 HGB stützen. Ein Darlehensvertrag ist zwischen der Bank und der OHG zustande gekommen. Aus diesem Vertrag ist für die Bank eine Darlehensrückzahlungsforderung gemäß § 607 BGB entstanden. Bei der Verpflichtung, das Darlehen zurückzuzahlen, handelt es sich um eine Verbindlichkeit der Gesellschaft. Für die Verbindlichkeit der Gesellschaft haften gemäß § 128 HGB alle Gesellschafter der OHG als Gesamtschuldner. Infolgedessen kann sich die Bank an Beitz halten und von ihm Rückzahlung in Höhe von DM 200 000,– verlangen (§ 607 BGB i. Vb. m. § 128 HGB).

102   2. Der Inhalt der Haftungsverbindlichkeit gemäß § 128 HGB

Die Gesellschafter der OHG haften gemäß § 128 HGB für die Verbindlichkeiten der Gesellschaft unmittelbar. Das bedeutet: Der Gläubiger ist nicht gezwungen, sich, bevor er einen der Gesellschafter in Anspruch nimmt, an das Gesamthandsvermögen der OHG zu halten, um Befriedigung wegen seiner Forderung zu erreichen. Er kann sich, ohne vorher den Anspruch bei der OHG geltend gemacht zu haben, direkt an einen oder mehrere Gesellschafter halten.

Zu Fall 6: Die X-Bank muß sich also nicht zunächst an das Gesamthandsvermögen der OHG, wie z.B. Warenlager oder Geschäftseinrichtungen, halten. Sie kann auch, ohne zuvor einen solchen Versuch gemacht zu haben, den Anspruch sofort gegen Beitz oder Krümel oder gegen beide richten.

Verbindlichkeiten der Gesellschaft sind alle Verbindlichkeiten, die die OHG als solche eingegangen ist und zu erfüllen hat. Dazu gehören sowohl die Verpflichtungen aus den im Namen der OHG abgeschlossenen Rechtsgeschäften, wie auch die auf Gesetz beruhenden Verbindlichkeiten ohne Rücksicht auf den Schuldgrund, wie z.B. Steuerschulden.

Die unbeschränkte Haftung der Gesellschafter bedeutet im einzelnen:

– Jeder Gesellschafter haftet unmittelbar und primär: Die Gläubiger der Gesellschaft können ihn direkt, ohne zuvor bei der Gesellschaft Befriedigung gesucht und nicht gefunden zu haben, in Anspruch nehmen.

– Jeder Gesellschafter der OHG haftet mit seinem gesamten Privatvermögen und nicht nur mit seinem Anteil am Gesellschaftsvermögen.

Rdnr. 102

– Jeder Gesellschafter haftet mit den anderen Gesellschaftern als Gesamtschuldner.

103   Umstritten ist die Frage, ob ein Anspruch gegen den Gesellschafter auf Erfüllung in natura hinsichtlich der Gesellschaftsschuld besteht. Diese Frage wird in erster Linie unter dem Gesichtspunkt erörtert, ob der Gesellschafter mittels eines Erfüllungsanspruchs auch hinsichtlich eines persönlichen Tuns oder Unterlassens und der ihm persönlich gehörenden Gegenstände durch eine Vereinbarung der Gesellschaft mit Dritten zur Erfüllung in natura verpflichtet werden kann (dazu Flume, in: Festschrift für Reinhardt, S. 223 ff.).

Relevant wird diese Problematik u. a. bei folgenden Fragestellungen:

a) Kann die Einhaltung einer Bezugsverpflichtung, die eine OHG eingegangen ist, auch von den einzelnen Gesellschaftern der OHG verlangt werden (RG JW 1902, 78)?

b) Kann eine Wettbewerbsvereinbarung der Gesellschaft mit einem daraus erwachsenden Anspruch auf die Unterlassung des Wettbewerbs auch dem einzelnen Gesellschafter gegenüber geltend gemacht werden (RGZ 136, 266 ff.)?

c) Können Gesellschafter einer OHG aus Verträgen, wie z. B. Dienst- und Werkverträgen, die die OHG eingegangen ist, auch zu persönlichen Leistungen verpflichtet werden?

d) Können Gesellschafter einer OHG aus einem Kaufvertrag, den die OHG abgeschlossen hat, auf Erfüllung in natura durch den Gläubiger des Kaufvertrages in Anspruch genommen werden, etwa dergestalt, daß ein Gesellschafter verpflichtet ist, ihm gehörende Sachen an den Gläubiger zu übereignen?

Unbestritten dürfte sein, daß in den Fällen, in denen die Gesellschaftsschuld allein auf eine von der OHG erfüllbare Leistung errichtet ist, eine Verpflichtung der Gesellschafter auf Erfüllung in natura nicht in Betracht kommen kann (Flume, in: Festschrift für Reinhardt, S. 223).

Im übrigen wird einerseits die Auffassung vertreten, daß der Inhalt der persönlichen Haftung des einzelnen Gesellschafters die Verpflichtung zur Erfüllung der im Namen der Gesellschaft begründeten Verbindlichkeit sei (Lehre von der Identität von Gesellschaftsschuld und Haftungsverbindlichkeit der Gesellschafter). Diese Auffassung wird damit begründet, daß die persönliche Haftung des einzelnen Gesellschafters nicht Haftung für fremde, sondern für eigene Schuld sei, weil die Gesellschafter der OHG selbst die Schuldner des zwischen der Gesellschaft und einem Dritten bestehenden Rechtsverhältnisses seien; deshalb bestehe nur eine einheitliche Verpflichtung. Die Verbindlichkeiten der Gesellschaft seien zugleich Schulden der Gesellschafter, für die lediglich zwei verschiedene Vermögensmassen, nämlich das Sondervermögen der Gesellschaft einerseits und das Privatvermögen der einzelnen Gesellschafter andererseits, hafteten. Danach ist die Haftungsverbindlichkeit des einzelnen OHG-Gesellschafters nichts anderes als die Verpflichtung zur Erfüllung, d. h. zur Erfüllung in natura (so Buchner, JZ 1968, 622 ff.; Müller, NJW 1968, 225; Schlegelberger-Geßler, § 128 HGB Rdnr. 1).

Andererseits wird die Meinung vertreten, Gesellschaftsschuld und Haftungsverbindlichkeit stünden zueinander in einem Verhältnis von Haupt- und Nebenschuld; die Gesellschafter der OHG hätten nur für die Verbindlichkeiten der Gesellschaft einzustehen, hafteten dem Gläubiger also nicht auf Erfüllung in natura, sondern hätten vielmehr nur das Interesse zu ersetzen (so u. a. Müller-Erzbach, Deutsches Handelsrecht, 2. u. 3. Aufl. 1928, S. 205).

In neuester Zeit wird bei der Beantwortung der zur Erörterung stehenden Frage stärker differenziert zwischen der Erfüllung in natura bei nicht auf die Person bezogenen Leistungen einerseits und der Verpflichtung der Gesellschafter zu personenbezogenen Leistungen andererseits (vgl. dazu Flume, in: Festschrift für Reinhardt, S. 223, 227 ff.). Flume stützt sich bei seinen Überlegungen darauf, daß nach deutschem Schuldrecht allgemein das Prinzip der Verpflichtung zur Erfüllung in natura im Vordergrund stehe, und zieht Parallelen zum Bürgschaftsrecht: wenn die Haftungsverbindlichkeit der Gesellschafter sehr viel enger mit der Gesellschaftsschuld verbunden sei als die Bürgschaft mit der Hauptschuld, so müsse die für die Bürgschaft bestehende Regelung, daß dem Gläubiger gegen den Bürgen ein Anspruch auf Erfüllung in natura zustehe, erst recht entsprechend für den Gesellschaftsgläubiger gegenüber dem Gesellschafter aufgrund der Haftung nach § 128 HGB gelten. Er macht allerdings insofern eine Einschränkung, als die Haftung des Gesellschafters nur als Interessehaftung zu verwirklichen sei, wenn die von der Gesellschaft geschuldete Leistung, weil sie in einem persönlichen Tun oder Unterlassen

Rdnr. 103

bestehe, ihrer Natur nach nur von der Gesellschaft selbst, aber nicht
von dem einzelnen Gesellschafter erbracht werden könne. Der BGH
(BGHZ 23, 302 ff.) ist der Auffassung, daß ein Gesellschaftsgläubiger
gegenüber dem Gesellschafter jedenfalls dann einen Anspruch auf Erfüllung in natura habe, wenn der Gesellschafter der Gesellschaft gegenüber zur Leistung verpflichtet sei. Neuerdings ist der BGH
(BGHZ 73, 217 ff.) einen Schritt weitergegangen und hat festgestellt,
daß, soweit eine Personenhandelsgesellschaft dazu verpflichtet sei,
Mängel zu beseitigen, auch die persönlich haftenden Gesellschafter
auf Mängelbeseitigung in Anspruch genommen werden könnten. Er
hat diese Entscheidung wie folgt begründet: Der Kredit der Personenhandelsgesellschaften, bei denen es sonst keine gläubigersichern-
den Maßregeln gebe, beruhe auf den Personen der Gesellschafter und
ihrer Haftung. Der Zweck dieser Haftung erfordere es, „daß der Gesellschafter auch bei anderen als Geldverpflichtungen jedenfalls dann
dasselbe schuldet wie die Gesellschaft, wenn die Erfüllung den Gesellschafter in seiner gesellschaftsfreien Privatsphäre nicht wesentlich
mehr als eine Geldleistung beeinträchtigt" (BGHZ 73, 217, 221).

Auch der BGH hält also fest an einer Unterscheidung zwischen
Verpflichtungen, aus denen die Gesellschafter in natura in Anspruch
genommen werden können, und Verpflichtungen, aus denen die Gesellschafter lediglich eine Geldzahlung leisten müssen. Unterschieden
wird hier mit einer Abwägung der Gläubigerinteressen einerseits und
der schutzwerten Interessen des Gesellschafters auf Freihaltung seiner
Privatsphäre andererseits. Dabei soll berücksichtigt werden, daß der
Gesellschafter, wenn er nicht ohnehin auch die Gesellschaft zur Leistung zu veranlassen vermag, z. B. einen Nachbesserungsanspruch
ohne persönlichen Einsatz durch Aufwendung von Geld und Beauf-
tragung eines anderen Unternehmens erfüllen kann; ihm wird etwa
im Fall der Mängelbeseitigung nicht mehr zugemutet, als was ande-
renfalls der Gläubiger tun müßte, um sich selber zu helfen (BGHZ
73, 217, 222).

104   Die schwierige Frage, ob bei der persönlichen Haftung der Gesellschafter für Gesellschaftsschulden gemäß § 128 HGB die Gesellschafter dieselbe Leistung wie die OHG schulden oder ob sie nur für eine
Haftung auf das Interesse einstehen müssen, dürfte nur zu lösen sein,

wenn man zwischen Verpflichtungen zur Erfüllung in natura bei
nicht auf die Person bezogenen Leistungen einerseits und der Haftung für die Verpflichtung der Gesellschafter zu personenbezogenen
Leistungen andererseits unterscheidet. Bei Verpflichtungen, die die
OHG im Hinblick auf Sachleistungen eingegangen ist, ist der Gesellschafter dem Gläubiger der OHG stets zur Erfüllung in natura bezüglich der ihm persönlich gehörenden Gegenstände verpflichtet, ohne
daß es darauf ankommt, ob der Gesellschafter der Gesellschaft gegenüber im Hinblick auf diesen Gegenstand zur Leistung verpflichtet ist
(so Flume, in: Festschrift für Reinhardt, S. 223, 234). Von der Haftung
gemäß § 128 HGB ist, weil sie eine unbeschränkte ist, also kein Ver-
mögensgegenstand des Gesellschafters ausgenommen.

Beispiel: A, B und C haben eine OHG gegründet. Die OHG verkauft
in einem notariell beurkundeten Vertrag an G ein Grundstück, das nicht im
Eigentum der OHG, sondern im Eigentum des A steht. Nachdem sich die
OHG dem G gegenüber außerstande erklärt hat, ihm das Grundstück zu
übereignen, verlangt G das Grundstück nunmehr von A. Nach der hier vertretenen Ansicht hat G gegen A einen unmittelbaren Erfüllungsanspruch
aus § 433 BGB i. Vb. m. § 128 HGB auf Übereignung des Grundstücks.

Bei *personenbezogenen Leistungen* haften die Gesellschafter einer
OHG nur bei solchen von der OHG eingegangenen Verpflichtungen
gemäß § 128 HGB auf eigenes Tun oder Unterlassen, soweit sie sich
der Gesellschaft gegenüber zu diesem Tun oder Unterlassen verpflichtet haben (so BGHZ 23, 302 ff. und Flume, in: Festschrift für
Reinhardt, S. 223, 233).

Beispiel: Ein Gläubiger, dem eine offene Handelsgesellschaft zur Rechnungslegung verpflichtet ist, kann den geschäftsführenden Gesellschafter
der offenen Handelsgesellschaft auf Erfüllung dieser Verpflichtung unmittelbar in Anspruch nehmen (so BGHZ 23, 302 ff.). Nach der hier vertretenen Auffassung ist der Gläubiger berechtigt, gemäß § 128 HGB von dem
Gesellschafter diese Leistung zu verlangen, weil der geschäftsführende Gesellschafter auch der Gesellschaft gegenüber sich zu diesem Tun im Ge-
schäftsvertrag verpflichtet hat.

Bei darüber hinausgehenden Ansprüchen ist nach dem BGH
(BGHZ 73, 217, 222) eine Abwägung der Gläubigerinteressen einerseits und der schutzwerten Interessen des Gesellschafters auf Freihaltung seiner Privatsphäre andererseits durchzuführen.

Rdnr. 104

105   3. Das Verhältnis von Gesellschaftsverbindlichkeit zur Gesellschafterhaftung

Die moderne Auffassung in der Literatur geht zunehmend davon aus, daß die Gesamthandsverbindlichkeit der OHG und die Haftungsverbindlichkeit der einzelnen Gesellschafter nebeneinander bestehen (Flume, in: Festschrift für Knur, S. 125, 126; Fischer, § 128 HGB Anm. 3, 17). Mit Recht weist Kötter (in: Heymann-Kötter, § 128 HGB Anm. 1) darauf hin, daß von „einer Identität der Gesellschaftsverbindlichkeiten mit der Schuld der einzelnen Gesellschafter schon deshalb keine Rede sein kann, weil die Gesellschafter nur in ihrer Gesamtheit Träger der Gesellschaftsverbindlichkeiten sind, während die persönliche Haftung den Gesellschafter als einzelnen und – wie der Fall des ausgeschiedenen Gesellschafters zeigt – ohne Rücksicht auf seine Mitträgerschaft am Gesellschaftsvermögen und an der Gesellschaftsverbindlichkeit trifft". Aus dem Gesamthandsprinzip ist deshalb abzuleiten, daß die Verbindlichkeit der OHG, nämlich der Gruppe als Gesamtheit, neben den Haftungsverbindlichkeiten eines jeden Gesellschafters besteht. Darauf weist nicht zuletzt auch die Formulierung des Gesetzes in § 128 HGB hin, wo es im Hinblick auf die Haftung der Gesellschaft heißt: „für die Verbindlichkeiten der Gesellschaft". Demnach ist zu unterscheiden zwischen der Schuld der OHG einerseits und der Haftungsverbindlichkeit der Gesellschafter andererseits (so Flume in: Festschrift für Knur, S. 125, 127).

Daß zwischen der Verbindlichkeit der OHG und der Haftungsverbindlichkeit der Gesellschaft ein Gesamtschuldverhältnis im Sinne der §§ 421 ff. BGB besteht, wird von der herrschenden Meinung abgelehnt (u. a.: Fischer, § 128 HGB Anm. 17; Flume, in: Festschrift für Knur, S. 125, 128 ff.). Dieser Meinung hat sich auch der BGH angeschlossen (BGHZ 44, 229, 233 und 47, 376, 378). Allerdings wird nicht verkannt, daß die Verbindlichkeit der OHG und die Haftungsverbindlichkeit der Gesellschafter jedenfalls in der Nähe zur Gesamtschuld angesiedelt sind, so daß jeweils im Einzelfall zu prüfen ist, ob hierauf die §§ 421 ff. BGB anzuwenden sind (so BGHZ 47, 376, 378 f.).

106   4. Die Einwendungen der Gesellschafter (§ 129 HGB)

Alle diejenigen Einreden und Einwendungen, die der OHG gegenüber dem Gläubiger zustehen, kann auch der Gesellschafter, der
von einem Gesellschaftsgläubiger in Anspruch genommen wird, geltend machen. Er kann dies allerdings nur solange tun, wie die Einreden und Einwendungen auch noch von der OHG geltend gemacht
werden können.

Beispiel: Der Gläubiger G hat gegen die aus A, B und C bestehende
OHG einen Zahlungsanspruch, der verjährt ist. G macht den Anspruch nun
gegenüber C geltend. C kann sich gemäß § 129 HGB auf die Einrede der
Verjährung berufen.

Ein gegen die Gesellschaft ergangenes rechtskräftiges Urteil hat
auch dem Gesellschafter gegenüber im Hinblick auf das Bestehen der
Schuld feststellenden Charakter, ohne Rücksicht darauf, ob der
Gesellschafter selbst am Prozeß beteiligt war oder nicht. Andererseits folgt aus § 129 HGB auch, daß ein Gesellschafter sich im Hinblick auf einen Anspruch, der gegen die OHG erhoben und vom
Gericht rechtskräftig abgewiesen worden ist, auf dieses Urteil berufen
kann.

Die persönliche Haftung der Gesellschafter ist nicht abdingbar.
Auch ein Erlaßvertrag, der zwischen einem Gläubiger und der OHG
unter Herauslassung eines Gesellschafters abgeschlossen wird, ist
grundsätzlich unwirksam (BGHZ 47, 376 ff.).

**107   5. Die Haftung der eintretenden und ausscheidenden
Gesellschafter**

Tritt ein neuer Gesellschafter in die bereits bestehende OHG ein,
so haftet dieser zwingend auch für die bereits bestehenden Verbindlichkeiten der Gesellschaft (§ 130 HGB). Der neue Gesellschafter haftet also ebenso wie die anderen Gesellschafter gemäß §§ 128 und 129

HGB für diejenigen Verbindlichkeiten der Gesellschaft, die bereits vor seinem Eintritt in die OHG begründet worden sind. Diese Haftung kann durch eine gesellschaftsvertragliche Vereinbarung nicht ausgeschlossen werden. Eine Vereinbarung dieser Art ist Dritten gegenüber nicht wirksam (§ 130 Abs. 2 HGB).

Ein Haftungsausschluß für bereits bestehende Verbindlichkeiten zugunsten des neu eintretenden Gesellschafters kann auch nicht wie in den Fällen der §§ 25 und 28 HGB durch eine entsprechende Eintragung in das Handelsregister und Bekanntmachung oder eine besondere Mitteilung an einen Dritten geschehen (Fischer, § 130 HGB Anm. 25).

Allein im Innenverhältnis zwischen den Altgesellschaftern und dem neu hinzutretenden Gesellschafter kann vereinbart werden, daß die Altgesellschafter den neu Eintretenden von der Haftung für die bereits bestehenden Verbindlichkeiten der Gesellschaft freizustellen haben. Eine solche Vereinbarkeit entfaltet Wirkung allerdings nur im Verhältnis der Gesellschafter untereinander, nicht aber im Verhältnis zu Dritten.

Wenn auch das Gesetz als Regelfall davon ausgeht, daß die Gesellschaft aufgelöst wird, wenn ein Gesellschafter durch Tod oder durch Kündigung oder aus einem sonstigen Grunde aus der Gesellschaft ausscheidet, so wird in der Realität in der Regel durch den Gesellschaftsvertrag festgelegt, daß eine Gesellschaft trotz des Ausscheidens eines Gesellschafters unter den verbleibenden Gesellschaftern fortbestehen soll. Wenn ein Gesellschafter durch Kündigung oder aus einem sonstigen Grunde aus der Gesellschaft ausscheidet, haftet er auch weiterhin gemäß § 128 HGB persönlich für die Verbindlichkeiten der Gesellschaft, sofern diese vor seinem Ausscheiden entstanden sind. Er haftet auch weiterhin für die Verbindlichkeiten aus langfristigen Verträgen und Dauerschuldverhältnissen, selbst dann, wenn die einzelnen Teilleistungen erst zu einem späteren, auf sein Ausscheiden folgenden Zeitpunkt erfolgen sollen (Hueck, OHG, § 29 II 4). Diese Regelung hat insbesondere für langfristig abgeschlossene Darlehensverträge der OHG Bedeutung. Für Arbeitsverhältnisse folgt daraus, daß sich die Arbeitnehmer einer Personenhandelsgesellschaft wegen ihrer Vergütungsansprüche an alle persönlich haftenden Gesellschaf-

Rdnr. 107

ter halten können, die der Gesellschaft vor der Beendigung des Arbeitsverhältnisses angehörten (BGH JZ 1978, 152 f.; von Stebut, ZGR 1981, 183 ff.). Kein Gesellschafter kann sich also durch das Verlassen der OHG von seiner Haftung ohne weiteres befreien. Allerdings unterliegt der Anspruch gegen den Gesellschafter der Verjährung gemäß § 159 HGB. Sofern der Anspruch nicht einer kürzeren Verjährung unterliegt, verjährt er in fünf Jahren nach Ausscheiden des Gesellschafters.

§ 159 HGB trägt dem Bedürfnis des ausgeschiedenen Gesellschafters Rechnung, seine Nachhaftung zeitlich zu begrenzen, weil er mit der Gesellschaft nichts mehr zu tun hat und am Gesellschaftsvermögen nicht mehr beteiligt ist. Vor allem hat er auf die Geschäftsführung der Gesellschaft und damit auf die Abwicklung der betreffenden Geschäfte keinen Einfluß mehr (BGHZ 50, 232, 236; 78, 114, 116 f.). Diese gesetzliche Regelung bezieht sich allerdings unmittelbar nur auf ausgeschiedene Gesellschafter, nicht aber auf die Gesellschafter, die für frühere Gesellschaftsverbindlichkeiten gemäß § 128 HGB unbeschränkt haften, weil sie zunächst persönlich haftende Gesellschafter waren und erst nach Entstehung der Gesellschaftsverbindlichkeit in die Rechtsstellung eines Kommanditisten übergewechselt sind (BGHZ 78, 114, 116). In einem solchen Fall ist zu prüfen, ob eine entsprechende Anwendung des § 159 HGB geboten ist. Bei der Entscheidung darüber ist darauf abzustellen, ob eine Schutzbedürftigkeit des betroffenen Gesellschafters im oben dargestellten Sinne – diese ist Voraussetzung für die Anwendung des § 159 HGB – zu bejahen ist. Der BGH (BGHZ 78, 114, 118) hat eine solche Schutzbedürftigkeit für einen ehemaligen persönlich haftenden Gesellschafter, der bei der Umgestaltung der Handelsgesellschaft in eine GmbH & Co KG Kommanditist geworden war und als Geschäftsführer der Komplementär-GmbH die Geschäfte der Gesellschaft geführt hat, verneint. Er hat dies wie folgt begründet: Die fortschreitende Distanz, die die Lage des ausgeschiedenen Gesellschafters kennzeichne und deren Auswirkungen ihn bei fortdauernder Haftung wenigstens in zeitlicher Hinsicht als schutzbedürftig erscheinen lassen, bestehe bei ihm gerade nicht; der Gesellschafter bleibe der Gesellschaft voll verbunden und behalte sogar seinen Einfluß auf die Geschäftsführung.

Deshalb könne er auch darauf hinwirken, daß die Verbindlichkeit, für die er unbeschränkt forthafte, aus dem Gesellschaftsvermögen befriedigt werde.

§ 15. Die Beendigung der Gesellschaft

Schrifttum: A. Hueck, OHG, §§ 23–26; Ulmer in Großkomm. zum HGB, Anm. zu §§ 131 und 133.

I. Allgemeine Grundsätze

108

Wie bei der Gesellschaft bürgerlichen Rechts vollzieht sich auch bei der OHG die Beendigung in zwei voneinander zu unterscheidenden Abschnitten. Der erste Abschnitt ist die Auflösung der OHG, der zweite die Auseinandersetzung (Liquidation) der Gesellschaft, nach deren Abschluß die Vollbeendigung der OHG erreicht ist.

Wenn einer der Gründe eintritt, die zur Auflösung der Gesellschaft führen können, so ändert die Gesellschaft zunächst nur ihren Zweck. War die OHG zuvor auf Erwerb gerichtet (Erwerbsgesellschaft), so ist sie jetzt auf die Liquidation, auf die Abwicklung eingestellt. Die Auflösung der OHG führt noch nicht zu ihrer Beendigung. Es hat zunächst noch die Auseinandersetzung zu erfolgen, deren Ziel es ist,
— die Gläubiger aus dem Vermögen der Gesellschaft wegen ihrer Forderungen gegen die Gesellschaft zu befriedigen und
— anschließend das noch übriggebliebene Vermögen der Gesellschaft unter die Gesellschafter zu verteilen.

Erst der Abschluß der Auseinandersetzung führt zur Vollbeendigung der OHG.

II. Die Auflösungsgründe

109

Da die OHG ein auf Dauer angelegtes Handelsgewerbe betreibt, bildet ihre Auflösung für die Gesellschafter einen erheblichen Einschnitt. Die Gründe, die zur Auflösung der OHG führen können, weichen deshalb zum Teil erheblich von den Gründen ab, die zur Auflösung einer Gesellschaft bürgerlichen Rechts führen können (vgl. Rdnr. 38).

In § 131 HGB sind die Gründe aufgezählt, die kraft Gesetzes zur Auflösung der Gesellschaft führen. Auflösungsgründe sind demnach:
– Zeitablauf,
– ein Auflösungsbeschluß der Gesellschafter,
– die Eröffnung des Konkurses über das Vermögen der Gesellschaft,
– der Tod eines Gesellschafters, sofern der Gesellschaftsvertrag nicht, was in der Praxis der Regelfall sein wird, die Fortsetzung der Gesellschaft mit den Erben vorsieht,
– die Eröffnung des Konkurses über das Vermögen eines Gesellschafters,
– die Kündigung durch einen Gesellschafter, die gemäß § 132 HGB bei einer für unbestimmte Zeit eingegangenen Gesellschaft allerdings nur für den Schluß eines Geschäftsjahres erfolgen kann und mindestens 6 Monate vor diesem Zeitpunkt stattfinden muß,
– eine gerichtliche Entscheidung (§ 133 HGB).

Zweckerreichung oder Unmöglichwerden des Gesellschaftszweckes sind bei der OHG im Gegensatz zur Gesellschaft bürgerlichen Rechts keine Auflösungsgründe. Sie können allerdings Gründe für eine Kündigung durch einen Gesellschafter oder eine Auflösungsklage sein.

Die Aufzählung der Auflösungsgründe in § 131 HGB ist nicht erschöpfend. Im Gesellschaftsvertrag kann festgelegt werden, welche weiteren Gründe zur Auflösung der Gesellschaft führen können.

Die *außerordentliche Kündigung* eines Gesellschafters, die zur Auflösung der Gesellschaft führen kann, sieht das Gesetz also nicht vor. Stattdessen kann an die Stelle einer außerordentlichen Kündigung die Auflösungsklage gemäß § 133 HGB treten. Allerdings kann im Gesellschaftsvertrag eine außerordentliche Kündigung, also der Verzicht auf die Klageerhebung, vertraglich vereinbart werden (BGHZ 31, 295, 298 ff.).

Rdnr. 109

110   ## III. Die Auflösungsklage

Wenn ein wichtiger Grund vorliegt, kann auf Antrag eines Gesellschafters die Auflösung der Gesellschaft vor Ablauf der vorgesehenen
Frist durch eine gerichtliche Entscheidung ausgesprochen werden.
Diese Möglichkeit hat das Gesetz an die Stelle einer außerordentlichen Kündigung durch einen Gesellschafter gesetzt, damit die beteiligten Gesellschafter durch gerichtliche Entscheidung Gewißheit darüber haben, ob die OHG, deren Auflösung ein Gesellschafter aus
wichtigem Grunde verlangt, noch besteht oder nicht.

Was als wichtiger Grund für eine Auflösung durch gerichtliche
Entscheidung anzusehen ist, ist in § 133 Abs. 2 HGB genannt.

Beispiel: Hat ein geschäftsführender Gesellschafter jahrelang falsche Bilanzen zu Lasten seiner Mitgesellschafter erstellt und vorgelegt und den
Gewinn in seine eigene Tasche fließen lassen, können die anderen OHG-
Gesellschafter durch eine Auflösungsklage die Gesellschaft durch gerichtliche Entscheidung auflösen lassen.

Das Recht der Gesellschafter, durch eine Auflösungsklage die Auflösung der Gesellschaft zu bewirken, kann weder ausgeschlossen
noch beschränkt werden (§ 133 Abs. 3 HGB). Das bedeutet allerdings
lediglich, daß bei Vorliegen eines wichtigen Grundes die Auflösung
der Gesellschaft verlangt werden kann, was im Interesse der Rechtssicherheit und Rechtsklarheit erforderlich ist. Die Rechtsform aber, in
der sich ein Gesellschafter von der Gesellschaft lösen kann, ist trotz
der Regelung in § 133 Abs. 3 HGB abdingbar (so Ulmer, § 133 HGB
Anm. 73). Wesentlich ist, daß dem Gesellschafter anstelle der Gestaltungsklage ein gleichwertiges Recht gewährt wird. Dies kann durch
die Vereinbarung eines außerordentlichen Kündigungsrechtes bei
Vorliegen eines wichtigen Grundes geschehen (BGHZ 31, 295 ff.; 47,
293, 301 f.; vgl. dazu oben Rdnr. 109).

Im Gesellschaftsvertrag kann vorgesehen werden, daß im Falle einer Auflösungsklage nur der Gesellschafter, der klagt, aus der OHG
ausscheidet, die Gesellschaft also unter den übrigen Gesellschaftern
fortgesetzt wird. Der Gesellschaftsvertrag kann auch vorsehen, daß im
Wege der Auflösungsklage nur der Gesellschafter die Gesellschaft

verläßt, in dessen Person der wichtige Grund vorliegt, der zur Auflösung der Gesellschaft durch gerichtliche Entscheidung führt.

§ 16. Der Wechsel von Gesellschaftern

Schrifttum: Börner, Die Erbengemeinschaft als Gesellschafterin einer
offenen Handelsgesellschaft, AcP 166 (1966), 426 ff.; Eiselt, Die Vererbung
der Beteiligung an einer OHG, AcP 158 (1959/60), 319 ff.; Eisenhardt,
Sondererbfolge in einen Gesellschaftsanteil bei der Personalgesellschaft,
MDR 1969, 521 ff.; derselbe, Die Stellung der Gesellschaftererben am Beispiel der kapitalistisch organisierten Kommanditgesellschaft, JuS 1975,
413 ff.; Flume, Die Nachfolge in die Mitgliedschaft in einer Personengesellschaft beim Tode eines Gesellschafters. In: Festschrift für Schilling,
1973, S. 23 ff.; derselbe, Die Abfindung nach der Buchwertklausel für den
Gesellschafter minderen Rechts einer Personengesellschaft, NJW 1979,
902 ff.; Fischer, Die Geschäftsführungs- und Vertretungsbefugnis in einer
Personengesellschaft des Handelsrechtes, BB 1956, 839 ff.; U. Huber, Ver-
mögensanteil, Kapitalanteil und Gesellschaftsanteil an Personalgesellschaften des Handelsrechts, 1970; derselbe, Der Ausschluß des Personengesell-
schafters ohne wichtigen Grund, ZGR 1980, 177 ff.; A. Hueck, OHG, §§ 27
bis 29; Küster, Gesellschafternachfolge und Erbengemeinschaft bei OHG
und KG, 1968; Knur, Die Familiengesellschaft, 1941; W. Merle, Die Verbindung von Zustimmungs- und Ausschlußklage bei den Personenhandelsgesellschaften, ZGR 1979, 67 ff.; Rokas, Die Teilhaberschaft an der
OHG und ihre Vererbung, 1965; Teichmann, Der Nießbrauch an Gesellschaftsanteilen – gesellschaftsrechtlicher Teil – ZGR 1972, 1 ff.; Tiedau,
Die Abfindungs- und Ausgleichsansprüche der von der gesellschaftlichen
Nachfolge ausgeschlossenen Erben, NJW 1980, 2446 ff.; Ulmer, Gesellschafternachfolge und Erbrecht, ZGR 1972, 195 ff. u. 324 ff.; derselbe in
Großkomm. zum HGB, Anm. 1 ff. zu § 139; H. P. Westermann, Die Aus-
schließungsklage gemäß § 140 HGB – eine stumpfe Waffe?, NJW 1977,
2185 ff.; derselbe, Die höchstrichterliche Regelung der Erbfolge in Beteiligungen an Personengesellschaften, JuS 1979, 761 ff.; Wiedemann, Die
Übertragung und Vererbung von Mitgliedschaftsrechten bei Handelsgesellschaften, 1965; Wruck, Der Erwerb der Mitgliedschaft von Todes wegen bei der OHG und der Gesellschaft des Bürgerlichen Rechts, 1970.

I. Das Ausscheiden von Gesellschaftern

Das Gesetz geht als Regelfall davon aus, daß die Gesellschaft aufgelöst wird, wenn ein Gesellschafter durch Tod oder durch Kündigung oder aus einem sonstigen Grunde aus der Gesellschaft ausscheidet (§ 131 HGB). Der große Gestaltungsspielraum, den das Gesetz den Gesellschaftern bei der Regelung ihrer Beziehungen zueinander nach ihrem eigenen Interesse einräumt, ermöglicht es den Gesellschaftern auch, durch den Gesellschaftsvertrag festzulegen, daß die Gesellschaft unter den verbleibenden Gesellschaftern fortbestehen soll, wenn ein Gesellschafter durch Tod oder Kündigung aus der Gesellschaft ausscheidet (§ 138 HGB; vgl. oben Rdnr. 109).

Auf Antrag der übrigen Gesellschafter kann das dafür zuständige Gericht statt der Auflösung der Gesellschaft die Ausschließung eines Gesellschafters aussprechen, wenn in der Person dieses Gesellschafters der Umstand eintritt, der nach § 133 HGB für die übrigen Gesellschafter das Recht begründet, durch gerichtliche Entscheidung die Auflösung der Gesellschaft herbeizuführen (§ 140 HGB). Gemäß § 140 HGB muß das Ausschlußrecht im Wege der Gestaltungsklage aller übrigen Gesellschafter gegen den Auszuschließenden durchgesetzt werden (siehe dazu Merle, ZGR 1979, 67 ff.). Ein Verschulden des auszuschließenden Gesellschafters muß nicht vorliegen (so BGH LM Nr. 2 zu § 140 HGB; A. Hueck, OHG, § 29 I 2 c). Durch eine entsprechende Regelung im Gesellschaftsvertrag kann das gesetzlich vorgesehene Ausschließungsverfahren in zulässiger Weise dahin abgeändert werden, daß an die Stelle der Gestaltungsklage nach § 140 HGB ein entsprechendes Gestaltungsrecht der Gesellschafterversammlung tritt. Die Gesellschafterversammlung kann allerdings nur befugt sein, die Gesellschafterstellung unter Nachweis eines wichtigen Grundes im Sinne der §§ 113, 140 HGB zu entziehen (BGHZ 68, 212, 214; BGH NJW 1981, 2565 ff.; kritisch U. Huber, ZGR 1980 177 ff.; Krämer, NJW 1981, 2553 ff.). In der Literatur wird beklagt, daß die Rechtsprechung von der Ausschließungsmöglichkeit gemäß § 140 HGB als einem wichtigen Mittel zur Erhaltung mittelständischer Betriebe bei einer Zerrüttung des Vertrauensverhältnisses zwischen den

Gesellschaftern zu zurückhaltend Gebrauch macht (so H.P. Westermann, NJW 1977, 2185 ff.).

Der ausscheidende Gesellschafter haftet auch weiterhin gemäß §§ 128, 159 HGB fünf Jahre lang persönlich für die bis zum Zeitpunkt seines Ausscheidens aus der OHG entstandenen Verbindlichkeiten der Gesellschaft. Kein Gesellschafter kann sich also durch das Verlassen der OHG aus seiner Haftung befreien.

Der Anteil des ausscheidenden Gesellschafters am Gesellschaftsvermögen geht kraft Gesetzes ohne besondere Übergangshandlungen auf die verbleibenden Gesellschafter über (§ 738 BGB), es sei denn, daß vereinbart wird, daß an seine Stelle eine andere Person in die Gesellschaft als Gesellschafter eintreten soll.

112

II. Der Eintritt von Gesellschaftern
in die bestehende OHG

Aus vielerlei Gründen kann ein Interesse daran bestehen, daß bisher außenstehende Personen in die Gesellschaft eintreten. Gründe dafür können sein:

– Ein Gesellschafter scheidet aus; die Gesellschaft besteht trotz des Ausscheidens laut Vereinbarung im Gesellschaftsvertrage fort. Die Lücke, die durch das Ausscheiden des einen OHG-Gesellschafters entstanden ist, soll durch den Eintritt einer anderen Person in die OHG geschlossen werden.

Beispiel: Blum, Korf, Nickel und Schulte haben eine OHG gegründet, die die Herstellung und den Vertrieb von Elektrogeräten betreibt. Nur Schulte ist Kaufmann, alle anderen Gesellschafter sind Techniker. Als Schulte ausscheidet, besteht das Bedürfnis, einen kaufmännisch ausgebildeten Gesellschafter aufzunehmen. Die verbliebenen Gesellschafter haben das notwendige persönliche Vertrauen zu dem Kaufmann Granatenberg. Dieser möchte in die OHG als Gesellschafter aufgenommen werden.

– Die Gesellschafter sind der Meinung, daß zu den Gesellschaftern, die bereits der OHG angehören, weitere Gesellschafter stoßen sollten, die Kapital, technisches know how oder die Fähigkeit zur Geschäftsführung mitbringen.

Beispiel: Krüger, Mertsch und Rust haben eine OHG gegründet, die ein Reisebüro betreibt. Die drei Gesellschafter haben zwar das notwendige Kapital eingebracht, verstehen jedoch nicht genug vom Touristikgeschäft. Mit der Auswahl der Angestellten haben sie keine glückliche Hand gehabt. Nach zwei Jahren gehen die Geschäfte schlecht. Die Gesellschafter beschließen deshalb, eine weitere Person in die Gesellschaft aufzunehmen, die über Erfahrungen im Touristikgeschäft verfügt und maßgeblich in der Geschäftsführung mitarbeiten soll. Auch hier besteht das Bedürfnis, daß ein neuer Gesellschafter in die OHG aufgenommen wird.

Die Aufnahme eines neuen Gesellschafters in die OHG kann sich auf folgende Arten vollziehen:

113 a) *Durch Eintritt eines neuen Gesellschafters:* Zwischen den bisherigen Gesellschaftern der OHG und dem Gesellschafter, der eintreten will, wird ein entsprechender Vertrag (Aufnahmevertrag) abgeschlossen (BGHZ 26, 330 ff.). Die Gesellschaft hat damit einen neuen Gesellschafter, dem ein entsprechender Anteil am Gesellschaftsvermögen zuwächst. Die Identität der Gesellschaft wird dadurch nicht berührt. Der neue Gesellschafter wird nur durch den Aufnahmevertrag Gesamthandseigentümer des Gesellschaftsvermögens. Besondere Eigentumsübertragungshandlungen, wie etwa Auflassung und Eintragung in das Grundbuch bei einem der OHG gehörenden Grundstück, sind nicht erforderlich. Der neue Gesellschafter haftet zwingend auch für die bereits bestehenden Verbindlichkeiten der Gesellschaft (§ 130 HGB).

114 b) *Durch Übertragung des Gesellschaftsanteils:* Mit Zustimmung der übrigen Gesellschafter kann ein Gesellschafter seinen Anteil an der Gesellschaft auf eine andere Person übertragen, die an seine Stelle in die Gesellschaft eintritt. Der Erwerber wird in einem solchen Fall der Rechtsnachfolger des ausscheidenden Gesellschafters (BGHZ 44, 229 ff.).

Beispiel: Will, Strahlmann und Behnke betreiben in der Rechtsform einer OHG einen Elektrogroßhandel. Da Strahlmann die Zukunftsaussichten des Unternehmens schlecht beurteilt, möchte er seinen Anteil an der Ge-

sellschaft an Karger veräußern. Da eine arbeitsfähige OHG ein Vertrauensverhältnis zwischen den Gesellschaftern voraussetzt, ist die Mitwirkung der
Gesellschafter Will und Behnke erforderlich, wenn Karger an Stelle von
Strahlmann Gesellschafter werden soll. Strahlmann kann seinen Anteil an
der OHG deshalb nur mit Zustimmung der übrigen Gesellschafter auf Karger übertragen.

Nach der herrschenden Meinung ist sogar eine gleichzeitige Aus-
wechselung aller Gesellschafter einer Personenhandelsgesellschaft in
der Weise möglich, daß jeder bisherige Gesellschafter seinen Gesellschaftsanteil mit Zustimmung der anderen auf einen Rechtsnachfolger überträgt (BGHZ 44, 229 ff.; Hueck, OHG § 27 II).

Bei der Übertragung aller Gesellschaftsanteile auf einen einzigen Erwerber wird dieser im Wege der Gesamtrechtsnachfolge Übernehmer des Gesellschaftsvermögens, wobei die Gesellschaft erlischt. Die Rechtsnachfolge
ist die gleiche wie im Fall des § 142 HGB, wonach das Geschäft einer Personenhandelsgesellschaft von einem Gesellschafter ohne Liquidation im
Wege der Gesamtrechtsnachfolge mit der Konsequenz übernommen werden kann, daß die Gesellschaft erloschen ist und daß der Übernehmer Vertragspartner und eigentlicher Schuldner der Gesellschaftsgläubiger geworden ist (BGHZ 71, 296, 300; BGH WM 1979, 249).

III. Die Fortsetzung der OHG mit den Erben der Gesellschafter

115 **1. Einleitung**

Im Gesetz ist die Erbfolge in Beteiligungen an Personengesellschaften nicht besonders geregelt. Das Erbrecht des BGB erfaßt die
gesamte „Erbschaft" einer Person; besondere Anordnungen für Unternehmen oder die Beteiligung an einem unternehmerisch genutz-
ten Vermögen in Gestalt eines „Unternehmens-Erbrechts" sind nicht
getroffen (vgl. H. P. Westermann, JuS 1979, 761). Die damit ange-
sprochene Problematik ist für die vielfach noch in der Rechtsform einer Personengesellschaft betriebenen mittelständischen Unternehmen von großer praktischer Bedeutung.

Nach der gesetzlichen Regelung (§ 131 Ziff. 4 HGB) wird die Gesellschaft mit dem Tode eines der Gesellschafter aufgelöst. Im Gesell-

schaftsvertrag kann jedoch vereinbart werden, daß die Gesellschaft unter den verbleibenden Gesellschaftern – und nur unter diesen – fortgesetzt werden soll. Der Gesellschaftsvertrag kann aber auch vorsehen, daß die Gesellschaft mit dem Erben, mehreren Erben oder einem von mehreren Erben des Gesellschafters fortgesetzt werden soll. Ob und gegebenenfalls auf welche Art und Weise ein Erbe, mehrere Erben oder einer von ihnen Gesellschafter einer OHG werden kann, wenn ein Gesellschafter (Erblasser) verstorben ist, bestimmt sich nach Erbrecht im Zusammenwirken mit dem Gesellschaftsrecht.

Ob jemand Erbe eines verstorbenen Gesellschafters ist, ist ausschließlich nach dem Erbrecht zu bestimmen. Ob der Erbe allerdings Gesellschafter wird oder werden kann, ist in erster Linie nach Gesellschaftsrecht, insbesondere nach der Gestaltung des Gesellschaftsvertrages zu bestimmen. Voraussetzung dafür, daß ein oder mehrere Erben für den durch Tod ausgeschiedenen Gesellschafter in die Gesellschaft nachrücken können, sind also: Erbenstellung und eine entsprechende Fortsetzungs- bzw. Nachfolgeregelung im Gesellschaftsvertrag.

In Rechtsprechung und Literatur herrscht im Grundsatz Übereinstimmung darüber, daß die Erben eines Gesellschafters auf folgende Arten in die Gesellschafterstellung des durch Tod ausgeschiedenen Gesellschafters nachrücken können:

– durch Erbenstellung und kraft Eintrittsklausel im Gesellschaftsvertrag, verbunden mit einer Eintrittserklärung des Erben,

oder

– kraft Erbenstellung und Nachfolgeklausel im Gesellschaftsvertrag.

116   2. Die Eintrittsklausel

Die Eintrittsklausel ist eine Vereinbarung im Gesellschaftsvertrag, die einer bestimmten Person das Recht einräumt, in die Gesellschaft einzutreten (so Westermann, Rdnr. I 546). Sie wird so interpretiert, daß der Eintretende mit seinem Eintritt eine gegenüber der Mitgliedschaft des durch den Tod ausgeschiedenen Gesellschafters selbständige Mitgliedschaft erwirbt. Dies ist konsequent, wenn man davon ausgeht, daß der zur Nachfolge Berufene erst mit seinem Eintritt Gesellschafter wird.

Die Mitgliedschaft des verstorbenen Gesellschafters kann nicht unmittelbar auf den Nachfolger übergehen, da sie den überlebenden Gesellschaftern zuwächst (so Flume, in: Festschrift für Schilling, S. 23, 49). Überwiegend ist man der Ansicht,

— entweder sind aufgrund der Eintrittsklausel im Gesellschaftsvertrag als einem Vertrag zugunsten Dritter die verbliebenen Gesellschafter verpflichtet, den Eintretenden als Mitglied aufzunehmen – die Aufnahme, auf die dem Nachfolger ein Anspruch zusteht, erfolgt dann durch einen zwischen den überlebenden Gesellschaftern und dem Nachfolger abgeschlossenen Aufnahmevertrag (Ulmer, § 139 HGB Anm. 178 ff.; Wiedemann, S. 163) –,

— oder man sieht in der Eintrittsklausel ein bindendes Angebot an den in der Klausel Benannten für dessen Eintritt in die Gesellschaft (Knur, S. 60 ff.).

Wie immer man die Eintrittsklausel auch werten mag, selbst wenn man wie Wiedemann (S. 164) und Flume (in: Festschrift für Schilling, S. 23, 50 f.) davon ausgeht, daß die Eintrittsklauseln zugunsten von Erben eng auszulegen sind und in Wirklichkeit den Sinn der Rechtsnachfolge haben sollen, mag diese auch von dem Eintritt abhängig sein, so gilt doch: der Eintritt des Erben in die Gesellschaft erfolgt *nicht ohne seine Mitwirkung;* der oder die Nachfolger müssen ihren Eintritt erklären.

Umstritten ist, ob der Gesellschaftsvertrag in einer entsprechenden Klausel vorsehen kann, daß die Mitgliedschaft in einer Gesellschaft *unmittelbar* beim Tode eines Gesellschafters kraft eines Vertrages zugunsten Dritter auf eine andere Person übergehen kann (sogenannte rechtsgeschäftliche Nachfolgeklausel). Bejaht man die Zulässigkeit einer solchen Regelung, so ginge im Gegensatz zur oben dargestellten Eintrittsklausel die Mitgliedschaft in der Gesellschaft ohne Eintrittserklärung des Nachfolgers unmittelbar mit dem Todesfall auf den Nachfolger über; der Übergang der Mitgliedschaft vollzöge sich nicht nach Erbrecht, sondern kraft eines Rechtsgeschäfts unter Lebenden (vgl. Ulmer, ZGR 1972, 195, 212; Brox, Erbrecht, Rdnr. 754). Der BGH sieht in der Zuwendung von Mitgliedschaftsrechten einer Personenhandelsgesellschaft ein „Bündel" von Rechten und Pflichten. Eine Eintrittsklausel der hier erörterten Art betrachtet er deshalb zum einen als eine unzulässige Verfügung zugunsten Dritter. Vor allem handele es sich aber wegen der gesellschaftsrechtlichen Pflichten, die mit der übertragenen Rechtsposition, auch der eines Kommanditisten, verbunden seien, um einen ebenfalls unzulässigen Vertrag zu Lasten Dritter (BGHZ 68, 225; 231 f.).

117   3. Die Nachfolgeklausel

Sieht der Gesellschaftsvertrag die Fortsetzung der Gesellschaft mit dem Erben des durch Tod ausscheidenden Gesellschafters vor und hat der durch Tod ausscheidende Gesellschafter durch Testament einen Erben bestellt, so wird beim Tode des Gesellschafters der Erbe kraft Erbenstellung und Nachfolgeklausel Mitglied der Gesellschaft an Stelle des verstorbenen Gesellschafters (Flume, in: Festschrift für Schilling, S. 23 ff.; Ulmer, ZGR 1972, 195, 197 ff.).

Die erhebliche praktische Bedeutung des Unterschiedes zwischen Eintrittsklausel einerseits und Nachfolgeklausel andererseits zeigt sich u. a. im Übertragungsakt selbst. Im Gegensatz zur Eintrittsklausel ist bei der Nachfolgeklausel die Erbenstellung des Nachfolgers Voraussetzung. Bei der Übereinstimmung von gesellschaftsvertraglicher und erbrechtlicher Nachfolgeregelung tritt der Übergang automatisch ein. Das bedeutet: Der Nachfolger wird ohne sein Zutun Gesellschafter, hat aber, wenn der Erblasser persönlich haftender Gesellschafter war, gemäß § 139 HGB das Recht zu wählen, ob er in die Stellung des Erblassers einrücken oder Kommanditist werden will. Entscheidet sich der Erbe für die Kommanditistenstellung, so wird aus der OHG eine Kommanditgesellschaft, falls die übrigen Gesellschafter einen entsprechenden Antrag des Erben annehmen (§ 139 HGB).

Schwierigkeiten bereitet die rechtsdogmatische Bewältigung der Nachfolge bei mehreren Erben, wenn der Gesellschaftsvertrag eine Nachfolgeklausel vorsieht und die Nachfolge nicht eines, sondern aller Erben zuläßt. Überwiegend wird heute die Einzelnachfolge unter Durchbrechung des Prinzips der gesamthänderischen Erbennachfolge anerkannt, nachdem das Reichsgericht (RGZ 16, 40, 56 ff.) diese Lösung bereits in einer Grundsatzentscheidung aus dem Jahre 1886 akzeptiert hatte und der BGH (BGHZ 22, 186 ff.) sie übernommen und in neuester Zeit noch einmal bestätigt hat (BGHZ 68, 225, 237). Die rechtliche Begründung für die Annahme einer Einzelnachfolge in die Gesellschafterstellung des Verstorbenen sieht der BGH im wesentlichen darin, daß die rein erbrechtliche Regelung sich nicht mit den gesellschaftsrechtlichen Gegebenheiten bei einer Personenhandelsgesellschaft vertrage, weil diese in der Regel eine persönlichkeitsbezogene Arbeits- und Haftungsgemeinschaft darstelle, bei der eine Erbengemeinschaft ihrer Natur nach nicht Mitglied sein könne.

In der Literatur (z. B. Börner, AcP 166 (1966), 426 ff.) wird allerdings auch die Ansicht vertreten, weder die von den Gesellschaftern gebildete Arbeitsgemeinschaft noch die Haftungsgemeinschaft schließe die Gesellschafterstellung der Miterbengemeinschaft aus. Mit Nachdruck wird auf die unerwünschten Haftungsfolgen der unmittelbaren Erbennachfolge in den Gesellschaftsanteil für den Fall hingewiesen, daß der Gesellschaftsanteil den wesentlichen Bestandteil des Nachlasses bilde (so Börner, a. a. O.; vgl. dazu auch Westermann, Rdnr. I 514 ff.). Der Ansatzpunkt für die Besorgnis, daß nämlich der Gesellschaftereintritt der Erben eine Nachlaßteilung im Sinne der §§ 2059 ff. BGB mit der Folge sei, daß eine beschränkte Erbenhaftung nun nicht mehr bewirkt und geltend gemacht werden könne, dürfte allerdings nicht richtig sein; denn unter Teilung im Sinne des § 2059 BGB wird die rechtsgeschäftliche Übertragung von Gegenständen des Nachlasses auf die Miterben im Zuge der Erbauseinandersetzung verstanden (so Eisenhardt, JuS 1975, 413 ff.; Ulmer ZGR 1972, 195, 203 Anm. 44).

Bedenken müssen auch denjenigen Ansichten begegnen, die davon ausgehen, daß bei der Berufung von mehreren Miterben die vermögensrechtliche Seite der Mitgliedschaft und der Gesamthandsanteil getrennt würden, indem die erstere der Erbengemeinschaft als Gesamthand zufalle und so insbesondere der Gewinnanspruch und der Anspruch auf das Auseinandersetzungsguthaben zum Nachlaßvermögen gehöre (so Küster und Wruck). Mit Recht weist Flume (in: Festschrift für Schilling, 23, 28) darauf hin, daß die Mitgliedschaft eine Einheit bildet, die sich nicht von selbst aufspaltet (dazu Ulmer, ZGR 1972, 195, 205). An dem Grundsatz der Einzelnachfolge in die Gesamtmitgliedschaft wird deshalb nach weit überwiegender Ansicht festgehalten (Berg, JuS 1974, 685, 690; Ulmer ZGR 1972, 195, 205).

118   4. Die qualifizierte Nachfolgeklausel

Von einer qualifizierten Nachfolgeklausel bzw. Nachfolgeregelung spricht man im Unterschied zur einfachen Nachfolgeregelung dann, wenn der Anteil des verstorbenen Gesellschafters nicht auf alle Erben, sondern auf einen einzelnen oder einen Teil der Erben übergehen soll.

Nach der früher vom BGH (BGHZ 22, 186 ff.) vertretenen Ansicht sollte in Fällen dieser Art der Anteil des verstorbenen Gesellschafters zwar unmittelbar auf den oder die begünstigten Erben übergehen, jedoch nur in Höhe von deren Erbquote; der Rest des Anteils sollte den übrigen, überlebenden Gesellschaftern anwachsen, die allerdings u. U. verpflichtet sein sollten, die ihnen so zugewachsenen Anteile an die Erben, die dem Verstorbenen in die Gesellschaft nachfolgen, zu übertragen. Diese Ansicht des BGH ist in der Literatur auf einhellige Ablehnung gestoßen (siehe dazu Eisenhardt, MDR 1969, 521 ff. und die Übersicht bei Ulmer, ZGR 1972, 195, 205 ff.). Stattdessen hat man sich in der Literatur mit unterschiedlichen dogmatischen Begründungen überwiegend für die unmittelbare Vollnachfolge des oder der durch die qualifizierte Nachfolgeklausel begünstigten Gesellschaftererben ausgesprochen (vgl. dazu Ulmer, ZGR 1972, 195 205 ff. u. H. P. Westermann, JuS 1979, 761, 765 ff.).

Die Frage, ob bei der qualifizierten Nachfolgeregelung dem Erben sofort der gesamte Anteil oder nur ein der Erbquote entsprechender Teil zufällt, gewinnt in der Zeitspanne, in der die übrigen Gesellschafter den Zuwachs noch nicht auf den Erben übertragen haben, an erheblicher praktischer Bedeutung, so etwa dann, wenn der Gesellschaftsvertrag das Stimmrecht nach Kapitalbeträgen vorsieht.

In neuerer Zeit hat sich der BGH (BGHZ 68, 225, 237 f.) der herrschenden Meinung in der Literatur angeschlossen. Der BGH vertritt nun zu Recht die Meinung, daß zwingende erbrechtliche Grundsätze einer unmittelbaren Vollnachfolge mehrerer Erben in die Gesellschafterstellung des durch Tod ausgeschiedenen Gesellschafters nicht entgegenstehen. Nach richtiger Ansicht bedeutet die Erbquote, die das Recht des einzelnen Erben umreißt, keine gegenständliche Begrenzung seines Erwerbs im Hinblick auf den Gesellschaftsanteil; sie bestimmt lediglich den Anteil am Wert des Gesamtnachlasses, der ihm im Endergebnis zufließen soll. Die Erbquote behält die volle, ihr nach Erbrecht zukommende Bedeutung für die Ansprüche der Miterben untereinander – einschließlich der Gesellschaftererben – auf Wertausgleich.

Um die dogmatische Begründung für dieses Ergebnis ist viel gestritten worden. Daß der Gesellschaftsvertrag die Vererblichkeit eines Gesellschaftsanteils begründen (§ 131 Nr. 4 HGB) oder ausschließen kann und daß – die Gesellschaft betreffend – nicht mehr vererbt werden kann, als der Gesellschaftsvertrag vorsieht, ist unbestritten. Wenn aber der Gesellschaftsvertrag erst einmal die Voraussetzungen für die Vererblichkeit eines Gesellschaftsanteils schaffen muß, ist davon auszugehen, daß der Gesellschaftsvertrag auch festlegen kann, in welchem Umfang ein Gesellschaftsanteil auf die oder den für den Erblasser in die Gesellschaft einrückenden Erben übergehen soll. Wenn auch das Gesellschaftsrecht und der auf diesem beruhende Gesellschaftsvertrag lediglich die Voraussetzungen für die Vererblichkeit eines Anteils an einer Personengesellschaft schafft und der eigentliche Erwerbsvorgang auf erbrechtlichen Regelungen beruht, darf das nicht dazu führen, daß man das Schwergewicht auf das Erbrecht legt (siehe dazu ausführlich Eisenhardt, MDR 1969, 521, 523). Den Schlüssel zum Verständnis der außerordentlich schwierigen Problematik liefert die richtige Kombination gesellschaftsvertraglicher und erbrechtlicher Elemente in der Nachfolgeregelung. Mit Recht betont H. P. Westermann (JuS 1979, 761, 766 f.), daß die nun von der Rechtsprechung für zulässig angesehene Nachfolgeregelung (auch als Sondererbfolge bezeichnet) auf einer echten Rechtsfortbildung beruht, die letztlich nur möglich ist, „wenn das Unbehagen an den Begründungsmängeln überwunden und offengelegt wird, daß die Notwendigkeiten des zu regelnden Tatsachenkomplexes eine solche Entwicklung erzwingen".

119   5. Zusammenfassung

Es bleibt also festzuhalten:

— Der Gesellschaftsvertrag kann nicht nur die grundsätzliche Vererblichkeit eines Gesellschaftsanteils bestimmen, sondern zugleich
den Umfang der Vererblichkeit festlegen, indem er z.B. vorschreibt, daß der Gesellschaftsanteil eines verstorbenen Gesellschafters voll auf die im Wege der Sondererbfolge in die Gesellschaft einrückenden Miterben übergehen soll;

— der eigentliche Erwerb des Anteils, d.h. der Übergang vom Erblasser auf die gesellschafterfähigen Erben, vollzieht sich nach Erbrecht;

— bei der Aufteilung des Gesellschaftsanteils zwischen mehreren gesellschafterfähigen Erben ist das Verhältnis ihrer quotenmäßigen
Beteiligung an der gesamten Erbmasse zu berücksichtigen. Das bedeutet: Sollen z.B. nach dem Gesellschaftsvertrag von drei vorhandenen Erben nur zwei in die Gesellschaft einrücken können und
sind die Erben im Testament zu je einem Drittel bedacht, so erhalten die beiden gesellschafterfähigen Erben kraft Sondererbfolge je
die Hälfte des Gesellschaftsanteils, sofern der Gesellschaftsvertrag
nicht etwas anderes versieht (siehe Eisenhardt, MDR 1969, 521,
524).

**120   6. Der Umfang des Übergangs von Gesellschafterrechten
und Gesellschafterpflichten**

Bei einer Nachfolgeklausel hat der Erbe mit dem Tode des Erblassers, bei der Eintrittsklausel mit der Eintrittserklärung in eine OHG
gründsätzlich *alle* Rechte und Pflichten eines Gesellschafters. Ge-
schäftsführungs- und Vertretungspflicht sind bei einer OHG wesentliche Bestandteile der Teilhaberschaft. Wenn der Gesellschaftsvertrag
keine abweichende Regelung enthält, gehen sie grundsätzlich auf den
Erben über (Fischer, BB 1956, 839 ff.; Hueck, OHG , § 28 II; Rokas,
S. 47 ff.). Hinsichtlich der Frage, ob der Erbe die gleiche Stellung ein-

nimmt, die der ausgeschiedene Gesellschafter in der Gesellschaft innehatte, ist man in Literatur und Rechtsprechung übereinstimmend der Meinung, daß sich die Stellung der Erben, wie die des Erblassers auch, in erster Linie aus dem Gesellschaftsvertrag ergibt (Fischer, BB 1956, 839 ff.; BGH DB 1958, 1417 f.). Es wird allerdings nicht deutlich genug betont, daß dann, wenn der Gesellschaftsvertrag die Stellung der Erben nicht klar definiert – er enthält häufig nur die einfache Fortsetzungsklausel, weil zu dem Zeitpunkt der Vereinbarung aus verschiedenen Gründen oft noch keine Bestimmung über die Zukunft der Nachfolge getroffen werden kann –, letztlich durch Auslegung des Vertrages ermittelt werden muß, welche Position der Nachfolger einnehmen soll (Eisenhardt, JuS 1975, 413, 418). Schwierigkeiten können entstehen, wenn zu bestimmen ist, auf welche Anhaltspunkte im Gesellschaftsvertrag die Auslegung gestützt werden muß. Dabei ist darauf zu achten, daß die Grenze der Auslegung dort erreicht ist, wo die gesuchte Antwort nicht mehr aus dem Zweck und dem Sinnzusammenhang der vertraglichen Regelung gefunden werden kann.

Probleme treten schon auf, wenn im Hinblick auf die Geschäftsführungs- und Vertretungsbefugnis nicht alle Gesellschafter gleichgestellt sind und der Gesellschaftsvertrag keine ausdrückliche Regelung über die Stellung des Gesellschaftererben enthält. Hier darf als Regel gelten, daß der Erbe grundsätzlich in die Stellung des Erblassers einrückt (Fischer, BB 1956, 839, 840; Hueck, OHG, § 28 II; Wiedemann, S. 73 ff.). Bestand also für den Erblasser in der OHG eine Pflicht zur Geschäftsführung, so obliegt sie auch dem Erben. Hatte der Erblasser Einzelvertretungsmacht, ist auch der Erbe allein vertretungsberechtigt.

Mit Recht ist der BGH (DB 1958, 1417 f.) der Auffassung entgegengetreten, daß bei einer OHG schon jede von den gesetzlichen Vorschriften abweichende Regelung, die der Gesellschaftsvertrag im Hinblick auf die Geschäftsführungs- und Vertretungsmacht trifft, dazu nötige, den höchstpersönlichen Charakter der Geschäftsführungs- und Vertretungsbefugnis anzuerkennen, und diese Befugnisse deshalb nicht auf die Erben übergehen zu lassen (so u.a. Weipert in RGRK, § 139 HGB Anm. 21). Die vom BGH kritisierte Meinung läßt

Rdnr. 120

außer acht, daß in einer OHG grundsätzlich jeder Gesellschafter, also auch ein Erbe, der an die Stelle des Erblassers in die Gesellschaft eintritt, zur Geschäftsführung und Vertretung in der Gesellschaft berechtigt und verpflichtet ist (so auch Fischer, BB 1956, 839, 840 und Rokas, S. 49). Nur wenn greifbare Anhaltspunkte dafür vorliegen, daß die Geschäftsführungs- und Vertretungsbefugnis nach der Regelung in dem Gesellschaftsvertrag allein bestimmten Personen vorbehalten sein soll, kann daraus geschlossen werden, daß aus diesem Grunde den Erben diese Befugnis abweichend von dem gesetzlichen Regelfall nicht zustehen soll (so Fischer, BB 1956, 839, 840; ihm folgend BGH DB 1958, 1417 f.). Bei richtiger Auslegung des Gesellschaftsvertrages kann dem Erben die Geschäftsführungs- und Vertretungsbefugnis in einer OHG nur abgesprochen werden, wenn nach der Gestaltung der Verhältnisse im Einzelfall für diese Befugnisse nicht schon allein die Stellung als Gesellschafter ausreichen soll, sondern noch weitere, persönliche oder sonstige Voraussetzungen erfüllt sein müssen (Fischer, a.a.O.; Wiedemann, S. 75).

120 a IV. Die Abfindung des ausscheidenden Gesellschafters

Gemäß § 105 Abs. 2 HGB i. Vb. m. § 738 Abs. 1 S. 1 BGB sind die Gesellschafter, die in der OHG verbleiben, verpflichtet, dem Ausscheidenden dasjenige zu zahlen, was er bei der Auseinandersetzung erhalten würde, wenn die Gesellschaft zur Zeit seines Ausscheidens aufgelöst worden wäre. Der ausscheidende Gesellschafter hat einen Anspruch auf das sog. *Abfindungsguthaben,* das gemäß § 155 Abs. 1 HGB und § 738 BGB zu berechnen ist. Diese gesetzliche Regelung ist allerdings nicht zwingend. Die Gesellschafter können im Gesellschaftsvertrag eine davon abweichende Vereinbarung treffen. Solche Vereinbarungen werden häufig als *Abfindungsklauseln* bezeichnet. Diesen wird in der Regel aus folgenden Gründen der Vorzug vor den gesetzlichen Vorschriften gegeben: Ein Abfindungsguthaben, das anhand des wahren Wertes des Gesellschaftsvermögens ermittelt und ausgezahlt werden muß, verringert meist nicht nur die Kapitalbasis des Unternehmens, es beeinträchtigt auch die Liquidität. Mit den entsprechend abgefaßten Abfindungsklauseln wird nicht nur der Zweck verfolgt, die auszuzahlenden Geldbeträge zu verringern; sie sind zugleich ein „Instrument der Disziplinierung" (so Kübler, § 7 VIII 2 c), mit dem davor abgeschreckt werden soll, daß es überhaupt zum Ausscheiden von Gesellschaftern kommt.

Vielfach wird in Gesellschaftsverträgen die *Abfindung zum Buchwert* vereinbart. In einem solchen Fall wird der Wert des Gesellschaftsvermögens — und der Wert des Anteils des ausscheidenden Gesellschafters daran — anhand der letzten Jahresbilanz ermittelt, so daß die durch steuerliche Abschreibungen oder durch andere Umstände gebildeten stillen Reserven nicht erfaßt werden. Um die Kapitalbasis des Unternehmens zu schonen und seine Liquidität zu sichern, wird die entsprechende Forderung auf Auszahlung des Abfindungsguthabens häufig in der Weise gestundet, daß der zu zahlende Betrag nicht sofort, sondern auf mehrere Jahre gestreckt in Raten zu leisten ist. Unbestritten ist, daß Abfindungsklauseln nicht uneingeschränkt zulässig sind. Gestritten wird allerdings über die Grenzen der Zulässigkeit. Der BGH (NJW 1979, 104) hat eine Abfindungsklausel als wider die guten Sitten verstoßend nach § 138 BGB für nichtig erklärt, nach der „ein Gesellschafter ohne wichtigen Grund — nach freiem Ermessen der Gesellschaftermehrheit oder gar eines einzelnen Gesellschafters — (durch ‚Kündigung') ausgeschlossen" werden kann, weil an gesellschaftsvertragliche Abfindungsklauseln strenge Anforderungen zu stellen seien; ein „rechtlich vertretbarer Interessenausgleich zwischen dem Ausscheidenden und den in der Gesellschaft Verbleibenden" könne im Regelfall nur dann als gegeben angesehen werden, wenn dem ausscheidenden Gesellschafter eine ‚angemessene' Abfindung zugebilligt werde. Diese Entscheidung ist in der Literatur auf z. T. harte Kritik gestoßen. So erhebt Flume (NJW 1979, 902, 904) den Vorwurf, der BGH maße sich „entgegen dem Gesetz, das gerade für das Recht der Personengesellschaft so eindeutig auf den Vorrang der privatautonomen Regelung des Gesellschaftsvertrages" abstelle, einen Eingriff in die Privatautonomie und „bewährte gesellschaftsvertragliche Praxis" an, für den jede Legitimation fehle.

Bei der qualifizierten Nachfolgeklausel (vgl. oben Rdnr. 118) erhalten die nicht in die Gesellschaft nachrückenden Erben keinen Abfindungsanspruch gegen die Gesellschaft. Damit ist noch nichts darüber gesagt, ob und gegebenenfalls welche Ausgleichsansprüche die Erben, die nicht Gesellschafter werden, gegen den oder die in die Gesellschaft nachrückenden Miterben haben können.

§ 17. Die fehlerhafte Gesellschaft

Schrifttum: Habscheid, Faktische Gesellschaften?, BB 1955, 50 ff.; Haupt, Über faktische Vertragsverhältnisse, 1941; A. Hueck, OHG , § 7; Kuhn, Das Problem der Gründungs- und Beitrittsmängel bei Personalgesellschaften, JR 1951, 513 ff.; Simitis, Die faktischen Vertragsverhältnisse, 1957; MünchKomm-Ulmer, § 705 Rdnr. 204 ff.

121
I. Die Fragestellung

Bei der Gründung einer Gesellschaft oder bei dem Eintritt einer Person in eine bestehende Gesellschaft können Fehler rechtlicher Art geschehen. Man spricht dann von einer fehlerhaften Gründung oder dem fehlerhaften Beitritt zu einer Gesellschaft. Es stellt sich in Fällen dieser Art die Frage, ob die allgemeinen Grundsätze des Zivilrechts über die Nichtigkeit und die Anfechtbarkeit von Rechtsgeschäften auch auf die Willenserklärungen anzuwenden sind, die zur Gründung einer Gesellschaft führen oder den Eintritt eines Gesellschafters in eine bestehende Gesellschaft bewirken sollen. Die Fragestellung bezieht sich also auf die Wirkung fehlerhafter Erklärungen, wenn auf ihrer Grundlage Rechtsverhältnisse in Vollzug gesetzt worden sind. Bei den Kapitalgesellschaften gewinnt diese Frage nicht in demselben Maße an Bedeutung wie bei den Personengesellschaften, weil das Gesetz eine Regelung getroffen hat. Wenn z. B. die Satzung einer Aktiengesellschaft oder GmbH nicht den vom Gesetz vorgeschriebenen Mindesterfordernissen entspricht, ist die Gesellschaft nicht ohne weiteres nichtig; sie kann vielmehr nur durch eine besondere Klage mit ex-nunc-Wirkung für nichtig erklärt werden und damit in das Stadium der Liquidation gelangen (vgl. für die Aktiengesellschaft §§ 275 ff. AktG). Für die Personengesellschaften gibt es keine gesetzliche Regelung. Deshalb muß geklärt werden, inwieweit die allgemeinen Regelungen des bürgerlichen Rechts auf die Personengesellschaften Anwendung finden.

Zu überlegen ist insbesondere, inwieweit die Nichtigkeits- und Anfechtungsfolgen der allgemeinen Regelungen des bürgerlichen

Rechts auf die Personengesellschaften, insbesondere die Handelsgesellschaften, Anwendung finden können. Dabei ist zu unterscheiden zwischen

— dem Verhältnis der Gesellschaft und der Gesellschafter zu Dritten, die mit der nach außen aufgetretenen Gesellschaft in Kontakt gelangt sind,
und
— der Frage, wie sich etwaige Nichtigkeits- und Anfechtungsgründe auf das Verhältnis der Gesellschafter untereinander, das sogenannte Innenverhältnis, auswirken.

Als Nichtigkeitstatbestände, die zur Fehlerhaftigkeit des Gesellschaftsvertrages führen können, kommen u.a. in Betracht:
— die Anfechtungstatbestände der §§ 119 und 123 BGB,
— die Verletzung gesetzlich vorgeschriebener Formvorschriften, wie z.B. § 313 BGB mit der Folge aus § 125 BGB,
— § 138 BGB, soweit diese Vorschrift zum Schutze eines der Vertragschließenden dient (RG DR 1943, 1221 ff.),
— der versteckte Dissens (BGHZ 3, 285, 285 ff.),
— die fehlende Geschäftsfähigkeit einer oder mehrerer Personen, die sich am Abschluß des Gesellschaftsvertrages beteiligt haben.

Die Entwicklung der Rechtssätze über die fehlerhafte Gesellschaft stellt ein Musterbeispiel richterlicher Rechtsfortbildung dar, bei der der tragende Gedanke der „Bestandsschutz der Unternehmens- und Gesellschaftsorganisation im Interesse der gesellschaftsrechtlichen Bezugsgruppen" war (Wiedemann, Bd. I, § 3 I 2a).

122 II. Die Voraussetzungen, bei deren Vorliegen von einer fehlerhaften Gesellschaft gesprochen werden kann

Von einem *fehlerhaften Gesellschaftsvertrag* spricht man, wenn
— ein Gesellschaftsvertrag fehlerhaft abgeschlossen oder ein bereits abgeschlossener Gesellschaftsvertrag fehlerhaft abgeändert worden ist
und
— die Gesellschaft bereits in Vollzug gesetzt worden ist.

1. Der Abschluß eines fehlerhaften Gesellschaftsvertrages oder die fehlerhafte Abänderung eines bereits bestehenden Gesellschaftsvertrages

Von einer fehlerhaften Gesellschaft kann nur gesprochen werden, wenn die Gesellschafter ausdrücklich oder stillschweigend einen mit Fehlern behafteten Gesellschaftsvertrag abgeschlossen haben, weil auch die fehlerhafte Gesellschaft eine Zweckgemeinschaft ist, die einer vertraglichen Grundlage bedarf (so Fischer, § 105 HGB Anm. 81).

Im Schrifttum (Haupt und in neuerer Zeit noch Habscheid und Simitis) wird die Meinung vertreten, die Tatsache der Betätigung auch ohne rechtsgeschäftliche Grundlage, d. h. ohne Abschluß eines Gesellschaftsvertrages, begründe ein faktisches Vertragsverhältnis, eine *faktische Gesellschaft,* die gleichberechtigt neben der auf Vertrag beruhenden Gesellschaft bestehe. Daß die Betätigung als Gesellschaft (die faktische Gesellschaft) eine ausreichende Grundlage für die rechtliche Anerkennung als Gesellschaft bietet, wird von der heute herrschenden Meinung abgelehnt (BGHZ 11, 190 f.).

Ebenso wie der fehlerhafte Abschluß eines Gesellschaftsvertrages die fehlerhafte Gesellschaft begründen kann, kann dies durch die fehlerhafte vertragliche Abänderung eines bereits wirksam abgeschlossenen Gesellschaftsvertrages geschehen, wie das z. B. bei dem Eintritt eines neuen Gesellschafters in eine bereits bestehende Gesellschaft durch einen Aufnahmevertrag (siehe dazu oben Rdnr. 113) der Fall sein kann (BGHZ 26, 330, 335).

123   2. Das Invollzugsetzen der Gesellschaft

Von einer fehlerhaften Gesellschaft, die lediglich vernichtbar, aber nicht nichtig ist, kann nur gesprochen werden, wenn über den Abschluß des Gesellschaftsvertrages hinaus die Gesellschaft bereits in Vollzug gesetzt worden ist. Denn nur die Tatsache, daß die Gesellschaft bereits am Rechtsverkehr mit Dritten teilgenommen hat, rechtfertigt es, die allgemeinen Nichtigkeitsgründe zu beschränken und deren Rechtsfolgen nicht eintreten zu lassen (Fischer, § 105 HGB Anm. 85).

Rdnr. 123

In Vollzug gesetzt ist eine Gesellschaft dann, wenn die Gesellschaft „ihre Geschäfte" im Sinne des § 123 Abs. 2 HGB begonnen hat, die Gesellschafter also ihre gemeinsame Geschäftstätigkeit aufgenommen haben. Dies muß in der Weise geschehen, daß die Gesellschafter von Dritten als Gesellschafter angesehen und behandelt werden (RGZ 165, 193, 205).

Nach herrschender Meinung genügt zur Invollzugsetzung nicht die Eintragung in das Handelsregister, weil dadurch keine Tatsachen geschaffen werden, die bei vernünftiger Betrachtungsweise nicht wieder rückgängig gemacht werden können (so Fischer, § 105 HGB Anm. 85 und Schlegelberger-Geßler, § 105 HGB Rdnr. 62 a). Dagegen meint Hueck (OHG, § 7 III 6), auf diese Art und Weise komme man zu einer wünschenswerten Annäherung in der Behandlung von Innen- und Außenverhältnis, wie es § 123 HGB entspreche.

Die Gesellschaft ist auch noch nicht in Vollzug gesetzt, wenn lediglich im Innenverhältnis mit der Ausführung des Gesellschaftsvertrages begonnen worden ist, ohne daß die Gesellschaft mit Dritten Rechtsgeschäfte abgeschlossen hat.

Bevor die Gesellschaft in Vollzug gesetzt worden ist, kann jeder Gesellschafter die Nichtigkeit des Gesellschaftsvertrages geltend machen. Das bedeutet z.B., daß ein Gesellschafter, dem ein Anfechtungsrecht gemäß § 119 oder § 123 BGB zusteht, den Gesellschaftsvertrag mit der Rechtsfolge der rückwirkenden (ex tunc) Vernichtung des Vertrages anfechten kann (§ 142 BGB).

III. Die auf die in Vollzug gesetzte fehlerhafte Gesellschaft anzuwendenden Rechtssätze

124   **1. Allgemeine Grundsätze**

Die in Vollzug gesetzte fehlerhafte Gesellschaft ist bis zu ihrer Vernichtung wie eine durch Rechtsgeschäft wirksam zustande gekommene Gesellschaft zu behandeln. Der tatsächlich vollzogene gesellschaftliche Zusammenschluß kann nicht rückwirkend vernichtet werden. Er kann nur für die Zukunft durch ein rechtsgestaltendes Urteil aufgelöst werden.

Ist ein Nichtigkeitsgrund nur im Hinblick auf einzelne Regelungen im Gesellschaftsvertrag vorhanden, so ist nach § 139 BGB zu bestimmen, ob der gesamte Gesellschaftsvertrag vernichtbar ist.

Die hier dargestellten, von der Rechtsprechung und Literatur entwickelten Grundsätze über die fehlerhafte Gesellschaft gelten nicht nur für die OHG, sondern auch für die BGB-Gesellschaft und die KG und darüber hinaus für die typischen Formen der stillen Gesellschaft (BGHZ 55, 5 ff.).

125   2. Das Innenverhältnis

Jedenfalls bis zur Geltendmachung des Nichtigkeitsgrundes richten sich die Beziehungen der Gesellschafter untereinander grundsätzlich nach den Vereinbarungen, die in dem fehlerhaften Gesellschaftsvertrag enthalten sind (BGHZ 17, 160, 167; Hueck, OHG, § 7 III 2). Soweit Gewinn- und Verlustbeteiligungen, Geschäftsführung und Vertretung und die Einlageverpflichtungen Inhalt des Gesellschaftsvertrages sind, gilt diese Regelung für das Innenverhältnis der Gesellschaft untereinander. Auch Treuepflichten haben die Gesellschafter zu wahren (vgl. BGHZ 17, 160, 167). Auch bei der fehlerhaften Gesellschaft wird Gesellschaftsvermögen in Gestalt von Gesamthandsvermögen gebildet.

Umstritten ist, ob jeder Nichtigkeitsgrund zur Auflösung der Gesellschaft führen kann. Der BGH (BGHZ 3, 285 ff.) hat jeden Nichtigkeitsgrund als Auflösungsgrund anerkannt und nicht einen wichtigen Grund im Sinne des § 133 HGB verlangt, weil das Bedürfnis, für die Vergangenheit eine Heilung durch die rechtliche Anerkennung der fehlerhaften Gesellschaft eintreten zu lassen, nicht dazu führen dürfe, auch für die Zukunft die Wirkung des vorhandenen Nichtigkeitstatbestandes „einzuschränken oder überhaupt zu leugnen" (Fischer, § 105 HGB Anm. 91; Hueck, OHG, § 7 III 1 b). Davon zu trennen ist die zu bejahende Frage, ob das Geltendmachen eines Nichtigkeitsgrundes als Auflösungsgrund im Einzelfall eine mißbräuchliche Rechtsausübung darstellen kann und deshalb unbeachtlich ist (Fischer und Hueck, a. a. O.).

Auch die Abwicklung der aufgelösten fehlerhaften Gesellschaft geschieht nach den Grundsätzen des Gesellschaftsrechts (BGHZ 3, 285, 288 f.).

126 **3. Das Außenverhältnis**

Die Tatsache, daß die fehlerhafte Gesellschaft, die in Vollzug gesetzt worden ist, bis zur Auflösung und Beendigung wie eine wirksam zustande gekommene Gesellschaft behandelt wird, bestimmt auch das Verhältnis zu Dritten. Deshalb kann die fehlerhafte Gesellschaft selbst Trägerin von Rechten und Pflichten sein (§ 124 HGB). Im wesentlichen unterscheidet sich die fehlerhafte Gesellschaft im Verhältnis zu Dritten kaum von der wirksam zustande gekommenen Gesellschaft.

Die Gesellschafter haften für Verbindlichkeiten, die für die fehlerhafte Gesellschaft wirksam begründet werden können, unmittelbar und unbeschränkt mit ihrem gesamten Privatvermögen gemäß § 128 HGB.

IV. Beschränkungen bei der Anerkennung der fehlerhaften Gesellschaft

127 **1. Der Schutz von nichtgeschäftsfähigen oder nicht vollgeschäftsfähigen Personen**

Der übergeordnete Schutzzweck zugunsten der nicht oder nur beschränkt Geschäftsfähigen gebietet es, daß die Anerkennung der fehlerhaften Gesellschaft *nicht* dazu führen kann, daß nicht Vollgeschäftsfähige in das schuldrechtliche Verpflichtungsverhältnis gesellschaftsrechtlicher Art einbezogen werden können (BGHZ 17, 160, 166). Es gilt der Grundsatz, daß das allgemeine Vertrauensinteresse hinter dem Schutz der nicht Vollgeschäftsfähigen zurückzustehen hat.

Aus dem gleichen Grunde können nicht Vollgeschäftsfähige auch nicht gemäß § 128 HGB für Verbindlichkeiten in Anspruch genommen werden, die für die fehlerhafte Gesellschaft begründet worden sind.

128   2. Verstöße gegen die guten Sitten (§ 138 BGB)

Eine fehlerhafte Gesellschaft mit einem gegen die guten Sitten verstoßenden Gesellschaftszweck kann keine rechtliche Anerkennung erfahren, weil es sich um einen Zusammenschluß handelt, der sich von vornherein jeder rechtlichen Billigung entzieht und aus diesem Grunde von der Rechtsordnung nicht anerkannt werden kann (so Fischer, § 105 HGB Anm. 97 und Hueck, OHG, § 7 III 4a). Im Verhältnis nach außen haften die Gesellschafter jedoch gemäß § 128 HGB.

129   3. Die Fehlerhaftigkeit des Gesellschaftsvertrages wegen arglistiger Täuschung (§ 123 BGB)

Für die Verbindlichkeiten der fehlerhaften Gesellschaft haften die Gesellschafter Dritten gegenüber gemäß § 128 HGB. Im Verhältnis der Gesellschafter untereinander sollen denjenigen Personen, die arglistig getäuscht oder gedroht haben, jedoch keine Vorteile erwachsen. Deshalb ist der getäuschte Gesellschafter z.B. nicht verpflichtet, seine Beiträge zu leisten, wenn diese nur denjenigen zugute kommen würden, die vorwerfbar gehandelt haben. Soweit die Beiträge dazu dienen, dritte Personen – Gläubiger der fehlerhaften Gesellschaft – zu befriedigen, sind allerdings auch die Getäuschten zur Leistung verpflichtet (BGHZ 26, 330 ff.).

Fünftes Kapitel

Die Kommanditgesellschaft

§ 18. Begriff und Bedeutung der Kommanditgesellschaft als Sonderform der OHG

I. Der Begriff der Kommanditgesellschaft

Die Kommanditgesellschaft ist eine Gesellschaft im Sinne des § 705 BGB. Sie ist der OHG nachgebildet und muß deshalb als Sonderform der OHG verstanden werden. Infolgedessen sind auf die KG, sofern sich aus den §§ 161 ff. HGB nichts anderes ergibt, die Vorschriften über die OHG (§§ 105 ff. HGB) und diejenigen über die Gesellschaft bürgerlichen Rechts (§§ 705 ff. BGB) anzuwenden.

Die KG ist wie die OHG eine Gesellschaft, deren Zweck auf den Betrieb eines vollkaufmännischen Handelsgewerbes unter gemeinschaftlicher Firma gerichtet ist (§ 161 Abs. 1 HGB). Sie ist – auch darin steht sie der OHG gleich – keine juristische Person, kann aber als Unternehmerin eines Handelsgewerbes im Rechtsverkehr mit weitgehender Selbständigkeit auftreten. Das zeigt sich insbesondere darin, daß sie unter ihrer Firma Rechte erwerben und Verpflichtungen eingehen, vor Gericht klagen und verklagt werden kann (§ 124 HGB i. Vb. m. § 161 HGB).

Als Gesellschaft im Sinne des § 705 BGB ist die KG eine *Gesamthandsgemeinschaft*. Träger des Gesellschaftsvermögens sind alle Gesellschafter, sowohl persönlich haftende Gesellschafter (Komplementäre) als auch Kommanditisten.

Kraft Rechtsform ist die KG stets Kaufmann (§ 6 HGB).

Gesellschafter einer KG können als Komplementäre und Kommanditisten alle natürlichen und juristischen Personen werden.

Beispiel: Der einzige persönlich haftende Gesellschafter einer KG kann eine GmbH (juristische Person) sein (GmbH & Co KG). Von dieser Möglichkeit wird aus verschiedenen Gründen häufig Gebrauch gemacht.

Begrifflich gehört zur KG, daß es zwei Arten von Gesellschaftern gibt, von denen mindestens je einer vorhanden sein muß:

— *Persönlich haftende Gesellschafter (Komplementäre):* Sie haben im wesentlichen die gleiche Stellung wie die Gesellschafter einer OHG; und

— *Kommanditisten:* Ihre Haftung den Gesellschaftsgläubigern gegenüber ist auf den Betrag einer bestimmten Vermögenseinlage beschränkt; sie sind in der Regel von der Geschäftsführung ausgeschlossen und zur Vertretung der Gesellschaft nicht befugt (§§ 161 Abs. 1 und 170 HGB).

II. Die Bedeutung der Kommanditgesellschaft

131   Die KG hat im Wirtschaftsleben im Vergleich zur OHG ständig an Bedeutung gewonnen. Zunächst war sie die Gesellschaftsform, in der viele Familienunternehmen betrieben wurden, weil die KG eine Gesellschaftszugehörigkeit auch denjenigen Familienmitgliedern ermöglicht, die zur persönlichen Mitarbeit nicht willens oder geeignet sind und nur ein beschränktes Haftungsrisiko tragen möchten. Gerade aber die Tatsache, daß ein Kommanditist nur ein begrenztes Haftungsrisiko zu tragen hat, hat dann zur Vermehrung der Zahl der Kommanditgesellschaften wesentlich beigetragen, zumal die andere Gesellschaftsform, die typischerweise den Gesellschaftern eine begrenzte Haftung garantiert, die GmbH, im Hinblick auf die steuerliche Belastung in der Vergangenheit im Regelfall für die Gesellschafter weniger günstig war als die KG. Aus einer Umfrage des Deutschen Industrie- und Handelstages bei den Industrie- und Handelskammern geht hervor, daß 1977 in der Bundesrepublik Deutschland 108 255 Kommanditgesellschaften existierten (Quelle: Untersuchung des Deutschen Industrie- und Handelstages, veröffentlicht in: Bergische Wirtschaft 1977, S. 875). Insbesondere die Möglichkeit, bei einer KG eine GmbH zum einzigen persönlich haftenden Gesellschafter zu machen, hat die Zahl der Kommanditgesellschaften sehr vergrößert,

weil die Verbindung der Gesellschaftsformen KG und GmbH eine
Reihe von Vorteilen für die Gesellschaft mit sich bringt, die auf andere Art und Weise nicht zu erzielen sind:

— Da bei der GmbH — der persönlich haftenden Gesellschafterin —
den Gläubigern gegenüber nur das Gesellschaftsvermögen für die
Verbindlichkeiten der Gesellschaft haftet, haftet, soweit die Kommanditisten ihre Einlage geleistet haben, kein Gesellschafter der
KG mit seinem Privatvermögen. Bei allen Gesellschaftern ist die
Haftung auf die Einlage beschränkt.
— Für die KG gilt das im Vergleich zum Recht der Kapitalgesellschaft
sehr viel flexiblere Personengesellschaftsrecht, über das eine entsprechende Gestaltung des Gesellschaftsvertrages zu dem Zweck,
dem die Gesellschaft dienen soll, leichter möglich ist.
— Da auf die GmbH selbst, den persönlich haftenden Gesellschafter,
das GmbH-Recht Anwendung findet, gilt das Verbot der Drittorganschaft nicht. Geschäftsführer der GmbH können auch Nichtgesellschafter sein. Deshalb kann bei einer KG dieser Ausgestaltung die wirkliche Geschäftsführung in den Händen von Personen
liegen, die weder Gesellschafter der KG noch der GmbH sind.
— Da die KG eine Personengesellschaft ist, ist ihre Gründung wesentlich weniger bindenden Vorschriften unterworfen, als sie bei
der Gründung einer Kapitalgesellschaft — bei der AG in stärkerem
Maße als bei der GmbH — beachtet werden müssen.

Die einfache — weil auch kaum nachgeprüfte — Gründung, die
Möglichkeit, über eine entsprechende Ausgestaltung des Gesellschaftsvertrages die KG weitgehend dem mit ihr verfolgten Zweck
anzupassen, sowie die Haftungsbeschränkung haben auch dazu geführt, daß viele sogenannte Publikumsgesellschaften, die meist *„Abschreibungsgesellschaften"* mit mehreren hundert Personen sind, in der
Rechtsform der KG gegründet worden sind und noch werden. Auch
durch die Gründung solcher Gesellschaften ist die Zahl der Kommanditgesellschaften wesentlich erhöht worden.

132 *Abschreibungs- oder Verlustzuweisungsgesellschaften,* die meist in der
Rechtsform der GmbH & Co KG als *Publikumsgesellschaften* betrieben
werden, sind ein gesellschaftlicher Zusammenschluß zahlreicher Per-

sonen – in der Regel Privatpersonen –, der in erster Linie dem Zweck dient, bei beschränkter Haftung im Wege mitunternehmerischer Beteiligung an einem Wirtschaftsunternehmen der Investitionsbranche hohe Buchverluste aufgrund steuerlicher Abschreibungsmöglichkeiten zu erzielen.

§ 19. Die Gesellschafter einer Kommanditgesellschaft

Schrifttum: A. Hueck, Der gemeinschaftliche Vertreter mehrerer Erben in einer Kommanditgesellschaft, ZHR 125 (1962), 1 ff.; K. Schmidt, Kommanditisteneinlage – Kapitalaufbringung und Kapitalerhaltung in der KG, ZGR 1976, 307 ff.

133

I. Die persönlich haftenden Gesellschafter (Komplementäre)

Die persönlich haftenden Gesellschafter einer KG, die auch Komplementäre genannt werden, nehmen innerhalb der Gesellschaft und auch nach außen, d. h. Dritten gegenüber, die gleiche Stellung ein wie die Gesellschafter einer OHG. Sie führen die Geschäfte und vertreten die Gesellschaft nach außen. Außerdem haften sie unbeschränkt für die Erfüllung der Verbindlichkeiten der Gesellschaft mit ihrem gesamten Privatvermögen. Die persönlich haftenden Gesellschafter einer KG können den Gesellschaftsgläubigern gegenüber ebenso in natura zur Leistung verpflichtet sein wie die Gesellschafter einer OHG (BGHZ 73, 217 ff.; vgl. oben Rdnr. 103).

Die KG muß jedenfalls einen persönlich haftenden Gesellschafter, sie kann auch mehrere haben. Den Gläubigern haften mehrere persönlich haftende Gesellschafter als Gesamtschuldner. In seiner Eigenschaft als Gesellschafter ist der persönlich haftende Gesellschafter *Kaufmann.*

Auch bei der KG kann die organschaftliche Vertretungsbefugnis eines vertretungsberechtigten Gesellschafters grundsätzlich nicht auf Dritte übertragen werden (Verbot der Drittorganschaft; vgl. oben

Rdnr. 100). Das schließt nicht aus, daß ein Dritter mit einer umfassenden Vollmacht (Generalvollmacht), die noch über den gesetzlich festgelegten Umfang einer Prokura hinausgeht, ausgestattet wird (so OLG Hamm, MDR 1979, 848 f.).

Nach dem Ausscheiden aus der Gesellschaft haftet der Komplementär aus den vor seinem Ausscheiden entstandenen Verbindlichkeiten gemäß § 159 HGB noch fünf Jahre.

In einer Kommanditgesellschaft kann derselbe Gesellschafter nicht zugleich Kommanditist und Komplementär sein, auch nicht durch späteren Eintritt als weiterer Komplementär (OLG Hamm, MDR 1982, 55).

II. Die Kommanditisten

134   **1. Einleitung**

Jede KG muß mindestens einen Kommanditisten haben. Das bedeutet: Begriffsnotwendigerweise muß bei einer KG jedenfalls bei einem Gesellschafter die Haftung für die Verbindlichkeiten der Gesellschaft auf den Betrag einer bestimmten Vermögenseinlage beschränkt sein (§ 161 Abs. 1 HGB).

Es ist bei der Kommanditistenstellung zu unterscheiden zwischen der Haftung nach außen (den Gesellschaftsgläubigern gegenüber) einerseits und der Verpflichtung zur Leistung einer Vermögenseinlage im Verhältnis der Gesellschafter untereinander andererseits. Das Gesetz läßt diese Unterscheidung nicht mit der wünschenswerten Klarheit erkennen (Schilling, § 161 HGB Anm. 12). Die Verpflichtung zur Leistung einer Einlage, die der Kommanditist im Gesellschaftsvertrag übernommen hat, ist darauf gerichtet, für die Erreichung des Gesellschaftszweckes eine umfangmäßig festgesetzte, vermögenswerte Leistung zur Verfügung zu stellen. Die erbrachte Leistung wird Bestandteil des Gesellschaftsvermögens und ist damit auch dem Zugriff der Gläubiger der Gesellschaft ausgesetzt.

Die *Haftsumme* bestimmt den Umfang der Haftung eines Kommanditisten nach außen. Der Kommanditist hat seiner Haftpflicht ge-

nügt und kann wegen Verbindlichkeiten der Gesellschaft von deren
Gläubigern nicht mit seinem Privatvermögen in Anspruch genommen werden, soweit und solange er der Gesellschaft den der Haftsumme entsprechenden Betrag als Einlage zur Verfügung stellt. Das
bedeutet nicht, daß der Kommanditist, der seine Einlage einmal erbracht hat, für die Zukunft von jeder Haftpflicht befreit ist. Die persönliche Haftung ist nur solange ausgeschlossen, wie er den der Haftsumme entsprechenden Betrag in das Gesellschaftsvermögen eingebracht hat und dort beläßt. Die persönliche Haftung des Kommanditisten lebt also wieder auf, wenn und soweit ihm die Einlage zurückgezahlt wird (§ 172 Abs. 4 HGB).

2. Die Stellung des Kommanditisten im Verhältnis der Gesellschafter untereinander

135 **a) Die Geschäftsführung**

Nach der gesetzlichen Regelung nimmt der Kommanditist an der
Geschäftsführung nicht teil (§ 164 HGB). § 164 HGB ist allerdings
nicht zwingendes Recht. Der Gesellschaftsvertrag kann eine abweichende Regelung vorsehen. So kann abweichend von § 164 HGB zwischen den Gesellschaftern vereinbart werden, daß diese zur Geschäftsführung berechtigt und sogar verpflichtet sind (BGHZ 17, 392 ff.).

Die Geschäftsführungsbefugnis kann dem Kommanditisten neben
dem persönlich haftenden Gesellschafter oder auch unter Ausschließung von dessen Geschäftsführungsbefugnis erteilt werden.

Ist ein Kommanditist geschäftsführungsbefugt, so nimmt er im
Verhältnis der Gesellschafter untereinander dieserhalb die gleiche
Stellung ein wie ein persönlich haftender Gesellschafter.

136 **b) Die Beteiligung an Gewinn und Verlust**

Der Kommanditist ist gemäß § 167 HGB an Gewinn und Verlust
der Gesellschaft beteiligt. Die Grundlage für die Ermittlung des Gewinns oder Verlustes der Gesellschaft und des Anteils des Kommanditisten daran ist der für das abgelaufene Geschäftsjahr festgestellte
Jahresabschluß.

Der auf den Kommanditisten entfallende Gewinnanteil wird gemäß § 167 Abs. 2 HGB seinem Kapitalkonto nur solange gutgeschrieben, bis der Betrag der bedungenen Einlage erreicht ist. Der Grund für diese durch den Gesetzgeber festgesetzte Beschränkung liegt darin, daß der Kommanditist Dritten nur mit dem festen Betrag seines Kapitalanteils haftet, der persönlich haftende Gesellschafter aber unbeschränkt. Letzterer soll deshalb nach der Vorstellung des Gesetzgebers die Möglichkeit haben, durch Stehenlassen etwaiger Gewinnanteile (= Gutschrift auf seinem Kapitalkonto) seine Beteiligung am Gesellschaftsvermögen zu erhöhen (Schilling, § 167 HGB Anm. 10). Am Verlust nimmt der Kommanditist nach § 167 Abs. 3 HGB lediglich bis zur Höhe seines Kapitalanteils und seiner noch rückständigen Einlage teil.

Da § 167 HGB nur das Verhältnis der Gesellschafter untereinander regelt, handelt es sich nicht um zwingendes Recht (§§ 167, 120, 109 HGB). Die Gesellschafter können im Gesellschaftsvertrag eine davon abweichende Regelung treffen. In der Praxis werden häufig die Errichtung und Führung von Festkapitalkonten und Privatsonderkonten (siehe dazu Rdnr. 90) und Entnahmebeschränkungen derart vereinbart, daß Teile des Gewinns nicht ausgeschüttet werden dürfen.

Gemäß § 169 Abs. 1 S. 2 HGB hat der Kommanditist Anspruch auf Auszahlung des ihm zukommenden Gewinns. Diese gesetzliche Regelung ist jedoch abdingbar. Die Gesellschafter einer KG können deshalb im Gesellschaftsvertrag vereinbaren, daß Kommanditisten Zahlungen auch dann erhalten sollen, wenn die Gesellschaft keine Gewinne erzielt (BGH WM 1979, 803 f.).

137   c) Die Kontrollrechte

aa) Da der Kommanditist im Regelfall von der Geschäftsführung ausgeschlossen ist, er aber gleichwohl an Gewinn und Verlust beteiligt ist und sogar bis zur Höhe seiner Einlage mit seinem Privatvermögen haftet, räumt ihm das Gesetz *Kontrollrechte* ein.

bb) Dazu zählen die in § 166 HGB genannten Informations- und Prüfungsrechte.

Der Kommanditist ist berechtigt, die Richtigkeit der Jahresbilanz der Gesellschaft nachzuprüfen, bzw. nachprüfen zu lassen. § 166

Abs. 1 HGB gewährt dem Kommanditisten zum Zwecke der sachgerechten Prüfung der Bilanz ein Einsichtsrecht. Der Kommanditist hat also grundsätzlich das Recht zur Einsicht in alle Bücher und Papiere der Gesellschaft. Er darf allerdings nur in dem Umfang Einsicht nehmen, der für die Prüfung der Bilanz erforderlich ist (BGH WM 1979, 1061). Nach § 166 Abs. 1 HGB hat der Kommanditist ein *außerordentliches Prüfungsrecht,* wenn das Prüfungsrecht des § 166 Abs. 1 HGB nicht ausreicht, um seine Belange zu wahren. Ein *wichtiger Grund,* der einen Anspruch auf eine außerordentliche Prüfung gibt, kann u. a. vorliegen, wenn

— Tatsachen vorliegen, die den Verdacht auf Untreue oder schlechte Geschäftsführung nahelegen (vgl. dazu Schilling, § 166 HGB Anm. 7);
— dem Kommanditisten die Abschrift der Jahresbilanz oder die zum Zwecke der Prüfung erforderliche Einsicht in die Bücher und Papiere der Gesellschaft verweigert wird (OLG Hamm, BB 1970, 509).

Das ordentliche Prüfungsrecht des Kommandisten im Sinne des § 166 Abs. 1 HGB kann durch entsprechende Vereinbarungen im Gesellschaftsvertrag erweitert, aber auch beschränkt werden.

Beispiel: Der Gesellschaftsvertrag einer KG sieht vor, daß das ordentliche Prüfungsrecht der Kommanditisten durch einen von den Gesellschaftern zu wählenden Beirat wahrzunehmen ist, der die Kommanditisten über das Ergebnis der Prüfung unterrichtet.

Aus Sinn und Zweck des § 166 Abs. 3 HGB, nämlich den Kommanditisten einen Mindestschutz zu gewähren, ergibt sich, daß das außerordentliche Prüfungsrecht aus wichtigem Grund durch Vereinbarungen im Gesellschaftsvertrag weder ausgeschlossen noch beschränkt werden kann (OLG Hamm DB 1970, 724, 725).

cc) Kommanditisten können Geschäftsführungsmaßnahmen der persönlich haftenden Gesellschafter widersprechen, soweit diese über den gewöhnlichen Betrieb des Handelsgewerbes der Gesellschaft hinausgehen (§ 164 HGB).

Die herrschende Meinung in Literatur und Rechtsprechung geht davon aus, daß § 164 HGB ein *Zustimmungserfordernis für außerge-*

wöhnliche Geschäfte aufstellt, weil sonst die von der Geschäftsführung ausgeschlossenen Kommanditisten keine Möglichkeit hätten, von ihrem Widerspruchsrecht Gebrauch zu machen (RGZ
158, 302, 305 f.; A. Hueck, ZHR 125 (1963), 1, 20). Das Zustimmungserfordernis berührt allerdings nur das Verhältnis der Gesellschafter untereinander. Mit außenstehenden Dritten vorge-
nommene Rechtsgeschäfte sind trotz fehlender Zustimmung voll
wirksam.

138   d) Treuepflicht und Wettbewerb

Auch den Kommanditisten ist die für Personengesellschaften typische Treuepflicht auferlegt. Allerdings hat der Gesetzgeber die Kommanditisten ausdrücklich von dem für persönlich haftende Gesellschafter geltenden Wettbewerbsverbot des § 112 HGB ausgenommen (§ 165 HGB). Damit ist den Beteiligten aber nicht die Möglichkeit genommen, derartige Verbote sowohl für die Zeit während des
Bestehens der Gesellschaft, als auch für die Zeit nach ihrer Auflösung
vertraglich zu vereinbaren (vgl. Schilling, § 165 HGB Anm. 2). Daß
Wettbewerbsabreden handelsrechtlich zulässig sind, bedeutet jedoch
nicht, daß sie in jedem Fall mit anderen gesetzlichen Vorschriften
vereinbar sind. Nicht nur § 138 BGB setzt der privatautonomen Gestaltungsfreiheit der Gesellschafter Grenzen. Fraglich dürfte häufig
auch sein, ob zwischen den Gesellschaftern vereinbarte Wettbewerbsabreden von § 1 GWB erfaßt werden (vgl. dazu jetzt BGH JZ
1982, 208 ff.). Ist ein Kommanditist Wettbewerber der Gesellschaft,
so kann aus § 242 BGB und der Treuepflicht, die ihm obliegt, folgen,
daß er das ihm sonst zustehende Recht, selbst Einsicht in die Bücher
und Papiere zu nehmen, nicht ausüben darf, soweit überwiegende Interessen der Gesellschaft entgegenstehen. Entscheidend ist in einem
solchen Fall darauf abzustellen, ob und inwieweit die Einsicht in die
Bücher und Papiere für die Gesellschaft die Gefahr begründet, daß die
dadurch von dem Kommanditisten gewonnenen Kenntnisse zu wett-
bewerblichen Zwecken – zum Nachteil der Gesellschaft – verwendet
werden.

3. Die Stellung des Kommanditisten im Verhältnis zu Dritten (Außenverhältnis)

139 **a) Die Vertretung**

Nach der gesetzlichen Regelung bleiben die Kommanditisten von der Vertretung der Gesellschaft ausgeschlossen (§ 170 HGB). Diese obliegt den persönlich haftenden Gesellschaftern.

§ 170 HGB ist, weil er das Verhältnis der Gesellschaft zu schutzwürdigen Dritten regelt, zwingendes Recht. Der Gesellschaftsvertrag kann deshalb eine davon abweichende Bestimmung, die den Kommanditisten die gesetzliche Vertretung der Gesellschaft und damit eine Organstellung überträgt, nicht wirksam treffen.

Der Kommanditist kann jedoch gewillkürter, d.h. durch Rechtsgeschäft bestimmter Vertreter der Gesellschaft werden. Diese Vollmacht kann auf bestimmte Rechtshandlungen beschränkt sein. Die Möglichkeit, einem Kommanditisten in großem Umfange Vertretungsmacht einzuräumen, bietet die Erteilung der Prokura an ihn (BGHZ 17, 392 ff.). Von dieser Möglichkeit wird insbesondere dann Gebrauch gemacht, wenn dem Kommanditisten auch die Geschäftsführungsbefugnis übertragen worden ist.

Beispiel:
Kunz ist Kommanditist einer KG, deren Gegenstand die Herstellung und der Vertrieb von Scherzartikeln ist. Während der Winterferien, die Kunz in St. Anton am Arlberg verbringt, lernt er den Kaufmann Groß kennen, der mit Reinigungsmitteln handelt. Er erzählt dem Groß, daß er Gesellschafter der oben genannten KG sei und kauft, um Groß einen Gefallen zu tun, im Namen der KG für diese Reinigungsmittel im Werte von DM 2500,–. Der persönlich haftende Gesellschafter der KG erklärt, der Betrieb könne mit den Reinigungsmitteln nichts anfangen; er denke nicht daran, sie zu bezahlen. Ein Kaufvertrag mit der KG ist nicht zustande gekommen, weil Kunz gemäß § 170 HGB nicht zur Vertretung der Gesellschaft befugt ist. Er hat als Vertreter ohne Vertretungsmacht im Sinne des § 177 BGB gehandelt. Der zunächst schwebend unwirksame Vertrag ist vom persönlich haftenden Gesellschafter nicht genehmigt worden. Kunz kann daher von Groß aus § 179 BGB in Anspruch genommen werden; die KG selbst haftet nicht.

140   **b) Die Haftung**

Fall 7: K ist Kommanditist der Hein-Dachau-Elektroartikel KG. Er hat die Einlage in Höhe von DM 15 000,– bei der Gründung der Gesellschaft im Jahre 1972 durch eine Geldzahlung in bar erbracht. In den Jahren 1972, 1973 und 1974 werden Gewinne von insgesamt DM 400 000,– erwirtschaftet, von denen DM 100 000,– auf K entfallen, der davon nichts entnimmt. 1975 und 1976 entstehen der KG Verluste in Höhe von insgesamt DM 500 000,–; DM 125 000,– davon entfallen auf K. Als im Frühjahr 1977 eine Betriebsprüfung durch das Finanzamt durchgeführt wird, stellt sich heraus, daß K für die Jahre 1972 und 1973 zu wenig Einkommensteuer entrichtet hat. Als das Finanzamt von ihm eine Einkommen- und Kirchensteuernachzahlung in Höhe von DM 11 000,– verlangt, veranlaßt K, daß dieser Betrag aus der Gesellschaftskasse gezahlt wird. Bereits 1972 hatte die KG bei der X-Bank AG ein Darlehen in Höhe von DM 120 000,– aufgenommen, dessen Rückzahlung am 1. Juli 1977 fällig wird. Die X-Bank AG verlangt von K nun Rückzahlung eines Teilbetrages in Höhe von DM 40 000,–. Zu Recht?

Die Haftung der Kommanditisten für Verbindlichkeiten der Gesellschaft Dritten gegenüber ist auf die Höhe ihrer Einlage beschränkt. Soweit die Einlage geleistet ist, d. h. wenn der Gesellschaft in Höhe der Einlage ein Vermögenswert zugewachsen ist, ist die Haftung ausgeschlossen. Der Kommanditist, der die Einlage erbracht hat, ist allerdings nicht unter allen Umständen für die Zukunft von der Haftung ausgeschlossen. Die Haftungsbefreiung dauert nur so lange, wie der Kommanditist den seiner Haftsumme entsprechenden Vermögenswert im Gesellschaftsvermögen beläßt. Gemäß § 172 Abs. 4 HGB kann der Kommanditist wieder haftbar gemacht werden, wenn und soweit er die Einlage zurückbezahlt erhält. Den Gesellschaftsgläubigern gegenüber gilt die Einlage in Höhe der Rückzahlung als nicht geleistet.

141   Unter Rückzahlung im Sinne des § 172 Abs. 4 HGB ist jede Zuwendung aus dem Gesellschaftsvermögen an den Kommanditisten zu verstehen, mit der dem Gesellschaftsvermögen in Höhe der geleisteten Einlage Vermögenswerte entzogen werden, ohne daß dafür eine gleichwertige Gegenleistung erbracht wird, und die damit die Fähigkeit der Gesellschaft vermindert, die Gläubiger zu befriedigen (OLG Düsseldorf, GmbH-Rundschau 1959, 114). Der Rückzahlung stehen gemäß § 172 Abs. 4 Satz 2 HGB die Entnahmen von Gewinnanteilen

gleich, wenn diese erfolgen, während der Kapitalanteil des Entneh-
menden unter den Betrag der geleisteten Einlage gesunken ist oder
soweit durch die Entnahme der Kapitalanteil unter den Betrag der geleisteten Einlage herabgemindert wird.

Im oben geschilderten **Fall 7** könnte die X-Bank AG gemäß § 607 BGB
i. Vb. m. § 172 Abs. 4 HGB einen Anspruch auf Zahlung von DM 40 000,–
gegen K haben. K haftet den Gläubigern der Gesellschaft gegenüber, zu denen auch die X-Bank AG gehört, gemäß § 171 HGB nur in Höhe seiner
Einlage. Die Haftung ist ausgeschlossen, soweit die Einlage erbracht ist und
der Kommanditist sie zur Verfügung durch die Gesellschaft beläßt. Durch
die Zahlung von DM 15 000,– ist K zunächst von der Haftung ausgeschlossen worden. Die Haftung könnte jedoch durch die Zahlung von
DM 11 000,– an das Finanzamt wieder aufgelebt sein, wenn es sich dabei
um eine Entnahme im Sinne des § 172 Abs. 4 HGB handelte. Durch die
Verluste der Jahre 1975 und 1976 waren die Gewinnanteile des K aus den
Vorjahren aufgezehrt und sein Kapitalkonto negativ geworden. Der Kapitalanteil des K war unter den Betrag der geleisteten Einlage herabgesunken.
Die Einkommen- und Kirchensteuerforderung des Finanzamtes an K bil-
dete eine persönliche Verpflichtung des K, denn dieser und nicht die KG
waren einkommen- und kirchensteuerpflichtig. Wenn diese persönliche
Verbindlichkeit des K aus der Kasse der Gesellschaft beglichen wurde, so
handelte es sich dabei um eine Entnahme im Sinne des § 172 Abs. 4 HGB.
Dadurch lebte die Haftung des K in Höhe von DM 11 000,– wieder auf.
Gemäß § 607 BGB i. Vb. m. § 172 Abs. 4 HGB haftet K der X-Bank AG
deshalb in Höhe von DM 11 000,–, nicht aber in Höhe von DM 40 000,–.

Wer als Kommanditist in eine bereits bestehende Handelsgesellschaft eintritt, haftet gemäß § 173 HGB auch für die Verbindlichkeiten, die bereits vor seinem Eintritt begründet worden sind.
Aus der Kommanditistenstellung des Eintretenden ergibt sich allerdings, daß er nur beschränkt nach Maßgabe der §§ 171, 172 HGB
haftet.

Beginnt die Kommanditgesellschaft mit ihrer Geschäftstätigkeit
schon vor ihrer Eintragung in das Handelsregister, haften diejenigen
Kommanditisten, die dem Geschäftsbeginn zugestimmt haben, wie
persönlich haftende Gesellschafter, also unmittelbar und unbeschränkt mit dem gesamten Privatvermögen für die bis zur Eintragung begründeten Verbindlichkeiten, es sei denn, der Gläubiger
wußte um die Kommanditistenstellung (§ 176 Abs. 1 HGB). Daraus
wird besonders deutlich, daß die Eintragung der Gesellschaft in das

Handelsregister die Beschränkung der Haftung der Kommanditisten bewirkt.

Gemäß § 176 Abs. 2 HGB haftet der als Kommanditist in eine bereits bestehende Handelsgesellschaft Eintretende ebenfalls unmittelbar und unbeschränkt, soweit es sich um Verbindlichkeiten handelt, die in der Zeit zwischen seinem Eintritt und der Eintragung des Eintritts in das Handelsregister entstehen, wenn die Gesellschaft ihre Geschäfte *mit Zustimmung des neu Eintretenden* fortgesetzt hat. Die Zustimmung des Kommanditisten muß sich beziehen

– auf die Fortführung des Betriebes für die Gesellschaft in der neuen Zusammensetzung
 und
– darauf, daß auch auf Rechnung des Eintretenden gehandelt wird (Schilling, § 176 HGB Anm. 21).

§ 20. Die GmbH & Co KG

142

I. Einleitung

Von der Möglichkeit, eine GmbH als einzige persönlich haftende Gesellschafterin einer Kommanditgesellschaft einzusetzen, wird besonders häufig Gebrauch gemacht.

Die GmbH & Co KG ist eine Kommanditgesellschaft. Ihre rechtliche Zulässigkeit steht nach der herrschenden Meinung außer Frage (BGHZ 46, 7 ff.; Schilling, § 161 HGB Anm. 21 ff. mit ausführlichen Hinweisen). Zweifel an der Zulässigkeit der GmbH & Co KG sind in erster Linie im Hinblick auf den Gläubigerschutz geäußert worden. Dabei ist die Auffassung vertreten worden, bei der GmbH & Co KG gäbe es letztlich keinen Gesellschafter, der unbeschränkt hafte, weil die GmbH als einzige persönlich haftende Gesellschafterin nur mit ihrem Gesellschaftsvermögen hafte. Dazu ist allerdings zu bemerken, daß die Haftung der Komplementär-GmbH eine unbeschränkte – wenn auch auf das Gesellschaftsvermögen beschränkte – ist. Auch wenn eine natürliche Person persönlich haftende Gesellschafterin einer KG ist und als solche unbeschränkt mit ihrem Privatvermögen haftet, darf nicht übersehen werden, daß das Privatvermögen einer natürlichen Person oft ebenso wenig wie das Gesellschaftsvermögen einer GmbH ausreicht, um alle Gläubiger der Gesellschaft zu befriedigen. Auch die Gesetzgebung geht mittlerweile von der Existenz der Rechtsform einer GmbH & Co KG aus (vgl. § 177 a HGB).

Die Zahl der Kommanditgesellschaften mit einer GmbH als einziger persönlich haftender Gesellschafterin nimmt ständig zu. Von den 108 255 im Jahre 1977 existierenden Kommanditgesellschaften hatten bereits 42 530 die Form einer GmbH & Co KG (Quelle: Untersuchung des Deutschen Industrie- und Handelstages, veröffentlicht in: Bergische Wirtschaft 1977, 875).

143   ## II. Die Struktur der GmbH & Co KG

Eine GmbH & Co KG kann auf verschiedene Arten strukturiert sein. Im wesentlichen kommen zwei Arten in Betracht:
— die Gesellschafter der geschäftsführenden GmbH sind insgesamt oder zum Teil andere Personen als diejenigen, die die Kommanditisten der KG sind,
   oder
— alle Gesellschafter sind sowohl Gesellschafter der GmbH als auch gleichzeitig Kommanditisten der KG.

Beispiel: Schmitz und Kargus sind die Gesellschafter einer GmbH, die einzige persönlich haftende Gesellschafterin einer Kommanditgesellschaft ist. Kohn und Gutzeit sind Kommanditisten. Hier sind verschiedene natürliche Personen an der GmbH einerseits und der Kommanditgesellschaft unmittelbar andererseits beteiligt.

Beispiel für eine GmbH & Co KG, bei der alle Kommanditisten auch Gesellschafter der GmbH sind: Merker und Fasel sind zu gleichen Teilen Gesellschafter der GmbH, die die einzige persönlich haftende Gesellschafterin der Kommanditgesellschaft ist. Sie sind zugleich auch die einzigen Kommanditisten.

144   III. Das auf die GmbH & Co KG anzuwendende Recht

Bei der GmbH & Co KG werden zwei Gesellschaftsformen miteinander verbunden. Deshalb ist sowohl das Recht der GmbH als auch das Recht der Kommanditgesellschaft anzuwenden. Auf die Kommanditgesellschaft sind die §§ 161 ff. HGB und auf die GmbH die Vorschriften des GmbH-Gesetzes anzuwenden.

So werden z. B. die Geschäftsführer der GmbH nach GmbH-Recht bestellt und abberufen. Durch Gesellschaftsvertrag kann allerdings eine andere Regelung getroffen werden.

Wenn im Namen der GmbH & Co KG ein nicht unter § 1 HGB fallender Geschäftsbetrieb eröffnet wird, bevor die Komplementär-GmbH und die KG im Handelsregister eingetragen worden sind, so besteht zunächst eine Gesellschaft bürgerlichen Rechts. Mit der Eintragung beider Gesellschaften wird die KG, soweit nichts anderes vereinbart ist, ohne weiteres Schuldnerin der ursprünglich für die BGB-Gesellschaft begründeten Geschäftsverbindlichkeiten (BGHZ 69, 95, 97 ff.). Wird jedoch im Namen einer GmbH & Co KG ein unter § 1 HGB fallender Geschäftsbetrieb eröffnet, bevor die GmbH und die Kommanditgesellschaft eingetragen worden sind, so besteht schon vor der Eintragung der GmbH eine Personengesellschaft des Handelsrechts. Wenn es sich dabei um eine OHG handelt, so haften die Gesellschafter für die bis zur Eintragung begründeten Verbindlichkeiten der Gesellschaft gemäß § 128 HGB (BGHZ 70, 132, 134).

Auf das Verhältnis der Kommanditisten zur GmbH ist das Recht der Kommanditgesellschaft (§§ 161 ff. HGB) anzuwenden. Das bedeutet z. B., daß die GmbH und ihre Geschäftsführer im Hinblick auf die Geschäftsführung nicht von den Weisungen der Kommanditisten abhängig sind, soweit der Gesellschaftsvertrag nicht eine andere Regelung vorsieht. Auch in der GmbH & Co KG haftet der nicht im Handelsregister eingetragene Kommanditist gemäß § 176 HGB unbeschränkt (BGH WM 1979, 1057 f.).

Ist die GmbH & Co KG so strukturiert, daß die Kommanditisten gleichzeitig Gesellschafter der GmbH sind, ist die Rechtslage komplizierter. In einem solchen Falle können z. B. den Gesellschaftern Auskunftsrechte einmal gemäß § 166 HGB als Kommanditisten und darüber hinaus als Gesellschafter der GmbH zustehen. So können in der Regel die Gesellschafter als Gesellschafter der GmbH durch einfachen Mehrheitsbeschluß jederzeit Auskunft und Vorlage aller Geschäftspapiere von den Geschäftsführern verlangen. Der Geschäftsführer der GmbH unterliegt einem Wettbewerbsverbot, das sich nicht aus dem Recht der Kommanditgesellschaft, sondern aus dem Recht der GmbH, der Treuepflicht der GmbH-Gesellschafter gegenüber der GmbH, ergibt (Schilling in: Hachenburg, § 35 GmbHG Anm. 52).

Die Gesellschaftszusätze „GmbH" und „KG" müssen in dieser Reihenfolge hintereinander gesetzt werden, weil bei einer anderen Reihenfolge der Eindruck entstehen könnte, daß es sich nicht um eine Kommanditgesellschaft, sondern um eine GmbH handelt.

Der BGH (BGHZ 62, 216, 226; 65, 103, 105; 71, 354, 356) hat nachhaltig betont, daß die Firma einer Kommanditgesellschaft, deren alleinige persönlich haftende Gesellschafterin eine GmbH ist, in entsprechender Anwendung des § 4 Abs. 2 GmbHG und des § 4 Abs. 4 AktG einen Zusatz wie etwa „GmbH & Co KG" haben muß. Eine entsprechende Anwendung der genannten Vorschriften ist geboten, weil bei der GmbH & Co KG, obwohl es sich bei ihr um eine Personengesellschaft handelt, den Gläubigern letztlich nur eine beschränkte Vermögensmasse haftet und zum Schutz der Gläubiger diese Haftungsbeschränkung durch einen die wirkliche Rechtsform bezeichnenden Zusatz in der Firma offenbart werden muß (vgl. zu den Einzelheiten Kübler, § 21 III). Für den Fall der Firmenneubildung ergibt sich die Notwendigkeit einer solchen Bezeichnung bereits aus § 19 Abs. 1 und 2 HGB.

Der Geschäftsführer einer Komplementär-GmbH haftet bei Verletzung seiner Geschäftsführungspflichten auch gegenüber der Kommanditgesellschaft. Bei einer vernünftigen, Treu und Glauben und der Interessenlage entsprechenden Betrachtung ist davon auszugehen, daß das wohlverstandene Interesse der ausschließlich oder vorwiegend zur Geschäftsführung der KG eingesetzten Komplementär-GmbH ebenfalls auf eine ordnungsmäßige Leitung der KG gerichtet ist, weil die GmbH auf eine günstige wirtschaftliche Entwicklung ihrer Beteiligung bedacht sein muß und als persönlich haftende Gesellschafterin selbst aus dem Gesellschaftsverhältnis gegenüber der KG zu einer sorgfältigen Geschäftsführung verpflichtet ist. Daraus folgt, daß in einem solchen Fall die Verantwortlichkeit des Geschäftsführers aufgrund seines Dienstverhältnisses zur GmbH und dementsprechend die Haftung aus § 43 Abs. 2 GmbHG auch auf die Kommanditgesellschaft zu erstrecken ist (BGH WM 1980, 593; vgl. auch BGHZ 75, 321 ff.).

Wenn ein ehemaliger persönlich haftender Gesellschafter einer OHG oder KG bei der Umgestaltung der Handelsgesellschaft in eine GmbH & Co KG Kommanditist wird und als Geschäftsführer der Komplementär-GmbH die Geschäfte der Gesellschaft weiterführt, kann er wegen seiner unbeschränkten Haftung für die vor der Umwandlung entstandenen Gesellschaftsverbindlichkeiten nicht die Sonderverjährung des § 159 HGB in Anspruch nehmen (BGHZ 78, 114, 117 f.; vgl. oben Rdnr. 107).

§ 21. Die kapitalistisch organisierte Kommanditgesellschaft

Schrifttum: Berg, Hauptprobleme bei den Personengesellschaften des Handelsrechts, JuS 1974, 685 ff.; Eisenhardt, Die Stellung der Gesellschaftererben am Beispiel der kapitalistisch organisierten Kommanditgesellschaft, JuS 1975, 413 ff.; U. Hüffer, Der Aufsichtsrat in der Publikumsgesellschaft, ZGR 1980, 320 ff.; derselbe, Organpflichten und Haftung in der Publikumspersonengesellschaft, ZGR 1981, 348 ff.; H. P. Westermann, Vertragsfreiheit und Typengesetzlichkeit im Recht der Personengesellschaften, 1970.

I. Die Gründe für die mögliche Abweichung vom gesetzlichen Vorbild der KG und der Begriff der kapitalistisch organisierten Kommanditgesellschaft

145 ## 1. Die Gründe für die Abweichung vom gesetzlichen Vorbild der Kommanditgesellschaft

Verschiedene Gründe lassen es häufig geboten erscheinen, eine Kommanditgesellschaft durch den Gesellschaftsvertrag anders zu gestalten, als es die gesetzliche Regelung vorsieht. Dies begegnet rechtlich keinen Bedenken, weil die gesetzliche Typenregelung der Parteidisposition in weitem Umfange freie Hand läßt.

So kann z. B. die Zahl der Kommanditisten, wie insbesondere bei den sogenannten Familiengesellschaften durch Erbfolge, so stark anwachsen, daß es unzweckmäßig wäre, allen Kommanditisten die Ausübung der Rechte, die ihnen nach dem Gesetz zustehen, unbeschränkt zu überlassen, weil die Mitwirkung aller Kommanditisten die Handlungsfähigkeit der Gesellschaft wesentlich einengen würde.

Beispiel: Drei Personen gründen eine Kommanditgesellschaft. Der Gesellschaftsvertrag sieht vor, daß die Gesellschaft mit den Erben fortgesetzt werden soll. Nach 40 Jahren gehören der Gesellschaft 45 Gesellschafter an. Bei einer so großen Zahl von Gesellschaftern ist es im Regelfall unmöglich, alle Gesellschafter in der gebotenen Eile zu einer Entscheidung zu den Problemen zu bewegen, bei denen die Kommanditisten ihre Zustimmung erteilen müssen. Es ist deshalb zweckmäßig, die den Kommanditisten zustehenden Befugnisse einigen Kommanditisten zu übertragen, die diese für alle Kommanditisten in einem sogenannten Kommanditistenausschuß, Beirat oder Verwaltungsrat ausüben. Häufig ist die Übertragung aller Mitwirkungsrechte der Kommanditisten, die überhaupt übertragbar sind, auf einen solchen Beirat oder Kommanditistenausschuß empfehlenswert.

Andererseits können es aber auch die Zusammensetzung der Gesellschaft und ihre Zielsetzung erforderlich machen, die Rechte der Kommanditisten zu vermehren. Dies dürfte in der Regel der Fall sein, wenn der wirtschaftliche Schwerpunkt bei den Kommanditisten liegt, d. h. wenn die Hauptgeldgeber diejenigen Gesellschafter sind, die nicht bereit sind, persönliche Haftung zu übernehmen und sich, wozu der persönlich haftende Gesellschafter im Zweifel verpflichtet ist, um die alltäglichen Geschäfte zu kümmern. Bei derart strukturierten Gesellschaften werden die Hauptgeldgeber, wenn die Form einer Kommanditgesellschaft gewählt wird, mehr Einfluß auf die Geschäftsführung zu gewinnen suchen, als das Gesetz den gewöhnlichen Kommanditisten zuspricht.

Beispiel: Zwei Geschäftsleute haben ein Patent erworben, mit dem sie Zubehörteile für die Automobilindustrie herstellen wollen. Das Unternehmen soll die Rechtsform einer Kommanditgesellschaft haben, an der die beiden Geschäftsleute allerdings nur als Kommanditisten beteiligt sein wollen, weil sie weder die volle Haftung übernehmen noch die Geschäfte führen wollen. Der bisher bei einem der Gesellschafter beschäftigte kaufmännisch erfahrene Angestellte A kann dafür gewonnen werden, sich mit einem geringen Kapitalanteil als persönlich haftender Gesellschafter zur Verfügung zu stellen. Er soll für seine Tätigkeit ein angemessenes Gehalt bekommen, seine Rechte als Gesellschafter werden im Interesse der beiden Kommanditisten im Gesellschaftsvertrag soweit als möglich beschnitten. Im Gesellschaftsvertrag wird vereinbart, daß die beiden Hauptgeldgeber dem persönlich haftenden Gesellschafter im weiten Umfange Weisungen erteilen können. Der Gesellschaftsvertrag sieht vor, daß ein aus den beiden Kommanditisten gebildeter Aufsichtsrat nicht nur die Geschäftsführung des persönlich haftenden Gesellschafters kontrolliert, sondern alle wichtigen Geschäftsführungsmaßnahmen selbst entscheidet und den persönlich haftenden Gesellschafter mit deren Ausführung beauftragt.

146   2. Der Begriff der kapitalistisch organisierten Kommanditgesellschaft

Gesellschaften, die so, wie oben geschildert, strukturiert sind, nennt man kapitalistisch organisierte Kommanditgesellschaften oder kapitalistische Kommanditgesellschaften. Es handelt sich dabei um Personenhandelsgesellschaften, die in mancher Hinsicht durch Elemente des Kapitalgesellschaftsrechts geprägt sind.

Ähnlichkeiten mit den Kapitalgesellschaften werden insbesondere dadurch erreicht, daß die kapitalistische KG in der Regel über drei oder zwei „Organe" verfügt. Bei einer größeren Anzahl von Gesellschaften gibt es, ähnlich wie bei der Aktiengesellschaft, drei Organe:

— die Gesellschafterversammlung als das Organ der Basis,
— den von dieser gewählten Aufsichts- oder Beirat als kontrollierendes, weisungsberechtigtes Organ im Hinblick auf die Komplementäre; häufig dürfte der Aufsichtsrat auch dasjenige Organ sein, bei dem der Schwerpunkt der Geschäftsführung liegt, und
— der oder die Komplementäre, die mehr oder weniger stark durch den Aufsichtsrat in ihren Befugnissen eingeschränkt sind.

Bei nur wenigen geldgebenden Kommanditisten, die wesentlichen Einfluß auf die Geschäftsführung ausüben wollen, erübrigt sich in der Regel eines der Organe, nämlich die Gesellschafterversammlung. Den Interessen dieser Kommanditisten ist Genüge getan, wenn sie einen Aufsichts- oder Beirat bilden, der wesentlichen Einfluß auf die Geschäftsführung nimmt.

Welche Aufgaben ein Gremium, das als Aufsichtsrat oder Beirat bezeichnet wird, hat, ist häufig eine Frage der Vertragsauslegung. Dabei geht es vor allem um die Abgrenzung zwischen Überwachung und Beratung der Geschäftsführung. Die Bezeichnung des Gremiums kann ein Gesichtspunkt bei der Auslegung sein. So ist z.B. bei der Verwendung des Begriffes Aufsichtsrat zu berücksichtigen, daß die Kommanditisten damit den durch das Aktienrecht vorgeprägten Eindruck eines überwachenden Einflusses verbinden (vgl. Hüffer, ZGR 1980, 320, 323 f.). Hat der Aufsichtsrat eine Überwachungsaufgabe, so muß dieses Gremium sich im Zweifel neben der Prüfung des Jahresabschlusses regelmäßig von der Geschäftsleitung Bericht erstatten lassen; darüber hinaus muß es die wichtigen Unterlagen einsehen und auftretenden Bedenken nachgehen (vgl. dazu BGHZ 69, 207, 221; Hüffer, ZGR 1980, 320, 335 ff.).

Von dem gesetzlichen Vorbild der Kommanditgesellschaft, wie sie in den §§ 161 ff. HGB geregelt ist, wird in jüngster Zeit immer häufiger bei der Gründung der sogenannten Massen- oder Publikumsgesellschaften abgewichen, in denen eine große Zahl von Kapitalanlegern zusammengefaßt sind, die in erster Linie in den Genuß von steuerlichen Abschreibungsmöglichkeiten gelangen möchten.

Bei Gesellschaften dieser Art besteht das Interesse der Geschäftsführung häufig darin, die Rechte der Kommanditisten so weit wie möglich zu beschränken.

Rdnr. 146

147 Es ist schwer festzustellen, wie viele Kommanditgesellschaften mehr oder weniger stark kapitalistisch ausgestaltet sind. Es ist allerdings davon auszugehen, daß diejenigen, die einen Gesellschaftsvertrag abschließen, nur selten das gesetzliche Muster der KG, wie es in den §§ 161 ff. HGB vorgezeichnet ist, übernehmen und diese Regelung der Gestaltung ihrer Rechtsverhältnisse zugrunde legen (Raisch, Unternehmensrecht I, S. 159). Einen Hinweis darauf, daß die kapitalistische Kommanditgesellschaft in der Praxis eine nicht unerhebliche Rolle spielt, gibt letztlich die nicht geringe Zahl der in der höchstrichterlichen Rechtsprechung entschiedenen Fälle, die eine kapitalistische KG betreffen. Außerdem haben die zahlreichen Publikumsgesellschaften, die in erster Linie zur Kapitalanlage und zur Erreichung steuerlicher Abschreibungsmöglichkeiten dienen sollen, die Zahl der kapitalistisch organisierten Kommanditgesellschaften stark vermehrt. Die wirkliche Zahl der kapitalistischen Kommanditgesellschaften und ihre Bedeutung in der Rechtspraxis festzustellen, wäre eine dankbare Aufgabe für die Rechtstatsachenforschung.

148 ## II. Die möglichen Abweichungen von der im Gesetz vorgesehenen Struktur der Kommanditgesellschaft

Die im Gesetz u.a. in §§ 163 und 109 HGB in Grenzen garantierte Vertragsfreiheit ermöglicht eine weitgehende Anpassung des Gesellschaftsvertrages an die Erfordernisse des Einzelfalles. So begegnet es keinen Bedenken, daß der Gesellschaftsvertrag vorsieht, daß der oder die persönlich haftenden Gesellschafter generell an die Weisungen der Kommanditisten gebunden sind oder eine Reihe von den im Gesellschaftsvertrag genannten Geschäften nur mit Zustimmung der Kommanditisten vorgenommen werden dürfen. Im Verhältnis der Gesellschafter untereinander kann also vereinbart werden, daß der Schwerpunkt der Geschäftsführung bei den Kommanditisten liegen soll. Die mit der Geschäftsführungsbefugnis ausgestatteten Kommanditisten nehmen im Zweifel im Verhältnis der Gesellschafter untereinander dieselbe Stellung ein wie ein persönlich haftender Gesellschafter, der Geschäftsführer ist. Es ist sogar möglich, einem oder

mehreren Kommanditisten unter Ausschluß des Komplementärs Geschäftsführungsbefugnis zu erteilen (so Schilling, § 164 HGB
Anm. 11). Eine Beschränkung des Umfangs der Vertretungsmacht der
persönlich haftenden Gesellschafter ist Dritten gegenüber allerdings
ebenso wie bei der OHG unwirksam. Der BGH (BGHZ 51, 198 ff.)
geht davon aus, daß dann, wenn dem einzigen persönlich haftenden
Gesellschafter die Vertretungsmacht entzogen wird, ein rechtlich un-
möglicher Zustand erreicht wird und die Gesellschaft zwangsläufig in
das Abwicklungsstadium eintreten muß. Die Stellung der zur Geschäftsführung laut Gesellschaftsvertrag berufenen Kommanditisten
kann dadurch noch weiter gestärkt werden, daß ihnen Prokura erteilt
wird (BGHZ 17, 392 ff.). Dennoch bleibt eine Vertretung allein
durch die persönlich haftenden Gesellschafter auch durch die Bestellung eines oder mehrerer Kommanditisten zu Prokuristen unberührt.

Bei einer auf die geschilderte Art und Weise an den Interessen der
geldgebenden Kommanditisten orientierten und gestalteten Kommanditgesellschaft sind die Kommanditisten die eigentlichen Herren
des Unternehmens. Die Stellung des persönlich haftenden Gesellschafters kann dadurch noch weitergehend eingeengt werden, daß der
Gesellschaftsvertrag seine Abberufung oder seine Ausschließung
durch Mehrheitsbeschluß der Gesellschafter vorsieht (dazu H. P. Westermann, S. 259 f.).

149   Der Gesellschaftsvertrag einer kapitalistisch organisierten Kommanditgesellschaft kann vorsehen, daß bei Streitigkeiten aus dem
Vertrage der Rechtsweg erst dann beschritten werden darf, wenn der
nach dem Gesellschaftsvertrag vorgesehene Beirat oder Kommanditistenausschuß einen Schlichtungsversuch unternommen hat. Eine solche Regelung, die insbesondere bei sogenannten Massengesellschaf-
ten sinnvoll sein kann, hat der BGH (MDR 1978, 31 ff.) für grundsätzlich zulässig erachtet, weil sie sich im Rahmen der Vertragsfreiheit
bewege. Der BGH hat bei seiner Begründung weiterhin darauf abgestellt, daß die Einschaltung einer Güteinstanz gerade aus den weitgehend von einer persönlichen Vertrauensbeziehung abgelösten und
durch den besonderen Einfluß der Geschäftsführung bestimmten
Verhältnissen einer Massengesellschaft zur rascheren Erfüllung be-
rechtigter Ansprüche führen könne, als wenn gleich die Gerichte in

Anspruch genommen würden; dem stehe auch nicht entgegen, daß ein Gesellschaftsorgan wie der Beirat als Güteinstanz vorgesehen sei. Nach Ansicht des BGH kann nämlich nicht ohne weiteres unterstellt werden, daß er unbesehen die Auffassung der Geschäftsführung übernimmt. Der BGH hat allerdings darauf hingewiesen, daß man dann zu anderen Ergebnissen kommen müsse, wenn aufgrund des Gesellschaftsvertrages oder der tatsächlichen Handhabung der Gesellschafter, der die Ansprüche stellt, davon ausgehen muß, daß der Einfluß der Geschäftsführung auch im Beirat dominiert.

150 Die Mitglieder der Beiräte oder Aufsichtsräte in kapitalistisch organisierten Kommanditgesellschaften haften der Gesellschaft gegenüber in entsprechender Anwendung der §§ 116 und 93 AktG, wenn sie, wie z.B. bei einer Publikumsgesellschaft häufig vereinbart, die Geschäftsführung überwachen und kontrollieren; sie können sich dann nicht auf die Haftungsbeschränkung des § 708 BGB berufen (BGHZ 69, 207, 208 ff.). Eine Haftung dieser Art dürfte allerdings nur dann zum Tragen kommen, wenn die Kommanditgesellschaft in sehr starkem Maße einer Kapitalgesellschaft angeglichen ist. Das ist z.B. dann der Fall, wenn der Gesellschaftsvertrag die Besonderheit aufweist, daß er auf die Mitgliedschaft einer unbestimmten Vielzahl rein kapitalistisch beteiligter Gesellschafter angelegt ist und daß der persönlich haftende Gesellschafter ohne Mitwirkung und Zustimmung der übrigen Gesellschafter weitere Kommanditisten aufnehmen darf. In einer so strukturierten Gesellschaft sind die Kommanditisten weder tatsächlich noch rechtlich in der Lage, über den Kreis ihrer Partner zu bestimmen. Das für eine Personengesellschaft typische persönliche Verhältnis untereinander entsteht hier nicht. Deshalb wäre es auch mit dem Sinn und Zweck einer solchen Massengesellschaft unvereinbar anzunehmen, ein Gesellschafter, der die Aufgaben eines Verwaltungsrats- oder Aufsichtsratsmitglieds übernommen hat und daraus zur Überwachung der Geschäftsführung verpflichtet ist, könne sich auf § 708 BGB berufen (BGHZ 69, 207, 209 f.). Der BGH hat m.E. zu Recht auf den gebotenen Schutz der Anlagegesellschafter abgestellt; er ist davon ausgegangen, daß ein solcher nur bestehe, wenn die Überwachungstätigkeit, die insbesondere dazu dienen solle, fehlerhafte Maßnahmen und Unredlichkeiten der Geschäftsfüh-

rungsorgane festzustellen oder zu verhindern, so ausgeübt werde, daß
unter Beachtung der im Verkehr erforderlichen Sorgfalt gehandelt
werde und das einzelne Mitglied des Aufsichts- oder Verwaltungsrats
schon dann hafte, wenn es bei der Erfüllung seiner Pflichten diese
Sorgfalt außer acht läßt.

151   III. Die rechtlichen Grenzen der kapitalistisch organisierten Kommanditgesellschaft

Wenn auch grundsätzlich davon auszugehen ist, daß die gesetzliche
Typenregelung im Gesellschaftsrecht der Parteidisposition in weitem
Umfange freie Gestaltungsmöglichkeiten läßt, so sind die Grenzen in
der Zulässigkeit der Ausgestaltung und Praktizierung der kapitalistischen KG dort erreicht, wo Formen mißbraucht werden und anderen
Schaden zugefügt wird (BGHZ 45, 204 ff.). Damit wird aber weniger
die Möglichkeit, eine Gesellschaft in der geschilderten Art und Weise
zu strukturieren, in Frage gestellt, als vielmehr das Problem angespro-
chen, ob und in wieweit der Kommanditist, der gesellschaftsvertrag-
lich mit der Machtfülle eines persönlich haftenden Gesellschafters
ausgestattet ist, Dritten gegenüber, d.h. den Gläubigern der Kommanditgesellschaft gegenüber, unbeschränkt mit seinem Privatvermögen haftet. Der BGH (BGHZ 45, 204 ff.) hat die Grenzen, die bei
einer Ausgestaltung der kapitalistisch organisierten Kommanditgesellschaft gezogen sind, aufzuzeigen versucht und festgestellt, daß der
der dispositiven gesetzlichen Regelung zugrunde liegende Zusammenhang zwischen Handlungsbefugnis und Haftung bei den Personenhandelsgesellschaften allein nicht dazu führen könne, daß der mit
besonderen Befugnissen ausgestattete Kommanditist in einer kapitalistischen KG auch unbeschränkt haftet. Der BGH vertritt die Ansicht,
daß der gesetzlichen Regelung der Personengesellschaften zwar das
Prinzip zugrunde liege, daß Unternehmensleitung und persönliche
Haftung in einem inneren und unmittelbaren Zusammenhang zueinander stehen, dies jedoch nicht ein zwingender wirtschaftsverfas-
sungsrechtlicher Grundsatz sei, der bei einer andersartigen gesellschaftsvertraglichen Verteilung der Machtverhältnisse in einer Gesell-

schaftsform stets zu beachten sei. Die Vertragschließenden haben also
nach Ansicht des BGH die Möglichkeit, den dispositiv zugrunde gelegten Zusammenhang zwischen Handlungsbefugnis und Haftung in
mehr oder weniger starkem Maße aufzulösen. Deshalb haftet nicht
schon derjenige Kommanditist unbeschränkt persönlich für die Gesellschaftsverbindlichkeiten, der wirtschaftlich gesehen der Alleinin-
haber des Unternehmens ist und als persönlich haftender Gesellschafter eine vermögenslose Person zugezogen hat.

Eine Grenze für die zulässige Haftungsbegrenzung bei den Kommanditisten einer kapitalistischen Kommanditgesellschaft sieht die
Rechtsprechung allerdings bei solchen Gesellschaftsverhältnissen, bei
denen durch das Hinzutreten bestimmter Umstände bei Außenstehenden ein falscher Eindruck oder eine irrige Vorstellung über den
Umfang der Haftung oder über die Vermögensverhältnisse der haftenden Gesellschafter erweckt werden (BGHZ 45, 204 ff.; OLG
Hamm, MDR 1963, 849 f.).

§ 22. Gesellschaftsanteile und Treuhandverhältnisse

Schrifttum: Coing, Die Treuhand kraft privaten Rechtsgeschäfts, 1973;
Eisenhardt, Kapitalanlegerschutz und Schadensersatz nach geltendem
Recht, 1978; Ebenroth/Autenrieth, Gesellschaftsrechtliche Besonderheiten
der Publikums-KG, JA 1980, 8 ff.; Hopt, Inwieweit empfiehlt sich eine allgemeine gesetzliche Regelung des Anlegerschutzes? Verhandlungen des
einundfünfzigsten Deutschen Juristentages, Bd. I, 1976, Gutachten G;
A. Hueck, Stimmbindungsverträge bei Personenhandelsgesellschaften. In:
Festschrift für Nipperdey zum 70. Geburtstag, Bd. 1, 1965, S. 401 ff.; von
Knopp, Abschreibungsgesellschaften und negativer Kapitalanteil, Diss. Göt-
tingen 1972; Lutter, Zur Haftung des Emissionsgehilfen im grauen Kapital-
markt. In: Festschrift für Bärmann, 1975, S. 605 ff.; Sack, Zur Rechtsnatur
der sog. Steuerabschreibungs-Kommanditgesellschaft, DB 1974, 1 657 ff.;
Schwark, Die Haftung aus dem Prospekt über Kapitalanlagen, BB 1979,
897 ff

152 I. Publikumsgesellschaften und Treuhandkonstruktionen

Publikumsgesellschaften, die in der Rechtsform der GmbH & Co KG organisiert sind, sind ein gesellschaftlicher Zusammenschluß zahlreicher Personen – in der Regel von Privatpersonen –, der in erster Linie dem Zweck dient, bei beschränkter Haftung im Wege mitunternehmerischer Beteiligung an einem Wirtschaftsunternehmen der Investitionsbranche hohe Buchverluste aufgrund steuerlicher Abschreibungsmöglichkeiten zu erzielen. Die entstehenden Verluste werden mit anderen positiven Einkünften der Gesellschafter verrechnet; dadurch verringert sich die Bemessungsgrundlage für die Einkommensteuer der einzelnen Gesellschafter, was zu einer entsprechenden Steuerersparnis führt. Publikumsgesellschaften dieser Art dienen zur Kapitalansammlung durch eine unbestimmte Vielzahl rein kapitalistisch beteiligter Gesellschafter; in der Regel bestimmen die Kommanditisten den Kreis ihrer Mitgesellschafter – abgesehen von der Einführungsphase – nicht selbst; sie haben das Recht, durch einfache Kündigungserklärung aus der Gesellschaft auszuscheiden. Das Gesellschaftsverhältnis wird dadurch geprägt, daß die Kommanditisten in erster Linie das Gesellschaftskapital aufzubringen haben, aber weder Einfluß auf die Geschäftsführung nehmen können, noch die Möglichkeit zu einer ausreichenden Kontrolle erhalten (vgl. BGHZ 69, 207, 209).

Gesellschaften dieser Art werden auch als Massen-KG, Anlage- oder Abschreibungs-KG bezeichnet. Der Form nach handelt es sich um Personengesellschaften; ihrer rechtlichen Ausgestaltung nach kommen sie Kapitalgesellschaften recht nahe.

Die Publikumskommanditgesellschaft weist im Gegensatz zur üblichen KG eine Reihe gesellschaftsrechtlicher Besonderheiten auf. Abgesehen von den steuerrechtlichen Bedürfnissen, die den Zusammenschluß in dieser Rechtsform nahelegen, zeichnen sich die Verträge der Publikums-KG durch folgende Besonderheiten aus:
– In der Regel werden die Gesellschaftsverträge durch einen kleinen Kreis von Gründungsgesellschaftern (Initiatoren) bestimmt;
– später eintretende Gesellschafter (die Kapitalanleger) werden von

einem oder mehreren Gründern, die häufig Gesellschafter der Komplementär-GmbH sind, mit Prospekten geworben (vgl. dazu im einzelnen unten Rdnr. 155 a) und von ihnen in Vertretung aller Gesellschafter aufgenommen;

– die hinzukommenden Anlagegesellschafter haben keinen Einfluß auf die Ausgestaltung der Verträge (vgl. zu alledem Ebenroth/ Autenrieth, JA 1980, 8 f.).

Gegenstand solcher Publikumsgesellschaften sind in den letzten 10 Jahren u. a. gewesen: Die Errichtung und der Betrieb von Feriensiedlungen und Hotelketten im In- und Ausland, der Bau und die Verpachtung von Bohrinseln, die Produktion und der Verleih von Filmen, der Bau und die Verpachtung von Schiffen, der Bau und der Vertrieb von SB-Warenhäusern, der Wohnungsbau nach dem sog. Bauherrenmodell.

Nach h. M. war es lange Zeit nicht nur handels- sondern auch steuerrechtlich zulässig, den Jahresverlust eines in der Rechtsform einer Handelsgesellschaft betriebenen Unternehmens nach dem jeweiligen Verteilungsschlüssel dem Kapitalkonto des Gesellschafters – bei einer Kommanditgesellschaft auch des Kommanditisten – voll zu belasten. Allerdings sind Abschreibungsgesellschaften dieser Art niemals als völlig unproblematisch angesehen worden, weil das Vorliegen einer Gewinnerzielungsabsicht und die Zulässigkeit sogenannter negativer Kapitalkonten bei Kommanditisten von vielen bezweifelt worden sind (vgl. dazu Hopt, S. G 30 ff.). Die Rechtsprechung hatte aber anerkannt, daß eine gewerbliche Tätigkeit nicht nur dann vorliege, wenn ein Gewinn nicht unmittelbar im Geschäftsbetrieb realisiert worden war, sondern auch dann, wenn sich diese gewerbliche Tätigkeit in anderen damit verbundenen wirtschaftlichen Vorteilen, Steuervorteilen niederschlägt (so BFH, DB 1972, 1 515). In der Tat ist es problematisch zu gestatten, daß Unternehmen gegründet werden, deren Zweck von vornherein nicht darauf gerichtet ist, Gewinne zu erwirtschaften, wie es der Normalzweck eines Handelsunternehmens gebietet, sondern Verluste zu erzielen. Es ist u. a. unter wettbewerbsrechtlichen Gesichtspunkten bedenklich, wenn Unternehmen mit dem Ziel, Verluste zu erwirtschaften, gegründet werden. Dieses Ziel ist bei Umsatzgeschäften nur durch Niedrigstangebote, die unter dem Einkaufswert der veräußerten Waren liegen, zu erreichen. Auf diese Art und Weise werden die Unternehmen in wirtschaftliche Schwierigkeiten gebracht, die so, wie es üblich ist und bleiben sollte, mit Gewinnerzielungsabsicht kalkulieren. Die sich hierbei ergebende rechtliche Problematik ist im wesentlichen nach dem UWG zu beurteilen.

Nach langem Zögern hat der Gesetzgeber nunmehr die steuerrechtliche Behandlung des negativen Kapitalkontos des Kommanditisten geregelt und damit manche Mißbräuche eingeschränkt. Nach einem neu eingefügten § 15 a EStG ist der Verlust, der bei einem Kommanditisten zu einem negativen Kapitalkonto führt oder ein solches noch erhöht, auch weiterhin dem

Kommanditisten steuerlich zuzurechnen; der Kommanditist darf allerdings einen derartigen Verlust im Jahr der Entstehung nicht mit anderen Einkünften ausgleichen. Er muß ihn vielmehr vortragen und kann ihn, zeitlich unbeschränkt, mit späteren Gewinnanteilen an der KG verrechnen. Die Verrechnung mit Gewinnen der Folgejahre hat zur Folge, daß der Kommanditist die Auffüllung seines negativen Kapitalkontos nicht als Gewinn zu versteuern hat. Ein Verlust, der bei dem Kommanditisten ein negatives Kapitalkonto entstehen läßt oder dasselbe erhöht, darf im Verlustjahr steuerlich abgezogen werden, soweit die im Handelsregister eingetragene Haftsumme die der Gesellschaft geleistete Einlage übersteigt (vgl. zu dieser komplizierten Regelung Knobbe-Keuck, NJW 1980, 2557ff.).

Die Erfahrung der letzten 15 Jahre hat gezeigt, daß die Kapitalanlage für Kommanditisten von Publikumskommanditgesellschaften mit einem hohen Risiko behaftet sein kann. Aus diesem Grunde hat sich die Rechtsprechung gezwungen gesehen, zum Schutze von kapitalanlegenden Kommanditisten Sonderregeln für Publikumskommanditgesellschaften zu entwickeln (vgl. dazu unten Rdnr. 156 f.). So war insbesondere die Frage zu entscheiden, ob ein Kommanditist bei Vorliegen eines wichtigen Grundes das Recht hat, aus der Publikumsgesellschaft auszuscheiden, weil die meisten Gesellschaftsverträge eine entsprechende Möglichkeit nicht vorsahen. Nachdem der BGH (BGHZ 63, 338, 344 f.) zunächst dem Kommanditisten für den Fall seines infolge arglistiger Täuschung fehlerhaften Beitritts zur Gesellschaft auch dann, wenn der Gesellschaftsvertrag kein Austrittsrecht vorsah, ein außerordentliches Kündigungsrecht mit der Wirkung zugestanden hatte, daß der Kommanditist sofort ausscheide, die Gesellschaft aber fortbestehe (vgl. auch BGH NJW 1976, 894 f.), schränkte er seine Rechtsprechung zum außerordentlichen Kündigungsrecht später wieder ein (vgl. BGHZ 69, 160, 163 ff. und BGH NJW 1979, 765 f., vgl. dazu Loritz, NJW 1981, S. 369 ff.).

Typisch für viele Publikumsgesellschaften ist es, daß der Abschluß von Beitrittsverträgen mit neuen Gesellschaftern der persönlich haftenden Gesellschafterin überlassen und damit dem Einfluß der Kommanditisten entzogen ist (vgl. BGH WM 1979, 1425, 1426). Zwar bedarf der Eintritt in eine Personengesellschaft grundsätzlich eines Vertragsschlusses mit allen bisher in die Gesellschaft eingetretenen Gesellschaftern. Der Gesellschaftsvertrag kann jedoch die Aufnahme neuer Gesellschafter dadurch erleichtern, daß die persönlich haftende

Gesellschafterin (die Komplementär-GmbH) ermächtigt ist, nach ihrer Wahl mit weiteren Kommanditisten deren Beitritt zur Gesellschaft zu vereinbaren. In einem solchen Falle ist das erforderliche Einverständnis der übrigen Gesellschafter mit dem Eintritt neuer Gesellschafter in zulässiger Weise im voraus erteilt worden. Der Abschluß des Gesellschaftsvertrages (Aufnahmevertrages) mit den übrigen Gesellschaftern kommt dann im Regelfall dadurch zustande, daß sich die persönlich haftende Gesellschafterin im Rahmen der gesellschaftsvertraglichen Bestimmungen mit dem neu eintretenden Gesellschafter auch im Namen der übrigen Gesellschafter über die Aufnahme einigt (BGH WM 1978, 136, 137). Für den Entschluß der eintretenden Kommanditisten in die Gesellschaft sind in der Regel nicht eine genauere, auf eigener Anschauung beruhende Kenntnis der inneren Verhältnisse der Gesellschaft und insbesondere auch ihrer finanziellen Leistungsfähigkeit maßgebend, sondern in erster Linie diejenigen Angaben, die in einem öffentlich verbreiteten Werbeprospekt mit einem fertig formulierten Gesellschaftsvertrag enthalten sind (so BGH WM 1979, 1425, 1426).

In einer Gesellschaft dieses Zuschnitts ist es dem Kommanditisten in der Regel unmöglich, sein ohnehin nur gesetzlich schwach ausgeprägtes Kontrollrecht gemäß § 166 HGB wirksam wahrzunehmen. Die wirtschaftlichen Verhältnisse, wie sie bei Gesellschaften dieser Art oft durch den äußeren Zuschnitt wie auch durch die internen Verflechtungen mit anderen Unternehmen oder Interessen bedingt sind, erschweren eine solche Kontrolle. Um diesem Mangel abzuhelfen, werden in vielen Publikumsgesellschaften Beiräte, Verwaltungsräte oder Aufsichtsräte (vgl. dazu oben Rdnr. 146) gebildet, die die Aufgabe haben sollen, im Interesse der Gesellschaft und der Anlagegesellschafter die Geschäftsführung ständig darauf zu überprüfen, ob sie das ihr anvertraute Kapital mit der gebotenen Sorgfalt für die im Gesellschaftsvertrag festgelegten Zwecke verwendet (vgl. BGH WM 1979, 1425, 1426). Auf diese Art und Weise wird dem in Publikumsgesellschaften besonders starken Schutzbedürfnis der Kommanditisten einigermaßen Rechnung getragen (vgl. dazu BGHZ 69, 207, 209 f.).

153 Abschreibungsgesellschaften als Publikumsgesellschaften werden in der Regel so konstruiert, daß diejenigen, die ihr Kapital so anlegen möchten, daß sie von den Verlustzuweisungen profitieren, nicht unmittelbar an der Gesellschaft beteiligt werden. Die Initiatoren machen vielmehr von der Möglichkeit Gebrauch, einen Treuhänder einzuschalten, der für den Kapitalanleger den Gesellschaftsanteil hält. Daß ein Gesellschafter den Geschäftsanteil als Treuhänder eines anderen hält, ist rechtlich zulässig (BGHZ 10, 44, 49 f.; 32, 17, 29). Der Kapitalanleger schließt mit dem Treuhänder einen sogenannten Treuhandvertrag ab, der darauf gerichtet ist, daß der Treuhänder für den Anleger den Gesellschaftsanteil „hält". Gleichwohl gelangt der Anleger steuerrechtlich in den Genuß der Verlustzuweisungen, die den Grund für seine Beteiligung an der Gesellschaft überhaupt bilden.

Die Gründe für die Einschaltung von Treuhändern sind vielfältiger Art. Dazu zählt vor allem das Interesse an Verwaltungsvereinfachung bei der GmbH & Co KG dergestalt, daß die Geschäftsführer der GmbH, die die einzige persönlich haftende Gesellschafterin der KG ist, nicht mit einer Vielzahl von Kapitalanlegern direkt zu tun haben sollen, zumal die Anleger in der Regel über die gesamte Bundesrepublik verstreut wohnen. Außerdem verstehen die Kapitalanleger – häufig Freiberufler wie Ärzte, Zahnärzte etc. – von den Geschäften, die die Gesellschaft betreibt, nichts und sind schon deshalb an einer treuhänderischen Wahrnehmung ihrer Rechte insbesondere bei Versammlungen, Wahlen und der Ausübung von Prüfungsrechten interessiert.

154   II. Die echte Treuhand

Bei der sogenannten echten Treuhand schließt der Kapitalanleger mit dem Treuhänder, der gleichzeitig Gesellschafter (Kommanditist) einer Kommanditgesellschaft ist, einen Vertrag, der darauf abzielt, daß der Treuhänder den Gesellschaftsanteil des Anlegers hält. Das hat zur Folge, daß die Treugeber nicht Gesellschafter (Kommanditisten) werden. Sie werden weder in das Handelsregister eingetragen noch wird ihre Beteiligung auf andere Weise nach außen bekanntgegeben (dazu OLG Frankfurt, OLGZ 1977, 339 ff.). Da die Kapitalanleger selbst nicht Gesellschafter werden, können sie Ansprüche nicht gegen die Gesellschaft geltend machen, sondern nur gegen den Treuhänder aus ihrem vertraglichen Verhältnis mit ihm (so OLG Frankfurt, OLGZ 1977, 339 ff.). Daraus folgt weiter, daß den Kapitalanlegern in der Gesellschaft keine Stimmrechte oder sonstigen Verwaltungsrechte zustehen. Der Anleger bzw. Treugeber kann also auf die Ausübung des Stimmrechts in der Gesellschaft keinen unmittelbaren Einfluß nehmen (BGHZ 3, 354 ff.; OLG Frankfurt, OLGZ 1977, 339 ff.). Der Anleger (Treugeber) kann allerdings mit dem Treuhänder einen Stimmbindungsvertrag schließen und auf diese Art und Weise Einfluß auf die Ausübung des Stimmrechts in der Gesellschaft gewinnen (A. Hueck, in: Festschrift für Nipperdey, S. 401 ff.).

Häufig wird der Versuch gemacht, bei Abschreibungsgesellschaften in den Gesellschaftsverträgen den Treugebern trotz der zugrunde gelegten Treuhandkonstruktion die Stellung eines Gesellschafters zu geben, der unmittelbar an der Gesellschaft beteiligt ist. So wird z. B. oft versucht, den Treugebern Kontroll- und Stimmrechte durch den Gesellschaftsvertrag einzuräumen. Trotz einer solchen Regelung gilt bei der sogenannten treuhänderischen Beteiligung, daß Gesellschafter sowohl im Innen- wie im Außenverhältnis nur der Treuhänder, nicht aber der Treugeber ist (OLG Frankfurt, OLGZ 1977, 339 ff.). Denn wer als Gesellschafter weder in das Handelsregister eingetragen worden ist noch nach außen als Träger der Gesellschaft in Erscheinung treten kann, kann weder im Außen- noch im Innenverhältnis Gesellschafter sein. Nach der herrschenden Meinung ist es ausgeschlossen, daß selbst mit Billigung aller Gesellschafter dem Treugeber eine gesellschaftsrechtliche Stellung in der Gesellschaft eingeräumt wird, was auch die Einräumung eines Stimmrechts ausschließt (OLG Frankfurt, OLGZ 1977, 339 ff.; Fischer, § 105 HGB Anm. 28 b). Das hindert allerdings nicht, daß auch bei einem echten Treuhandverhältnis der Treugeber gewisse Kontroll- und Prüfungsrechte eingeräumt erhält (BGHZ 10, 44, 50). Das kann insbesondere dadurch geschehen, daß der Gesellschaftsvertrag der Kommanditgesellschaft vorsieht, daß ein Aufsichts- oder Beirat gebildet wird, der die Geschäftsführung kontrolliert und gebündelt die Kontroll- und Prüfungsrechte der Kommanditisten wahrnimmt. Mitglieder eines solchen Aufsichts- oder Beirates können auch Nichtgesellschafter, also auch die Treugeber sein. In der Praxis wird von dieser Möglichkeit häufig Gebrauch gemacht.

Aus der Praxis sind Fälle bekannt, in denen die Kommanditgesellschaft nur aus einer GmbH als persönlich haftender Gesellschafterin und einem Kommanditisten besteht, der Treuhänder für mehrere hundert Kapitalanleger ist.

Das Rechtsverhältnis zwischen dem Treuhänder und dem Treugeber richtet sich nach den Verträgen, die zwischen Treuhänder und Treugeber abgeschlossen worden sind. Seinem allgemeinen Charakter nach ist der Treuhandvertrag, wenn die Treuhandschaft entgeltlich geführt wird, ein Geschäftsbesorgungsvertrag gemäß § 675 BGB (vgl. Coing, S. 92; dazu BGHZ 76, 127, 131). Ob zwischen den Treugebern aber überhaupt rechtliche Bindungen bestehen, hängt von den Umständen des Einzelfalles ab. In der Regel wird dies zu verneinen sein. Es ist jedoch nicht ausgeschlossen, daß die Treugeber sich zur Erreichung eines gemeinsamen Zweckes zusammenschließen und eine Gesellschaft bürgerlichen Rechts gründen (vgl. dazu Schilling, § 161 HGB Anm. 29; vgl. auch BGHZ 73, 294, 298).

Derjenige, der wie ein Kommanditist mittelbar über einen Treuhand-Kommanditisten in der geschilderten Weise an einer Publikumsgesellschaft beteiligt ist, muß dem Treuhand-Kommanditisten einen Betrag bis zur Höhe der ihm zurückgezahlten Einlage erstatten, den dieser wegen der wiederaufgelebten Haftung gemäß § 172 Abs. 4 HGB einem Gesellschaftsgläubiger geleistet hat (BGHZ 76, 127 ff.). Dieser Anspruch kann sich aus der Treuhandvereinbarung in Verbindung mit §§ 675, 670 BGB ergeben.

155   ### III. Die unechte Treuhand

Bei der sogenannten unechten Treuhand sind die Kapitalanleger selbst Gesellschafter der Kommanditgesellschaft, also Kommanditisten. Sie haben jedoch mit einem Treuhänder, der ebenfalls Gesellschafter sein kann, aber nicht sein muß, einen Treuhandvertrag abgeschlossen, der zum Inhalt hat, daß der Treuhänder für den Treugeber die Rechte, die diesem als Gesellschafter zustehen, wahrnimmt.

**155a IV. Ansprüche der Kapitalanleger (Kommanditisten)
aus sogenannter Prospekthaftung**

Wenn eine Publikumsgesellschaft, an der sich ein Kommanditist
als Kapitalanleger beteiligt hat, scheitert oder sich nicht so entwickelt,
wie er sich das vorgestellt hat oder wie es ihm versprochen worden
ist, so entsteht die Frage, ob und gegebenenfalls von wem er Schadensersatz verlangen kann. Bei der Beantwortung dieser Frage ist wesentlich darauf abzustellen, mit wem und auf welche Art und Weise
der Kommanditist vor dem Abschluß des Gesellschaftsvertrages in
Kontakt getreten ist.

Nur selten vertreibt ein Unternehmen das von ihm getragene Projekt
durch entsprechende Werbeaktionen und Kontaktaufnahmen mit potentiellen Kunden (Kommanditisten) selbst. In der Regel wird eine Organisation eingeschaltet, die – meist mit erheblichem Werbeaufwand – versucht,
Kommanditisten als Kapitalanleger zu gewinnen. Das geschieht häufig in
der Weise, daß zwischen dem Unternehmen, dessen Anteile vertrieben
werden sollen, und dem Vermittler ein Vertrag abgeschlossen wird, der
den Vermittler verpflichtet, für das Projekt zu werben und dem Unternehmen Kunden zuzuführen. Die übernommene Aufgabe führt der Vermittler
dadurch aus, daß er mehr oder minder umfangreiche Prospekte über das
Projekt herstellt oder solche von dem Unternehmen übernimmt und damit
bei einem ausgesuchten Kundenkreis mit dem Ziel wirbt, daß die Ange-
sprochenen sich an dem Projekt kapitalmäßig beteiligen. Die Prospekte enthalten in der Regel – mehr oder minder ausführlich – Beschreibungen der
Projekte sowie Ausführungen über die Art und Weise der Beteiligung, die
Finanzierung, die steuerrechtlichen Probleme, die zu erwartenden Vorteile
für den Anleger und die Vertragsgestaltung. Die Vermittler können Einzelkaufleute sein. In der Regel sind es jedoch Handelsgesellschaften, auch Ver-
triebsgesellschaften genannt (im folgenden wird der Einfachheit halber nur
noch von Vertriebsorganisationen die Rede sein; vgl. zu alledem Eisenhardt, Kapitalanlegerschutz).

In Fällen dieser Art hat der BGH (BGHZ 71, 284 ff.) dem geschädigten Kommanditisten einen Anspruch aus culpa in contrahendo unmittelbar gegen den persönlich haftenden Gesellschafter, der die KG
ihm gegenüber vertreten hat, zugestanden. Da es sich bei dem persönlich haftenden Gesellschafter in der Regel um eine GmbH handelt,
deren Gesellschaftsvermögen zur Leistung von Schadensersatz kaum

ausreichen dürfte, sind nach BGHZ 71, 284 ff. auch die Initiatoren, die als Geschäftsführer der Komplementär-GmbH auftreten, aus culpa in contrahendo für die Vollständigkeit und Richtigkeit der mit ihrem Wissen und Willen in Verkehr gebrachten Werbeprospekte verantwortlich; sie haften deshalb nach den Grundsätzen für die culpa in contrahendo auf Schadensersatz.

Häufig treten jedoch weder die Komplementär-GmbH noch deren Geschäftsführer an potentielle Kapitalanleger heran, um dieselben als Gesellschafter (Kommanditisten) zu gewinnen. In der Regel treten die künftigen Kommanditisten mit selbständigen gewerblichen Vermittlern – Gesellschaften oder Einzelpersonen – in Kontakt. Die Art und Weise, in der solche Vertriebsorganisationen den potentiellen Kunden (Kommanditisten) gegenübertreten und wie sie dem Unternehmen, dessen Anteile sie vertreiben, Anleger zuführen, ist entscheidend für die Beantwortung der Frage, ob die Anleger (Kommanditisten) dann, wenn das Projekt gescheitert oder nicht so durchgeführt worden ist, wie ihnen das versprochen worden ist, von der Vertriebsorganisation Schadensersatz verlangen können. Es sind verschiedene Vertriebsarten zu unterscheiden:

– Die Vertriebsorganisation (eine Gesellschaft oder Einzelperson) schließt mit dem Anleger einen Maklervertrag im Sinne des § 652 BGB ab;
– die Vertriebsorganisation schließt mit dem Anleger einen Beratungs- (Vermögensberatungs-) und Auskunftsvertrag, u. U. verbunden mit einem Maklervertrag ab;
– die Vertriebsorganisation vermeidet es, mit dem Anleger in irgendeinen vertraglichen Kontakt zu treten. Sie wirbt lediglich für das Unternehmen, dessen Anteile sie vertreibt und leitet Angebote der Anleger, die auf den Abschluß von Verträgen mit dem Unternehmen gerichtet sind, an das Unternehmen weiter.

Für den Fall, daß zwischen der Vertriebsorganisation und dem künftigen Kommanditisten ein Maklervertrag im Sinne des § 652 BGB zustande kommt, kommen Ansprüche aus positiver Forderungsverletzung wegen Verletzung von Nebenverpflichtungen durch die Vertriebsorganisation, wie z. B. Aufklärungs- und Beratungspflichten, in Betracht.

Rdnr. 155 a

Voraussetzung für das Entstehen eines vertraglichen Schadensersatzanspruches aus einem Auskunfts- oder Beratungsvertrag ist es, daß ein solcher Vertrag zwischen dem Anleger (Kommanditisten) und der Vertriebsorganisation zustande gekommen ist. Probleme ergeben sich nicht, wenn ein solcher Vertrag ausdrücklich abgeschlossen worden ist. Sehr schwierig ist jedoch häufig eine Entscheidung darüber zu treffen, ob ein Vertrag zustande gekommen ist oder nicht, wenn ein solcher Vertrag nicht ausdrücklich, sondern durch schlüssiges Verhalten zustande gekommen sein könnte. Es ist geradezu erschreckend, wie leichtfertig manche Autoren davon ausgehen, daß zwischen Vertriebsgesellschaft und Anleger stillschweigend ein Auskunfts- bzw. Beratungsvertrag zustande kommt (vgl. dazu Wunderlich, MDR 1975, 102 ff.). Eine werbende Tätigkeit für das Unternehmen, dessen Projekte eine Vertriebsorganisation vertreibt, kann auch dann, wenn dabei Prospekte verwandt und Auskünfte gegeben werden, nach der Verkehrsanschauung nicht ohne Hinzutreten weiterer Umstände dazu führen, daß auf einen rechtsgeschäftlichen Bindungswillen der Vertriebsorganisation geschlossen wird. Insbesondere dann, wenn die Vertriebsorganisation darauf hinweist, daß sie allein mit dem Unternehmen, dessen Projekt sie vertreibt, in vertraglicher Beziehung steht und mit dem Anleger selbst keinen Vertrag abschließen will, muß davon ausgegangen werden, daß zwischen Vertriebsorganisation und Anlegern ein Beratungs- oder Auskunftsvertrag nicht zustande kommt.

Eine Haftung der Vertriebsorganisation wegen schuldhafter Verletzung von Aufklärungs-, Informations- und Beratungspflichten kann auch aus culpa in contrahendo entstehen. Nach herrschender Meinung kommt eine eigene Haftung desjenigen, der den Abschluß eines Vertrages nachweist und vermittelt (also z. B. eine Vertriebsorganisation im o. g. Sinne), auch dann in Betracht, wenn er nicht selbst Vertragspartner ist. Ein solches gesetzliches Schuldverhältnis aus culpa in contrahendo kann unter gewissen Voraussetzungen angenommen werden, wenn die Vertriebsorganisation die eigentliche Vertrauensperson ist, auf deren besondere Sachkunde der vertragschließende Anleger vertraut. Eine Inanspruchnahme dieser Art wird von manchen als Sachwalterhaftung bezeichnet (vgl. zu der Problematik allge

mein: Ballerstedt, AcP 151 (1950/51), 501 ff.; Eisenhardt, Kapitalanlegerschutz, S. 26 ff.). In erster Linie ist darauf abzustellen, ob und gegebenenfalls in welchem Umfange die Vertriebsorganisation durch
ihr Verhalten Vertrauen bei dem Anleger weckt. Nach der neueren
Rechtsprechung des BGH treten alle diejenigen in ein gesetzliches
Schuldverhältnis mit dem künftigen Kapitalanleger ein, die für die
Vollständigkeit und Richtigkeit der in Verkehr gebrachten Werbeprospekte einer Publikumskommanditgesellschaft Vertrauen in Anspruch genommen und damit auf den Willensentschluß des Kapitalanlegers Einfluß genommen haben (BGHZ 74, 103, 109). Der BGH
sieht gerade in den oben bezeichneten Vertriebsorganisationen solche
Personen, die einen zusätzlichen Vertrauenstatbestand schaffen. Er
vertritt die Ansicht, daß Personen und Unternehmen, die solche Beteiligungen vertreiben oder vermitteln, dann, wenn sie als in dieser
Branche vielfältig erfahren und damit sachkundig auftreten, „den
Eindruck besonderer persönlicher Zuverlässigkeit erwecken und so
für ihre Verhandlungspartner eine zusätzliche, wenn nicht gar die ausschlaggebende Gewähr für die Richtigkeit der in dem Werbeprospekt
oder anderweitig über die Kapitalanlage gemachten Angaben bieten"
(BGHZ 74, 103, 109). Für den Fall, daß eine Vertriebsorganisation
die ihr aus diesem Vertrauensverhältnis erwachsenden Verpflichtungen (z. B. Aufklärungs- und Auskunftspflichten) schuldhaft verletzt,
haftet sie dem Anleger aus culpa in contrahendo auf Schadensersatz.
Der BGH bezeichnet neuerdings diese Art der Haftung als *Prospekthaftung* (BGHZ 77, 172, 175).

Unter den Ausdruck Prospekthaftung faßt der BGH einen umfangreichen Tatbestand zusammen: Für die Vollständigkeit und Richtigkeit der in
Verkehr gebrachten Werbeprospekte einer Publikumskommanditgesellschaft soll jeder einstehen müssen, der durch von ihm in Anspruch genom-
menes und ihm entgegengebrachtes Vertrauen auf den Willensentschluß
des Kapitalanlegers Einfluß genommen hat. Die Beitrittsinteressenten (die
künftigen Kommanditisten) schenken bei den Beitrittsverhandlungen ihr
Vertrauen nicht ihren von der Mitwirkung in der Geschäftsführung der
Gesellschaft weitgehend ausgeschlossenen künftigen Mitkommanditisten,
sondern allein den persönlich haftenden Gesellschaftern, den Initiatoren,
Gestaltern und Gründern sowie den Personen, die daneben Einfluß in der
Gesellschaft ausüben und Mitverantwortung tragen; dazu zählt auch eine
etwa auftretende Vertriebsorganisation (vgl. BGHZ 77, 172, 175 f.). Im Er-

Rdnr. 155 a

gebnis wird damit, was den verantwortlichen Personenkreis angeht, eine weitgehende Übereinstimmung mit der gesetzlich geregelten Haftung für solche unrichtigen Prospekte erzielt, die die Grundlage für die Zulassung von Wertpapieren zum Börsenhandel bilden (§ 45 Börsengesetz). Nach dieser gesetzlichen Bestimmung haften nicht nur diejenigen, die den Prospekt formell herausgeben, sondern auch diejenigen, von denen der Erlaß des Prospektes ausgeht (so BGH NJW 1981, 1449, 1450; vgl. zur Problematik auch Lutter, in: Festschrift für Johannes Bärmann, 1975, S. 605 ff.).

Dem geschädigten Anleger ist der Vertrauensschaden zu ersetzen, d. h. der Schaden, der ihm daraus entstanden ist, daß er auf bestimmte Erklärungen oder Auskünfte vertraut hat. Wenn der Geschädigte nachweisen kann, daß er ohne die schädigende Handlung einen günstigeren Vertrag abgeschlossen – sein Geld also besser angelegt – hätte, so ist dies für die Bemessung des Schadens maßgeblich (BGH BB 1969, 696 f.; vgl. dazu Eisenhardt, Kapitalanlegerschutz, S. 41).

§ 23. Die Inhaltskontrolle im Hinblick auf Gesellschaftsverträge bei sogenannten Publikumskommanditgesellschaften

Schrifttum: Martens, Bestimmtheitsgrundsatz und Mehrheitskompetenzen im Recht der Personengesellschaften, DB 1973, 413 ff.; Schneider, Die Inhaltskontrolle von Gesellschaftsverträgen, ZGR 1978, 1 ff.; Schwark, Kapitalanlegerschutz im deutschen Gesellschaftsrecht, ZGR 1976, 271 ff.; H. P. Westermann, Kautelarjurisprudenz, Rechtsprechung und Gesetzgebung im Spannungsfeld zwischen Gesellschafts- und Wirtschaftsrecht, AcP 175 (1975), 375 ff.; Wiedemann, Die Legitimationswirkung von Willenserklärungen im Recht der Personengesellschaften. In: Festschrift für H. Westermann 1974, S. 585 ff.

156   Gemäß § 23 AGBG findet das AGBG keine Anwendung bei Verträgen auf dem Gebiet des Gesellschaftsrechts. Gleichwohl wird eine Inhaltskontrolle auch bei Verträgen von Personengesellschaften für unausweichlich gehalten, soweit eine interessengerechte Regelung fehlt und „soweit im Erwerb der Mitgliedschaft keine Willenslegitimation, sondern nur eine Willensakklamation liegt" (so Wiedemann, Bd. I, § 3 II 3 a). Dabei lassen sich normative Wertungen des AGB-Gesetzes auf bestimmte Arten von Gesellschaftsverträgen übertragen. Wer, wie eine Mitglieder aufnehmende Gesellschaft, in der Lage ist, bei Abschluß des Vertrages fast ausschließlich seine Vorstellungen durchzusetzen, muß sich eine richterliche Angemessenheitskontrolle, die den mangelnden Verhandlungsspielraum der Betroffenen ersetzen soll, gefallen lassen. Da das AGBG gerade einem Mißbrauch der Gestaltungsmacht des Verwenders entgegenwirken soll, entspricht eine solche Angemessenheitskontrolle dem Ansatzpunkt des AGB-Gesetzes (vgl. U. Schneider, ZGR 1978, 1, 7; Wiedemann, Bd. I, § 3 II 3 a).

Wenn Gesellschaftsverträge einer Inhaltskontrolle unterzogen werden, so zeigen sich im Vergleich zur Inhaltskontrolle von Allgemeinen Geschäftsbedingungen Unterschiede, sowohl was den Gegenstand, als auch was die Folgen angeht (vgl. dazu im einzelnen U. Schneider, ZGR 1978, 1, 10 ff.). Das wird z. B. daran deutlich, daß sich die Inhaltskontrolle von Gesellschaftsverträgen im Gegensatz zu derjenigen von Allgemeinen Geschäftsbedingungen in der Regel nicht auf vertragliche Nebenbestimmungen, sondern gerade auf die wichtigen Bestandteile des Vertrages, die die Rechte und Pflichten der Mitglieder untereinander festlegen, erstreckt. Gerade daraus, daß ein Gesellschaftsvertrag als Gesamtvertragswerk zu kontrollieren ist, ergeben sich im Gesellschaftsrecht die besonderen Schwierigkeiten einer Inhaltskontrolle (vgl. Wiedemann, Bd. I, § 3 II 3 b).

Es nimmt deshalb nicht wunder, daß der BGH gerade die Verträge der sogenannten Publikumskommanditgesellschaften einer Inhaltskontrolle unterzogen und dabei die bisherige Zurückhaltung im Hinblick auf die Inhaltskontrolle von Gesellschaftsverträgen aufgegeben hat.

157   Für Publikumskommanditgesellschaften, an denen eine große Anzahl von Kommanditisten beteiligt ist, ist es typisch, daß die beitretenden Gesellschafter nicht in der Lage sind, den Gesellschaftsvertrag auszuhandeln und auf dessen Inhalt Einfluß zu nehmen. Es handelt sich vielmehr bei den Gesellschaftsverträgen in der Regel um vorformulierte Verträge, die die Beitrittswilligen nur noch unterzeichnen können, ohne daß sie einen mitgestaltenden Einfluß ausüben können. Der BGH (BGHZ 64, 238, 241) hat deshalb mit Recht festgestellt, daß die Rechtslage ähnlich wie bei Allgemeinen Geschäftsbedingungen und Formularverträgen ist, die nicht zwischen den Vertragspartnern ausgehandelt werden, bei denen vielmehr für eine Vielzahl von gleichgelagerten Fällen die künftigen Vertragsbeziehungen einseitig festgelegt werden und infolgedessen der Vertragskompromiß als Gewähr dafür fehlt, daß die Interessen aller Beteiligten berücksichtigt werden (siehe zu dieser Entscheidung die Besprechung von Schulte, ZGR 1976, 97 ff.). Weil die Lage ähnlich wie bei Allgemeinen Geschäftsbedingungen ist, hat der BGH zum Schutze der Anlagegesellschafter ein Bedürfnis bejaht, dem unter solchen Umständen leicht möglichen Mißbrauch der Vertragsfreiheit mit Hilfe einer an den Maßstäben von Treu und Glauben ausgerichteten Inhaltskontrolle durch die Gerichte zu begegnen (so auch Martens, DB 1973, 413 ff.; H. P. Westermann, AcP 175 (1975), 375, 408 ff.; Wiedemann, in: Festschrift für H. Westermann, S. 585 f.). Schwierig dürfte es sein festzulegen, wie weit diese Inhaltskontrolle gehen soll. Der BGH (BGHZ 64, 238, 242) vertritt die Auffassung, die Inhaltskontrolle diene der Wiederherstellung der Vertragsgerechtigkeit. Er formuliert vorsichtig, daß auf die Prüfung von Gesellschaftsverträgen wegen der ineinander verflochtenen Rechtsbeziehungen zwischen Gesellschaft, einzelnen Gesellschaftern und Gesellschaftergruppen die bei den Austauschverträgen entwickelten Grundsätze nur mit Vorsicht übertragen werden könnten und u. U. auch ein gewisser Vertrauensschutz zugunsten eines an der Vertragsformulierung nicht beteiligten Gesellschafters bei der Abwägung nach Treu und Glauben eine Rolle spielen könne.

Der BGH (BGHZ 64, 238 ff.) hatte einen Fall zu beurteilen, in dem in einer Publikumskommanditgesellschaft ein Aufsichtsrat gebildet worden war, der neben der Kontrolle der Geschäftsführung auch wesentliche Aufgaben der Geschäftsführung ausführen sollte, die für den Bestand und die Entwicklung der Gesellschaft und das Interesse der kapitalgebenden Kommanditisten von erheblicher Bedeutung waren. In § 18 des Gesellschaftsvertrages heißt es u. a.: „Ansprüche gegen die GmbH oder gegen die Mitglieder des Aufsichtsrates wegen Verletzung ihrer gesellschaftlichen Obliegenheiten verjähren in drei Monaten. Die Haftung der GmbH und der Mitglieder des Aufsichtsrates beschränkt sich Gesellschaftern und ehemaligen Gesellschaftern gegenüber auf das in der Gesellschaft angelegte Vermögen der zum Schadensersatz verpflichteten Personen." Der BGH ist bei der aus den oben dargestellten Gründen bejahten Inhaltskontrolle des Gesellschaftsvertrages zu dem Ergebnis gekommen, daß der Gesellschaftsvertrag die in dem Aufsichtsrat tätigen Gesellschafter einseitig und in einer

Weise unausgewogen begünstige, daß der erforderliche Schutz der Anlagegesellschafter nicht annähernd angemessen gewährleistet sei; ein solcher
Schutz wäre hier aber umso mehr erforderlich gewesen, als dem Aufsichtsrat,
wie sein Aufgabenbereich zeige, außer der Kontrolle der Geschäftsführung
auch wesentliche Aufgaben der Geschäftsführung selbst übertragen worden
seien, die für den Bestand und die Entwicklung der Gesellschaft und das Interesse der kapitalgebenden Kommanditisten von beträchtlicher Bedeutung
seien. Den Kommanditisten sei aber durch diese Regelung im Gesellschaftsvertrag die Möglichkeit genommen, wenigstens bei offenkundigen und
schnell aufgedeckten Verfehlungen den Bestand des Gesellschaftsvermögens
zu erhalten. Außerdem führe die im Gesellschaftsvertrag verankerte Beschränkung der Haftenden auf das in der Gesellschaft angelegte Vermögen
zu dem Ergebnis, daß deren Haftung umso geringer werde, je schwerer
durch ihre Verstöße das Gesellschaftsvermögen geschädigt und damit auch
ihr Anteil verringert werde.

Rdnr. 157

Sechstes Kapitel

Die stille Gesellschaft

§ 24. Begriff und Bedeutung der stillen Gesellschaft

Schrifttum: Paulick, Handbuch der stillen Gesellschaft, 2. Aufl. 1971, Nachtrag 1977

158   ### I. Der Begriff der stillen Gesellschaft

Die stille Gesellschaft ist eine Gesellschaft, bei der sich eine Person an dem Handelsgewerbe eines Kaufmanns in der Weise beteiligt, daß sie eine Vermögenseinlage leistet, die in das Vermögen eines anderen übergeht, und dafür am Gewinn, aber nicht notwendigerweise auch am Verlust teilhat.

Die stille Gesellschaft entsteht mit dem Abschluß eines formlosen Gesellschaftsvertrages zwischen dem Geschäftsinhaber und dem stillen Gesellschafter (auch der „Stille" genannt). Sie ist eine Gesellschaft, denn die Beteiligten schließen sich zusammen, um durch die Leistung von Beiträgen einen gemeinsamen Zweck zu erreichen, aber keine Handelsgesellschaft, weil das Handelsgewerbe nur vom Inhaber des Handelsgeschäfts betrieben wird. Hier wird die Besonderheit der stillen Gesellschaft deutlich: sie ist keine Außengesellschaft, sondern lediglich eine sogenannte Innengesellschaft. Das bedeutet: Die stille Gesellschaft tritt als Gesellschaft nicht nach außen in Erscheinung; sie hat keine Firma und auch kein Gesellschaftsvermögen. Die Vermögensmassen der Beteiligten bleiben unabhängig voneinander. Es entsteht kein Gesamthandsvermögen.

Aus den bei dem Betrieb abgeschlossenen Geschäften wird lediglich der Inhaber des Handelsgeschäfts, nicht aber der Stille verpflichtet (§ 335 Abs. 2 HGB). Der stille Gesellschafter steht also außerhalb der vom Inhaber des Handelsgeschäfts mit Dritten abgeschlossenen Rechtsgeschäfte.

Beispiel: Klucks handelt mit Kosmetica. Alt und Klucks begründen durch Abschluß eines entsprechenden Vertrages eine stille Gesellschaft. Wenn Klucks nach Gründung der Gesellschaft bei dem Großhändler Huber für DM 15 000,– Kosmetica einkauft, hat Huber einen Anspruch auf Zahlung des Kaufpreises aus § 433 Abs. 2 BGB nur gegen Klucks, nicht aber gegen Alt (§ 335 Abs. 2 HGB).

Die stille Gesellschaft kann nur aus zwei Gesellschaftern bestehen, dem Inhaber des Handelsgeschäfts und dem Stillen. Der Geschäftsinhaber muß nicht eine Einzelperson sein. Es kommen auch Handelsgesellschaften, d. h. OHG, KG, Kommanditgesellschaft auf Aktien, GmbH und Aktiengesellschaft in Betracht. Ebenso kann der stille Gesellschafter eine Handelsgesellschaft sein.

Beispiel: Die Bauträgergesellschaft Treufix GmbH schließt mit dem Makler Schütz einen Vertrag ab, in dem dieser sich zu einer Einzahlung von DM 100 000,– verpflichtet. Schütz soll am Gewinn, nicht aber am Verlust beteiligt sein. In dem Vertrage wird auch verankert, daß Schütz „in keiner Weise haften" und das Verhältnis zwischen der GmbH und Schütz nach außen nicht in Erscheinung treten soll. Es handelt sich hier um eine stille Gesellschaft im Sinne des § 335 HGB.

Beispiel: Die Südwestfälische Kunststoff AG möchte sich ohne Risiko, d. h. ohne Haftungsrisiko und ohne daß dies bekannt wird, an einer SB-Warenhauskette, die in der Rechtsform einer GmbH betrieben wird, beteiligen. Dies kann zweckmäßigerweise durch die Gründung einer stillen Gesellschaft geschehen.

159   II. Die Bedeutung der stillen Gesellschaft

Die wirtschaftliche Bedeutung der stillen Gesellschaft wird durch die Möglichkeiten bestimmt, die diese Gesellschaftsform eröffnet:
– da die stille Gesellschaft Rechtsbeziehungen nur zwischen den Gesellschaftern schafft, also eine reine Innengesellschaft ist, tritt sie nach außen nicht in Erscheinung. Es erfolgt auch keine Handelsregistereintragung. Der stille Gesellschafter kann sich also beteiligen, ohne daß dies bekannt wird;

– der stille Gesellschafter ist zur Mitarbeit nicht verpflichtet;
– er haftet nicht unmittelbar;
– er kann seinen Kapitaleinsatz begrenzt halten.

In neuerer Zeit hat die stille Gesellschaft vor allem dadurch an Bedeutung gewonnen, daß sie in zunehmendem Maße dazu verwandt wird, Kapitalanleger über eine stille Beteiligung an einer Publikumskommanditgesellschaft als Mitunternehmer i. S. des § 15 Nr. 2 EStG in den Genuß steuerlicher Vergünstigungen gelangen zu lassen (vgl. BGH BB 1980, 381 f.).

Auch der stille Gesellschafter kann mit einer stillen Beteiligung an einer GmbH & Co KG ohne Teilhabe am Verlust Mitunternehmer i. S. des § 15 Nr. 2 EStG sein, wenn er rechtlich und tatsächlich eine Stellung erhält, die ihm einen unternehmerischen Einfluß auf die KG bei gleichzeitig hohem Kapitaleinsatz sichert (BFH WM 1979, 316 f.). Mitunternehmer ist nach der Rechtsprechung des BFH derjenige, der „eine Unternehmerinitiative entfalten kann und ein Unternehmerrisiko trägt" (BFH WM 1979, 316). Ob diese Voraussetzungen vorliegen, ist unter Berücksichtigung aller, die rechtliche oder wirtschaftliche Stellung einer Person insgesamt bestimmenden Umstände zu würdigen.

160   ## III. Rechte und Pflichten der Gesellschafter

Der Inhaber des Handelsgeschäftes ist nach dem Innenverhältnis zum Betrieb des Handelsgewerbes für die Rechnung der Gesellschafter verpflichtet. Daraus ergibt sich, daß ihm die Geschäftsführungspflicht obliegt.

Der stille Gesellschafter ist verpflichtet, die versprochene Einlage in das Vermögen des Geschäftsinhabers zu erbringen.

Beispiel: Hat der stille Gesellschafter sich im Vertrage verpflichtet, eine Einlage in Form einer Geldleistung zu erbringen, so hat er die vereinbarte Geldzahlung an den Geschäftsinhaber zu zahlen.

Der stille Gesellschafter hat einen Anspruch auf Beteiligung am Gewinn (§§ 336 und 337 HGB). Seine Kontrollrechte sind nicht besonders stark ausgeprägt (vgl. § 338 HGB).

IV. Die Abgrenzung der stillen Gesellschaft von der Gesellschaft bürgerlichen Rechts und vom partiarischen Darlehen

161   1. Die Abgrenzung zur Gesellschaft bürgerlichen Rechts

Während die BGB-Gesellschaft in der Regel eine Außengesellschaft ist, bei der auch ein Gesamthandsvermögen gebildet wird, ist die stille Gesellschaft lediglich eine Innengesellschaft, die nach außen nicht in Erscheinung tritt. Da die Vermögensmassen des Inhabers des Handelsgeschäfts einerseits und des stillen Gesellschafters andererseits getrennt bleiben, entsteht bei der stillen Gesellschaft kein Gesamthandsvermögen.

162   2. Die Abgrenzung zum partiarischen Darlehen

In der Praxis kann es Schwierigkeiten bereiten, eine stille Gesellschaft von einem partiarischen Darlehen zu unterscheiden, weil beiden gemeinsam ist, daß eine Einlage in das Vermögen eines anderen übergeht und eine Vergütung in Form einer Beteiligung an einem Gewinn vereinbart werden kann.

Bei einem *partiarischen Darlehen* besteht die Gegenleistung für die zeitweilige Überlassung der Darlehenssumme nicht in einem festen Zins, sondern in einer Beteiligung an den vom Darlehensnehmer mit Hilfe des überlassenen Kapitals erwirtschafteten Gewinnen. Es fehlt der für die stille Gesellschaft typische gemeinsame Zweck, nämlich die Verbindung des Inhabers des Handelsgewerbes mit dem stillen Gesellschafter zum Betrieb des Handelsgewerbes durch den Geschäftsinhaber im Interesse der Gesellschaft (vgl. BFH NJW 1978, 1280). Wird bei einem Rechtsgeschäft, bei dem dem Vertragspartner eine Geldsumme überlassen wird, eine Beteiligung am Verlust ausgeschlossen, so muß es sich dabei nicht notwendigerweise um ein partiarisches Darlehen handeln, weil auch bei der stillen Gesellschaft die Verlustbeteiligung ausgeschlossen werden kann. Andererseits ist eine

Beteiligung am Verlust mit dem Charakter des Darlehens nicht zu vereinbaren. Deshalb ist, wenn eine Gewinn- und Verlustbeteiligung vereinbart worden ist, davon auszugehen, daß es sich im Zweifel um eine stille Gesellschaft und nicht um ein partiarisches Darlehen handeln soll.

Bei der Beantwortung der Frage, ob es sich um eine stille Gesellschaft oder ein partiarisches Darlehen handelt, ist entscheidend darauf abzustellen, ob das Verhältnis der beteiligten Personen zueinander eine wirkliche Zweckgemeinschaft im Sinne einer Gesellschaft darstellt. Zu berücksichtigen sind dabei die wirtschaftlichen Ziele der Parteien, ihre bisherigen persönlichen Beziehungen, die geplante Dauer der Beteiligung, das Streben des Geldgebers, sein Risiko zu verringern, sowie das Interesse des Geschäftsinhabers an der Person des Geldgebers (vgl. BFH NJW 1978, 1280). Indizien dafür, daß eine gesellschaftliche Bindung im Sinne einer Zweckgemeinschaft gewollt ist, können vereinbarte Kontrollrechte zugunsten des stillen Gesellschafters bieten, wenngleich auch Darlehensgeber sich Aufsichtsrechte auszubedingen pflegen. Insbesondere lassen sich kreditgewährende Banken häufig die Bilanzen der Darlehensnehmer vorlegen. Je stärker die Kontrollrechte des Geschäftspartners ausgebildet sind, desto mehr dürfte dafür sprechen, daß eine stille Gesellschaft gewollt ist (vgl. Hueck, Gesellschaftsrecht, § 20 IV 3). Das dürfte insbesondere dann zutreffen, wenn der Geschäftsinhaber bei wichtigen Geschäften im Innenverhältnis an die Zustimmung des Geldgebers gebunden ist.

§ 25. Die Unterbeteiligungsgesellschaft

Schrifttum: Bilsdorfer, Gesellschafts- und steuerrechtliche Probleme bei Unterbeteiligung von Familienangehörigen, NJW 1980, 2785 ff.; Costede, Unterbeteiligte als Mitunternehmer, ZGR 1976, 188 ff.; Janberg, Die Unterbeteiligung im Gesellschaftsrecht, DB 1953, 77 ff.; Paulick, Handbuch der stillen Gesellschaft, 2. Aufl. 1971, Nachtrag 1977; U. Wagner, Die Unterbeteiligung an einem OHG-Anteil, 1975.

163   I. Das Bedürfnis, Unterbeteiligungsgesellschaften zu gründen

In der Praxis hat sich ein starkes Bedürfnis gezeigt, Personen durch formlosen Vertrag in der Art an der Gesellschafterstellung einer anderen Person zu beteiligen, daß der Gewinn und der Verlust oder auch nur der Gewinn zwischen dem Gesellschafter und der anderen Person geteilt wird. Gründe für eine solche Unterbeteiligung können sein:

— die Gesellschafterstellung, an der die andere Person beteiligt werden soll, ist wegen der Verweigerung der Zustimmung der anderen Gesellschafter nicht übertragbar;
— der Unterbeteiligte will nach außen nicht in Erscheinung treten;
— der künftige Nachfolger eines Gesellschafters soll, schon bevor er Gesellschafter wird, an den Vorteilen einer Gesellschafterstellung beteiligt werden;
— bei dem Tode eines Gesellschafters, der mehrere Erben hat, von denen aber nur einer in die Gesellschafterstellung nachfolgen soll, kann eine Unterbeteiligung an der Gesellschafterstellung des Nachfolgeerben den Zweck erfüllen, die übrigen Erben abzufinden;
— der Kapitalbedarf eines Hauptgesellschafters: um seine Einlagepflicht in der Hauptgesellschaft erfüllen zu können, sucht der Hauptgesellschafter einen Geldgeber, der sich bereitfindet, sein Geld zu investieren, wenn er an den Gewinnen der Hauptgesellschaft beteiligt wird;
— durch eine Verteilung des Einkommens auf mehrere Personen — insbesondere im Familienkreis — kann mittels einer entsprechenden Gewinnverteilung ein beträchtlicher Progressionsvorteil erzielt werden (vgl. Bilsdorfer, NJW 1980, 2785, 2786).

Beispiel: Albers, Knoll und Rüttgers wollen eine OHG gründen, deren Gegenstand ein Reifengroßhandel sein soll. Jeder Gesellschafter soll eine Einlage von DM 200000,— erbringen. Nach Abschluß des Gesellschaftsvertrages merkt Knoll, daß er sich finanziell übernommen hat. Er kann nur DM 100000,— für die Einlage aufbringen. Weil er gerne Gesellschafter

bleiben möchte, sucht er einen Geldgeber. Zenz ist bereit, DM 100 000,–
zu der Einlage des Knoll beizusteuern, wenn er an der Gesellschafterstellung des Knoll in der Weise beteiligt wird, daß er auf die Dauer der Gesellschaft 50% des auf Knoll entfallenden Gewinns – bei Nichtbeteiligung am
Verlust – erhält. Wenn Knoll sich damit einverstanden erklärt, handelt es
sich um ein Unterbeteiligungsverhältnis.

Beispiel: Der Unterbeteiligte ist nicht nur Lieferant der Gesellschaft,
bei der die Unterbeteiligung begründet werden soll, sondern auch der Lieferant der Konkurrenzunternehmen, die von der Beteiligung nichts wissen
sollen, weil der Unterbeteiligte fürchtet, die Konkurrenzunternehmen als
Kunden zu verlieren.

164 II. Die Rechtsform der Unterbeteiligungsgesellschaft

Die herrschende Meinung (vgl. BGHZ 50, 316 ff.; Westermann,
Rdnr. I 947 ff.) geht als selbstverständlich davon aus, daß Unterbeteili-
gungen der genannten Art rechtlich möglich und zulässig sind. Sie
qualifiziert das auf einem Vertrag beruhende Unterbeteiligungsverhältnis als BGB-Gesellschaft. Um eine stille Gesellschaft im Sinne der
§§ 335 ff. HGB kann es sich nicht handeln, weil der Unterbeteiligte
sich nicht „an dem Handelsgewerbe, das ein anderer betreibt" – nach
§ 335 HGB eine zwingende Voraussetzung – beteiligt.

Wagner (S. 147) will, je nach Gestaltung des Unterbeteiligungsverhält-
nisses, die Vorschriften über die stille Gesellschaft oder auch diejenigen
über die OHG oder die KG anwenden.

Eine Unterbeteiligungsgesellschaft ist demnach eine Gesellschaft
bürgerlichen Rechts, mit der der Unterbeteiligte an der Gesellschafterstellung eines Hauptgesellschafters beteiligt wird, ohne in direkte
Beziehungen zur Hauptgesellschaft selbst zu treten. Der formlos
wirksame Gesellschaftsvertrag, der zwischen dem Hauptgesellschafter
und dem Unterbeteiligten geschlossen wird, bestimmt, in welchem
Maße der Unterbeteiligte an den Rechten und Pflichten des Hauptgesellschafters teilhat.
Die vorherrschende Meinung in der rechtswissenschaftlichen Literatur geht davon aus, daß die Unterbeteiligungsgesellschaft auch ohne
Zustimmung und ohne Kenntnis der übrigen Hauptgesellschafter zu-

stande kommen kann (u. a.: Janberg, DB 1953, 77 ff.; Paulick, S. 95; Westermann, Rdnr. I 954). Das ist nicht unbedenklich, wenn man berücksichtigt, daß das Verhältnis des Hauptgesellschafters zu den anderen Gesellschaftern durch die Unterbeteiligung erheblich belastet werden kann. Derjenige Hauptgesellschafter, der mit einem Unterbeteiligten eine Unterbeteiligungsgesellschaft gegründet hat, ist im Hinblick auf die Hauptgesellschafter eine doppelte gesellschaftliche Bindung eingegangen. Das kann zu Interessenkollisionen und damit verbundenen Konflikten führen.

Beispiel: Köster, Schmalz und Zander haben eine OHG gegründet, die nach dem neuesten Stand der Technik elektronische Geräte herstellt und veräußert. Faber, der an dem Gesellschaftsanteil des Köster ohne Wissen der übrigen Gesellschafter unterbeteiligt ist, verlangt von Köster, über die streng geheimgehaltenen Produktionsverfahren unterrichtet zu werden. Hier kollidieren die Pflicht des Köster aus dem Vertrag mit den anderen OHG-Gesellschaftern zur Geheimhaltung und die Informationspflicht, die Köster aus dem Gesellschaftsverhältnis (BGB-Gesellschaft) mit Faber erwächst.

Jede natürliche und juristische Person kann mit dem Hauptgesellschafter eine Unterbeteiligungsgesellschaft gründen.

Eine Unterbeteiligung ist auch an dem Gesellschaftsanteil eines GmbH-Gesellschafters möglich.

Rdnr. 164

Siebtes Kapitel

Die Aktiengesellschaft

§ 26. Die Bedeutung der Aktiengesellschaft

Schrifttum: Bericht über die Verhandlungen der Unternehmensrechts-kommission. Herausgegeben vom Bundesministerium der Justiz, 1980.

I. Die Aktiengesellschaft als die geeignete Gesellschaftsform für große Unternehmen

165 Die Aktiengesellschaft ist aus vielerlei Gründen die geeignete Gesellschaftsform für Großunternehmen:

– Sie ermöglicht es, daß ein *großer Kapitalbedarf,* der das Vermögen von einzelnen Personen oder Familien übersteigen würde, durch den Verkauf von Gesellschaftsanteilen an eine Vielzahl von anderen Personen gedeckt wird. Das Kapital wird dadurch aufgebracht, daß eine große Anzahl von – meist anonym bleibenden – Personen Aktien gegen eine Einlage – in der Regel die Zahlung eines Geldbetrages – übernimmt.

– Das *Risiko* der an der Gesellschaft beteiligten Aktionäre, der Kapitalgeber, ist begrenzt. Da nur die Aktiengesellschaft als juristische Person mit ihrem Vermögen haftet, nicht aber die Gesellschafter (Aktionäre) mit ihrem Privatvermögen in Anspruch genommen werden können, kann der Aktionär nicht mehr verlieren als den Betrag, den er für den Erwerb der Aktie gezahlt hat.

– Die Bindung des Aktionärs an die Aktiengesellschaft ist eine denkbar lose. Der Aktionär kann in der Regel die Aktien jederzeit an jede beliebige Person veräußern.

– Durch die einfache Form der Beteiligung, das geringe Risiko, die freie Übertragbarkeit der Aktien und die Möglichkeit, sich ohne kaufmännische oder sonstige Fähigkeiten an einem Wirtschaftsunternehmen zu beteiligen, können Aktien an eine Vielzahl von Personen verkauft werden, die kein eigenes Interesse an einer wirtschaftlichen Betätigung haben, im Aktienerwerb aber eine zweckmäßige und günstige Form der Geldanlage sehen.

— Die Aktie ist eine geeignete Möglichkeit, eine große Anzahl von Personen am Produktivvermögen zu beteiligen. Durch eine breite Streuung der Aktien könnte der Verteilungskampf um das Bruttosozialprodukt erheblich entschärft werden, weil den Arbeitnehmern bei niedrigen Tariflohnabschlüssen der hierdurch entstehende höhere Gewinn in Form von Aktiendividenden zugute kommen könnte und die Unternehmen notwendige Investitionsmittel zur Verfügung hätten.

— Die Struktur der Aktiengesellschaft ermöglicht im besonderen Maße die Konzentration von Unternehmen.

166   Über Funktion und Bedeutung der Aktiengesellschaft gehen die Meinungen insbesondere insoweit auseinander, als es um die Bestimmung des *Unternehmensinteresses* und die daraus zu ziehenden praktischen Konsequenzen geht. Im Gesetz ist nur vom „Wohl der Gesellschaft" (§ 121 Abs. 1 AktG) die Rede. Der BGH hat darüber hinaus ein „Interesse des Unternehmens" ausdrücklich anerkannt (BGHZ 64, 325, 329). Die beim Bundesministerium der Justiz gebildete Unternehmensrechtskommission, die Ende 1979 ihre Arbeit abgeschlossen hat, konnte sich auf eine inhaltliche Bestimmung des Unternehmensinteresses nicht einigen (vgl. Bericht der Unternehmensrechtskommission, S. 139 ff. u. 165 ff.). Bedeutung kommt insbesondere der Beantwortung der Frage zu, ob und gegebenenfalls wie weit die Mitglieder von Unternehmensorganen bei ihren Handlungen an ein Unternehmensinteresse gebunden sein können (vgl. dazu unten Rdnr. 195).

Die Zahl der deutschen Aktiengesellschaften geht seit etwa 50 Jahren ständig zurück, ohne daß die wirtschaftliche Bedeutung der Aktiengesellschaft gesunken ist. Während es im Jahre 1925 in Deutschland etwa 13 000 Aktiengesellschaften gab, von denen 917 an der Börse notiert waren, waren es 1951 nur noch 2 729; davon waren 676 an der Börse notiert (Quelle: Süddeutsche Zeitung vom 14. 1. 1977). 1979 existierten in der Bundesrepublik Deutschland noch 2 141 Aktiengesellschaften (Quelle: Statistisches Jahrbuch für die Bundesrepublik Deutschland 1981, S. 113). Im internationalen Vergleich unter vergleichbaren Industrienationen nimmt die Bundesrepublik damit den letzten Platz ein. In den USA existieren 40 000 und in Großbritannien 3 300 Aktiengesellschaften (Quelle: Süddeutsche Zeitung vom 14.1.1977). Zu den Gründen für diese Entwicklung dürften u.a. gehören: Die Dividendenrendite lag in den letzten Jahren im Schnitt 3–5% unter der Rentenrendite. Außerdem ist die vermögenspolitische Entwicklung am Aktiensparen weitgehend vorbeigegangen, wenn es auch, vorwiegend über Volks- und Belegschaftsaktien, inzwischen etwa 4 Millionen Aktionäre in der Bundesrepublik Deutschland gibt (Quelle: Süddeutsche Zeitung vom 14.1.1977).

Die genannten Zahlen können allerdings nicht darüber hinwegtäuschen, daß die Aktiengesellschaft nach wie vor die typische Form der Großbetriebe in der Bundesrepublik Deutschland darstellt.

167   ## II. Die Aktiengesellschaft als Gegenstand von Kritik und Reform

Weil die Aktiengesellschaften immer noch die für Großunternehmen typische Gesellschaftsform darstellen, bilden sie nach wie vor eine große wirtschaftliche und deshalb auch politische Macht. Eine Reihe von Gründen hat dazu geführt, daß das Aktienrecht in den letzten Jahrzehnten immer wieder Gegenstand von Reformbestrebungen war. Ansatzpunkte für Reformvorhaben boten die Aktiengesellschaften in vielerlei Hinsicht:

– Die große wirtschaftliche Macht der Aktiengesellschaft berührt das Interesse der Allgemeinheit. Die Öffentlichkeit hat deshalb ein Interesse daran, Einblick in die wirtschaftlichen Verhältnisse der großen Aktiengesellschaften zu nehmen. Das gilt allerdings ebenso für die in anderen Rechtsformen betriebenen Großunternehmen. Die Aktienrechtsreform, die ihren Niederschlag im Aktiengesetz von 1965 gefunden hat, brachte deshalb eine Verschärfung der Publizitätsvorschriften, die das sogenannte Publizitätsgesetz aus dem Jahre 1969 auf solche Großunternehmen ausdehnte, die in anderen Rechtsformen betrieben werden.

— Das Aktienrecht räumt mit seinen Vorschriften über Kapitalbeteiligung und Stimmrecht demjenigen, der über 50% des Grundkapitals hält, die Möglichkeit ein, das Schicksal der Aktiengesellschaft
weitgehend zu bestimmen, ohne selbst das volle Risiko zu tragen.
Die meisten Aktiengesellschaften in der Bundesrepublik Deutschland befinden sich auf diese Weise in der Abhängigkeit von Großaktionären. Deshalb war die Stärkung des Minderheitenschutzes
dringend geboten, ein Ziel, das die Aktienrechtsreform von 1965
teilweise verwirklichen konnte.

— Die große Masse der kleineren Aktionäre, die ihre Aktien bei einer
Bank deponiert haben, läßt sich in der Regel in der Hauptversammlung von dieser Bank vertreten, insbesondere ihr Stimmrecht
ausüben (sog. Depotstimmrecht der Banken). Da viele Kleinaktionäre ihre Aktien bei wenigen Großbanken verwahren lassen, konzentriert sich bei diesen Banken eine große Macht, ohne daß die
Banken einen Kapitaleinsatz erbringen müssen. Eine Reform hatte
die schwierige Aufgabe zu lösen, diesen aus gesellschaftspolitischen und wettbewerbspolitischen Gesichtspunkten bedenklichen
Zustand zu verändern, ohne den Einfluß der Kleinaktionäre, der ohne
die Mitwirkung der Großbanken in der Regel geringer ist – ein Gesichtspunkt, der oft wenig berücksichtigt wird –, zu schmälern.

— Die Bestrebungen, Arbeitnehmer und Gewerkschaften am Be-
triebsgeschehen und den wesentlichen wirtschaftlichen Entscheidungen zu beteiligen und sie bei der Leitung der Unternehmen
mitbestimmen zu lassen, haben zur Einführung der Mitbestimmung von Arbeitnehmern in den Großbetrieben geführt. Diese
Reform wirkt sich nachhaltig auf die Verfassung der Aktiengesellschaft aus.

Trotz vieler Reformen konnte und kann es auch nicht gelingen,
den Interessen aller derjenigen gerecht zu werden, die einer Aktiengesellschaft als Arbeitnehmer oder Aktionär verbunden sind. Während es den Großaktionären in erster Linie um die Beherrschung des
Unternehmens als Feld für die eigene unternehmerische Tätigkeit
geht, haben andere Aktionäre vorrangig ein Interesse daran, eine
möglichst hohe und häufig wiederkehrende Rendite zu erzielen. Die
Arbeitnehmerinteressen orientieren sich u.a. vorwiegend an der Er-

haltung der Arbeitsplätze, höheren Löhnen, der Verbesserung der Arbeitsverhältnisse und – in Verfolgung alter Forderungen der Gewerkschaftsbewegung – einem möglichst hohen Maß an Mitbestimmung.

§ 27. Begriff und Rechtsnatur der Aktiengesellschaft

168   ### I. Begriff und Typen von Aktiengesellschaften

1. Der Begriff

Die Aktiengesellschaft ist eine auf Dauer angelegte private Organisation, die gegründet wird, um einen selbstgesetzten Zweck zu erreichen. Sie ist eine juristische Person, für deren Verbindlichkeiten nur das Gesellschaftsvermögen haftet. Die Mitgliedschaftsrechte der Gesellschafter (Aktionäre) ergeben sich aus ihren Anteilen an dem in Aktien zerlegten Grundkapital.

Die Aktiengesellschaft ist als juristische Person Eigentümerin des Gesellschaftsvermögens. Sie ist Subjekt der sie betreffenden Rechte und Pflichten.

Kraft ihrer Mitgliedschaft stehen die Aktionäre lediglich mit der Aktiengesellschaft in Rechtsbeziehungen. Nach der Organisation der Aktiengesellschaft bestehen zwischen den einzelnen Gesellschaftern (Aktionären) untereinander keine rechtlichen Beziehungen persönlicher Art (BGHZ 18, 350, 365. Zur Frage der Treuepflicht für Aktionäre siehe unten Rdnr. 222).

2. Typen von Aktiengesellschaften

Je nach der Verteilung von Aktien kann man verschiedene Typen von Aktiengesellschaften unterscheiden:
– die sog. *majorisierten Gesellschaften,* bei denen die Mehrheit der Aktien von einer kleinen Zahl von Personen gehalten wird. Die Mehrzahl der Aktiengesellschaften gehört zu dieser Gruppe;
– die sog. *Publikumsgesellschaften:* die Aktien befinden sich in den Händen einer Vielzahl von Aktionären, ohne daß ein Aktionär

oder eine kleine Gruppe von Aktionären die Gesellschaft beherrschen. Bei Gesellschaften, die so strukturiert sind, konzentriert sich
die Macht allerdings tatsächlich bei Vorstand und Aufsichtsrat, die
aber in der Regel von denjenigen Banken abhängig sind, die für
die meisten Aktionäre das Stimmrecht ausüben.

II. Die Rechtsnatur der Aktiengesellschaft

169   Die Aktiengesellschaft ist körperschaftlich strukturiert und daher
auf die Grundform des rechtsfähigen Vereins zurückzuführen. Sie ist
eine Gesellschaft mit eigener Rechtspersönlichkeit(§ 1 AktG).

Als juristische Person ist die Aktiengesellschaft rechtsfähig. Sie ist
selbst Träger von Rechten und Pflichten.

Beispiel: Eigentümer eines Grundstücks, das der Gesellschaft gehört, ist
nur die Aktiengesellschaft. Die Inhaber der Aktien sind nicht die Eigentümer.

Für Verbindlichkeiten der Aktiengesellschaft haftet den Gläubigern nur das Gesellschaftsvermögen, weil nur die Gesellschaft selbst,
aber nicht die Aktionäre Schuldnerin der Gesellschaftsverbindlichkeiten ist. § 1 AktG führt also mit der Personifizierung der AG zu einer
Beschränkung der Haftung.

Beispiel: Die Chemiefaser Süd-AG hat von der Westfälischen Bank AG
ein Darlehen in Höhe von DM 20 Millionen erhalten. Für die Rückzahlung der Darlehenssumme haftet nur das Gesellschaftsvermögen. Wenn die
Chemiefaser Süd-AG nicht imstande ist, die Darlehenssumme zurückzuzahlen, kann die Westfälische Bank AG sich nicht an die Aktionäre der
Chemiefaser Süd-AG halten.

Da auch bei einer juristischen Person Menschen handeln müssen,
muß das Gesetz regeln, welche natürlichen Personen im Namen der
Aktiengesellschaft wirksam für diese handeln können.

Die Aktiengesellschaft handelt durch ihre Organe. Geschäftsführung und Vertretung der Aktiengesellschaft liegen grundsätzlich beim
Vorstand. Als Kontrollorgan des Vorstandes dient der Aufsichtsrat,
der auch den Vorstand bestellt. Die Aktionäre üben ihre Rechte durch
die Hauptversammlung aus, die u.a. über die Verwendung des Bi-

lanzgewinns, Satzungsänderungen und die Besetzung des Aufsichtsrates mit Aktionärsvertretern entscheidet.

Die Aktiengesellschaft ist aufgrund ihrer Rechtsform stets Handelsgesellschaft (§ 3 AktG). Das bedeutet: Die Aktiengesellschaft unterliegt stets den HGB-Vorschriften für Kaufleute. Ihre Geschäfte sind Handelsgeschäfte i.S. der §§ 343 ff. HGB.

Die Aktiengesellschaft hat als Namen eine Firma, und zwar grundsätzlich eine Sachfirma, die dem Gegenstand des Unternehmens zu entnehmen ist. Sie muß außerdem die Bezeichnung „Aktiengesellschaft" enthalten (§ 4 AktG).

170   Ebenso wie jede natürliche Person kann sich auch eine Aktiengesellschaft als juristische Person an anderen Gesellschaften beteiligen. Sie kann z.B. Aktien anderer Gesellschaften erwerben. So werden tatsächlich viele Aktiengesellschaften von anderen Aktiengesellschaften beherrscht, die sich den Mehrheitsbesitz der Aktien verschafft haben oder gar selbst die beherrschte Aktiengesellschaft gegründet haben.

Das Recht der Aktiengesellschaft ist im wesentlichen im Aktiengesetz geregelt. Ergänzend ist das Vereinsrecht des BGB anzuwenden. Da das Aktiengesetz eine fast erschöpfende Regelung aller Probleme enthält, bleibt für eine ergänzende Anwendung des Vereinsrechts jedoch wenig Raum. Anwendbar ist aber z.B. § 31 BGB.

§ 28. Das Grundkapital

Schrifttum: Knobbe-Keuk, Obligatorische Nutzungsrechte als Sacheinlagen in Kapitalgesellschaften? ZGR 1980, 214 ff.

I. Der Begriff Grundkapital

171   Gemäß § 1 Abs. 2 AktG hat die AG ein in Aktien zerlegtes Grundkapital. Das Grundkapital ist der in der Satzung festgesetzte Kapitalbetrag, den aufzubringen sich die Gründer durch die Übernahme von Aktien verpflichten. Das Grundkapital muß mindestens DM 100 000,- betragen, und die Aktien müssen auf einen Nennbetrag in Deutscher Mark lauten (§§ 6 und 7 AktG). Das Aktiengesetz ist so gefaßt, daß durch eine Vielzahl von Vorschriften erreicht werden

soll, daß dieses Grundkapital den Gläubigern der Aktiengesellschaft
als Haftungsmasse ungeschmälert erhalten bleibt.

172   ## II. Die Kapitalerhöhung

Das bei der Gründung in der Satzung festgesetzte Grundkapital
kann bei Kapitalbedarf erhöht werden. Die *Kapitalerhöhung* kann in
der Weise erfolgen, daß die durch eine Änderung der Satzung neu
geschaffenen Aktien ausgegeben werden. Dies ist die sog. *effektive
Kapitalerhöhung.*

Davon zu unterscheiden ist die sog. *nominelle Kapitalerhöhung* aus
Gesellschaftsmitteln, bei der bereits vorhandene Mittel der Gesell-
schaft, nämlich offene, d.h. bilanzmäßig ausgewiesene Rücklagen in
Grundkapital umgewandelt werden (§§ 207 ff. AktG).

Beispiel: Die Strahlmann Bau-AG hat über mehrere Jahre größere Gewinne erzielt und diese im Hinblick auf die unsichere Marktlage nicht an
die Aktionäre ausgeschüttet, sondern in die freien Rücklagen gestellt. Nun
entschließen sich die Aktionäre, das Geld dauerhaft der AG zu belassen.
Durch einen Beschluß der Hauptversammlung können die freien Rücklagen in Grundkapital umgewandelt werden, wobei die dann notwendige
Ausgabe der neuen Aktien zwingend an die alten Aktionäre gemäß ihrem
bisherigen Anteil am Grundkapital zu erfolgen hat (§ 212 AktG).

Eine Kapitalerhöhung ist bei angemessener Bewertung von Leistung und Gegenleistung auch durch Sacheinlagen möglich (§ 183
AktG. Zum Problem der Sacheinlagen siehe unten Rdnr. 177). Gemäß
§ 186 AktG hat bei einer Kapitalerhöhung gegen Einlagen jeder Aktionär grundsätzlich einen Anspruch darauf, einen seiner bisherigen
Beteiligung entsprechenden Anteil wie die anderen Aktionäre erwerben zu können. Die Hauptversammlung kann dieses Recht allerdings
ganz oder teilweise beschränken (§ 186 Abs. 3 AktG). Der Ausschluß
des Bezugsrechts liegt jedoch nicht im freien Ermessen der Mehrheit
(dazu BGHZ 71, 40, 44).

173   **III. Die Kapitalherabsetzung**

Durch einen Hauptversammlungsbeschluß kann mit ¾-Mehrheit der Stimmen des bei der Beschlußfassung vertretenen Grundkapitals auch eine *Kapitalherabsetzung* beschlossen werden, durch die die satzungsmäßig festgesetzte Höhe des Grundkapitals vermindert wird. Die Kapitalherabsetzung kann u. a. durch die Reduzierung der Zahl der vorhandenen Aktien oder durch die Verminderung des Nennwerts der Aktien erfolgen (§ 222 AktG).

Eine Kapitalherabsetzung kann zu folgenden Zwecken geschehen:
- Ausgleich von Verlusten oder von Wertberichtigungen;
- Erhöhung der gesetzlichen Rücklagen;
- Zurückzahlung des freigewordenen Betrages an die Aktionäre oder Gewinnausschüttung;
- Sanierung.

Um eine *Kapitalherabsetzung zur Sanierung* handelt es sich, wenn eine Kapitalherabsetzung mit einer Kapitalerhöhung verbunden wird. Das hat folgenden Sinn: Die Kapitalherabsetzung paßt die satzungsmäßig festgelegte Grundkapitalziffer dem tatsächlichen Vermögensstand der Gesellschaft an. Dadurch wird verhindert, daß ein durch Verluste aufgezehrtes Grundkapital über Jahre hinweg bis zur Bereinigung des Verlustes die Ausschüttung von Gewinnen verhindert, was künftige Geldgeber abschrecken würde. Durch die Kapitalherabsetzung wird der Verlust dann nur von den alten Aktionären getragen, während die neuen Aktionäre sofort in den Genuß von Gewinnausschüttungen kommen können. Die gleichzeitige Kapitalerhöhung durch die Ausgabe neuer Aktien führt der Aktiengesellschaft die zur Sanierung notwendigen Mittel zu.

IV. Grundkapital und Gesellschaftsvermögen

174   Das Grundkapital der Aktiengesellschaft ist weder mit ihrem Gesellschaftsvermögen identisch noch mit dem Kurswert der Aktien der Aktiengesellschaft. Das Grundkapital ist eine feste, in der Satzung

festgelegte Geldziffer; es ist in Anteile, die Aktien, zerlegt. Der Kurswert der Aktien ergibt sich aus einem Marktprozeß, bei dem der auf
die Aktien zukünftig entfallende Gewinn eine entscheidende Ein-
flußgröße ist.

Das *Gesellschaftsvermögen* der Aktiengesellschaft ist die Summe aller der Aktiengesellschaft zustehenden Gegenstände. Es setzt sich in
der Regel zusammen aus Barmitteln, Guthaben, Eigentum an Grundstücken und anderen Sachen (z. B. Maschinen), Forderungen, Beteiligungen und sonstigen Rechten. Das Gesellschaftsvermögen ist daher
nicht wie das Grundkapital eine festgelegte Geldziffer, sondern es
schwankt je nach der wirtschaftlichen Situation der Aktiengesellschaft. Das Gesellschaftsvermögen kann höher, aber auch niedriger
sein als das Grundkapital. Das Gesellschaftsvermögen ist regelmäßig
dann höher als das Grundkapital, wenn die Geschäftstätigkeit der Gesellschaft erfolgreich war.

Beispiel: Die Badische Schaumstoff-Wernheim-AG hat mit einem
Grundkapital von DM 1 Million begonnen. Im ersten Jahr machte sie einen Gewinn von DM 150 000,–, im zweiten Jahr einen solchen in Höhe
von DM 250 000,–. In jedem Jahr schüttete die AG je DM 50 000,– als Gewinn aus, der Rest (DM 300 000,–) wurde investiert in Grundstücke
(DM 180 000,–) sowie Maschinen und Fahrzeuge (DM 120 000,–). Die
Wertsteigerung der Grundstücke und die Abnutzung der Maschinen und
Geräte heben sich gegeneinander auf. Am Ende des zweiten Jahres beträgt
das Vermögen der Aktiengesellschaft DM 1,3 Millionen (Grundkapital
plus Wert der erworbenen Gegenstände). Das Grundkapital beträgt unverändert DM 1 Million.

175   Das Gesellschaftsvermögen kann jedoch auch niedriger sein als das
ausgewiesene Grundkapital.

Beispiel: Eine Aktiengesellschaft büßt im ersten Jahr durch nicht erfolgreiche Geschäftstätigkeit einen Teil der als Grundkapital eingezahlten
Beträge ein.

Die Kursentwicklung der Aktien wird in der Regel der Entwicklung des Gesellschaftsvermögens folgen, da nur das Gesellschaftsvermögen etwas über die wirtschaftliche Situation der AG und damit
über die zu erwartende Dividende aussagt.

Das Gesellschaftsvermögen der AG haftet den Gläubigern für die

Verbindlichkeiten der Gesellschaft. Es stellt die ausschließliche Haftungsgrundlage dar, weil die Aktionäre selbst nicht haften (§ 1 AktG). Die Bedeutung der Grundkapitalziffer liegt darin, daß das Aktiengesetz die Aufbringung und Erhaltung eines dem Grundkapital entsprechenden Gesellschaftsvermögens durch eine Vielzahl von Vorschriften zu sichern sucht, um den Gläubigern der Aktiengesellschaft eine Haftungsbasis in dieser Höhe zu sichern.

176 Das Aktiengesetz kann nicht den Eintritt von Verlusten verhindern, durch die das Grundkapital der Aktiengesellschaft aufgezehrt wird. Es verbietet jedoch Auszahlungen und andere Maßnahmen, die eine Verminderung des Gesellschaftsvermögens unter die Höhe der Grundkapitalziffer bewirken würden. Wichtige Vorschriften, die diesem Zweck, der Erhaltung des Grundkapitals, dienen, sind:

– die Aktien dürfen nicht unter Nennwert ausgegeben werden (§ 9 AktG);

– die Pflicht zur Einzahlung der übernommenen Einlage kann nicht erlassen werden. Die geleisteten Einlagen dürfen auch nicht zurückgezahlt werden (§§ 57 und 66 AktG);

– es darf kein Gewinn ausgeschüttet werden, solange das Gesellschaftsvermögen den Betrag des Grundkapitals nicht übersteigt. Ist in einem Jahr ein Verlust am Grundkapital entstanden, so muß dieser erst aus den Gewinnen der nächsten Jahre gedeckt werden, ehe wieder ein Gewinn verteilt werden kann.

177
V. Die Einlagepflicht

Die Einlagepflicht des Aktionärs ist die Pflicht, eine Geld- oder Sacheinlage an die Gesellschaft zu leisten. Sie entsteht bei der Gründung der Gesellschaft, bei dem Erwerb einer noch nicht voll eingezahlten Aktie oder durch die Zuteilung der gezeichneten Aktie bei der Kapitalerhöhung. Die Aktiengesellschaft hat einen Anspruch gegen den Aktionär auf Erfüllung der Einlagepflicht.

Die Höhe der Einlage richtet sich nach dem Nennbetrag oder nach dem erhöhten Ausgabebetrag der Aktien. Aktien dürfen nicht für einen geringeren Betrag als den Nennbetrag ausgegeben werden (§ 9

AktG). Damit soll sichergestellt werden, daß das Gesellschaftsvermögen voll aufgebracht wird, um den Gläubigern der Gesellschaft zur Befriedigung ihrer Forderungen gegen die Gesellschaft zur Verfügung zu stehen.

§ 27 AktG regelt, auf welche Art und Weise *Sacheinlagen* erbracht werden können. Als solche kommen nur Vermögensgegenstände in Betracht, deren wirtschaftlicher Wert feststellbar ist. Verpflichtungen zu Dienstleistungen können nicht Sacheinlagen sein (§ 27 Abs. 2 AktG).

Dies entspricht dem für das deutsche Aktien- und GmbH-Recht geltenden Prinzip, daß als Einlage nur solche vermögenswerten Gegenstände erbracht werden können, die Objekt des Rechtsverkehrs sein können und einen faßbaren wirtschaftlichen Wert haben (vgl. BGHZ 29, 300, 304). Deshalb kann eine nicht in Geld bestehende Einlage nur als der Geldeinlage gleichwertig erachtet werden, wenn sie im Hinblick auf eine reale Kapitalaufbringung „so gut wie Geld" ist, d.h. für die Gesellschaft keine Risiken mehr bestehen, die aus der Sphäre des Einbringenden herrühren. Aus diesem Grunde sind Geldeinlagen nicht durch schuldrechtliche Verpflichtungen des „einlegenden" Gesellschafters – etwa durch die Einräumung eines obligatorischen Nutzungsrechts – surrogierbar (vgl. Knobbe-Keuk, ZGR 1980, 214, 221 f.).

Eine Befreiung einzelner Aktionäre von der Einlagepflicht ist nicht erlaubt (RGZ 156, 23, 25). Aktionäre können gegen ihre Verpflichtung, die Einlage zu erbringen, nicht mit einer gegen die Gesellschaft gerichteten Forderung aufrechnen (§ 66 AktG).

Den Aktionären ist keine Nachschußpflicht auferlegt. Eine solche kann auch nicht durch die Satzung begründet werden (Würdinger, § 15 I 4a). Das hindert jedoch nicht, das sich Aktionäre untereinander und gegenüber der Gesellschaft vertraglich zu Nachzahlungen verpflichten können, um z.B. etwaige Unterbilanzen zu decken.

178   **VI. Gesetzliche Rücklagen und freie Rücklagen**

Gemäß § 150 AktG ist eine gesetzliche Rücklage zu bilden. Das bedeutet, daß der Mehrbetrag, um den das Reinvermögen der Gesellschaft, d.h. die Aktiva abzüglich Verbindlichkeiten, das Grundkapital übersteigt, nicht ohne weiteres voll verteilt werden kann. Zweck dieser Regelung ist es, in der Zukunft etwa entstehende Verluste bilanzmäßig auszugleichen.

Darüber hinaus ist es möglich, *freie Rücklagen,* deren Bildung nicht gesetzlich bestimmt ist, zu bilden.

Während die Auflösung der gesetzlichen Rücklagen an bestimmte Voraussetzungen geknüpft ist (§ 150 Abs. 4 AktG), können freie Rücklagen nach Belieben wieder aufgelöst werden, indem sie etwa dem Bilanzgewinn zufließen oder zur Kapitalerhöhung aus Gesellschaftsmitteln verwendet werden (§ 208 AktG).

§ 29. Die Aktien. Erwerb und Verlust der Mitgliedschaft

179 ## I. Aktie und Mitgliedschaft

Die Aktie bezeichnet die Mitgliedschaft an einer Aktiengesellschaft. Sie besteht in einem Anteil am Grundkapital (§ 1 Abs. 2 AktG).

Beispiel: Von der Dieta-Bau-AG, deren Grundkapital von DM 150000,– in 1500 Aktien zu je DM 100,– zerlegt wurde, besitzen Ertel 1000 Aktien, Michels und Hommen je 250 Aktien. Unabhängig vom wirklichen Gesellschaftsvermögen der Dieta-Bau-AG lauten die Aktien stets auf je DM 100,–.

Die Rechte der einzelnen Aktionäre, insbesondere ihr Anspruch auf die Dividende, bestimmen sich nach der Anzahl der Aktien, die ihnen gehören.

Unter *Mitgliedschaft* werden die gesamten Rechte und Pflichten der Aktionäre gegenüber der Gesellschaft verstanden. Zu den aus der Mitgliedschaft erwachsenden Rechten gehören vor allem der Anspruch auf Gewinn, das Anteilsrecht, das dem Aktionär den Wertanteil am Gesellschaftsvermögen vermittelt, und die Mitverwaltungsrechte.

Das Aktiengesetz bezeichnet die Mitgliedschaft als Aktie (z.B. §§ 12 und 64 AktG).

II. Rechtsnatur und Arten von Aktien

180   Da das Gesetz die Mitgliedschaft in einer Aktiengesellschaft an die
Innehabung der Aktienurkunde geknüpft hat, kann man die Aktie
auch als Verbriefung der Mitgliedschaftsrechte an der Aktiengesellschaft bezeichnen.

Man unterscheidet zwischen Aktien, die auf den Inhaber (Inhaberaktien), und solchen, die auf den Namen lauten (Namensaktien). Beide Arten von Aktien sind *Wertpapiere*. Die Übertragung der Mitgliedschaft erfolgt deshalb nach wertpapierrechtlichen Grundsätzen.

Die meisten existierenden Aktien sind Inhaberaktien, d. h. sie gehören zur Gruppe der Inhaberpapiere, die dadurch gekennzeichnet ist,
daß das in der Urkunde verbriefte Recht von jedem Inhaber geltend
gemacht werden kann und die Übertragung des verbrieften Rechts
durch die Eigentumsübertragung der Urkunde gemäß §§ 929 ff. BGB
erfolgt. Die in der Inhaberaktie verbrieften Mitgliedschaftsrechte an
der Aktiengesellschaft werden also wie eine bewegliche Sache gemäß
§ 929 BGB durch Einigung und Übergabe der Aktienurkunde übertragen. Mit dem Eigentum an der Aktienurkunde geht auch das in
dem Papier verbriefte Mitgliedschaftsrecht an der Aktiengesellschaft
auf den Erwerber über.

181   Die Satzung einer Aktiengesellschaft kann festlegen, daß *Namensaktien* ausgegeben werden. Auch die auf den Namen lautenden Aktien können übertragen werden. Die Namensaktie ist ebenso wie die
Inhaberaktie ein Wertpapier. Sie wird allerdings nicht wie die Inhaberaktie, sondern als Orderpapier wie der Wechsel, d. h. durch Einigung und Übergabe der mit der Übertragungserklärung (Indossa-
ment) versehenen Aktienurkunde übertragen (§ 68 AktG).

Es ist zulässig, Aktien mit vermögens- oder verwaltungsrechtli-
chen Besonderheiten auszustatten.

So können z. B. *Vorzugsaktien ohne Stimmrecht* ausgegeben werden.
Es handelt sich dabei um solche Aktien, die mit einem nachzuzahlen-
den Vorzug bei der Verteilung des Gewinns ausgestattet sind; das
Stimmrecht kann ausgeschlossen werden (§ 139 AktG). Der Vorzug
bei der Gewinnverteilung bedeutet, daß eine bestimmte Dividende

an die Vorzugsaktionäre zu zahlen ist, bevor eine Dividende an die Stammaktionäre gezahlt werden kann. Die Vorzugsdividende ist also in der Regel vor der Dividende auf die Stammaktien bis zur Höhe der Vorzugsdividende zu verteilen. Außer dem Stimmrecht haben die Vorzugsaktionäre sämtliche sich aus der Aktie ergebenden Mitgliedschafts- und Vermögensrechte (§ 140 Abs. 1 AktG).

Aktien, die Mehrstimmrechte gewähren, sind heute grundsätzlich unzulässig (§ 12 Abs. 2 AktG). Sie können nur ausnahmsweise zugelassen werden, wenn die dafür zuständige Landesbehörde zur Wahrung überwiegender gesamtwirtschaftlicher Belange eine Ausnahme zuläßt (§ 12 Abs. 2 Satz 2 AktG).

§ 30. Gründung und Entstehung der Aktiengesellschaft

I. Die einfache Gründung

182   1. Überblick

Die Gründung einer Aktiengesellschaft vollzieht sich in mehreren Abschnitten. Das Gründungsverfahren ist im Gesetz genau geregelt.

Die Gründung beginnt mit der Feststellung der Satzung durch Abschluß eines Vertrages zwischen den Gründern und endet mit der Eintragung der Aktiengesellschaft in das Handelsregister.

2. Der Abschluß des Gesellschaftsvertrages und die Rechtsnatur der errichteten Gesellschaft

Die Entstehung der Aktiengesellschaft setzt wie bei jeder anderen Gesellschaft den Abschluß eines Vertrages voraus. Dieser Vertrag, der in § 2 AktG „Gesellschaftsvertrag" genannt wird, muß von mindestens fünf Personen in notarieller Form abgeschlossen werden. Er hat die Verpflichtung der Gründer zum Gegenstand, Aktien gegen Einlagen zu übernehmen und die Satzung mit Bindung auch für alle späteren Aktionäre, die an der Feststellung der Satzung nicht beteiligt waren, festzustellen. Es handelt sich dabei um einen *Organisationsvertrag,* der, soweit § 23 Abs. 5 AktG dies zuläßt, gesetzliche Vorschriften ersetzen oder ergänzen kann. Der Vertrag erzeugt unter den Gründern auch wechselseitige subjektive Ansprüche und Pflichten, so z. B. die Verpflichtungen zur Mitwirkung, um die Aktiengesellschaft als Rechtsperson entstehen zu lassen (vgl. Würdinger, § 21 I 2).

Mit der Übernahme aller Aktien durch die Gründer ist die Aktiengesellschaft errichtet (§ 29 AktG). Aus § 41 Abs. 1 AktG ergibt sich, daß sie damit allerdings noch nicht rechtsfähig ist. Welche Rechtsnatur der Gesellschaft in diesem Stadium zuzuerkennen ist, ist umstritten (siehe zum Streitstand Wiedemann, Bd. I, § 3 I 1 a). Nach heute wohl herrschender Meinung ist die handelsrechtliche Gründungsgesellschaft „eine Aufbaugemeinschaft auf dem Weg zu der letztlich angestrebten Organisationsform" (so Wiedemann, Bd. I, § 4 I 1 a). Es handelt sich deshalb um eine „Organisation, die einem Sonderrecht untersteht", das aus den im Gesetz oder im Gesellschaftsvertrag gegebenen Gründungsvorschriften und dem Recht der rechtsfähigen Gesellschaft, soweit dies nicht die Eintragung voraussetzt, besteht (so BGHZ 21, 242, 246). Für die Aktiengesellschaft bedeutet dies: Mit Abschluß des Gesellschaftsvertrages entsteht eine Organisation, auf die ein Sonderrecht anwendbar ist, das sich zusammensetzt aus den im Gesetz und in der Satzung enthaltenen Gründungsvorschriften und aus dem Recht der rechtsfähigen Aktiengesellschaft, soweit nicht die Eintragung in das Handelsregister Voraussetzung ist (vgl. Würdinger, § 21 II 1 a).

Gemäß § 41 Abs. 1 S. 2 AktG haften diejenigen Personen, die vor der Eintragung im Namen der zukünftigen Aktiengesellschaft handeln, persönlich und unbeschränkt. Die im Namen der Gesellschaft vor ihrer Eintragung entstandenen vertraglichen Verpflichtungen werden in der Regel erst Verpflichtungen der entstandenen Aktiengesellschaft, wenn sie von ihr übernommen werden; dies kann unter Befreiung der bis dahin gemäß § 41 Abs. 1 S. 2 AktG persönlich haftenden Gründer geschehen (§ 41 Abs. 2 AktG).

§ 31 BGB ist nicht anwendbar (vgl. Würdinger, § 21 II 1 e).

Rdnr. 182

183   3. Die Satzung

Die *Satzung* kann man als die Summe derjenigen rechtsgeschäftlich aufgestellten Normen bezeichnen, die in Ergänzung oder – soweit rechtlich möglich – Abänderung des Gesetzes die körperschaftlichen Rechtsverhältnisse der Gesellschaft regeln und damit die Gesellschaft gegenüber den übrigen Aktiengesellschaften individualisieren
(Würdinger, § 10 I 1 a).

Die Satzung muß den vom Gesetz bestimmten Mindestinhalt haben. Dazu gehören gemäß § 23 AktG u. a. die Feststellungen über
– die Firma,
– den Sitz der Gesellschaft,
– den Gegenstand des Unternehmens,
– die Höhe des Grundkapitals,
– die Nennbeträge der einzelnen Aktien und die Zahl der Aktien eines jeden Nennbetrages und
– die Zusammensetzung des Vorstandes.

Neben dem Mindestinhalt kann die Satzung auch andere Regelungen treffen. Während die Vorschriften des HGB über die OHG und
die KG in großem Umfang von den Gesellschaftern abbedungen
werden können, sind die Regelungen des Aktiengesetzes überwiegend zwingend. Abweichungen sind nur dort möglich, wo das Aktiengesetz dies zuläßt. Ergänzungen können erfolgen, soweit das Aktiengesetz keine abschließende Regelung enthält. Im Interesse der
Verläßlichkeit und Sicherheit sowie zum Schutze vor unterschiedlicher, ja willkürlicher Satzungsauslegung müssen Abweichungen von
der gesetzlichen Regelung klar und eindeutig zum Ausdruck gebracht
werden (BGHZ 9, 279, 283). Die innere und äußere Organisation der
Aktiengesellschaft ist vom Gesetzgeber sehr detailliert festgelegt worden. Diese starre Festlegung kann für bestimmte Gesellschaftszwecke
nachteilig sein, so daß sich für die Gesellschafter die Wahl anderer
Gesellschaftsformen – z. B. der durch weniger zwingende Vorschriften geregelten GmbH – empfehlen kann.

Beispiel: Durch die Satzung kann nicht wirksam bestimmt werden, daß

es in der Aktiengesellschaft, für die die Satzung festgestellt wird, keinen
Aufsichtsrat geben soll.

Mit der Feststellung der Satzung müssen die Gründer sich verpflichten, alle Aktien selbst zu übernehmen. Dies besagt, daß die
Gründer die Verpflichtung zur Einzahlung des Grundkapitals persönlich übernehmen müssen. Ist dies geschehen, ist die Aktiengesellschaft errichtet. Das bedeutet noch nicht, daß die Aktiengesellschaft
als juristische Person entstanden ist, sondern nur, daß die Beteiligten
nunmehr rechtlich gebunden sind. Für die Auslegung der Satzung einer Aktiengesellschaft gelten grundsätzlich die allgemeinen Regeln
der §§ 133, 157, 242 BGB. Umstritten ist, ob bei unklaren Satzungsvorschriften, die ausgelegt werden müssen, alle Behelfe herangezogen werden dürfen, auch wenn sie nicht in der Satzung oder wenigstens im Handelsregister und den zugehörigen Akten enthalten sind
(vgl. zur Problematik oben Rdnr. 47).

184   4. Satzungsänderungen

Die Satzung einer Aktiengesellschaft kann geändert werden, etwa
um ihren Inhalt den inzwischen veränderten Verhältnissen anzupassen. Jede Satzungsänderung bedarf eines Beschlusses der Hauptversammlung, um wirksam zu sein (§ 179 AktG). Bei dieser Regelung
des Aktiengesetzes handelt es sich um zwingendes Recht. Die Hauptversammlung kann ihre Befugnis, die Satzung zu ändern, nicht auf
ein anderes Organ übertragen.
    Der Vorstand muß jede Satzungsänderung, die die Hauptver-
sammlung beschlossen hat, zur Eintragung in das Handelsregister an-
melden (§ 181 AktG). Der Beschluß der Hauptversammlung über die
Satzungsänderung wird erst mit der Eintragung wirksam. Die Eintragung ist also konstitutiv (§ 181 Abs. 3 AktG).
    Beschließt die Hauptversammlung einer AG über Satzungsände-
rungen, so hat sie u. a. den *Grundsatz der gleichmäßigen Behandlung aller*
Aktionäre zu beachten, der sich zwar nicht unmittelbar aus dem Aktiengesetz ergibt, aber auch ohne ausdrückliche und gesetzliche Rege-

lung für die AG wie für alle anderen Gesellschaften gilt, weil er dem Charakter jeder Gesellschaft entspricht (vgl. Hueck, Gesellschaftsrecht, § 29 V). Aus § 180 AktG ergibt sich, daß ein Beschluß, der Aktionären Nebenverpflichtungen auferlegt, der Zustimmung aller betroffenen Aktionäre bedarf, um wirksam zu sein.

185   5. Die Bestellung von Organen

Der nächste Schritt, der vom ersten Abschnitt der Errichtung zur selbständigen Rechtspersönlichkeit der Aktiengesellschaft führt, ist die Bestellung von Organen, durch die die entstehende juristische Person handlungsfähig wird.

Organe der Aktiengesellschaft sind: Hauptversammlung, Aufsichtsrat und Vorstand.

Als erstes Organ bestellen die Gründer, die sämtliche Aktien übernommen haben, einen Aufsichtsrat. Außerdem bestimmen die Gründungsaktionäre auch die Abschlußprüfer (meist Wirtschaftsprüfungsunternehmen) für das erste Geschäftsjahr. Der Aufsichtsrat hat den Vorstand zu bestellen.

186   6. Gründungsbericht und Gründungsprüfung

Die Gründer erstellen über den Gründungshergang einen schriftlichen Bericht, der die Grundlage für die darauf folgende Gründungsprüfung durch die inzwischen bestellten Organe, Vorstand, Aufsichtsrat und besondere Gründungsprüfer, bildet. Dieses komplizierte Verfahren dient dem Zweck, unseriöse Gründungen zu vermeiden, um zukünftige Aktionäre und andere Personen, die mit der Aktiengesellschaft in Rechtsbeziehungen treten, zu schützen.

187   7. Die Einlage

Die Gründeraktionäre müssen ihre Einlage leisten. Bei der einfachen Gründung heißt das: Sie müssen den vereinbarten Geldbetrag für die übernommenen Aktien zur Verfügung des Vorstandes einzahlen.

8. Die Anmeldung zum Handelsregister und die Eintragung

Die darauf erfolgende Anmeldung der Gesellschaft bei dem zuständigen Registergericht führt nicht nur zu einer Nachprüfung der Formalien. Das Gericht prüft auch die Ordnungsmäßigkeit der Errichtung selbst. Stellt das Gericht Mängel bei der Errichtung fest, hat es die Eintragung abzulehnen. Das hat zur Folge, daß die Aktiengesellschaft als juristische Person nicht zur Entstehung gelangt.

Mit der Eintragung in das Handelsregister entsteht die Aktiengesellschaft als juristische Person. Sie erlangt also eigene Rechtspersönlichkeit und ist damit rechtsfähig.

188   II. Die qualifizierte Gründung

Einem noch strenger geregelten Gründungsverfahren unterliegt die sog. qualifizierte Gründung. Eine solche liegt vor, wenn Regelungen geschaffen werden, die für die künftigen Gläubiger oder für die Aktionäre besonders gefährlich sein können. Unter Regelungen dieser Art fallen:

– Die *Einräumung von Sondervorteilen* für einzelne Aktionäre (§ 26 AktG).

Beispiel: Einigen Aktionären werden besondere Gewinnanteile zugesichert.

Beispiel: Eine GmbH, die einen Baustoffgroßhandel betreibt, gehört zu den Gründeraktionären einer sich im Gründungsstadium befindenden Aktiengesellschaft, bei der der Gegenstand des Unternehmens ein Baugeschäft (Hochbau) sein soll. In die Satzung der AG wird aufgenommen, daß die GmbH, die zu den Aktionären gehört, einen Anspruch darauf haben soll, daß die Aktiengesellschaft pro Jahr eine bestimmte Menge Baustoffe bei der GmbH abnehmen soll.

– *Sacheinlagen* (§ 27 AktG), d.h. Einlagen, die nicht in einer Bargeldzahlung bestehen. Gegenstand von Sacheinlagen kann jeder übertragbare Gegenstand sein, der einen „faßbaren" Vermögenswert darstellt (vgl. oben Rdnr. 177).

Beispiel: Es wird vereinbart, daß von fünf Gründeraktionären drei ihre Einlage durch eine Geldzahlung erbringen. Die übrigen leisten Sacheinlagen: der eine verpflichtet sich zur Übereignung eines Grundstücks, der andere zur Einbringung eines Patentes.

Um die Gefahr einer Schädigung zu Lasten künftiger Aktionäre und Gläubiger weitgehend einzudämmen, schreibt das Aktiengesetz vor, daß Regelungen dieser Art in der Satzung festgelegt werden müssen, um für alle, die ein Interesse daran haben können, eine Nachprüfungsmöglichkeit zu schaffen (§§ 26, 27 AktG). Regelungen dieser Art, die nicht in der Satzung festgelegt sind, haben keine Gültigkeit.

§ 31. Die Organe der Aktiengesellschaft

Schrifttum: Eisenhardt, Zum Problem der Haftung der Aufsichtsratsmitglieder von Aktiengesellschaft und GmbH gegenüber der Gesellschaft, Jura 1982, 289 ff.; Hefermehl, Umfang und Grenzen des Auskunftsrechts des Aktionärs in der Hauptversammlung. In: Festschrift für Duden, 1977, S. 109 ff.; derselbe, Zur Haftung der Vorstandsmitglieder bei Ausführung von Hauptversammlungsbeschlüssen. In: Festschrift für Schilling, 1973, S. 159 ff.; Hengeler, Zum Beratungsgeheimnis im Aufsichtsrat einer Aktiengesellschaft. In: Festschrift für Schilling, 1973, S. 175 ff.; Meyer-Landrut, Der „Mißbrauch" aktienrechtlicher Minderheits- oder Individualrechte, insbesondere des Auskunftsrechts. In: Festschrift für Schilling, 1973, S. 235 ff.; Raisch, Zum Begriff und zur Bedeutung des Unternehmensinteresses als Verhaltensmaxime von Vorstands- und Aufsichtsratsmitgliedern. In: Festschrift für Hefermehl, 1976, S. 347 ff.

Rdnr. 188

I. Das Verhältnis der Organe zueinander

189   Da die Aktiengesellschaft eine juristische Person ist, bedarf sie, um handeln zu können, bestimmter Organe. Das Aktiengesetz schreibt zwingend drei Organe vor: Vorstand, Aufsichtsrat und Hauptversammlung.

Während bei der typischen Personenhandelsgesellschaft, der OHG, das mit der Gesellschaft verbundene Risiko und die Unternehmensleitung dieselben Personen trifft, gehört es zu den Wesensmerkmalen der Aktiengesellschaft, daß die Unternehmensleitung und die Mitgliedschaft an der Aktiengesellschaft grundsätzlich getrennt sind. Für die Aktiengesellschaft ist es typisch, daß der einzelne Aktionär zwar das wirtschaftliche Risiko trägt – das allerdings auf den beim Erwerb der Aktien erbrachten Kapitaleinsatz beschränkt ist –, er aber nicht an der Unternehmensleitung beteiligt ist.

Nach der gesetzlichen Regelung liegt die Leitung der Akteingesellschaft beim Vorstand (§ 76 AktG). Das Kontrollorgan ist der Aufsichtsrat. Er überwacht die Geschäftsführung des Vorstandes und beruft ihn ab. Die Aktionäre üben ihre Rechte in der Hauptversammlung und durch diese aus.

190   Das Verhältnis der Organe zueinander hängt in der Praxis in erster Linie von der Verteilung der tatsächlichen Macht, nämlich von der Verteilung der Aktien und von den Persönlichkeiten ab, die den Aktienbesitz repräsentieren. Mag das Gesetz auch den Vorstand als das eigentliche Leitungsorgan vorsehen, bei den großen Aktiengesellschaften liegt die wirkliche Macht häufig beim Aufsichtsrat, der von den Aktionären, den Arbeitnehmern und den Gewerkschaften bestellt wird. Eine wesentliche Machtquelle des Aufsichtsrates beruht auf seinen personalpolitischen Befugnissen. Er bestellt die Vorstandsmitglieder auf höchstens fünf Jahre. Aus wichtigem Grund kann der Aufsichtsrat die Bestellung von Vorstandsmitgliedern jederzeit widerrufen (§ 84 Abs. 3 AktG).

II. Der Vorstand

191 Als das Leitungsorgan der Aktiengesellschaft führt der Vorstand die Geschäfte. Er vertritt die Gesellschaft gerichtlich und außergerichtlich.

Die Vorstandsmitglieder haben sich als Geschäftsleiter grundsätzlich um *alle* Angelegenheiten der Gesellschaft zu kümmern. Sie haben insbesondere die Angestellten zu beaufsichtigen, die mit der Erledigung von Geschäftsführungsangelegenheiten betraut sind. Neben der allgemeinen Aufgabe der Leitung der Aktiengesellschaft hat der Vorstand insbesondere noch folgende Befugnisse:

– die Ausführung der Hauptversammlungsbeschlüsse,
– die Berichterstattung an den Aufsichtsrat (§ 90 AktG),
– die Führung der Handelsbücher (§ 91 AktG),
– Die Aufstellung und Vorlegung des Jahresabschlusses und des Geschäftsberichts (§ 148 AktG).

Die Vorstandmitglieder werden vom Aufsichtsrat auf höchstens fünf Jahre bestellt. Die Anstellung erfolgt aufgrund eines privatrechtlichen Dienstvertrages. Vertragspartner sind auf der einen Seite das Vorstandsmitglied und auf der anderen Seite die Aktiengesellschaft, vertreten durch den Aufsichtsrat. Nach herrschender Meinung gilt ein Vorstandsmitglied nicht als Arbeitnehmer. Für diese Auffassung spricht, daß die arbeitsrechtlichen Gesetze die Vorstandsmitglieder der Aktiengesellschaft durchweg nicht als Arbeitnehmer behandeln (so § 5 BetriebsverfassungsG, § 5 ArbeitsgerichtsG, § 14 KündigungsschutzG, § 1 Arbeitszeitordnung).

Ein Aufsichtsratsmitglied kann nicht zugleich Mitglied des Vorstandes sein, weil der Aufsichtsrat sonst seiner Aufgabe, die Geschäftsführung des Vorstandes zu überwachen, nicht nachkommen könnte (§ 105 AktG).

192 Entsprechend dem hohen Maß an Verantwortung, das der Vorstand zu tragen hat, unterliegen die Vorstandsmitglieder auch einer scharfen persönlichen Haftung gegenüber der Aktiengesellschaft. Aus § 93 AktG kann der Aktiengesellschaft ein Schadensersatzanspruch gegen ein oder mehrere Vorstandsmitglieder erwachsen.

Beispiel: Infolge einer durch Bestechung verursachten Fehlentscheidung des Vorstandes verliert die Aktiengesellschaft bei einem Investitionsprojekt DM 2 Millionen. Hier kann die Aktiengesellschaft, vertreten durch den Aufsichtsrat, den Ersatz des verursachten Schadens von den Vorstandsmitgliedern als Gesamtschuldnern verlangen.

Für zum Schadensersatz verpflichtende Handlungen, die der Vorstand oder ein Mitglied des Vorstandes in Ausführung der ihm zustehenden Verrichtungen begangen hat, entsteht gegenüber Dritten eine Haftung der Aktiengesellschaft aus § 31 BGB i. Vb. m. der gesetzlichen Vorschrift, die dem Geschädigten einen Schadensersatzanspruch gewährt. Zum Schadensersatz verpflichten z. B. unerlaubte Handlungen (§§ 823 ff. BGB) und Leistungsstörungen bei der Abwicklung von Verträgen.

Beispiel: Die Behnke-Textil-AG hatte sich verpflichtet, zum 31. 1. 1977 700 blaue Röcke für die Frühjahrskollektion an den Einzelhändler Will zu liefern. Als die Röcke trotz einer sofortigen Nachfristsetzung mit Ablehnungsandrohung am 27. 3. 1977 noch nicht eingetroffen waren, weil das für den Versand zuständige Vorstandsmitglied der Aktiengesellschaft die Bestellung vergessen hatte, verlangt Will von der Behnke-Textil-AG Schadensersatz wegen Nichterfüllung gemäß § 326 BGB. Da die Aktiengesellschaft nicht selbst handeln kann, muß ihr das Handeln der für sie im Rahmen ihrer Zuständigkeit tätigen Personen zugerechnet werden. Für die Vorstandsmitglieder muß die Aktiengesellschaft nach § 31 BGB eintreten, während sie für Erfüllungsgehilfen und Verrichtungsgehilfen nach den allgemeinen Vorschriften der §§ 278 und 831 BGB einzustehen hat. Die Behnke-Textil-AG muß für den durch ihr vergeßliches Vorstandsmitglied eingetretenen Schaden gemäß §§ 326, 31 BGB einstehen.

III. Der Aufsichtsrat

193   **1. Die Aufgaben des Aufsichtsrates**

Der Aufsichtsrat ist das eigentliche Kontrollorgan der Aktiengesellschaft. Aufgrund seiner personalpolitischen Befugnisse und der Tatsache, daß in vielen Aktiengesellschaften wichtige Maßnahmen des Vorstandes der Zustimmung des Aufsichtsrates bedürfen (§ 111 Abs. 4 Satz 2 AktG), übt der Aufsichtsrat in der Regel den wesentlichen Einfluß in der Gesellschaft aus.

Die Hauptaufgaben des Aufsichtsrates sind:
— die Bestellung und Abberufung des Vorstandes (§ 84 AktG),
— die Überwachung der Geschäftsführung des Vorstandes (§ 111 AktG).

Die Aufsichtsratsmitglieder haben nicht die Angelegenheiten der Gesellschaft von Grund auf zu prüfen. Der Umfang der ihnen auferlegten Pflichten in dieser Hinsicht bestimmt sich nach den ihnen zu erstattenden Berichten und den für die Beurteilung einzelner Aufgaben nötigen Unterlagen.

Überwachung der Geschäftsführung durch den Aufsichtsrat (§ 111 Abs. 1 AktG) bedeutet in erster Linie die Aufsicht darüber, daß keine Mißwirtschaft betrieben wird (vgl. dazu Mertens, ZGR 1977, 270, 277). Keine Mißwirtschaft betreiben heißt vor allem, für die Erhaltung und Förderung des Unternehmens im Sinne der Kapitalerhaltung als Minimum des Rentabilitätszieles zu sorgen. Das ergibt sich u. a. aus § 90 AktG, aus dem sich ein Mindestkatalog konkretisierter Aufgaben des Aufsichtsrats ableiten läßt.

Damit der Aufsichtsrat seine Aufgaben wirksam erfüllen kann, dürfen seine Mitglieder weder dem Vorstand angehören noch leitende Angestellte der Aktiengesellschaft sein (§ 105 AktG). Die Vertreter der Aktionäre im Aufsichtsrat werden von der Hauptversammlung durch Mehrheitsbeschluß auf höchstens vier Jahre gewählt (§ 102 AktG).

194 2. Die Begrenzung der Aufsichtsratsmandate

Nach § 100 AktG können Personen, die bereits in 10 Handelsgesellschaften oder bergrechtlichen Gewerkschaften Mitglieder des Aufsichtsrates sind (innerhalb eines Konzernverbandes ist die Höchstzahl nach § 100 Abs. 2 AktG allerdings auf 15 erhöht), und solche, die gesetzliche Vertreter eines von der Aktiengesellschaft abhängigen Unternehmens sind, nicht Mitglieder des Aufsichtsrates werden. Außerdem kann nicht Aufsichtsratsmitglied werden, wer gesetzlicher Vertreter einer anderen Kapitalgesellschaft oder bergrechtlichen Gewerkschaft ist, derem Aufsichtsrat ein Vorstandsmitglied der Gesellschaft angehört (Verbot der sog. Überkreuzverflechtung).

Mit § 100 AktG soll eine Garantie dafür geschaffen werden, daß die in Aufsichtsräte gewählten Personen in der Lage sind und bleiben, die Kontrollaufgaben, die ihnen obliegen, sachgemäß zu erfüllen. Außerdem soll verhindert werden, daß zuviel Macht bei wenigen Personen konzentriert wird.

195 3. Das Unternehmensinteresse als Verhaltensmaxime für Vorstand und Aufsichtsrat

Nachdem der BGH (BGHZ 64, 325, 329 ff.) das „Interesse des Unternehmens" als einen Maßstab für die Wahrnehmung von Sorgfaltspflichten anerkannt hat, ist in den letzten Jahren das *Unternehmensinteresse* als Verhaltensmaxime sowohl für den Vorstand wie auch für den Aufsichtsrat eingehend diskutiert worden (zum Diskussionsstand siehe Eisenhardt, Jura 1982, 289 ff.). Nach einer inzwischen weit verbreiteten Auffassung sollen Vorstand und Aufsichtsrat einer Aktiengesellschaft dem Unternehmensinteresse verpflichtet sein (vgl. Mertens, ZGR 1977, 270, 275 ff.; Raisch, in: Festschr. für Hefermehl 1979, S. 347; Th. Raiser in: Festschr. für Reimer Schmidt, S. 101 ff.; H. P. Westermann, ZGR 1977, 219, 222 ff.).

Darüber, was unter der Wahrnehmung des Unternehmensinteresses im einzelnen zu verstehen ist, besteht allerdings keine Einigkeit (das geht u. a. aus dem Bericht der Unternehmensrechtskommission (Rdnr. 132 ff.) hervor, in dem viele unterschiedliche Auffassungen zu diesem Komplex festgehalten sind. Vgl. zum Meinungsstand Eisenhardt, Jura 1982, 289, 294 ff.). Übereinstimmung besteht allerdings im wesentlichen insoweit, daß die Wahrnehmung des Unternehmensinteresses jedenfalls die Verpflichtung zur Erhaltung und Förderung des Unternehmens, nicht zuletzt durch die Kapitalerhaltung als Minimum des Rentabilitätszieles bedeutet. Darüber hinaus betonen viele Autoren, wenn auch mit unterschiedlicher Gewichtung, daß das Gemeinwohl bzw. die Interessen der Allgemeinheit – manche reden von „öffentlichem Interesse" – zu beachten sind, wenn es um die Wahrnehmung des Unternehmensinteresses geht.

Das Unternehmensinteresse ist bisher in keinem Gesetz ausdrücklich geregelt. Noch nicht einmal Anhaltspunkte dafür, was unter dem Unternehmensinteresse zu verstehen ist, können der gesetzlichen Regelung des Gesellschaftsrechts entnommen werden. Dem steht die teilweise recht weit gefaßte Interpretation dieses Begriffes in der Literatur gegenüber. Die Hauptschwierigkeit dürfte, folgt man manchen Autoren, darin bestehen, die Erhaltung und Förderung des Unternehmens einerseits und die Wahrnehmung des Gemeinwohls bzw. des öffentlichen Interesses andererseits in Einklang zu bringen. Da das Unternehmensinteresse nicht ohne weiteres mit dem Interesse der Aktionäre, aber auch nicht mit dem Arbeitnehmerinteresse gleichzusetzen ist (vgl. dazu Flume, ZGR 1978, 678, 689), sind eine Reihe von Fällen denkbar, in denen ein Widerspruch der Interessen der Anteilseigner einerseits und der Arbeitnehmer andererseits entstehen kann.

Beispiel: Ein Großunternehmen gerät in wirtschaftliche Schwierigkeiten. Die Verluste der letzten beiden Jahre betragen 350 bzw. 450 Millionen DM. Bei der gegenwärtigen Konjunkturlage gilt es als sicher, daß die Verluste in den nächsten Jahren eher steigen als geringer werden. Ein ausländisches Unternehmen beabsichtigt, das notleidende Unternehmen mit dem Ziel zu erwerben, einen Teil der Produktion, die zur eigenen in Konkurrenz steht, stillzulegen, was einen Verlust von ca. 10 000 Arbeitsplätzen bedeuten würde. Geht man einmal davon aus, daß der Erwerb durch das ausländische Unternehmen für die Anteilseigner die optimale Lösung darstellen würde, tritt der Konflikt mit den Interessen der Arbeitnehmer deutlich zutage.

Für eine stärkere Berücksichtigung des Interesses der Allgemeinheit, etwa in Gestalt von kurzfristiger Erhaltung von Arbeitsplätzen auf Kosten des Kapitalerhaltungsinteresses der Anteilseigner, findet sich – auch wenn man dies als wünschenswertes rechtspolitisches Ziel ansehen mag – im Gesellschaftsrecht bisher keine Stütze.

196   4. Die aktienrechtliche Haftungsklausel

Wer als Aktionär, Mitglied des Verwaltungsorgans der Gesellschaft oder aber auch als außenstehender Dritter vorsätzlich unter Benutzung seines Einflusses auf die Gesellschaft ein Mitglied des Vor-

standes oder Aufsichtsrates, einen Prokuristen oder Handlungsbe-
vollmächtigten dazu bestimmt, zum Schaden der Gesellschaft oder
ihrer Aktionäre zu handeln, ist der Gesellschaft zum Ersatz des dieser
daraus entstehenden Schadens verpflichtet (§ 117 Abs. 1 Satz 1 AktG).
Dieser Schadensersatzanspruch ist ein Anspruch der Gesellschaft. Der
Anspruch kann aber auch von den Gläubigern der Gesellschaft geltend gemacht werden, wenn sie wegen ihrer Forderungen gegen die
Gesellschaft von dieser keine Befriedigung erlangen können (§ 117
Abs. 5 AktG).

§ 117 AktG hat den Sinn, die Gesellschaft vor Schädigungen durch
eine mißbräuchliche Einflußnahme zu schützen. Durch das Konzernrecht und den darin ausgestalteten Schutz der abhängigen Gesellschaft, ihrer Aktionäre und Gläubiger ist die Bedeutung des § 117
AktG geringer geworden.

Nach heute herrschender Meinung kann § 117 AktG neben § 826
BGB geltend gemacht werden (Barz, § 117 AktG Anm. 16). Im übrigen haften Mitglieder des Vorstandes (§ 93 AktG) und des Aufsichtsrats (§ 116 AktG i. Vb. m. § 93 AktG bzw. § 25 Abs. 1 MBG) gegenüber der Gesellschaft wegen Pflichtverletzungen. § 93 AktG regelt allein die Pflichten von Organmitgliedern aus ihrem durch die Bestellung begründeten Rechtsverhältnis zur Gesellschaft. § 93 Abs. 1 und 2
AktG sind deshalb keine Schutzgesetze zugunsten der Gesellschaftsgläubiger i. S. des § 823 Abs. 2 BGB. Streitig ist allerdings, ob durch
diese Vorschriften zugleich die Gesellschafter geschützt werden sollen (vgl. BGH MDR 1980, 126).

Gemäß § 93 AktG haften die Vorstandsmitglieder, wenn sie bei ihrer
Geschäftsführung die „Sorgfalt eines ordentlichen und gewissenhaften Ge-
schäftsleiters" außer acht lassen. Der Aufsichtsrat hat keine Geschäftsfüh-
rungs- und Geschäftsleitungsbefugnis. Aus diesem Grunde kann die in
§ 116 AktG angeordnete sinngemäße Anwendung des § 93 AktG jedenfalls
nicht bedeuten, daß ein Aufsichtsratsmitglied das gleiche Maß an Sorgfalt
zu beobachten hat wie ein gewissenhafter Geschäftsleiter (vgl. zu den Einzelheiten Eisenhardt, Jura 1982, 289, 290 f.).

IV. Die Hauptversammlung

197 1. Aufgaben der Hauptversammlung

Die Aktionäre üben ihre Rechte in den Angelegenheiten der Gesellschaft überwiegend in der Hauptversammlung, der Versammlung aller Aktionäre der Gesellschaft aus. Die Entscheidungsrechte der Hauptversammlung ergeben sich aus § 119 AktG. Die Hauptversammlung entscheidet u. a. über:

- die Bestellung der Aktionärsvertreter im Aufsichtsrat,
- die Verwendung des Bilanzgewinns,
- die Satzungsänderungen,
- Maßnahmen der Kapitalbeschaffung und der Kapitalherabsetzung,
- die Entlastung der Mitglieder des Vorstandes und des Aufsichtsrates.

198 2. Die Ausübung des Stimmrechts in der Hauptversammlung

Entscheidungen der Hauptversammlung erfolgen durch Beschlüsse. Dabei ist die einfache Stimmenmehrheit (die Mehrheit der abgegebenen Stimmen) ausschlaggebend (§ 133 AktG). Gemäß § 133 Abs. 1 AktG kann die Satzung für Beschlüsse der Hauptversammlung eine größere als die gesetzlich vorgeschriebene einfache Stimmenmehrheit oder andere Erfordernisse vorschreiben. Für Wahlen erweitert § 133 Abs. 2 AktG diese Möglichkeit einer Abweichung dahin, daß auch erleichternde Stimmregelungen erlaubt sind. Auch Erschwerungen der gesetzlichen Voraussetzungen etwa durch das Erfordernis einer qualifizierten Mehrheit sind möglich. Dem Verlangen einer erhöhten Mehrheit in der Satzung können dann Bedenken entgegenstehen, wenn dadurch der Gesellschaft die Erfüllung im öffentlichen Interesse gelegener Pflichten unmöglich gemacht werden könnte (so BGHZ 76, 191, 193). Jeder Beschluß bedarf zu seiner Wirksamkeit der notariellen Beurkundung (§ 130 AktG).

Jedem Aktionär steht in der Hauptversammlung das Stimmrecht zu (§ 12 AktG). Dabei bemißt sich das Stimmrecht nach den Nennbeträgen der Aktien (§ 134 Abs. 1 Satz 1 AktG). Grundsätzlich ist damit im Aktienrecht die Rechtsstellung der Gesellschafter nach ihrer Kapitalbeteiligung bestimmt. Daran hat sich auch eine Gleichbehandlung der Aktionäre im allgemeinen zu orientieren (so BGHZ 70, 117, 121; Immenga, BB 1975, 1042 ff.). Dieser Maßstab ist jedoch, wie § 134 Abs. 1 S. 2 bis 4 und § 139 AktG zeigen, nicht zwingend. Unter Umständen muß ein Aktionär selbst solche Eingriffe in sein Mitgliedschaftsrecht, die ihn unter den konkreten Umständen des Einzelfalles ungleich stärker als andere Gesellschafter belasten, hinnehmen, wenn eine genügend große Mehrheit es im Gesamtinteresse des Unternehmens für notwendig hält, der Gesetzgeber das damit verfolgte Ziel als schutzwürdig anerkennt und Willkür ausgeschlossen ist. Dazu gehört auch die nachträgliche Beschränkung des Stimmrechts auf einen Höchstbetrag (BGHZ 70, 117, 121).

Daß die Aktionäre ihr Stimmrecht in der Hauptversammlung auch persönlich ausüben, ist bei den großen Aktiengesellschaften – oft Publikumsgesellschaften mit sechsstelligen Zahlen von Aktionären – nicht der Regelfall. Die ursprüngliche Konzeption des Aktiengesetzes, die davon ausging, daß die Aktionäre ihre Interessen durch die Hauptversammlung unmittelbar wahrnehmen, ist nur noch bei kleineren Aktiengesellschaften mit einer überschaubaren Zahl von Aktionären zu verwirklichen. Bei den großen Aktiengesellschaften lassen sich die Aktionäre in der Hauptversammlung meist vertreten, so daß aus der Hauptversammlung, die als die Aktionärsversammlung konzipiert war, immer mehr eine „Aktionärsvertreterversammlung" geworden ist (so Barz, Vorbem. zu §§ 118 ff. AktG).

Diese Hauptversammlungen werden entscheidend von den aufgrund ihres Depotstimmrechts als Aktionärsvertreter auftretenden Banken bestimmt. Die starke Stellung der Banken beruht darauf, daß die meisten Kleinaktionäre ihre Aktien bei einer Bank deponiert haben, durch die sie sich in der Regel in der Hauptversammlung vertreten und durch die sie ihr Stimmrecht ausüben lassen (zum Depotstimmrecht der Banken vgl. § 135 Abs. 1 bis 6 AktG).

199   Bei Inhaberaktien dürfen die Banken das Stimmrecht nur im Namen, grundsätzlich unter Benennung des Aktionärs ausüben, wenn der Aktionär schriftlich eine entsprechende Vollmacht erteilt hat. Wesentlich ist, daß mit der Vollmachterteilung keine anderen Erklärungen verbunden werden dürfen. Die Vollmachterteilung kann deshalb nicht Gegenstand Allgemeiner Geschäftsbedingungen sein. Die Vollmacht kann nur einer bestimmten Bank auf die Dauer von höchstens 15 Monaten erteilt werden. Sie ist jederzeit widerruflich.

Zweck dieser Regelung ist es, das Abstimmungsverhalten der Banken mehr der Kontrolle der vertretenen Aktionäre zu unterwerfen. Bei aller Kritik am Depotstimmrecht der Banken sollte nicht übersehen werden, daß ohne eine Vertretung der Aktionäre durch die Banken Vorstand und Aufsichtsrat von Publikumsgesellschaften noch weniger, als dies ohnehin der Fall ist, von den zahlreichen und damit einflußlosen Kleinaktionären abhängig und kontrolliert wären.

Aktionäre können *Stimmrechtskonsortien* bilden, indem sie sich gegenseitig zur gemeinsamen Ausübung ihres Stimmrechts in der Aktiengesellschaft zusammenschließen. Solche Zusammenschlüsse in der Rechtsform der Gesellschaft bürgerlichen Rechts (vgl. oben Rdnr. 13) sind grundsätzlich zulässig (vgl. Jan Schröder, ZGR 1978, 578 f. mit Nachweisen). Aktionäre bilden solche Konsortien z. B. mit dem Ziel, ihrem Unternehmen den Charakter einer Familiengesellschaft zu erhalten und fremde Einflüsse abzuwehren.

200   **3. Das Auskunftsrecht des Aktionärs**

Fall 8: Bolte ist Aktionär der Westdeutschen Brauhaus-AG. Er hält 80 Aktien zu einem Nennwert von je DM 50,– . Das Grundkapital der Westdeutschen Brauhaus-AG beträgt DM 2 Millionen. Auf der Hauptversammlung der Westdeutschen Brauhaus-AG werden nach der Tagesordnung u. a. folgende Tagesordnungspunkte erörtert:

a) Errichtung eines Zweigwerkes in Bayern.
b) Künftige Produktion alkoholfreier Getränke.
c) Gewinnverwendungsbeschluß; den Aktionären soll eine geringere Dividende als im Vorjahr gewährt werden.

Bolte verlangt in der Hauptversammlung Auskunft über folgende Fragen:

1. Welche Chancen sieht der Vorstand, mit einem Zweigwerk in Bayern angesichts der starken dort ansässigen Brauwirtschaft erfolgreich zu arbeiten?

2. Wie sollen die Mittel für das Zweigwerk aufgebracht werden? Inwiefern sollen Teile des Jahresgewinnes auch für das Zweigwerk verwendet werden?

3. Warum sollen künftig auch alkoholfreie Getränke produziert werden, zumal der Umsatz des letzten Geschäftsjahres einen Anstieg im Absatz der bisher ausschließlich produzierten alkoholischen Getränke ausweist?

4. Warum soll angesichts der günstigen Umsatzentwicklung die Dividende herabgesetzt werden? Bolte verbindet mit dieser Frage die Drohung, einen Hauptversammlungsbeschluß über die Zahlung einer niedrigeren Dividende anzufechten.

In der Hauptversammlung erklärt der Vorstand zu Frage 1, daß bezüglich der Zweigwerkerrichtung in Bayern ein umfangreiches Papier vorliege, das allen Aktionären zur Vorbereitung dieses Tagesordnungspunktes in der Hauptversammlung zugesandt worden sei. Aus diesem Grunde könne Bolte keine weiteren Auskünfte zu dieser Frage verlangen. Zu Frage 2 meint der Vorstand, über die aufzubringenden Mittel könne ebenfalls keine Auskunft verlangt werden. Zu Frage 3 ist der Vorstand der Ansicht, daß die von ihm darüber eingeholten komplizierten Marktanalysen, die zu dem Entschluß geführt hätten, künftig auch alkoholfreie Getränke zu produzieren, ohnehin das Verständnis eines wirtschaftlich nicht genauestens informierten Aktionärs überstiegen. Frage 4 braucht nach Auffassung des Vorstandes nicht beantwortet zu werden, weil Bolte mit einer Beschlußanfechtung drohe. Er brauche die Auskunft also nicht zur sachgemäßen Beurteilung der Tagesordnung, sondern nur zur Vorbereitung seiner Anfechtung. Sind die Antworten des Vorstandes zutreffend?

Ein wesentliches Recht des Aktionärs ist es, daß er in der Hauptversammlung vom Vorstand Auskunft über alle Angelegenheiten der Gesellschaft verlangen kann, sofern solche Auskünfte zur sachgemäßen Beurteilung der Gegenstände der Tagesordnung erforderlich sind (§ 131 AktG). Mit dem Auskunftsrecht soll dem Aktionär die Möglichkeit eröffnet werden, sich die Informationen und Einblicke in die Angelegenheiten der Gesellschaft zu verschaffen, die erforderlich sind, um sich zu den Gegenständen der Tagesordnung für die Hauptversammlung eine Meinung bilden und für die Teilnahme an der Beschlußfassung eine sachgerechte Entscheidung fällen zu können.

201 Da das Auskunftsrecht an die Gegenstände der Tagesordnung gebunden ist, kommt der Frage, wer die Tagesordnung bestimmt, besondere Bedeutung zu. Die Bekanntmachung der Tagesordnung ist mit der Einberufung der Hauptversammlung zwingend verbunden (§ 124 AktG). Die Einberufung der Hauptversammlung mit der Festlegung der Tagesordnung geschieht durch den Vorstand (§ 121 AktG). Nach § 111 Abs. 3 AktG hat auch der Aufsichtsrat eine Hauptversammlung einzuberufen, wenn das Wohl der Gesellschaft dies erfordert. Gemäß § 122 Abs. 2 AktG kann jedoch auch eine Minderheit von Aktionären – sie müssen zusammen Anteile von ¹/₂₀ des Grundkapitals halten oder den Nennbetrag von DM 1 Million erreichen – weitere Gegenstände zur Beschlußfassung der Hauptversammlung bekanntgeben und damit zu Tagesordnungspunkten machen lassen. Will eine Minderheit von Aktionären zu Angelegenheiten der Gesellschaft Auskunft gemäß § 131 AktG verlangen, die der Vorstand nicht auf die Tagesordnung hat setzen lassen – vielleicht gerade deshalb nicht, um den Aktionären nicht Auskunft geben zu müssen –, so muß sie zunächst von ihrem Recht gemäß § 122 Abs. 2 AktG Gebrauch machen und eine entsprechende Erweiterung der Tagesordnung verlangen.

Lösung zu Fall 8: Zu Frage 1 ist die Auffassung des Vorstandes zutreffend, wenn aufgrund des vorgelegten Papiers der Inhalt der zu dieser Frage möglichen Auskünfte bereits allen Aktionären bekannt ist. Insofern ist eine weitere Auskunft hier zur sachgemäßen Beurteilung des Tagesordnungspunktes nicht mehr erforderlich. Frage 2 muß beantwortet werden, weil die Beschaffung von Mitteln für ein Zweigwerk eine Angelegenheit der Gesellschaft (§ 131 Abs. 1 Satz 1 AktG) und zur sachgemäßen Beurteilung des Gewinnverteilungsbeschlusses als Tagesordnungspunkt erforderlich ist. Frage 3 muß gleichfalls beantwortet werden. Es handelt sich auch hier um eine Angelegenheit der Gesellschaft. Dabei kommt es nicht darauf an, was der Vorstand für erforderlich hält und ob der einzelne Aktionär in der Lage ist, die Erforderlichkeit zu beurteilen. Entscheidend ist hier der Standpunkt des vernünftigen durchschnittlichen Aktionärs. Dies bedeutet, daß über Produktionsveränderungen und ihre Gründe Auskunft erteilt werden muß. Auch Frage 4 muß beantwortet werden. Der Aktionär muß sich ein Bild über die Gründe machen können, die für die Gesellschaft zum Entschluß einer Dividendenherabsetzung führen. Die Frage wird auch nicht dadurch unsachgemäß, daß der fragende Aktionär mit einer Anfechtung droht.

202   Der Vorstand darf unter den im Gesetz genannten Voraussetzungen die Auskunft verweigern (§ 131 Abs. 3 AktG). Der Vorstand kann von dieser Möglichkeit z. B. dann Gebrauch machen, wenn die Ertei-

lung der Auskunft nach vernünftiger kaufmännischer Beurteilung geeignet ist, der Gesellschaft einen nicht unerheblichen Schaden zuzufügen. Beurteilungsmaßstab dafür ist nach herrschender Meinung
stets die Frage, ob aus der in ihrem konkreten Inhalt dahinstehenden
Auskunft abstrakt eine Schadensgefahr erwächst. Die Gefahr der Entstehung eines Schadens reicht aus. Es wird also auf die Eignung der
Auskunft zur Nachteilszufügung abgestellt (Barz, § 131 AktG
Anm. 14).

V. Die Mitbestimmung

Schrifttum: Däubler, Das Grundrecht auf Mitbestimmung, 1970; Lux,
Die Einleitung der Arbeitnehmerwahl nach dem Mitbestimmungsgesetz,
BB 1977, 905 ff.; Krämer, Zur Rechtsstellung der leitenden Angestellten
im Mitbestimmungsgesetz und den Wahlordnungen, NJW 1977, 2142 ff.;
Raisch, Mitbestimmung und Koalitionsfreiheit, 1975; T. Raiser, Mitbe-
stimmung im Betrieb und im Unternehmen. In: Festschrift für Duden,
1977, S. 423 ff.; Rüthers, Tarifautonomie im Umbruch?, 1977; Wißmann,
Das Montan-Mitbestimmungsänderungsgesetz: Neuer Schritt zur Siche-
rung der Montan-Mitbestimmung, NJW 1982, S. 423 ff.; Zöllner/Seiter,
Paritätische Mitbestimmung und Art. 9 Abs. 3 GG, 1970.

203   1. Überblick

Die Forderung nach Einführung der paritätischen Mitbestimmung
in den Großunternehmen und die Bestrebungen, diese Forderung
durchzusetzen, sowie die Bemühungen, die Einführung der paritätischen Mitbestimmung zu verhindern, haben wie kaum eine andere
Frage die gesellschaftspolitische Diskussion in der Bundesrepublik
Deutschland beherrscht.

Die neue Regelung der Mitbestimmung der Arbeitnehmer durch
das Mitbestimmungsgesetz vom 4. Mai 1976 wirkt sich auf die Verfassung der Aktiengesellschaft erheblich aus. Wenn der Begriff Mitbestimmung verwandt wird, ist zu unterscheiden zwischen der *betrieblichen Mitbestimmung* einerseits und der sog. *wirtschaftlichen Mitbestimmung,* der Beteiligung an unternehmerischen Entscheidungen,

andererseits. Nur die letztere, also die wirtschaftliche Mitbestimmung, ist gemeint, wenn von einer Neuregelung der Mitbestimmung, die Auswirkungen auf die Verfassung der Aktiengesellschaft hat, die Rede ist.

204   2. Die betriebliche Mitbestimmung

Unter betrieblicher Mitbestimmung wird die an den einzelnen Betrieb und nicht die an das Unternehmen anknüpfende Mitwirkung des Betriebsrates bei Entscheidungen, die ursprünglich der Arbeitgeber aufgrund des ihm zugesprochenen Direktionsrechts und seiner Dispositionsbefugnisse allein treffen konnte, verstanden. Als Gegenstand des Arbeitsrechts ist die betriebliche Mitbestimmung im Betriebsverfassungsrecht geregelt. Sie betrifft im wesentlichen soziale und personelle Angelegenheiten. Die Leitungs- und Organisationskompetenz des Unternehmers bleibt dadurch unberührt. Mit der Einführung der betrieblichen Mitbestimmung wollte man in erster Linie einen ausreichenden Schutz für Arbeitnehmer schaffen.

205   3. Die Montanmitbestimmung

In der Diskussion um die Einführung der paritätischen Mitbestimmung ist häufig wenig beachtet worden, daß vor dem Mitbestimmungsgesetz vom 4. Mai 1976 in weiten Bereichen die wirtschaftliche Mitbestimmung schon in größerem Umfange verwirklicht worden war. In den Unternehmen des Bergbaus und der Eisen und Stahl erzeugenden Industrie ist die paritätische Mitbestimmung seit dem Jahre 1951 verwirklicht. Sie wird allgemein als Montan-Mitbestimmung bezeichnet. In den Aufsichtsräten aller Unternehmen der Montan-Industrie, die die Rechtsform der Aktiengesellschaft, der GmbH und der bergrechtlichen Gewerkschaft mit eigener Rechtspersönlichkeit haben und mehr als 1 000 Arbeitnehmer beschäftigen, ist der *Aufsichtsrat* paritätisch besetzt. Ihm gehören dieselbe Zahl von Vertretern der Anteilseigner und der Arbeitnehmer und ein weiteres von beiden Gruppen zu berufendes Mitglied an. Im *Vorstand* (bzw. in der Geschäftsführung bei der GmbH) der Montanbetriebe ist ein *Arbeitsdirektor* gleichberechtigtes Vorstandsmitglied. Er wird, wie die übrigen Vorstandsmitglieder auch, vom Aufsichtsrat bestellt. Er darf allerdings nicht gegen die Stimmen der Mehrheit der Arbeitnehmervertreter im Aufsichtsrat bestellt werden (Rechtsquellen: Mitbestimmungsgesetz für Unternehmen des Bergbaus und der Eisen und Stahl erzeugenden Industrie vom 21. Mai 1951; Mitbestimmungsergänzungsgesetz für Holding-Gesellschaften solcher Unternehmen vom 7. August 1956; Gesetz über die befristete Fortgeltung der Mitbestimmung in bisher den Mitbestimmungsgesetzen unterliegenden Unternehmen vom 29. November 1971).

Das Montan-Mitbestimmungsänderungsgesetz (vom 21. 5. 1982, BGBl. I, 441) hat zur Sicherung der Montan-Mitbestimmung eine sogenannte Fortgeltungsklausel eingefügt (§ 1 Abs. 3 Montan-MBG). Danach bleibt die Montan-Mitbestimmung auch nach dem Wegfall der gesetzlichen Anwendungsvoraussetzungen für 6 weitere volle Geschäftsjahre für ein Unternehmen anwendbar. Damit ist der Fall gemeint, daß ein Unternehmen die in § 1 Abs. 1 Montan-MBG geforderten Voraussetzungen im Hinblick auf die Unternehmenstätigkeit (Bergbau, Eisen- und Stahlerzeugung) nicht mehr erfüllt oder mit einer Belegschaft die Grenze von 1 000 Arbeitnehmern unterschreitet (vgl. Wißmann, NJW 1982, 423, 424).

206   4. Die wirtschaftliche Mitbestimmung nach dem Betriebsverfassungsgesetz

Für den übrigen Bereich der Privatwirtschaft schreibt das Betriebsverfassungsgesetz von 1952 in den §§ 76 und 77 – diese Vorschriften gelten trotz der 1972 erfolgten Novellierung des Betriebsverfassungsgesetzes weiter – die Mitbestimmung der Arbeitnehmer in Gestalt einer Beteiligung von Arbeitnehmervertretern im Aufsichtsrat vor. Ein Drittel der Mitglieder des Aufsichtsrats sind Arbeitnehmervertreter, die von den Arbeitnehmern der Betriebe des Unternehmens zu wählen sind. Diese Regelung gilt nicht für sog. Tendenzbe-

triebe. Diese sind zur Sicherung ihrer künstlerischen, geistigen, jour-
nalistischen oder caritativen Tendenz, die von ihrer Leitung festgelegt
wird, von der Mitbestimmung ausgeschlossen (§ 118 BetrVG).

Der im Betriebsverfassungsgesetz vorgeschriebenen Mitbestimmungsregelung unterliegen alle Aktiengesellschaften und Kommanditgesellschaften auf Aktien mit Ausnahme der sog. Familiengesellschaften mit weniger als 500 Arbeitnehmern, außerdem die Gesellschaften mit beschränkter Haftung, die eingetragenen Genossenschaften, die rechtsfähigen bergrechtlichen Gewerkschaften und die Versi-
cherungsvereine auf Gegenseitigkeit dann, wenn sie mehr als 500 Arbeitnehmer beschäftigen.

Mitbestimmungsfrei sind nach dem Betriebsverfassungsgesetz also
Personengesellschaften und Einzelunternehmen.

207   5. Das Mitbestimmungsgesetz vom 4. Mai 1976

Das Mitbestimmungsgesetz (MBG) vom 4. Mai 1976 beruht auf
einem Kompromiß der Koalitionsparteien SPD und FDP des Deutschen Bundestages. Ein wesentliches Ziel war es, Arbeitnehmer an
den Planungs- und Entscheidungsprozessen von Großunternehmen
stärker als bisher zu beteiligen. Soweit bestand Einigkeit innerhalb
der SPD/FDP-Koalition. Umstritten waren vor allem Verfahrens-
und Gewichtungsfragen, insbesondere im Hinblick auf eine gesonderte Beteiligung der leitenden Angestellten.

Das Mitbestimmungsgesetz gilt für alle Kapitalgesellschaften mit
mehr als 2 000 Arbeitnehmern. Ausgenommen sind einerseits Mon-
tan-Unternehmen – hier gilt das Montanmitbestimmungsgesetz vom
21. Mai 1951 mit seinen Ergänzungs- und Änderungsgesetzen fort –,
andererseits die sog. Tendenzunternehmen, d.h. solche, die politischen, konfessionellen, caritativen, erzieherischen, künstlerischen und
wissenschaftlichen Bestimmungen oder Zwecken der Meinungsäu-
ßerung und der Berichterstattung (Presse, Rundfunk, Fernsehen) dienen (§ 1 MBG).

208   Die Aufsichtsräte der vom Mitbestimmungsgesetz erfaßten Unternehmen bestehen – je nach Beschäftigungszahl – aus je 6 (bei weniger
als 10 000 Arbeitnehmern), je 8 (bei einer Beschäftigungszahl zwi-

schen 10 000 und 20 000 Arbeitnehmern) oder je 10 (bei mehr als
20 000 Arbeitnehmern) Vertretern der Anteilseigner und der Arbeitnehmer (§ 7 MBG). Die Vertreter der Anteilseigner werden von ihrem gesetzlichen Wahlorgan, der Hauptversammlung der Aktionäre
oder der Gesellschafterversammlung bei der GmbH, bestellt (§ 8
MBG). Bei den Arbeitnehmervertretern im Aufsichtsrat ist zunächst
zu berücksichtigen, daß ein Teil von ihnen Gewerkschaftsvertreter
sind, die dem Unternehmen nicht angehören müssen. Von 6 oder
8 Arbeitnehmervertretern sind zwei, von 10 drei Gewerkschaftsvertreter (§ 7 Abs. 2 MBG). Gewählt werden die Arbeitnehmervertreter
in Unternehmen mit nicht mehr als 8 000 Arbeitnehmern unmittelbar von der Belegschaft, in größeren Unternehmen durch Wahlmänner (§ 9 MBG).

209 Das Verfahren bei der Wahl der Wahlmänner ist kompliziert. Es
greift auf Wahlgrundsätze des Betriebsverfassungsgesetzes und des
Montanmitbestimmungsgesetzes zurück. Arbeiter und Angestellte
wählen ihre Wahlmänner in getrennter und geheimer Wahl nach den
Grundsätzen des Verhältniswahlrechts (§ 10 MBG).

Grundsätzlich entfällt auf je 60 wahlberechtigte Arbeitnehmer ein
Wahlmann. Unter den Wahlmännern der Angestellten müssen die
leitenden Angestellten entsprechend ihrem zahlenmäßigen Verhältnis
vertreten sein (§ 11 Abs. 2 Satz 2 MBG). Wenn mindestens 9 Wahlmänner zu wählen sind, muß mindestens je ein Wahlmann auf die
Gruppe der Arbeiter, Angestellten und leitenden Angestellten entfallen. Umfaßt aber eine dieser Gruppen in einem Betrieb nicht mehr als
fünf Beschäftigte, so stellt sie keinen Wahlmann (§ 11 Abs. 2 Satz 2,
2. Halbsatz MBG).

Diejenigen Arbeitnehmervertreter im Aufsichtsrat, die Gewerkschaftsvertreter (§ 7 MBG) sind, werden aufgrund der Wahlvorschläge der im
Unternehmen vertretenen Gewerkschaften von den Wahlmännern – in
Unternehmen mit nicht mehr als 8 000 Arbeitnehmern unmittelbar von
der Belegschaft – gewählt.

Arbeiter, Angestellte und leitende Angestellte müssen entsprechend ihren zahlenmäßigen Verhältnissen im Unternehmen repräsentiert sein. Unter den Arbeitnehmervertretern im Aufsichtsrat muß aber mindestens je ein
Vertreter jeder Gruppe vertreten sein (§ 15 Abs. 2 und 3 MBG). Die Wahl
der Aufsichtsratsmitglieder erfolgt aufgrund der Wahlvorschläge einer jeden Gruppe (§ 15 Abs. 4 MBG).

210 Die Minderheit der leitenden Angestellten, deren zahlenmäßiger Anteil an der Gesamtbelegschaft stets gering ist, genießt einen besonders starken Schutz. Die leitenden Angestellten können ihre Aufsichtsratskandidaten innerhalb der Gruppe der Angestellten selbst auswählen. Ein Aufsichtsratssitz ist ihnen stets garantiert. Diese Regelung ist auf den Kompromiß der Koalitionsparteien SPD/FDP bei der Ausgestaltung der Unternehmensmitbestimmung zurückzuführen.

211 Der Aufsichtsrat wählt mit einer Mehrheit von ⅔ seiner Mitglieder einen Vorsitzenden und einen Stellvertreter aus seiner Mitte (§ 27 MBG). Kommt eine ⅔-Mehrheit im ersten Wahlgang nicht zustande, so wählen im zweiten Wahlgang die Vertreter der Anteilseigner den Aufsichtsratsvorsitzenden, die Arbeitnehmervertreter den Stellvertreter. Die Anteilseignervertreter können hierdurch die Wahl des Aufsichtsratsvorsitzenden an sich ziehen. Diese Regelung hat wegen der Sonderstellung, die der Aufsichtsratsvorsitzende bei Abstimmungen hat, große Bedeutung.

Beschlüsse des Aufsichtsrats kommen mit der Mehrheit der abgegebenen Stimmen zustande (§ 29 Abs. 1 MBG). Ergibt eine Abstimmung Stimmengleichheit, wird erneut abgestimmt. Wenn sich wieder eine Stimmengleichheit ergibt, hat der Vorsitzende des Aufsichtsrats zwei Stimmen (§ 29 Abs. 2 MBG).

212 Der Aufsichtsrat wählt die Vorstandsmitglieder des Unternehmens mit einer Mehrheit von ⅔ seiner Mitglieder (§ 31 Abs. 2 MBG). Wird diese Mehrheit nicht erreicht, macht ein Vermittlungsausschuß des Aufsichtsrats, der nach § 27 Abs. 3 MBG aus dem Aufsichtsratsvorsitzenden, seinem Stellvertreter und je einem Vertreter der Anteilseigner- und der Arbeitnehmerseite besteht, einen Wahlvorschlag, über den der Aufsichtsrat dann mit einfacher Mehrheit entscheidet (§ 31 Abs. 3 MBG). Eine weitere Beteiligung der Arbeitnehmer an der Unternehmensleitung soll dadurch erreicht werden, daß dem Vorstand ein Arbeitsdirektor als gleichberechtigtes Mitglied angehört (§ 33 Abs. 1 MBG).

Die Regelungen des MBG gelten subsidiär hinter den Montanmitbestimmungsgesetzen (§ 1 Abs. 2 MBG). Sie gehen allerdings den §§ 76 ff. BetrVerfG 1952 vor (§ 1 Abs. 3 MBG).

213   **6. Der Einfluß der Anteilseigner auf die Geschäftsführung in mitbestimmten Unternehmen**

Das MBG hat das Verhältnis zwischen Vorstand und Hauptversammlung bei der AG bzw. bei der GmbH zwischen Geschäftsführung und Gesellschafterversammlung unangetastet gelassen. Das hat zur Folge, daß die Auswirkungen der paritätischen Mitbestimmung auf das einzelne mitbestimmte Unternehmen sehr unterschiedlich sind. Im entscheidenden Maße sind die Auswirkungen abhängig von der Rechtsform der mitbestimmten Kapitalgesellschaft (vgl. Raiser, Mitbestimmungsgesetz § 25 Rdnr. 6 m.w.N.; Fitting-Wlotzke-Wißmann, Mitbestimmungsgesetz Vorbem. 98).

a) Bei der *Aktiengesellschaft* obliegt die Geschäftsführung zwingend dem Vorstand in eigener Verantwortung (vgl. § 76 AktG), während die Hauptversammlung (der Anteilseigner) nur in Ausnahmefällen über Fragen der Geschäftsführung entscheiden kann (vgl. z.B. §§ 119 Abs. 2, 111 Abs. 4 AktG). Von allen durch das MBG betroffenen Gesellschaftsarten paßt die Aktiengesellschaft am ehesten unter das Mitbestimmungsstatut. Hierdurch werden Vorstand (einschließlich Verwaltung) und Aufsichtsrat von der Hauptversammlung weitgehend unabhängig. Der Aufsichtsrat gewinnt – allerdings teilweise in anderer Funktion als bisher – erheblich an Gewicht. Das AktG sah den Aufsichtsrat in erster Linie als Kontrolleur und Berater des Vorstandes in Verantwortung gegenüber den Interessen der Aktionäre vor. Das MBG zwingt den Aufsichtsrat nunmehr zur paritätischen Repräsentation zweier antagonistisch gedachter Gruppeninteressen. Ein auf diese Art und Weise zusammengesetzter Aufsichtsrat ist gezwungen, Kompromisse auszuhandeln, wenn Sach- und Personalfragen zu entscheiden sind (vgl. Rittner, Wirtschaftsrecht, § 9 D II 3).

b) Bei der *GmbH* dagegen ist zwar die vom paritätisch zusammengesetzten Aufsichtsrat gewählte Geschäftsführung grundsätzlich zur Führung der Geschäfte befugt (vgl. § 37 GmbHG). Im Gegensatz zur Aktiengesellschaft ist es der Gesellschafterversammlung (der Anteilseigner) aber unbenommen, den Geschäftsführern Weisungen für ihre Geschäftspolitik zu erteilen und die Geschäftsführung zu überwachen (vgl. § 37 i.Vb.m. §§ 45, 46, Nr. 6 GmbHG). Damit bleibt auch bei der mitbestimmten GmbH die Gesellschafterversammlung oberstes Gesellschaftsorgan, wodurch – im Gegensatz zur Aktiengesellschaft – bei der mitbestimmten GmbH ein weitgehender direkter Einfluß der Anteilseigner auf die Geschäftsführung besteht (vgl. Mertens, ZHR 138, 179 ff.).

214 7. Das Urteil des Bundesverfassungsgerichts vom 1. 3. 1979 zum Mitbestimmungsgesetz

Von Anfang an war die Einführung der paritätischen Mitbestimmung äußerst umstritten. Ein wesentliches Argument der Gegner war der Vorwurf der Verfassungswidrigkeit.

Das Bundesverfassungsgericht hat durch sein Urteil vom 1. 3. 1979 (BVerfGE 50, 290 ff.) aufgrund eines Vorlagebeschlusses des Landgerichts Hamburg (MDR 1979, 1336) sowie der Verfassungsbeschwerde mehrerer Unternehmen und Arbeitgebervereinigungen entschieden, daß die Regelungen im Mitbestimmungsgesetz vom 4.5. 1976 mit dem Grundgesetz vereinbar sind. Am Anfang seiner Begründung weist das Gericht darauf hin, daß das Grundgesetz – im Gegensatz zur Weimarer Reichsverfassung (Art. 151 Abs. 2) – keine unmittelbare Festlegung und Gewährleistung einer bestimmten Wirtschaftsordnung enthält, das Grundgesetz mithin wirtschaftspolitisch neutral ist. Das bedeutet für den Gesetzgeber, daß er „jede ihm sachgerecht erscheinende Wirtschaftspolitik verfolgen (darf), sofern er dabei das Grundgesetz, insbesondere die Grundrechte beachtet" (BVerfGE 50, 290, 338).

Bei der Frage der Vereinbarkeit des MBG mit einzelnen Grundrechtsartikeln war insbesondere die Vereinbarkeit mit Art. 14 Abs. 1 GG (Eigentumsgarantie) umstritten. Da dieser Artikel die wesentliche Schranke der Gestaltungsfreiheit des Gesetzgebers im wirtschaftspolitischen Bereich darstellt, nimmt die Auseinandersetzung mit diesem Artikel auch im Urteil des Bundesverfassungsgerichts einen zentralen Platz ein. Wesentlich für die Vereinbarkeit des MBG mit Art. 14 Abs. 1 GG hat das Gericht das Maß des Einflusses der Arbeitnehmerseite im Unternehmen angesehen. Es macht sich den im Schrifttum überwiegend vertretenen Begriff von Parität zu eigen, wonach als Parität in diesem Bereich ein Verhältnis zweier Partner aufzufassen ist, in dem keine Seite imstande ist, eine von ihr gewünschte Entscheidung ohne die Zustimmung der anderen Seite oder doch eines Teils von ihr zu erzwingen, in dem daher auch jede Seite die andere hindern kann, ihre Ziele allein durchzusetzen. Daran gemessen bleibt die Mitbestimmung nach dem Mitbestimmungsgesetz unterhalb der Parität; der Anteilseignerseite kommt sogar ein leichtes Übergewicht zu, das auf § 27 MBG, der die Wahl des Aufsichtsratsvorsitzenden regelt, sowie den §§ 29 und 31 MBG beruht, wonach der Aufsichtsratsvorsitzende im Konfliktsfall eine Zweitstimme hat.

Auch wenn es durch die paritätische Besetzung des Aufsichtsrates ermöglicht wird, daß die Mehrheit der Anteilseignervertreter im Aufsichtsrat beim Zusammengehen einer Minderheit mit den Arbeitnehmervertretern überstimmt werden kann, so liegt darin keine grundlegende Veränderung des Anteilseigentums; infolge seiner gesellschaftsrechtlichen Zuordnung gehört es von vornherein nicht zu den Strukturmerkmalen des Anteilseigentums, daß es dem einzelnen Rechtsinhaber stets die autonome Durchsetzung seines Willens ermöglicht. Verfügungsrechte können immer gegen den Willen in der Minderheit bleibender Anteilseigner durchgesetzt werden. Daran ändert sich im Prinzip nichts, wenn nach dem Mitbestimmungsgesetz zu der überstimmenden Mehrheit Nicht-Anteilseigner gehören können.

Obwohl das Bundesverfassungsgericht einerseits die Vereinbarkeit des Mitbestimmungsgesetzes mit Art. 14 Abs. 1 bejaht, zeigt es an anderer Stelle aber auch die Grenzen der Unternehmensmitbestimmung auf:

„Wie weit die Befugnis des Gesetzgebers zur Inhalts- und Schrankenbestimmung des Eigentums bei Organisationsmaßnahmen sozial ordnender Art reicht, bedarf keiner abschließenden Festlegung. Der Gesetzgeber hält sich jedenfalls dann innerhalb der Grenzen zulässiger Inhalts- und Schrankenbestimmung, wenn die Mitbestimmung der Arbeitnehmer nicht dazu führt, daß über das im Unternehmen investierte Kapital gegen den Willen aller Anteilseigner entschieden werden kann, wenn diese nicht aufgrund der Mitbestimmung die Kontrolle über die Führungsauswahl im Unternehmen verlieren und wenn ihnen das Letztentscheidungsrecht belassen wird" (BVerfGE 50, 290, 350).

215   Nach der heftig geführten Auseinandersetzung um die Einführung der paritätischen Mitbestimmung kann es nicht verwundern, daß das Urteil des Bundesverfassungsgerichts zur Verfassungsmäßigkeit des Mitbestimmungsgesetzes von verschiedenen Seiten mehr oder minder stark kritisiert wurde. Vielfach wird die Zurückhaltung, die das BVerfG bei der Urteilsbegründung geübt hat, gelobt (vgl. u.a. Meessen, NJW 1979, 833, 837; Ulmer, BB 1979, 398, 401). Andere

Autoren vermissen eine Konzeption für „die verfassungsrechtliche Würdigung der Binnenorganisation des Unternehmens und der Koordination der an ihm beteiligten Anteilseigner und Arbeitnehmer" (so Th. Raiser, JZ 1979, 489, 496); so hätte das Gericht Anteilseigner und Unternehmer „auch verfassungsrechtlich als gleichgeordnete und im Ansatz gleichberechtigte Grundrechtsträger im Unternehmen gegenüberstellen" müssen (Th. Raiser, JZ 1979, 489, 494). In der Tat hat das BVerfG seinem Urteil die bisher herrschende Auffassung darüber, was unter einem „Unternehmen" zu verstehen ist, zugrunde gelegt (Rittner, JZ 1979, 743, 747, spricht in diesem Zusammenhang von der „Unternehmenskonzeption des geltenden Rechts") und das Mitbestimmungsgesetz danach ausgelegt. Deshalb ist es gerechtfertigt, davon zu sprechen, daß auch nach der Einführung der fast paritätischen Mitbestimmung durch das MBG und dessen Interpretation durch das BVerfG die dem MBG unterfallenden Gesellschaften trotz der kräftig erweiterten Mitbestimmung der Arbeitnehmer privatautonome Vereinigungen bleiben (vgl. Rittner, JZ 1979, 743, 747).

216 8. Probleme des mitbestimmten Aufsichtsrats

Gemäß § 108 Abs. 2 AktG kann die Beschlußfähigkeit des Aufsichtsrats durch die Satzung bestimmt werden, soweit sie nicht gesetzlich geregelt ist. § 28 MBG enthält eine Regelung, kraft derer der Aufsichtsrat nur dann beschlußfähig ist, wenn mindestens die Hälfte seiner Mitglieder an der Abstimmung teilnimmt. Neben manchen anderen Problemen hat das MBG die Frage aufgeworfen, ob die Satzung das Verfahren des paritätisch besetzten Aufsichtsrats regeln, namentlich zugunsten der Anteilseignerseite modifizieren kann.

Unterschiedliche Auffassungen bestehen insbesondere zu der Frage, ob die Beschlußfähigkeit des Aufsichtsrats davon abhängig gemacht werden kann, daß mindestens die Hälfte der an der Beschlußfassung teilnehmenden Aufsichtsratsmitglieder Vertreter der Anteilseigner sind und sich unter ihnen der Aufsichtsratsvorsitzende befindet. Unter Hinweis darauf, daß das MBG die grundsätzliche Befugnis der Hauptversammlung einer Aktiengesellschaft, durch Satzung auch die innere Ordnung des Aufsichtsrats zu regeln, nicht beseitigt habe und deshalb auch gesellschaftsrechtliche Gestaltungen statthaft seien, die der Absicherung des Übergewichts dienen, welches das MBG der Anteilseignerseite einräume, hatten einzelne Landgerichte eine derartige Regelung für zulässig erachtet (vgl. LG Hamburg, WM 1980, 688; ähnlich LG Mannheim WM 1979, 1109, 1110). Dem hat der BGH (BGH WM 1982, 365 ff.) nunmehr widersprochen. Nach Meinung des BGH verstößt eine solche Bestimmung gegen den schon im Aktiengesetz verankerten und in das Mitbestimmungsgesetz eingegangenen Grundsatz, daß alle Mitglieder des Aufsichtsrats die gleichen Rechte und Pflichten haben. Abgesehen davon, daß dem Vorsitzenden des Aufsichtsrats durch die genannte Satzungsbestimmung praktisch ein Vetorecht eingeräumt wird, wird seiner stimmberechtigten Teilnahme ein ungleich größeres Gewicht beigelegt, als ihr im Verhältnis zu den anderen Mitgliedern des Aufsichtsrats nach dem Mitbestimmungsgesetz zukommt (so BGH WM 1982, 365, 366).

Umstritten ist auch, ob bei der Zusammensetzung der vom Aufsichtsrat einzusetzenden Aufsichtsratsausschüsse (§ 107 Abs. 3 AktG) von der Zusammensetzung des Aufsichtsrats selbst abgewichen werden darf. Unter bestimmten Voraussetzungen kann eine Ungleichbehandlung gerechtfertigt sein, wobei privatautonome Gestaltungen in einer Satzung oder Geschäftsordnung aber nicht dazu führen dürfen, zwingendes Mitbestimmungsrecht nach dessen Sinn und Zweck zu unterlaufen oder zu umgehen. Unter diesem Gesichtspunkt hält es der BGH für zulässig, dem Vorsitzenden des Aufsichtsrats für den Fall, daß er einem Ausschuß angehört und sich dort bei einer Abstimmung Stimmengleichheit ergibt, ein Zweitstimmrecht einzuräumen (BGH WM 1982, 359, 362; vgl. auch schon OLG München, NJW 1981, 2201 ff. u. OLG Köln, NJW 1981, 1380 f.).

Gemäß § 25 MBG haften die Arbeitnehmervertreter im Aufsichtsrat ebenso nach §§ 116, 93 AktG wie die von der Anteilseignerseite entsandten Aufsichtsratsmitglieder.

§ 32. Rechte und Pflichten der Aktionäre

Schrifttum: Geßler, Nichtigkeit von Hauptversammlungsbeschlüssen und Satzungsbestimmungen, ZGR 1980, 427 ff.; Heinze, Einstweiliger Rechtsschutz im aktienrechtlichen Anfechtungs- und Nichtigkeitsverfahren, ZGR 1979, 293 ff.

Rdnr. 216

I. Die Rechte aus der Mitgliedschaft

217   1. Überblick

Grundsätzlich haben alle Aktionäre die gleichen Rechte. Man spricht vom Grundsatz der gleichmäßigen Behandlung aller Aktionäre, der das Aktienrecht beherrscht. Das Aktiengesetz sieht jedoch vor, daß einzelnen Aktionären besondere Rechte (Sonderrechte) oder einer Gruppe von Aktionären Vorrechte (Gruppen- oder Gattungsvorrechte) eingeräumt werden können.

Das wichtigste dieser Vorrechte ist das Recht auf eine Vorzugsdividende, das einem Aktionär eingeräumt werden kann. Mehrstimmrechte für einzelne Aktionäre sind grundsätzlich ausgeschlossen (§ 12 AktG).

218   2. Vermögensrechte und Mitgliedschaftsrechte

Die Rechte des Aktionärs kann man in zwei Gruppen einteilen, nämlich in
- die *Vermögensrechte* und
- die *Mitverwaltungsrechte* (nichtvermögenswerte Rechte).

a) Das wichtigste *Vermögensrecht* ist das Dividendenrecht, der Anspruch auf Teilhabe am Bilanzgewinn nach dem Verhältnis der Aktiennennbeträge. Ein Anspruch auf Zahlung einer bestimmten Geldsumme entsteht jedoch erst, wenn die Hauptversammlung einen Gewinnverwendungsbeschluß gefaßt hat (§§ 60, Abs. 1, 58 Abs. 4, 174 AktG).

Ein weiteres Vermögensrecht ist der Anspruch auf den Anteil, der dem Aktionär im Falle der Liquidation der Gesellschaft an dem nach der Liquidation noch vorhandenen Vermögen der Gesellschaft verbleibt (§ 271 AktG).

b) Zu den wesentlichen *Mitverwaltungsrechten* zählen:
- das Recht auf Teilnahme an der Hauptversammlung,
- das Auskunftsrecht,

— das Recht, bei Vorliegen bestimmter Voraussetzungen die Einberufung der Hauptversammlung verlangen zu können,
— das Recht, die Hauptversammlungsbeschlüsse anfechten zu
können.

II. Nichtigkeit und Anfechtbarkeit von
Hauptversammlungsbeschlüssen

219   1. Überblick

Hauptversammlungsbeschlüsse können mangelhaft sein. Das kann
dazu führen, daß sie entweder nichtig sind oder zunächst wirksam,
aber anfechtbar sind.

In den letzten Jahren ist eine deutliche Zunahme gewichtiger aktienrechtlicher Anfechtungs- und Nichtigkeitsverfahren zu verzeich-
nen, die den Anfechtungs- und Nichtigkeitsklagerechten vor allem in
ihrer Form als Individualrechten der Aktionäre besondere Aufmerk-
samkeit verschafft haben. Dabei bildeten häufig aktuelle Fusions- und
Konzentrationsbewegungen den Ausgangspunkt. Gleichzeitig ge-
langten hierdurch oftmals Interessengegensätze unter den Aktionären
zum Ausbruch (vgl. Heinze, ZGR 1979, 293, 294).

220   2. Die Nichtigkeitsgründe

Die meisten Gründe, aus denen Beschlüsse der Hauptversammlung ohne Anfechtung nichtig sein können, sind in § 241 AktG aufgezählt. Die Nichtigkeit eines Hauptversammlungsbeschlusses kann
von jedermann zu jeder Zeit geltend gemacht werden, notfalls im
Wege einer Feststellungsklage gemäß § 256 ZPO.

Mängel materieller Art wie auch solche formeller Art können
Gründe für die Nichtigkeit von Hauptversammlungsbeschlüssen sein.
Schwierigkeiten bereitet seit jeher die Auslegung des § 241 Nr. 3
AktG. Danach ist ein Hauptversammlungsbeschluß nichtig, wenn er
mit dem Wesen der Aktiengesellschaft nicht zu vereinbaren ist oder

durch seinen Inhalt Vorschriften verletzt, die ausschließlich oder überwiegend zum Schutze der Gläubiger der Gesellschaft oder sonst im öffentlichen Interesse gegeben sind. Nach herrschender Auffassung ist der Begriff des öffentlichen Interesses in diesem Zusammenhang nicht zu eng auszulegen. Das öffentliche Interesse kann nicht nur im Schutz der besonders genannten Gläubiger, der künftigen Aktionäre und der Öffentlichkeit, sondern auch im Schutz der Arbeitnehmer der Gesellschaft und ihrer Interessen bestehen (vgl. Geßler, ZGR 1980, 427, 438).

In jüngster Zeit haben sich diejenigen Fälle gemehrt, in denen Gerichte wegen Verstoßes von satzungsändernden Hauptversammlungsbeschlüssen gegen das MBG angerufen worden sind. Im Verhältnis zu § 241 Nr. 3 AktG stellt § 25 MBG für Satzungsbestimmungen auf den von ihm erfaßten Gebieten einen selbständigen Nichtigkeitsgrund für ursprünglich oder erst im Wege der Satzungsänderung geschaffene Satzungsbestimmungen dar (vgl. Geßler, ZGR 1980, 427, 447). Das MBG hat neben die rein aktienrechtlichen Nichtigkeitsgründe einen weiteren gestellt, der die in der Besetzung des Aufsichtsrats zum Ausdruck kommende Gleichberechtigung und Gleichwertigkeit sichert. Die Grundlage dafür ist der allgemeine Rechtssatz, daß Verstöße gegen zwingende gesetzliche Vorschriften zur Nichtigkeit führen, „wenn nach Inhalt, Sinn und Zweck der verletzten Norm das mit ihnen verfolgte Ziel nur mit der Nichtigkeit als Sanktion gesichert werden kann" (so Geßler, ZGR 1980, 427, 450).

221 3. Das Anfechtungsrecht

Fall 9: Am 25. März 1976 berief der Vorstand der Badischen Leichtmetall-AG Dornweiler durch ordnungsgemäße Bekanntmachung die ordentliche Hauptversammlung ein. Auf der bekanntgemachten Tagesordnung stand u. a. der Punkt „Entlastung für das Geschäftsjahr 1975 für Vorstand und Aufsichtsrat auf deren Antrag". Vorsitzender des Vorstandes der Badischen Leichtmetall-AG, die u. a. Rüstungsgüter herstellt und an Waffengeschäften beteiligt ist, ist Dr. Tresch. Nachdem in einem Nachrichtenmagazin ein Bericht darüber erschienen ist, daß im Zusammenhang mit Waffengeschäften mit Staaten des Nahen Ostens, an denen die Badische Leichtmetall-AG beteiligt ist, erhebliche Beträge an Verteidigungsminister und Generäle in Staaten des Nahen Ostens geflossen sind, schrieb der Kleinaktionär Zelter der Badischen Leichtmetall-AG an Vorstand und Aufsichtsrat. Er kündigte an, in der Hauptversammlung Auskunft darüber verlangen zu wollen, ob der Vorstandsvorsitzer Dr. Tresch bei seinen Besuchen in Staa-

ten des Nahen Ostens im Jahre 1975 3 Millionen DM an Verteidigungsminister und Generäle der besuchten Staaten bezahlt habe. Für den Fall, daß
diese Berichte zutreffend sein sollten, kündigte Zelter an, daß er einen Antrag auf Verweigerung der Entlastung des Vorstandes stellen werde. Der
Vorstand der Badischen Leichtmetall AG kündigte den Aktionären das
Auskunftsverlangen von Zelter sowie die Androhung eines Antrages auf
Verweigerung der Entlastung an. In der Hauptversammlung verweigerte
der Vorstand die Auskunft über die Frage, ob der Vorstandsvorsitzer Dr.
Tresch Geld an Verteidigungsminister und Generäle von Staaten des Nahen Ostens gezahlt habe. Die Hauptversammlung beschloß, Vorstand und
Aufsichtsrat zu entlasten. Zelter überlegt nun, ob er den Entlastungsbe-
schluß der Hauptversammlung anfechten kann.

In der Regel führen Mängel von Hauptversammlungsbeschlüssen
nur zur Anfechtbarkeit. Ein Anfechtungsgrund liegt insbesondere
dann vor, wenn der Beschluß der Hauptversammlung gegen das Gesetz oder die Satzung verstößt (§ 243 AktG). Da ein öffentliches Interesse an der Beseitigung eines anfechtbaren Beschlusses fehlt, liegt es
bei den Aktionären oder den Organen der Aktiengesellschaft, ob sie
den Beschluß, der das Gesetz oder die Satzung verletzt, anfechten und
damit die Nichtigkeit des Beschlusses herbeiführen wollen. Die Anfechtung wird im Wege der Anfechtungsklage durch diejenigen, die
zur Anfechtung befugt sind, durchgeführt (§§ 245 und 246 AktG).

Wenn der Beschluß der Hauptversammlung durch ein rechtskräftiges Urteil für nichtig erklärt worden ist, wirkt dieses Urteil für und
gegen alle Aktionäre sowie gegen die Mitglieder des Vorstandes und
des Aufsichtsrates (§ 248 AktG).

Lösung zu Fall 9: Zelter kann eine Anfechtungsklage gegen den Entlastungsbeschluß der Hauptversammlung mit der Behauptung, daß das Gesetz verletzt worden sei, erheben. Ein Anfechtungsgrund könnte sich aus
§ 243 Abs. 1 AktG ergeben. Die gesetzliche Vorschrift, die hier verletzt sein
könnte, ist § 131 AktG. Der Vorstand könnte mit der Verweigerung der
Auskunft über die von Zelter gestellten Fragen gegen § 131 AktG verstoßen haben. Ein solcher Verstoß liegt nur dann vor, wenn der Aktionär Zelter überhaupt ein Auskunftsrecht hatte. § 131 Abs. 1 AktG gibt dem Aktionär das Recht, Auskunft betreffend die Angelegenheiten der Gesellschaft zu
verlangen, wenn die gewünschte Auskunft erforderlich ist, um die Gegenstände der Tagesordnung sachgemäß beurteilen zu können. Die gewünsch-
ten Auskünfte bezogen sich auf die Geschäftsführung des Vorstandes, für
die Entlastung erteilt werden sollte. Grundsätzlich ist davon auszugehen,
daß die Aktionäre die gewissenhafte Geschäftsführung des Vorstandes nur

dann in einem Entlastungsbeschluß zum Ausdruck bringen können, wenn
sie sich ein Bild über die Geschäftsführung des Vorstandes machen können.
Deshalb muß auch eine Frage nach Spenden und spendenähnlichen Beträ-
gen im Berichtsjahr als zulässig angesehen werden. Fraglich kann allerdings
sein, ob der Vorstand im zu erörternden Fall die Auskunft gemäß § 131
Abs. 3 Ziff. 1 AktG verweigern durfte, weil die Erteilung der Auskunft nach
vernünftiger kaufmännischer Beurteilung geeignet gewesen wäre, der Gesellschaft einen nicht unerheblichen Nachteil zuzufügen. Beurteilungsmaßstab ist nach herrschender Meinung stets die Frage, ob aus der in ihrem
konkreten Inhalt dahinstehenden Auskunft abstrakt eine Schadensgefahr
erwächst. Die Gefahr der Entstehung reicht aus. Es wird auf die Eignung der
Auskunft zur Nachteilszufügung abgestellt. Da sich nicht ausschließen läßt,
daß das Nahost-Geschäft des Unternehmens durch Auskünfte der von Zelter geforderten Art Schaden nimmt, dürfte die herrschende Meinung in
diesem Fall zu dem Ergebnis kommen, daß die Auskunft, gestützt auf § 131
Abs. 3 Ziff. 1 AktG, verweigert werden darf (vgl. dazu Barz, § 131 AktG
Anm. 14).

III. Die Pflichten aus der Mitgliedschaft

222

Die Hauptverpflichtung des Aktionärs ist die *Einlagepflicht,* die in
der Regel durch Einzahlung von Geld erfolgt und die durch den
Nennbetrag oder den höheren Ausgabenbetrag der Aktien begrenzt
ist (§ 54 Abs. 1 AktG).

Der Aktionär muß weder einen Nachschuß bei Verlusten der AG
leisten, noch trifft ihn beim Konkurs der AG irgendeine Haftung.

Ob und gegebenenfalls inwieweit die Aktionäre gegenüber der
Gesellschaft und auch untereinander durch Treue- und Loyalitäts-
pflichten gebunden sind, ist umstritten. Die Aktionäre, die sich in den
meisten Fällen nicht einmal kennen, sind *nicht* durch Treuepflichten
miteinander verbunden. Auch im Verhältnis zur Gesellschaft besteht
eine echte Treuepflicht nicht in dem Sinne, daß die Aktionäre zu einer positiven Tätigkeit für die Aktiengesellschaft verpflichtet wären
(vgl. Hueck, Gesellschaftsrecht, § 27 IV 1). Wenn im Aktienrecht vom
Treuegedanken die Rede ist, so kann damit nur ein Wertmaßstab gemeint sein, welcher der Präzisierung des überkommenen Miß-
brauchsbegriffs dient. Damit wird ein spezieller Sittenkodex anerkannt, der im Rahmen der §§ 138, 826 BGB Berücksichtigung finden

muß, ohne daß dies zur Angleichung der Aktiengesellschaft an die Mitgliedschaftsverhältnisse bei Personengesellschaften führen darf (vgl. Würdinger, § 11 VI 1). In diesem Sinne hat auch der BGH (BGHZ 14, 25, 38) klar betont, daß der Aktionär weder bei der Stimmrechtsausübung, noch bei der Anfechtung eines Gesellschafterbeschlusses seine eigenen Interessen hinter die der Gesellschaft zurückstellen muß.

Auch für die Aktiengesellschaft gilt der verbandsrechtliche Grundsatz der Gleichbehandlung der Gesellschafter, demzufolge die Aktionäre unter gleichen Voraussetzungen gleich zu behandeln sind. In § 53 a AktG, der bei der Durchführung der Zweiten EG-Richtlinie zur Koordinierung des Gesellschaftsrechts mit Wirkung vom 1.7. 1979 in das Aktiengesetz eingefügt worden ist, ist der Gleichbehandlungsgrundsatz nunmehr normiert. Auch in vielen anderen Vorschriften des Aktiengesetzes hat dieser Grundsatz seinen Niederschlag gefunden, so u.a. bei der Verteilung der Dividende (§ 60 AktG), bei dem Stimmrecht (§ 134 Abs.1 S.1 und 2 AktG) und beim Bezugsrecht (§ 186 AktG). Eine ungleiche Behandlung der Aktionäre ist allerdings zulässig, wenn sie sachlich berechtigt ist und damit nicht den Charakter der Willkür trägt (BGHZ 33, 175 ff.). Insbesondere der Vorstand, der einerseits an den Grundsatz der gleichmäßigen Behandlung der Aktionäre gebunden ist (BGHZ 33, 175, 186), andererseits aber das Gesellschaftsinteresse wahrzunehmen hat, kann gezwungen sein, von diesem Grundsatz abzuweichen, wenn die wirtschaftliche Aufgabenstellung der Gesellschaft auf andere Weise nicht erfüllbar ist (vgl. Würdinger, § 11 VI 2).

223   IV. Der Minderheitenschutz

Unter Minderheit kann man denjenigen Personenkreis in einer Gesellschaft oder Körperschaft verstehen, „der dauernd und institutionell auf die Willensbildung in einem Verband keinen Einfluß gewinnen kann und dessen Angelegenheiten daher ständig, soweit die Verbandssphäre reicht, von der Mehrheit mitbesorgt werden" (so Wiedemann, Bd.I, § 8 I 3). Um der Gefahr vorzubeugen, daß die

Mehrheit der Aktionäre die Leitung der Aktiengesellschaft auch in grundlegenden Entscheidungen allein bestimmt oder daß die Mehrheit sich gar auf Kosten der Minderheit bereichert, sieht das Aktiengesetz einen *Minderheitenschutz* vor. Darunter sind jene Tatbestände zu verstehen, in denen eine Minderheitsgruppe von Aktionären in der Lage ist, auf legale Weise einen Mehrheitsbeschluß zu blockieren oder aber ihren Willen auch gegen die ablehnende Haltung der Mehrheit durchzusetzen (vgl. Würdinger, § 29 I). Die Realisierung des Willens der geschützten Minderheit geschieht entweder durch eine entsprechende Erklärung der Minderheit oder durch Einschaltung der Gerichte.

Abgeleitet werden die Minderheitsrechte aus der Mitgliedschaft. Berechnet wird die Minderheit deshalb danach, ob sie eine bestimmte Quote des Grundkapitals repräsentiert oder ob die Nennbeträge der Aktien eine bestimmte Summe erreichen (vgl. Würdinger, § 29 I). Minderheitsrechte, die ein bestimmtes Kapital- oder Stimmenquorum voraussetzen, werden auch formelle Minderheitsrechte genannt (zum Minderheitenschutz, der nicht von quantitativen Größen abhängt, siehe Wiedemann, Bd. I, § 8).

Zu einer Anzahl von Regelungen, die eine Minderheit von Aktionären schützen soll, gehören:

a) Eine Aktionärsminderheit, die $\frac{1}{20}$ des Grundkapitals repräsentiert, kann die Einberufung einer Hauptversammlung erzwingen, wenn sie Zweck und Gründe angibt (§ 122 Abs. 1 AktG).

b) Eine Aktionärsminderheit, die $\frac{1}{20}$ des Grundkapitals oder das Aktienkapital von 1 Million DM repräsentiert, kann verlangen, daß bestimmte Gegenstände auf die Tagesordnung gesetzt werden (§ 122 Abs. 2 AktG).

c) Eine Aktionärsminderheit kann unter den in § 142 AktG genannten Voraussetzungen die Bestellung von Sonderprüfern erzwingen.

d) Eine Minderheit von Aktionären, die $\frac{1}{10}$ des Grundkapitals repräsentiert, kann die gesonderte Abstimmung über die Entlastung von Vorstands- oder Aufsichtsratsmitgliedern herbeiführen.

e) Eine Minderheit von 25% des Grundkapitals und einer Stimme kann jede Satzungsänderung verhindern, weil ein Beschluß der Hauptversammlung, der eine Satzungsänderung herbeiführen soll, die Mehrheit von mindestens ¾ des bei der Beschlußfassung vertretenen Grundkapitals erfordert (§ 179 AktG).

f) Eine Kapitalerhöhung gegen neue Einlagen sowie eine ordentliche Kapitalherabsetzung können ebenfalls von 25% und einer Stimme des repräsentierten Grundkapitals verhindert werden (§§ 182 und 222 AktG).

§ 33. Jahresabschluß und Gewinnverwendung

Schrifttum: Clemm, Abschlußprüfer und Aufsichtsrat, ZGR 1980, 455 ff.; Schulze-Osterloh, Zur öffentlichen Funktion des Abschlußprüfers, ZGR 1976, 411 ff.; derselbe, Die Bilanzierung künftiger Dividenenforderungen, ZGR 1977, 104 ff.

224   ### I. Jahresabschluß und Geschäftsbericht

Der Vorstand hat in den drei ersten Monaten des Geschäftsjahres die Jahresbilanz und die Gewinn- und Verlustrechnung für das vergangene Geschäftsjahr (Jahresabschluß) sowie den Geschäftsbericht aufzustellen, die von unabhängigen Abschlußprüfern und vom Aufsichtsrat zu prüfen sind (§§ 148, 162 ff. und 170 f. AktG).

Die öffentliche Rechnungslegung, die das Aktiengesetz für die Aktiengesellschaften bestimmt, dient der Unterrichtung der Aktionäre und der Personen, die in geschäftlichen Beziehungen zur Gesellschaft stehen oder solche aufnehmen wollen, aber auch der Arbeitnehmer der Gesellschaft. Darüber hinaus soll sie auch – entsprechend der wirtschaftlichen Bedeutung der Aktiengesellschaft – der Unterrichtung der Allgemeinheit dienen. Durch die Kontrolle, die das Aktienrecht anordnet, können wirtschaftliche Schwierigkeiten der Unternehmen nicht vermieden werden, weil eine unmittelbare Einflußnahme auf die Geschäftsführung nicht möglich ist. Sie kann und soll aber einen Schutz davor bieten, daß eine Verschlechterung der wirtschaftlichen Lage der Aktiengesellschaft dem oben genannten Personenkreis verborgen bleibt (Schulze-Osterloh, ZGR 1976, 411 ff.).

An der exakten Feststellung der wirtschaftlichen Lage in dem in der Rechtsform der Aktiengesellschaft betriebenen Unternehmen sind nicht nur die Aktionäre, sondern ebenso die Gläubiger der Gesellschaft und die in der Regel große Zahl von Beschäftigten interessiert, denen es u. a. um die Erhaltung ihrer Arbeitsplätze geht.

Dieser Interessenlage Rechnung tragend, hat der Gesetzgeber strenge Vorschriften über die Aufstellung der Bilanz und die Erstellung des Geschäftsberichts geschaffen.

Um eine nicht gerechtfertigte, die Gläubiger gefährdende Gewinnverteilung zu verhindern, enthält das Gesetz genaue Vorschriften über die Gliederung der Bilanz (§ 151 AktG) und die Bewertung der Vermögensgegenstände (§§ 153 ff. AktG), bei deren Verletzung der Jahresabschluß nichtig sein kann (§ 256 AktG).

Der Geschäftsbericht hat den Jahresabschluß zu erläutern. Er muß ein überschaubares Bild des Geschäftsverlaufs und der Lage der Gesellschaft bieten (§ 160 AktG).

Die Hauptversammlung wählt für jedes Geschäftsjahr *unabhängige Abschlußprüfer,* die überprüfen, ob die gesetzlichen Vorschriften über den Jahresabschluß und den Geschäftsbericht eingehalten worden sind.

Die Prüfung der Rechnungslegung ist eine gesetzliche Aufgabe nicht nur der Abschlußprüfer, sondern auch des Aufsichtsrats (§ 171 Abs. 1 AktG). Umstritten ist, auf welche Art und Weise der Aufsichtsrat seiner Verpflichtung zur Prüfung der Rechtmäßigkeit des Jahresabschlusses nachzukommen hat. Man wird davon ausgehen müssen, daß sich der Aufsichtsrat bei seiner pflichtgemäßen Prüfung des Jahresabschlusses und des Geschäftsberichts weitgehend auf die vorangegangene Prüfung durch die Abschlußprüfer stützen kann. Letztere sind insoweit als Auskunfts- und Hilfspersonen des Aufsichtsrats für dessen pflichtmäßige Prüfung der Rechnungslegung anzusehen (so Clemm, ZGR 1980, 455, 458).

225   **II. Die Gewinnverwendung**

Weist die Bilanz einen Gewinn aus, so beschließt die Hauptversammlung darüber, wie dieser Gewinn zu verwenden ist. Die Hauptversammlung ist an die Vorschläge des Vorstandes über die Verwendung des Gewinns nicht gebunden (§ 174 AktG). Die Entscheidung
darüber, ob ein Gewinn vorhanden ist und wie hoch er ist, ist bereits
durch die Feststellung des Jahresabschlusses getroffen. An die festgestellte Gewinnhöhe ist die Hauptversammlung gebunden. Nur in der
Gewinnverwendung ist die Hauptversammlung von Vorstand und
Aufsichtsrat unabhängig.

Beispiel: Ist die Hauptversammlung der Meinung, der Vorstand habe
infolge überhöhter Abschreibungen einen zu niedrigen Gewinn im Jahresabschluß festgestellt, so kann sie weder die Höhe der Abschreibungen ändern, noch einen höheren als den festgestellten Gewinn verteilen. (Zur Bilanzierung künftiger Dividendenforderungen siehe BGHZ 65, 230 ff. und
Schulze-Osterloh, ZGR 1977, 104 ff.).

§ 34. Aktuelle Probleme des Aktienrechts

Schrifttum: Hüffer, Harmonisierung des aktienrechtlichen Kapital-
schutzes, NJW 1979, 1065 ff.

226   **I. Die Machtverteilung in der Hauptversammlung**

Die Hauptversammlungen der großen Aktiengesellschaften, deren
Grundkapital nicht selten unter mehreren tausend Aktionären aufgeteilt ist, werden häufig von wenigen Banken beherrscht, weil nur ein
Bruchteil der Aktionäre persönlich an den Hauptversammlungen teilnehmen kann. Die überragende Mehrzahl der Aktionäre läßt sich von
Banken vertreten, die dadurch häufig in der Hauptversammlung über
eine ⅔ Mehrheit der abgegebenen Stimmen verfügen (vgl. dazu
Raisch, Unternehmensrecht II, S. 58). Zudem haben die Banken häufig selbst auch erhebliche eigene Beteiligungen. Die Hauptversamm-

lungsbeschlüsse dieser Aktiengesellschaften werden daher entscheidend von den Banken bestimmt, die sich zudem durch die Besetzung des Aufsichtsrates mit eigenen Vorstandsmitgliedern eine laufende Kontrolle über die Aktiengesellschaft sichern. Neben gesellschaftspolitischen Bedenken begegnet dieser Sachverhalt auch wettbewerbspolitischen Vorbehalten, da häufig ein und derselbe Bankenvertreter in den Aufsichtsräten von miteinander konkurrierenden Aktiengesellschaften an der Beschlußfassung über wichtige unternehmerische Angelegenheiten teilnimmt. Eine negative Beeinflussung des Wettbewerbs kann hierdurch nicht ausgeschlossen werden. Zudem wird durch die Dominanz der Banken die Anzahl der unabhängigen wirtschaftlichen Entscheidungszentren in der Volkswirtschaft herabgesetzt.

227   II. Das Verhältnis des Aufsichtsrats zum Vorstand

Nach dem Gesetz ist der Vorstand das Leitungsorgan der Aktiengesellschaft. Er hat die Gesellschaft grundsätzlich in eigener Verantwortung zu leiten (§ 76 AktG). Der Aufsichtsrat ist nach dem Aktiengesetz das Kontrollorgan der Gesellschaft; er überwacht die Geschäftsführung des Vorstandes (§ 111 AktG). Maßnahmen der Geschäftsführung können ihm nicht übertragen werden (§ 111 Abs. 4 AktG). In der Realität sind jedoch häufig alle wichtigen Entscheidungen an die Zustimmung des Aufsichtsrats gebunden (diese Möglichkeit eröffnet § 111 Abs. 4 Satz 2 AktG). In der Praxis dürfte kaum ein Vorstand eine wesentliche Entscheidung treffen, ohne sich zuvor zumindest mit dem Vorsitzenden des Aufsichtsrates abgesprochen zu haben. Auf diese Weise üben der Aufsichtsrat oder einzelne seiner Mitglieder nicht nur eine Überwachungsfunktion aus. Der Aufsichtsrat oder einzelne Mitglieder des Aufsichtsrates sind vielmehr an den wesentlichen Entscheidungen der Geschäftsführung beteiligt, ja häufig ausschlaggebend für diese. Das Schwergewicht bei wichtigen Entscheidungen dürfte bei etlichen Aktiengesellschaften nicht beim Vorstand, sondern bei einigen Mitgliedern des Aufsichtsrates liegen.

228   **III. Überblick über die Auswirkungen der Zweiten EG-Richtlinie zur Koordinierung des Gesellschaftsrechts auf das Aktienrecht**

Das Aktienrecht ist bisher ein Mittelpunkt der Harmonisierungsbestrebungen und der Rechtsangleichung in der EG gewesen. Gegenstand dieser Bestrebungen waren bislang folgende Bereiche: die Struktur der Aktiengesellschaft und die Rechte und Pflichten ihrer Organe, die gesellschaftsrechtliche Publizität, die Gründung und damit auch der Schutz der Kapitalgrundlagen, die Rechnungslegung, die Fusion und das Konzernrecht. Versucht man, aus den bisherigen Richtlinien und Vorschlägen der EG die Summe zu ziehen, so ergibt sich als ein der Rechtsangleichung zugrundeliegendes Konzept eine Aktiengesellschaft mit einem festen Mindestgrundkapital, dessen Aufbringung und Erhaltung gesetzlich geregelt ist, einer dreigliedrigen Organstruktur und einer weitreichenden Publizität (vgl. Hüffer, NJW 1979, 1065, 1070).

Am 13. 12. 1976 hat der Rat der Europäischen Gemeinschaften die Zweite Richtlinie zur Koordinierung des Gesellschaftsrechts (Kapitalschutzrichtlinie) verabschiedet. Das vom deutschen Bundestag am 13. 12. 1978 beschlossene und am 1. 7. 1979 in Kraft getretene Gesetz zur Durchführung dieser Richtlinie (BGBl. I, 1959 ff.) hat das Aktienrecht in etlichen nicht unwesentlichen Punkten verändert.

Gemäß § 26 Abs. 1 AktG müssen nunmehr nicht nur die einem Aktionär, sondern auch die einem Dritten eingeräumten Sondervorteile in der Satzung festgelegt sein. § 27 Abs. 2 AktG schreibt den bisher im deutschen Recht schon praktizierten Grundsatz gesetzlich fest, daß nur solche Gegenstände einlagefähig sind, deren wirtschaftlicher Wert feststellbar ist. § 36 a Abs. 2 AktG spricht die dem deutschen Aktienrecht bislang unbekannte Pflicht aus, Sacheinlagen vor der Anmeldung zu leisten. Die Vorschriften über eigene Aktien sind umgestaltet und z. T. wesentlich erweitert. Das Verbot, eigene Aktien zu zeichnen, ist nun in den Gesetzestext (§ 56 Abs. 1 AktG) ausdrücklich aufgenommen. Bei der Kapitalerhöhung mit Sacheinlagen muß eine Prüfung der Sacheinlagen durch unabhängige Prüfer stattfinden (§ 183 Abs. 3 AktG) (zu den Einzelheiten siehe Hüffer, NJW 1979, 1065 ff.).

Rdnr. 228

Achtes Kapitel

Die Kommanditgesellschaft auf Aktien

Die Kommanditgesellschaft auf Aktien ist eine Mischform, in der Elemente der Aktiengesellschaft und der Kommanditgesellschaft miteinander verbunden sind. Die Kommanditgesellschaft auf Aktien ist eine juristische Person, unterscheidet sich von der Aktiengesellschaft aber dadurch, daß es zwei Arten von Gesellschaftern gibt:

– die *Kommanditaktionäre,* die das in Aktien zerlegte Grundkapital halten und die für die Verbindlichkeiten der Kommanditgesellschaft nicht haften, und

– mindestens einen *persönlich haftenden Gesellschafter,* der eine ähnliche Stellung einnimmt wie der Komplementär einer Kommanditgesellschaft.

Die Kommanditgesellschaft auf Aktien spielt in der Praxis keine bedeutende Rolle. Die Zahl der Gesellschaften dieser Art in der Bundesrepublik Deutschland dürfte zweistellig sein.

Für die Kommanditgesellschaft auf Aktien selbst sind die Vorschriften des Aktiengesetzes anwendbar, soweit sich aus den §§ 278 ff. AktG nichts anderes ergibt.

Für die Kommanditaktionäre ist grundsätzlich das Aktienrecht anzuwenden. Sie bilden die Hauptversammlung, deren Beschlüsse der Aufsichtsrat durchführt.

Die Stellung der persönlich haftenden Gesellschafter entspricht der der Komplementäre einer Kommanditgesellschaft. Für alle Verbindlichkeiten der Gesellschaft haften sie daher den Gläubigern der Gesellschaft unbeschränkt. Ihre Haftung kann nicht beschränkt werden. Geht eine Kommanditgesellschaft auf Aktien in Konkurs, haftet der Komplementär für die Schulden der Kommanditgesellschaft auf Aktien auch persönlich mit seinem Privatvermögen, während die Kommanditaktionäre von jeder Haftung befreit sind.

Die persönlich haftenden Gesellschafter haben Vertretungsmacht. Ihnen steht die Geschäftsführung zu.

Neuntes Kapitel

Die Gesellschaft mit beschränkter Haftung

§ 35. Der Begriff der GmbH und die Bedeutung der GmbH für das Wirtschaftsleben

Schrifttum: Immenga, Die personalisierte Kapitalgesellschaft, 1970.

I. Begriff und Rechtsnatur der GmbH

230   Die Gesellschaft mit beschränkter Haftung (GmbH) ist eine mit Rechtspersönlichkeit ausgestattete Gesellschaft (juristische Person), an der sich die Gesellschafter mit Einlagen auf das in Stammanteile zerlegte Stammkapital beteiligen, ohne persönlich für die Verbindlichkeiten der Gesellschaft zu haften. Die GmbH kann zu jedem vom Gesetz zugelassenen Zweck errichtet werden (§ 1 GmbHG); sie ist eine Handelsgesellschaft und als solche stets Kaufmann (§ 6 HGB). Wenn die GmbH auch ebenso wie die Aktiengesellschaft eine juristische Person ist, so hat sie doch manche Ähnlichkeit mit den Personengesellschaften. Die Nähe zur Personengesellschaft wird z. B. dadurch deutlich, daß die Gesellschafter die innere Struktur der Gesellschaft ohne wesentliche Einschränkungen frei regeln können. Die gesetzlichen Vorschriften über das Innenverhältnis der Gesellschafter sind grundsätzlich abdingbar, während die Struktur der Aktiengesellschaft fast völlig durch zwingendes Recht festgelegt wird. Die hohe Anpassungsfähigkeit im Hinblick auf das Verhältnis der Gesellschafter untereinander bei der GmbH hat den wichtigen Vorteil, daß die GmbH durch den Gesellschaftsvertrag weitgehend so ausgestaltet werden kann, wie die Zwecke der Gesellschaft dies verlangen, Gesellschafter können ihre Beziehungen in der Gesellschaft z. B. in erheblichem Umfange nach den für Personengesellschaften geltenden Grundsätzen ordnen (Immenga, S. 104).

Die GmbH kann wie jede andere natürliche oder juristische Person Gesellschafter einer anderen Gesellschaft sein.

Beispiel: Die „Wurstwaren Dornseifen-GmbH" kann mit dem Metzger Panschmann eine Kommanditgesellschaft gründen, deren Betrieb auf einen Fleischhandel gerichtet ist. Haben die „Wurstwaren Dornseifen-GmbH" und Panschmann vereinbart, daß die GmbH der persönlich haftende Gesellschafter und Panschmann Kommanditist sein soll, handelt es sich um eine GmbH & Co KG.

231   Die GmbH & Co KG hat als eine der möglichen Gesellschaftsformen, an denen eine GmbH als Gesellschafterin beteiligt sein kann, erhebliche wirtschaftliche Bedeutung erlangt. Ihre Verwendung ist besonders dann zweckmäßig, wenn die Gesellschafter der GmbH und der Kommanditgesellschaft dieselben Personen sind und eine allseitige Haftungsbeschränkung erreichen wollen; als Gesellschafter der GmbH haften diese Personen überhaupt nicht, als Kommanditisten der GmbH & Co KG haften sie nur beschränkt mit ihrer Einlage, soweit diese noch nicht an die GmbH & Co KG geleistet wurde (vgl. oben Rdnr. 140). Ein weiterer Hauptzweck für die häufige Verwendung der GmbH & Co KG als Gesellschaftsform war die Vermeidung der bis zum 1.1.1977 bestehenden Doppelbesteuerung der Gewinne bei der GmbH mit der Körperschaftsteuer und bei den Gesellschaftern nochmals mit der Einkommensteuer. Seitdem die Doppelbesteuerung dieser Art nicht mehr besteht, wird die GmbH & Co KG überwiegend zu dem Zweck verwandt, die persönliche Haftung den Gläubigern der Gesellschaft gegenüber auszuschließen.

II. Die Bedeutung der GmbH für das Wirtschaftsleben in der Bundesrepublik Deutschland

232   Die GmbH hat sich seit ihrer Einführung durch den Gesetzgeber im Jahre 1892 schnell zu einer bevorzugten Gesellschaftsform entwickelt. Während die Zahl, nicht aber der Umsatz der Aktiengesellschaften wegen der Konzentrationsvorgänge ständig abgenommen hat, ist die Zahl der Gesellschaften mit beschränkter Haftung in den letzten Jahrzehnten ständig gestiegen. Im Jahre 1979 gab es in der Bundesrepublik Deutschland knapp 196000 Gesellschaften mit be-

schränkter Haftung mit einem Nennkapital von ca. DM 85 Milliarden. Die Zahl der Aktiengesellschaften betrug zu demselben Zeitpunkt 2189; ihr Nennkapital umfaßte DM 76 Milliarden (Quelle: Statistisches Jahrbuch 1976).

Schon diese Zahlen zeigen, daß die Bedeutung der GmbH für das Wirtschaftsleben in der Bundesrepublik Deutschland erheblich ist.

Die Möglichkeiten, die die GmbH bietet, sind Vorzüge vielerlei Art. Sie führen dazu, daß die meisten Neugründungen in der Gesellschaftsform der GmbH erfolgen. Zu diesen Vorzügen zählen:

a) Die GmbH ist juristische Person. Den Gläubigern haftet deshalb nur das Gesellschaftsvermögen. Die Gesellschafter haften nicht mit ihrem Privatvermögen.

b) Die GmbH kann zu jedem Zweck gegründet werden; sie muß kein Handelsgewerbe betreiben.

c) Da das Verhältnis der Gesellschafter untereinander nur durch wenige zwingende gesetzliche Vorschriften bestimmt wird, kann die GmbH über den Gesellschaftsvertrag den Besonderheiten des Einzelfalles besonders gut angepaßt werden.

d) Das Gesetz beschränkt die Zahl der Gesellschafter nicht. Während nach altem Recht zur Gründung einer GmbH mindestens zwei Personen erforderlich waren, ist seit dem Inkrafttreten der Novellierung des GmbH-Gesetzes am 1. Januar 1981 auch die Gründung einer *Einmann-GmbH* zulässig (vgl. § 1 GmbHG). Durch diese Möglichkeit kann ein Einzelunternehmer seinen Betrieb ohne jegliche persönliche Haftung führen. Bereits nach altem Recht konnte allerdings im Ergebnis auch eine GmbH gegründet werden, hinter der letztlich nur eine Person stand. Dies geschah auf die Weise, daß das zweite Gründungsmitglied nach der Gründung seinen Geschäftsanteil an das erste abtrat. Dieser umständliche Weg entfällt nunmehr.

e) Ein Wechsel der Gesellschafter ist im Gegensatz zur OHG und KG ohne große Schwierigkeiten unter Lebenden wie auch von Todes wegen möglich. Die Übertragung des Gesellschaftsanteils erfolgt unter Lebenden durch einen notariell zu beurkundenden Vertrag, der grundsätzlich nicht der Zustimmung der Gesellschafter unterliegt.

Rdnr. 232

f) Die Gründung einer GmbH ist, was das zur Gründung notwendige Kapital anbetrifft, relativ einfach. Das Mindestkapital beträgt lediglich DM 50 000,– (bis zum Inkrafttreten der Neuregelung am 1.1. 1981 waren DM 20 000,– ausreichend).

g) Für Familienunternehmen ist die GmbH eine geeignete Gesellschaftsform, weil ein oder mehrere Geschäftsführer, die nicht Gesellschafter sein müssen, das Unternehmen leiten können, wenn es an geeigneten oder am Unternehmen interessierten Familienmitgliedern fehlt.

h) Geschäftsführergehälter sind als Betriebsausgaben zu verbuchen und verringern den zu versteuernden Gewinn.

Das Recht der GmbH ist im wesentlichen im GmbH-Gesetz von 1892 geregelt, das zuletzt durch die am 1.1. 1981 in Kraft getretene Novellierung in wichtigen Punkten geändert worden ist.

233 In der Vergangenheit ist die Rechtsform der GmbH vielfach zur Begehung schwerer Betrugsdelikte mißbraucht worden. Ursache der häufigen Mißstände waren der Ausschluß der persönlichen Haftung der Gesellschafter bei einem sehr geringen Grundkapital (bis zum 1.1. 1981 DM 20 000,–, nun DM 50 000,–) und das Fehlen der unabhängigen Prüfung der Rechnungslegung der Gesellschaft. Durch diese Gefahren genießt die GmbH im allgemeinen keinen guten Ruf. Ihre Kreditbasis ist daher in der Regel schmaler als diejenige einer OHG, KG oder AG gleicher Größe. Nachdem bereits vor Jahrzehnten auf die mit riesigen Schäden verbundenen Mißstände hingewiesen worden war, hat man sich seit den sechziger Jahren verstärkt um eine Reform des GmbH-Rechts bemüht. Nach mehreren Entwürfen eines völlig neuen GmbH-Gesetzes ist am 1.1. 1981 das Gesetz zur Änderung des Gesetzes betreffend die Gesellschaften mit beschränkter Haftung und anderer handelsrechtlicher Vorschriften in Kraft getreten, durch welches das GmbH-Gesetz von 1892 zwar geändert, aber im wesentlichen beibehalten worden ist. Ziel der Novelle ist es vor allem, den Schutz der Gesellschaftsgläubiger zu verbessern sowie die Vorschriften des Gesetzes an die praktischen Erfordernisse der Zeit anzupassen. Dabei wird der teilweise in den früheren Entwürfen enthaltene Perfektionismus und damit eine Bürokratisierung im Bereich des Sachgründungsrechts vermieden.

Weitere Neuregelungen vor allem aufgrund der vierten Richtlinie zur Harmonisierung des Gesellschaftsrechts der Mitgliedsstaaten der EG dürften in Kürze zu erwarten sein.

§ 36. Errichtung und Entstehung der GmbH

Schrifttum: Flume, Zur Enträtselung der Vorgesellschaft, NJW 1981, 1753 ff.; K. Schmidt, Die Vor-GmbH als Unternehmerin und als Komplementärin, NJW 1981, 1345 ff.; derselbe, Grundzüge der GmbH-Novelle, NJW 1980, 1769 ff.

234   ## I. Der Gesellschaftsvertrag

Wie jede Gesellschaft beruht auch die Gesellschaft mit beschränkter Haftung auf einem Vertrag, den die Gesellschafter miteinander abschließen (Gesellschaftsvertrag). Der Gesellschaftsvertrag, auch *Satzung* der GmbH genannt (so Lehmann-Dietz, S. 420), erfüllt eine doppelte Funktion:

— er enthält einerseits die *Einigung der Gründer* über die Errichtung der GmbH, die Zweckbestimmung der Gesellschaft, die von den Gesellschaftern übernommenen Verpflichtungen zur Leistung der Beiträge und die Aufteilung der Geschäftsanteile;

— andererseits bildet der Gesellschaftsvertrag (die Satzung) die *Grundlage der Gesellschaft* und prägt sowohl Charakter und Aufbau der GmbH als juristische Person, als auch die Beziehungen der in der Zukunft hinzutretenden Gesellschafter zur GmbH und untereinander (so Ulmer in Hachenburg, § 2 GmbHG Rdnr. 4).

Das Gesetz schreibt für den Gesellschaftsvertrag einen *Mindestinhalt* vor (§ 3 GmbHG). Dazu gehört die Einigung der Gesellschafter (Gründer) über:

a) den Gegenstand des Unternehmens,

b) die Firma und den Sitz des Unternehmens,

c) den Betrag des Stammkapitals,

d) den Betrag der von jedem Gesellschafter auf das Stammkapital zu leistenden Einlage (Stammeinlage).

Das *Stammkapital der GmbH* entspricht dem Grundkapital bei der Aktiengesellschaft. Es ist die Kapitalgrundlage der GmbH und entspricht grundsätzlich der Summe der von den Gesellschaftern übernommenen Stammeinlagen.

Der Abschluß des Gesellschaftsvertrages bedarf der notariellen Form. Der Gesellschaftsvertrag muß von allen Gesellschaftern unterzeichnet sein.

II. Die Entstehung der GmbH

1. Überblick über den Entstehungsvorgang

235 Ähnlich wie die Aktiengesellschaft entsteht auch die GmbH in mehreren Abschnitten. In der Regel beginnt der eigentliche Entstehungsvorgang mit dem Abschluß des Gesellschaftsvertrages. Dies ist jedoch meist nicht die erste Stufe der Entwicklung. Fast immer treffen diejenigen Personen, die eine GmbH gründen wollen, schon vor dem Abschluß des Gesellschaftsvertrages verbindliche Abreden im Hinblick auf die Errichtung der Gesellschaft.

Beispiel: Bertram, Klose und Freske erörtern am abendlichen Stammtisch die Möglichkeit, eine GmbH zu gründen, die auf einem Grundstück der zu gründenden GmbH Eigentumswohnungen errichten und an Interessenten veräußern soll. Sie errechnen die möglichen Gewinne und äußern übereinstimmend, der Sache näher treten zu wollen. Hier ist die Möglichkeit, eine GmbH gründen zu wollen, lediglich erörtert worden, ohne daß sich diejenigen, die darüber gesprochen haben, rechtlich binden wollten. Bertram, Klose und Freske haben deshalb keine Willenserklärungen abgegeben, die eine rechtliche Bindung herbeigeführt haben.

236 Sobald die Verhandlungen über die Gründung einer GmbH ihren unverbindlichen Charakter verloren und zu rechtsverbindlichen Vereinbarungen zwischen den Personen geführt haben, die eine GmbH errichten wollen, beginnt die erste Phase der Gründung. Diese Phase ist in der Regel erreicht, wenn die Gründer *vertragliche Vereinbarungen* über den Zweck und die Ausgestaltung der zu gründenden GmbH sowie über die Höhe des Stammkapitals getroffen haben.

Zu dem oben genannten **Beispiel:** Bertram, Klose und Freske kommen überein, eine Bauträger-GmbH zu gründen, die auf einem noch zu erwerbenden Grundstück Eigentumswohnungen bauen und veräußern soll. Das Stammkapital soll DM 300 000,– betragen und zu je einem Drittel von jedem Gesellschafter aufgebracht werden. Sie beschließen, alle Anstrengungen zu unternehmen, um die GmbH möglichst bald zu errichten. Bertram und Klose verhandeln bereits mit der Westfälischen Bank AG über einen Kredit, Freske bemüht sich, ein geeignetes Grundstück für die GmbH zu erwerben. In diesem Stadium haben die Gespräche, die die Gründer der GmbH miteinander geführt haben, ihren rechtlich unverbindlichen Charakter verloren.

237   Die Firma der GmbH kann gemäß § 4 GmbHG eine Sachfirma oder eine Personenfirma sein; sie muß in allen Fällen die zusätzliche Bezeichnung „mit beschränkter Haftung" enthalten. Die *Sachfirma* muß dem Gegenstand des Unternehmens i.S. des § 3 Abs.1 Nr.3 GmbHG entlehnt und denselben für das Publikum erkennen lassen. Nach h.M. (vgl. OLG Hamm, OLGZ 1978, 38ff.) gilt für die Firma einer GmbH zusätzlich zu § 4 GmbHG die allgemeine Vorschrift des § 17 HGB. Daraus folgt, daß die Firma in jedem Falle dazu dient, eine Namensfunktion auszuüben (BGH NJW 1956, 1557ff.). Zum Inhalt der Namensfunktion gehört wesentlich, daß die Verkehrskreise die Kennzeichnung als individualisierenden Hinweis auf das Unternehmen ansehen. Deshalb soll sich derjenige, der eine Firma nennt oder hört, darunter nur dieses und kein anderes Unternehmen vorstellen. Diese Kennzeichnungskraft fehlt den Branchen- oder Gattungsbezeichnungen, die bei Lesern und Hörern nicht die Assoziation mit einem bestimmten Unternehmen wecken (so OLG Hamm, OLGZ 1978, 38ff.).

Beispiel (nach OLG Hamm, a.a.O.): Die Firma „Industrie- und Baubedarf Gesellschaft mit beschränkter Haftung" ist eine bloße Branchenbezeichnung. Es fehlt die für eine Sachfirma notwendige Kennzeichnungs- und Unterscheidungskraft. Die Sachfirma einer GmbH bedarf eines individualisierenden Zusatzes, um der Namensfunktion der Firma gerecht zu werden.

Die Personenfirma einer GmbH muß den Namen mindestens eines Gesellschafters enthalten (§ 4 Abs.1 GmbHG). Haben sich die Gesellschafter für eine Personenfirma entschieden, sind sie nicht daran gehindert, gleichwohl noch eine zusätzliche Sachfirmenbezeichnung hinzuzufügen. Letztere muß dann nicht von dem Gegenstand des Unternehmens entlehnt sein (OLG Bremen, OLGZ 1978, 42 ff.).

238   2. Die Vorgründungsgesellschaft

Werden vor dem Abschluß des Gesellschaftsvertrages der GmbH im Sinne der §§ 2 ff. GmbHG zwischen den Gründern verbindliche Vereinbarungen im Hinblick auf die Errichtung der GmbH getroffen, so entsteht damit eine *Vorgründungsgesellschaft*. Es handelt sich dabei um eine Gesellschaft bürgerlichen Rechts, deren gemeinsamer Zweck, der erreicht werden soll, die Vorbereitung der GmbH-Gründung ist (so Soergel-Schultze-von Lasaulx, Vorbemerkung 83 vor § 705 BGB; Ulmer in Hachenburg, § 11 GmbHG Anm. 17).

Auch diese BGB-Gesellschaft beruht auf einem Gesellschaftsvertrag. Problematisch ist, ob dieser Vertrag ebenso wie der Gesellschaftsvertrag der GmbH der notariellen Form (§ 2 GmbHG) bedarf. Das ist jedenfalls dann zu bejahen, wenn der Gesellschaftsvertrag, der der Vorgründungsgesellschaft zugrunde liegt, eine Verpflichtung der Beteiligten zur Gründung der GmbH enthält (so zutreffend Ulmer in Hachenburg, § 11 GmbHG Rdnr. 18).

239   3. Die Vorgesellschaft

Der auf die Schaffung der Vorgründungsgesellschaft folgende Abschnitt im Verlauf des Gründungsgeschehens beginnt mit dem Abschluß des Gesellschaftsvertrages gemäß §§ 2 ff. GmbHG. Die GmbH entsteht allerdings noch nicht mit dem Abschluß des Gesellschaftsvertrages in notarieller Form. Mit dem *Abschluß des Gesellschaftsvertrages als dem Zeitpunkt der Errichtung* beginnt vielmehr ein Durchgangsstadium im Gründungsvorgang der GmbH, das mit der *Eintragung der GmbH in das Handelsregister als dem Zeitpunkt der Entstehung der GmbH als juristischer Person* endet.

240   Mit dem Abschluß des Gesellschaftsvertrages haben die Gründer eine *Vorgesellschaft* (auch Vor-GmbH genannt) entstehen lassen, über deren Rechtsnatur und Verhältnis zur GmbH keine einheitliche Meinung besteht. Der BGH sieht in der mit dem Abschluß des Gesellschaftsvertrages entstehenden Vorgesellschaft „eine Organisation, die einem Sonderrecht untersteht, das aus den im Gesetz oder im Gesellschaftsvertrag gegebenen Gründungsvorschriften und dem Recht der rechtsfähigen GmbH, soweit es nicht die Eintragung voraussetzt, besteht" (BGHZ 21, 242, 246; 45, 338, 347; 51, 30, 32). Bei dieser Einordnung der Vorgesellschaft läßt sich der BGH davon leiten, daß die Vorgesellschaft durch die angestrebte Rechtsform der GmbH weitgehend vorgeprägt ist, sich von der GmbH aber durch die mangelnde Rechtsfähigkeit und den Zweck, der bei der Vorgesellschaft auf die Erlangung der Rechtsfähigkeit gerichtet ist, unterscheidet. Eine Vor-GmbH ist als ein auf die künftige juristische Person hin angelegtes Rechtsgebilde bereits körperschaftlich strukturiert und daher imstande, persönlich haftende Gesellschafterin einer KG zu sein (so BGH NJW 1981, 1373 f.; vgl. dazu K. Schmidt, NJW 1981, 1345 ff.; Flume, NJW 1981, 1753 ff.)

Das Reichsgericht (u.a. RGZ 58, 55 ff.; 105, 228 ff.; 151, 86, 91) sah in der Vorgesellschaft eine Gesellschaft bürgerlichen Rechts. Wegen der körperschaftlichen Struktur der angestrebten GmbH wollen manche Autoren die Vorgesellschaft als nichtrechtsfähigen Verein einordnen (so u.a. Flume, in: Festschrift für Geßler, 1971, S. 25 ff.). Der Auffassung des BGH hat sich ein großer Teil des Schrifttums inzwischen angeschlossen (so u.a. Barz, § 29 AktG Anm. 4; v. Gamm in RGRK, Vorbem. 6 vor § 705 BGB; Kraft, Kölner Kommentar § 1 AktG Rdnr. 32). Die Vorgesellschaft kann in der Rechtsform der OHG bestehen, wenn bereits vor der Eintragung eine als Grundhandelsgewerbe anzusehende Geschäftstätigkeit in vollkaufmännischer Weise aufgenommen wird (so BayObLG WM 1979, 317, 318).

241   Schon vor der Eintragung der GmbH in das Handelsregister werden von den Gründern eine Reihe von Rechtsgeschäften mit Dritten getätigt, die nicht nur der Entstehung der GmbH dienen, sondern mit dem Zweck zusammenhängen, zu dem die GmbH gegründet wird. Dabei wird häufig bereits im Namen der noch nicht entstandenen GmbH gehandelt, wofür u.a. die Handelnden gemäß § 11 Abs. 2 GmbHG persönlich und gesamtschuldnerisch haften.

Beispiel: Schmidt, Voßkamp und Riedel haben in notarieller Form einen

Gesellschaftsvertrag über die Gründung einer GmbH geschlossen, deren Gegenstand die Werbung für den Einzelhandel sein soll. Riedel wird zum Geschäftsführer der noch nicht entstandenen GmbH bestimmt. Nach Abschluß des Gesellschaftsvertrages, aber noch vor der Anmeldung zur Eintragung in das Handelsregister, schließt Riedel im Namen der GmbH ohne Wissen der übrigen Gründer einen Darlehensvertrag mit der Süddeutschen Kreditbank AG ab. Das Darlehen wird in Höhe von DM 500 000,– an Riedel gezahlt. Wegen persönlicher Streitigkeiten unter den Gründern wird die Entstehung der Gesellschaft nicht mehr weiter verfolgt. Nach einem Jahr fordert die Bank Rückzahlung des Darlehens. Schmidt und Voßkamp sind inzwischen vermögenslos. Hier entsteht die Frage, ob die Süddeutsche Kreditbank AG die Rückzahlung des Darlehens von Riedel verlangen kann. Die Vorgesellschaft ist haftungsfähig. Soweit sie als Unternehmensträgerin aufgetreten ist, haftet ihr Vermögen. Aber auch die Haftungsfähigkeit der Vorgesellschaft reicht als Sicherheit für diejenigen, die mit der im Entstehungsstadium befindlichen GmbH in Rechtsbeziehungen treten, nicht aus. Das Gesetz hat deshalb in § 11 Abs. 2 GmbHG bestimmt, daß derjenige, der vor Eintragung in das Handelsregister im Namen der GmbH handelt, persönlich haftet.

242 Die Haftung gemäß § 11 Abs. 2 GmbHG trifft nur die Handelnden. Darunter sind in der Regel die bereits bestellten Geschäftsführer zu verstehen. Allerdings können auch andere Personen als Handelnde im Sinne dieser Vorschrift angesehen werden, wie z. B. Gesellschafter (so BGH GmbH-Rdsch. 1961, 127). Der Handelnde haftet nach Inhalt und Umfang so, als sei das abgeschlossene Rechtsgeschäft bereits mit der GmbH zustande gekommen.

Zu dem oben genannten **Beispiel:** Riedel war bereits Geschäftsführer für die im Gründungsstadium befindliche GmbH. Er hat im Namen der GmbH gehandelt und haftet deshalb der Süddeutschen Kreditbank AG aus § 607 BGB i. Vb. m. § 11 Abs. 2 GmbHG.

Die herrschende Meinung (u. a.: RGZ 122, 172 ff.; BGH GmbH-Rdsch. 1962, 118; BGH LM Nr. 6 zu § 11 GmbHG) will eine Haftung aus § 11 Abs. 2 GmbHG auch für solche Handlungen entstehen lassen, die noch vor dem Abschluß des Gesellschaftsvertrages getätigt werden. Die Haftung soll überall dort entstehen, wo die Gesellschaft jedenfalls schon im Keim vorhanden ist, wo also durch die Verhandlungen zwischen den Gründern schon greifbare Ansätze zu der künftigen Gesellschaft geschaffen sind. Das ist in der Regel der Fall, wenn

die Verhandlungen über die Errichtung der Gesellschaft so weit ge-
diehen sind, daß feststeht, für wen der Handelnde auftreten will,
wenn er im Namen der zukünftigen GmbH auftritt (vgl. BGH BB
1980, 595 f.).

Abwandlung des oben genannten **Beispiels:** Riedel wird zum Geschäftsführer der im Gründungsstadium befindlichen GmbH bestellt und
schließt den Darlehensvertrag mit der Süddeutschen Kreditbank AG im
Namen der GmbH *vor* Abschluß des Gesellschaftsvertrages in notarieller
Form ab. Die Haftung gemäß § 11 Abs. 2 GmbHG i. Vb. m. § 607 BGB ist
nach der herrschenden Meinung die gleiche, als wenn der Gesellschaftsvertrag bereits abgeschlossen worden wäre.

Die Haftung des Handelnden aus Geschäften, die er mit Ermächti-
gung aller Gründer im Namen der Gesellschaft abgeschlossen hat, erlischt ohne Rücksicht darauf, ob es sich um eine Sach- oder um eine
Bargründung handelt, mit der Eintragung der GmbH. Zugleich gehen
dann die Verbindlichkeiten aus solchen Geschäften voll auf die
GmbH über, ohne daß es einer besonderen Eintritts- oder Genehmi-
gungserklärung bedarf (BGHZ 80, 182, 183 ff.; BGH JZ 1982, 113).

243   4. Die Eintragung in das Handelsregister

Vor der Eintragung in das Handelsregister ist durch Abschluß des
Gesellschaftsvertrages oder durch einen danach gefaßten Beschluß der
Gesellschafter ein Geschäftsführer zu benennen.

Ebenfalls vor der Eintragung in das Handelsregister sind ¼ von jeder Stammeinlage einzuzahlen; der Gesamtbetrag der erbrachten Bareinlagen zuzüglich der Sacheinlagen muß jedoch mindestens
DM 25 000,– erreichen (§ 7 Abs. 2 GmbHG). Mit der Novellierung
des GmbH-Gesetzes ist für Sacheinlagen insofern eine Sonderregelung eingeführt worden, als dieselben vor der Anmeldung der Gesellschaft so zu bewirken sind, daß sie endgültig zur freien Verfügung
der Geschäftsführer stehen (§ 7 Abs. 3 GmbHG).

Die Gesellschaft ist zur Eintragung in das Handelsregister anzumelden. Das Registergericht prüft, ob die Voraussetzungen vorliegen,
unter denen es eine Eintragung vornehmen kann. Eine Gründungs-

prüfung, wie sie zum Schutze der Gesellschafter und von Dritten, die
mit einer Aktiengesellschaft in Beziehung treten, bei der Aktiengesellschaft gesetzlich vorgeschrieben ist, gibt es bei der GmbH nicht.
Der Gesetzgeber ist davon ausgegangen, auch zukünftig auf eine umständliche Gründungsprüfung verzichten zu können (vgl. K. Schmidt,
NJW 1980, 1769, 1771). Allerdings hat nun eine intensive Prüfung
durch das Registergericht stattzufinden. Sollen Sacheinlagen geleistet
werden, haben die Gesellschafter dem Registergericht einen Sach-
gründungsbericht vorzulegen (§ 7 Abs. 4 S. 2 GmbHG). Darin haben
die Gesellschafter persönlich diejenigen Umstände darzutun, die für
die Angemessenheit der Leistungen der Sacheinlagen wichtig sind.
Bei einer Überbewertung der Sacheinlagen hat das Gericht die Eintragung der GmbH abzulehnen (§ 9 c GmbHG).

Die neu gegründete GmbH kann nur eingetragen werden, wenn
der Gesellschaftsvertrag vollständig und in sich geschlossen in einem
Schriftstück enthalten ist (BGH WM 1982, 698, 699). Das Registergericht hat den vorgelegten Gesellschaftsvertrag dann nur auf die
zwingenden gesetzlichen Anforderungen hin zu überprüfen, nicht jedoch auf inhaltliche Unklarheiten (OLG Köln, WM 1981, 1263 ff.).

Hat das Registergericht gegen die Eintragung der GmbH keine Bedenken, so nimmt es die Eintragung in das Handelsregister vor. Die
Eintragung ist durch eine entsprechende Veröffentlichung bekannt-
zumachen (§ 10 GmbHG). Erst mit der Eintragung in das Handelsregister entsteht die GmbH als juristische Person mit eigener Rechtspersönlichkeit. Die Eintragung ist also ebenso wie bei der Aktiengesellschaft konstitutiv.

244   5. Die Gründerhaftung

Um die Beteiligten zur Einhaltung der Gründungsvorschriften zu
zwingen, hat der Gesetzgeber in das novellierte GmbH-Gesetz eine
neue, an die §§ 46 ff. AktG angelehnte Gründerhaftung aufgenommen. Werden zum Zwecke der Errichtung einer GmbH falsche Angaben gemacht, so haben die Gesellschafter und die Geschäftsführer
der Gesellschaft u. a. als Gesamtschuldner fehlende Einzahlungen zu

leisten und für den sonst entstandenen Schaden Ersatz zu leisten (§ 9 a Abs. 1 GmbHG).

Nach § 9 a Abs. 2 GmbHG sind ferner alle Gesellschafter als Gesamtschuldner *der Gesellschaft* gegenüber zum Schadensersatz verpflichtet, wenn diese von Gesellschaftern durch Einlagen oder Gründungsaufwand vorsätzlich oder infolge grober Fahrlässigkeit geschädigt wird.

Die Gründerhaftung ist eine Haftung aus vermutetem Verschulden. § 9 a Abs. 3 GmbHG gestattet den Gesellschaftern und den Geschäftsführern, den Entlastungsbeweis anzutreten.

Um Hintermänner bei der Strohmanngründung zu erfassen, haften nach § 9 a Abs. 4 GmbHG auch diejenigen Personen, für die die Gesellschafter Stammeinlagen übernommen haben. Dabei wird den Hintermännern auch das Verschulden des für ihre Rechnung handelnden Gesellschafters zugerechnet.

§ 37. Die Verfassung der GmbH

Schrifttum: Klamroth, Auswirkung des Mitbestimmungsgesetzes auf die GmbH & Co KG, BB 1977, 305 ff.; Sudhoff, Rechte und Pflichten des Geschäftsführers einer GmbH, 9. Aufl. 1976; Vollmar, Die mitbestimmte GmbH – Gesetzliches Normalstatut, mitbestimmungsrechtliche Satzungsgestaltungen und gesellschaftsrechtlicher Minderheitenschutz-, ZGR 1979, 135 ff.

245   ## I. Unterschiede zur Aktiengesellschaft

Im Vergleich mit der Verfassung der Aktiengesellschaft ist die Verfassung der GmbH nicht nur einfacher, sie ist auch durch weniger zwingende Vorschriften des Gesetzes geprägt, läßt also den Gesellschaftern einen erheblich größeren Gestaltungsspielraum bei der Regelung der inneren Struktur der Gesellschaft.

Die GmbH hat nur zwei zwingend vorgeschriebene Organe, nämlich einen oder mehrere *Geschäftsführer* und die *Gesamtheit der Gesellschafter.* Die Bildung eines *Aufsichtsrates* liegt im Belieben der Gesellschafter. Sie können einen Aufsichtsrat bilden, müssen dies aber in der Regel nicht. Allerdings müssen Aufsichtsräte gebildet werden bei Gesellschaften mit beschränkter Haftung, für die die Mitbestimmungsgesetzgebung das vorschreibt.

Anders als bei der Aktiengesellschaft liegt der Schwerpunkt der Zuständigkeit bei der Gesamtheit der Gesellschafter, soweit der Gesellschaftsvertrag nicht etwas anderes vorsieht (§ 46 GmbHG).

246

II. Geschäftsführer

Die Geschäftsführer führen die Geschäfte der Gesellschaft und vertreten die Gesellschaft gerichtlich und außergerichtlich. Geschäftsführer kann nur eine natürliche, unbeschränkt geschäftsfähige Person sein. Auch Gesellschafter können zu Geschäftsführern bestellt werden (§ 6 Abs. 2 GmbHG). Die Zahl der Geschäftsführer wird durch die Satzung bestimmt.

Wer wegen einer Konkursstraftat (§§ 283–283 d StGB) verurteilt worden ist, kann auf die Dauer von fünf Jahren nicht zum Geschäftsführer bestellt werden. Ein Berufs- oder Gewerbeverbot führt zur Untauglichkeit für die Geschäftsführung für die Dauer des Verbots (§ 6 Abs. 2 GmbHG).

Beschränkungen der Vertretungsbefugnis, die dem Geschäftsführer durch die Satzung oder die Gesellschafter auferlegt werden, sind nur im Innenverhältnis wirksam. Gegenüber außenstehenden Dritten, z. B. Kunden oder Lieferanten der GmbH, haben sie keine Wirkung.

Beispiel: Kahlhoff ist alleiniger Geschäftsführer der „Neue Heimat Filmproduktion GmbH". Wenn Kahlhoff bei der Firma Adolf Gruner Büroausstatter im Namen der GmbH Möbel für insgesamt DM 29 000,– kauft, kommt ein Kaufvertrag zwischen der GmbH, für die Kahlhoff als Vertreter aufgetreten ist, und der Firma Gruner zustande, auch wenn Kahlhoff nach der Satzung der GmbH und nach seinem Dienstvertrag mit der GmbH den Kaufvertrag nur nach vorheriger Zustimmung der Gesellschafter hätte abschließen dürfen.

Die Geschäftsführer werden im Gegensatz zur Aktiengesellschaft von der Gesellschafterversammlung bestellt und abberufen (§ 46 Ziff. 5 und § 38 GmbHG). Ausnahmen hiervon gelten nur für Großbetriebe, die dem Mitbestimmungsgesetz unterliegen.

Die Geschäftsführer sind für eine betriebswirtschaftlich einwandfreie Geldpolitik des Unternehmens verantwortlich. Sie haben stets darauf zu achten, daß Stammkapital, Anlagevermögen und Betriebsmittel so zueinander stehen, daß die GmbH nicht illiquide wird (OLG Stuttgart GmbH-Rdsch. 1957, 59). Sie haften der Gesellschaft für Schäden, die durch schuldhafte Pflichtverletzungen entstehen (§ 43 GmbHG).

III. Die Gesamtheit der Gesellschafter

247

Oberstes Willensorgan der GmbH ist die Gesamtheit der Gesellschafter. Nur die Vertretung der Gesellschaft ist nicht durch die Gesamtheit der Gesellschafter möglich.

Anders als bei der Aktiengesellschaft liegt auch die Feststellung der Bilanz bei der GmbH in den Händen der Gesellschafter.

Die Aufzählung der Angelegenheiten, in denen die Gesamtheit der Gesellschafter bestimmt, ist nicht zwingend. Gemäß § 45 Abs. 1 GmbHG kann die Satzung der Gesamtheit der Gesellschafter weitere Aufgaben zuweisen.

Die Entscheidungen, die die Gesamtheit der Gesellschafter in den ihr obliegenden Angelegenheiten faßt, trifft sie in Gesellschafterversammlungen. Die Stimmen in der Gesellschafterversammlung sind nach Geschäftsanteilen gewichtet. Wenn keine andere Regelung getroffen ist, geben je DM 100,– eine Stimme (§ 47 GmbHG).

IV. Der Aufsichtsrat

1. Überblick über die Regelung im GmbH-Gesetz

248

Bei allen Gesellschaften mit beschränkter Haftung, die regelmäßig weniger als 500 Arbeitnehmer beschäftigen, steht es den Gesellschaftern frei, ob sie im Gesellschaftsvertrag verankern wollen, daß ein Aufsichtsrat gebildet wird oder nicht. Ein Aufsichtsrat ist nach dem Gesetz nicht zwingend vorgeschrieben (§ 52 GmbHG).

Sieht der Gesellschaftsvertrag einen Aufsichtsrat vor, so sind, wenn nicht der Gesellschaftsvertrag dies anders regelt, eine Reihe von aktienrechtlichen Vorschriften entsprechend anwendbar. Abweichend von der Regelung im Aktiengesetz, die für die Aktiengesellschaft zwingend ist, kann der Gesellschaftsvertrag bei der GmbH Funktion und Aufgabenstellung des Aufsichtsrates anders gestalten. So kann z.B. bestimmt werden,

— daß bestimmte Personen Mitglieder des Aufsichtsrates sein sollen;
— daß die Mitglieder des Aufsichtsrates nicht von der Gesamtheit der Gesellschafter gewählt, sondern von einem Dritten oder einer Reihe von Dritten bestellt werden;
— daß der Aufsichtsrat gegenüber den Geschäftsführern Weisungs- und Kontrollbefugnisse ausüben soll.

Gemäß § 52 GmbHG ist auch § 105 AktG anwendbar, wonach ein Aufsichtsratsmitglied nicht zugleich auch Vorstandsmitglied bzw. Geschäftsführer der Gesellschaft sein kann. Die Satzung einer GmbH vermag zwar die Anwendbarkeit von § 105 AktG abzubedingen, dabei aber nicht das auch für die GmbH zwingend geltende Organisationsprinzip, wonach eine Tätigkeit als Geschäftsführer mit der eines Aufsichtsratsmitgliedes unvereinbar ist, weil dem Aufsichtsratsmitglied Kontrollfunktionen zukommen; denn niemand kann im Rechtssinne sich selbst kontrollieren (vgl. OLG Frankfurt WM 1981, 1095).

Aufsichtsratsmitglieder haften der Gesellschaft gegenüber für Schäden, die durch schuldhafte Pflichtverletzungen entstehen (§ 52 GmbHG i.Vb. mit §§ 116 und 93 AktG).

249   2. Die Auswirkungen des Betriebsverfassungsgesetzes

Nach den Vorschriften des *Betriebsverfassungsgesetzes* ist der Aufsichtsrat bei Gesellschaften mit beschränkter Haftung, die regelmäßig mehr als 500 Arbeitnehmer beschäftigen, zwingend vorgeschrieben. Für die Zusammensetzung des nach dem Betriebsverfassungsgesetz vorgeschriebenen Aufsichtsrates gelten die gleichen Vorschriften wie für die Aktiengesellschaft.

250   3. Die Auswirkungen des Mitbestimmungsgesetzes auf die GmbH

Die GmbH ist in § 1 Abs. 1 Satz 1 MBG ausdrücklich als der paritätischen Mitbestimmung unterliegende Gesellschaftsform erwähnt. Wenn bei einer GmbH mehr als 2 000 Arbeitnehmer regelmäßig beschäftigt sind, muß sie einen paritätisch besetzten Aufsichtsrat bilden. Obwohl das MBG darauf verzichtet hat, dem mitbestimmten Aufsichtsrat konkrete geschäftspolitische Zustimmungsvorbehalte einzuräumen, geht es offenbar davon aus, daß in allen mitbestimmten Großunternehmen Zustimmungsvorbehalte in dem gleichen Umfange möglich sind wie bei der nicht mitbestimmten Aktiengesellschaft (vgl. Vollmar, ZGR 1979, 135, 158).

Die zahlenmäßige Zusammensetzung des Aufsichtsrates, das Wahlverfahren sowie die Vorschriften über Ordnung, Rechte und Pflichten des Aufsichtsrates und über das gesetzliche Vertretungsorgan der Gesellschaft einschließlich des Arbeitsdirektors sind im Mitbestimmungsgesetz für AG und GmbH mit mehr als 2 000 Arbeitnehmern in gleicher Weise geregelt. Der Wortlaut des § 1 MBG läßt vermuten, daß in einer GmbH & Co KG nur die GmbH der Mitbestimmung unterliegt, denn in dieser Gesellschaftskonstruktion ist nur die GmbH Kapitalgesellschaft. Wäre dies zutreffend, so ließe sich die Mitbestimmungsregelung in einer GmbH & Co KG mit über 2 000 regelmäßig beschäftigten Arbeitnehmern dadurch umgehen, daß die GmbH mit möglichst wenig eigenen Arbeitnehmern ausgestattet wird, so daß die in § 1 Abs. 1 MBG vorgeschriebene Beschäftigtenzahl unterschritten wird. Die KG als Personengesellschaft würde dann, auch wenn sie regelmäßig mehr als 2 000 Arbeitnehmer beschäftigt, nicht der Mitbestimmung unterliegen. Auf diese Weise könnten sich auch große Unternehmen der Mitbestimmung entziehen, wenn sie die Gesellschaftsform der GmbH & Co KG wählten. Diese Möglichkeit will § 4 MBG verbauen. Danach unterliegt eine Kapitalgesellschaft (AG und GmbH), wenn sie persönlich haftende Gesellschafterin einer KG ist, unter bestimmten Voraussetzungen der paritätischen Mitbestimmung. Wenn die Mehrheit der Kommanditisten in der KG gleichzeitig an der GmbH mit Mehrheit beteiligt ist, gelten die Arbeitnehmer der KG, sofern die GmbH nicht einen eigenen Geschäftsbetrieb mit regelmäßig mehr als 500 Beschäftigten hat, als Arbeitnehmer der GmbH. § 4 Abs. 2 MBG sieht zusätzlich vor, daß die mitbestimmte GmbH von der Führung der Geschäfte der KG nicht ausgeschlossen werden kann. Bei der GmbH & Co KG ist die Mitbestimmung allerdings auf die Komplementär-GmbH beschränkt (vgl. dazu Klamroth, BB 1977, 305, 307).

Beispiel: A, B, C und D sind Gesellschafter der „ABC Verwaltungs-GmbH" mit einem Kapital von DM 100 000,–. Diese GmbH ist persönlich haftende Gesellschafterin der „ABCD Verwaltungs-GmbH & Co KG". Die KG produziert Möbel und beschäftigt regelmäßig 2 100 Arbeitnehmer. Die GmbH hat lediglich 50 Angestellte. Die Kommanditanteile sind gleichmäßig auf die vier GmbH-Gesellschafter verteilt. In diesem Fall werden die Arbeitnehmer der KG den Arbeitnehmern der GmbH zugerechnet. Es gibt dann also 2 150 nach dem Mitbestimmungsgesetz wahlberechtigte Arbeitnehmer.

§ 38. Die Mitgliedschaft

Schrifttum: Immenga/Werner, Der Stimmrechtsausschluß eines GmbH-Gesellschafters, GmbH-Rdsch. 1976, 53 ff.; Priester, Nachfolgeklauseln im GmbH-Vertrag, GmbH-Rdsch. 1981, 206 ff.; Lutter, Zum Informationsrecht des GmbH-Gesellschafters nach neuem GmbH-Recht, ZGR 1982, 1 ff.; Reuter, Stimmrechtsvereinbarungen bei treuhänderischer Abtretung eines GmbH-Anteils, ZGR 1978, 633 ff.; Schopp, Einberufung einer GmbH-Gesellschafterversammlung durch eine Minderheit, GmbH-Rdsch. 1976, 126 ff.; Schwerdtner, Das Kündigungsrecht des GmbH-Gesellschafters, GmbH-Rdsch. 1976, 101 ff.

251   ## I. Der Begriff der Mitgliedschaft

Die Mitgliedschaft eines Gesellschafters einer GmbH stellt die Gesamtheit der Rechte und Pflichten dar, in der der Gesellschafter zur Gesellschaft und zu den übrigen Gesellschaftern steht. Das Gesetz bezeichnet die Mitgliedschaft als Geschäftsanteil.

II. Rechte und Pflichten der Gesellschafter

252 Wie bei der Aktiengesellschaft kann man die Rechte des Gesellschafters an einer GmbH in zwei Gruppen einteilen, in:
- die *Vermögensrechte* und
- die *Mitverwaltungsrechte*.

Zu den Vermögensrechten zählen vor allem die Ansprüche auf den Gewinnanteil und auf die Abwicklungsquote. Die Verteilung erfolgt im Verhältnis der Gesellschaftsanteile, sofern die Satzung nichts anderes bestimmt (§ 29 GmbHG). Gemäß § 29 Abs. 1 GmbHG können die Gesellschafter grundsätzlich Vollausschüttung des Gewinns verlangen. Da aber eine ständige Vollausschüttung oder auch nur die Ausschüttung eines überwiegenden Teils der Gewinne betriebswirtschaftlich in der Regel nicht vertretbar ist, wird in der Praxis häufig von der Möglichkeit Gebrauch gemacht, durch den Gesellschaftsvertrag eine andere als die gesetzliche Regelung zu treffen.

Die Mitverwaltungsrechte übt der Gesellschafter in der Gesellschafterversammlung aus.

§ 51 a GmbHG gewährt jedem Gesellschafter ein *Auskunfts- und Einsichtsrecht*. Von dieser gesetzlichen Regelung kann im Gesellschaftsvertrag nicht abgewichen werden (§ 51 a Abs. 3 GmbHG).

Die Geschäftsführer müssen jedem Gesellschafter auf Verlangen unverzüglich Auskunft über die Angelegenheiten der Gesellschaft geben und die Einsicht in Bücher und Schriften gestatten. Angelegenheiten der Gesellschaft sind vor allem solche Tatsachen, die die Unternehmensleitung betreffen und für die Gewinnermittlung und -verwendung wesentlich sind (vgl. K. Schmidt, NJW 1980, 1769, 1773). Ein Recht zur Verweigerung der Auskunft besteht, wenn zu besorgen ist, daß der Gesellschafter die Information zu gesellschaftsfremden Zwecken verwenden und dadurch der Gesellschaft oder einem verbundenen Unternehmen einen nicht unerheblichen Nachteil zufügen wird. Die Verweigerung bedarf eines Beschlusses der Gesellschafter (§ 51 a Abs. 2 GmbHG). Das Informationsrecht des GmbH-Gesellschafters gemäß § 51 a GmbHG ist Element seiner Mitgliedschaft, ihm aber zugleich individuell zugeordnet: ein „mitgliedschaft-

liches Individualrecht" (so Lutter, ZGR 1982, 1, 3). Als solches unterliegt es nicht nur den allgemeinen Rechtsausübungsschranken, die
sich aus § 242 BGB (Rechtsmißbrauch) ergeben, sondern auch den
übrigen Schranken, die aus der mitgliedschaftlichen Förder- und
Treuepflicht eines jeden Gesellschafters erwachsen. Dennoch ist zu
betonen, daß die allgemeine materielle Schranke des Informa-
tionsrechts des Gesellschafters sehr weit gezogen ist. Deshalb können
nur solche Informationswünsche ausgeschlossen werden, die erkennbar funktionslos und zweckwidrig sind. Darunter fallen solche, die
„ersichtlich (nur) Sand in das Getriebe der Gesellschaft streuen, unter
keinem Gesichtspunkt aber dem Gesellschafter nützen" (so Lutter,
ZGR 1982, 1, 3).

253 Als *Hauptpflicht* übernimmt der Gesellschafter einer GmbH die
Pflicht, die Stammeinlage zu erbringen. Das Gesetz erlegt allen Gesellschaftern eine kollektive Haftung nach Anteilen gestaffelt auf,
nach der die Gesellschafter dafür aufzukommen haben, daß einzelne
Gesellschafter ihre Stammeinlage nicht erbringen und die vom Gesetz vorgeschriebenen Maßnahmen, den säumigen Gesellschafter zur
Einlage zu zwingen, erfolglos geblieben sind (sog. Ausfallhaftung,
§ 24 GmbHG).

Die Gesellschafter müssen die bei der Gründung der Gesellschaft übernommenen Bareinlagen erbringen. Die nachträgliche Umwandlung von im Gesellschaftsvertrag vereinbarten Bareinlagen in
Sacheinlagen und umgekehrt ist im Gesetz nicht ausdrücklich geregelt. Die Umwandlung einer vereinbarten, aber noch nicht erbrachten Sacheinlage in eine Bareinlage ist durch einen einstimmig
gefaßten Gesellschafterbeschluß grundsätzlich möglich. Dagegen ist
den §§ 5 und 19 GmbHG zu entnehmen, daß die nachträgliche Umwandlung einer in dem Gesellschaftsvertrag vereinbarten Bareinlage in eine Sacheinlage gegen Sinn und Zweck zwingender gesetzlicher Vorschriften (§ 19 Abs. 2 und 3 GmbHG a. F., jetzt
§ 19 Abs. 2 und 5 GmbHG n. F.) verstößt (so BayObLG WM 1978,
526).

Anders als das Aktiengesetz kennt das GmbH-Gesetz eine Nachschußpflicht der Gesellschafter. Eine solche Nachschußpflicht kann
durch den Gesellschaftsvertrag festgelegt werden. Die Gesellschafter

können dann beschließen, daß weitere Einzahlungen von den Gesellschaftern erbracht werden müssen (§§ 26 und 27 GmbHG).

254   Durch den Gesellschaftsvertrag können den Gesellschaftern *Ne-
benleistungspflichten* der verschiedensten Art auferlegt werden. Zu solchen durch den Gesellschaftsvertrag festzulegenden Nebenleistungen
können z.B. zählen: die Verpflichtung, die Stellung eines Geschäftsführers zu übernehmen, besondere Zahlungspflichten, Dienstlei-
stungspflichten.

Auch bei der GmbH gilt der Grundsatz der gleichmäßigen Behandlung der Gesellschafter. Allerdings kann die Satzung die Rechtsstellung der Gesellschafter verschieden ausgestalten, insbesondere
Vorzugsrechte und Mehrfachstimmrechte einräumen.

255   Ebenso wie das Aktienrecht kennt auch das GmbH-Recht einen
Minderheitenschutz, der durch die Verleihung von Minderheitsrechten
gewährleistet wird. Ein Minderheitsrecht ist z.B. das Recht von Gesellschaftern, deren Geschäftsanteile jedenfalls 10% des Stammkapitals entsprechen, die Einberufung der Gesellschafterversammlung
verlangen zu können (§ 50 Abs. 1 GmbHG).

Die gleiche Minderheit kann auch verlangen, daß Gegenstände zur
Beschlußfassung der Versammlung angekündigt werden (§ 50 Abs. 2
GmbHG).

Der BGH (BGHZ 65, 15, 18) hat anerkannt, daß nicht nur die Beziehungen zwischen den Gesellschaftern und der GmbH, sondern
auch die der Gesellschafter untereinander von der *gesellschaftsrechtlichen Treuepflicht* bestimmt sein können. Der BGH sieht den Grund
dafür darin, daß bei der GmbH unbeschadet ihrer körperschaftlichen
Verfassung die nähere Ausgestaltung ihrer Organisation und ihre
wirtschaftliche Betätigung oft in erheblichem Maß dem unmittelbaren Einfluß ihrer Gesellschafter unterliegen und die inneren Verhältnisse der GmbH daher auf eine deutliche Nähe zu den Personengesellschaften angelegt sein können. Zudem verlange insbesondere die
für eine Gesellschaftermehrheit bestehende Möglichkeit, durch Einflußnahme auf die Geschäftsführung die gesellschaftsbezogenen Interessen der Mitgesellschafter zu beeinträchtigen, als Gegengewicht
die gesellschaftsrechtliche Pflicht, auf diese Interessen Rücksicht zu
nehmen (BGHZ 65, 15, 19). Auch in der Literatur wird die gesell-

schaftliche Treuepflicht bei der GmbH in der Regel mit dem typischen Mehrheits- Minderheitskonflikt in Verbindung gebracht (vgl. Wiedemann, Bd. I, § 8 I 2 b).

III. Der Erwerb der Mitgliedschaft

256 Die Mitgliedschaft an einer GmbH kann auf verschiedene Art und Weise erworben werden:
- bei der Gründung durch die Übernahme einer Stammeinlage;
- später durch Erwerb des Geschäftsanteils durch ein Veräußerungsgeschäft oder durch Erbfolge.

Der Geschäftsanteil ist grundsätzlich ohne die Zustimmung der anderen Gesellschafter frei veräußerlich und vererblich. In der Satzung ist jedoch häufig bestimmt, daß die Veräußerung eines Geschäftsanteils der Genehmigung der übrigen Gesellschafter bedarf (§ 15 Abs. 1 und 5 GmbHG).

Die Veräußerung eines Geschäftsanteils geschieht durch ein Verpflichtungsgeschäft, in dem die Verpflichtung zur Abtretung des Geschäftsanteils begründet wird (in der Regel ein Kaufvertrag), und ein Verfügungsgeschäft, in dem die Abtretung vorgenommen wird (Abtretung). Verpflichtungs- und Verfügungsgeschäfte bedürfen der notariellen Beurkundung.

257 Der GmbH-Anteil ist vererblich (§ 15 Abs. 1 GmbHG). Mit dem Tode seines Inhabers geht er auf den oder die Erben über (§ 1922 BGB). Einer Mitwirkung der übrigen Gesellschafter dazu bedarf es nicht. Ob dann aber der oder die Erben Gesellschafter bleiben können, richtet sich danach, welche Regelung für diesen Fall in dem Gesellschaftsvertrag getroffen worden ist.

Der Gesellschaftsvertrag kann bestimmen, daß an Stelle des durch Tod ausscheidenden Gesellschafters ein oder mehrere neue Gesellschafter in die GmbH eintreten sollen. Er kann auch den Kreis der nachfolgeberechtigten Erben einschränken. Das kann durch namentliche Nennung, durch zahlenmäßige Beschränkung (Beispiel: „nur ein Erbe"), durch Eingrenzung mittels bestimmter Kriterien (Beispiel: „Der eintretende Gesellschafter muß Betriebswirt sein") oder auch durch ein Auswahlrecht der Mitgesellschafter aus dem Kreise der Erben geschehen. Der Gesellschaftsvertrag kann auch vorsehen, daß bestimmte Personen unabhängig von ihrer Erbenstellung neue Gesellschafter werden sollen (Beispiel: Ein leitender Angestellter wird im Gesellschaftsvertrag als Nachfolger benannt) (siehe zu alledem Priester, GmbH-Rdsch. 1981, 206, 208).

Gemäß § 18 Abs. 1 GmbHG können mehrere Erben die Rechte aus dem Geschäftsanteil nur gemeinschaftlich ausüben.

IV. Der Verlust der Mitgliedschaft

258

Der Verlust der Mitgliedschaft tritt in der Regel durch Veräußerung des Geschäftsanteils oder durch die Beendigung der Gesellschaft ein. Außerdem gibt es noch eine Reihe von Möglichkeiten, der Mitgliedschaft verlustig zu gehen. Es handelt sich dabei um praktisch wenig bedeutsame Fälle, wie z. B. das Verfahren betreffend die Einziehung eines Geschäftsanteils gemäß § 34 GmbHG.

Im Gegensatz zum Personengesellschaftsrecht kennt das GmbH-Recht kein ordentliches Kündigungsrecht der Gesellschafter. Wegen der grundsätzlich freien Übertragbarkeit der Anteile spielen weder das Kündigungsrecht noch das Austrittsrecht für die Gesellschafter von Kapitalgesellschaften eine Rolle. Die Frage nach einem ordentlichen Kündigungsrecht bei Kapitalgesellschaften wird nur dann aktuell, wenn die Übertragung der Anteile der Zustimmung der Gesellschaft bedarf, was gemäß § 15 Abs. 4 GmbHG durch den Gesellschaftsvertrag festgelegt werden kann.

Soweit ersichtlich, vertritt nur Reuter (Privatrechtliche Schranken der Perpetuierung von Unternehmen. Ein Beitrag zum Problem der Gestaltungsfreiheit im Recht der Unternehmensformen, 1973, S. 390 ff.) die Auffassung, dem einzelnen Gesellschafter stehe im Rahmen einer GmbH ein ordentliches Kündigungsrecht zu. Diese Auffassung ist jedoch bisher von der herrschenden Meinung nicht akzeptiert worden (vgl. dazu Schwerdtner, GmbH-Rdsch. 1976, 101 ff. mit weiteren Hinweisen).

V. Die Auflösung der GmbH

259

Unter den in §§ 60, 61 GmbHG genannten Gründen kann eine GmbH aufgelöst werden. Auflösung bedeutet bei der GmbH ebenso

wie bei anderen Gesellschaftsformen Eintritt in das Liquidations-
oder Abwicklungsstadium, nicht aber sofortige Beendigung. § 60
GmbHG nennt eine Reihe von Auflösungsgründen, wie z.B. einen
Auflösungsbeschluß, der, wenn der Gesellschaftsvertrag nichts anderes bestimmt, einer Mehrheit von drei Vierteln der abgegebenen
Stimmen bedarf. § 60 Abs.2 GmbHG läßt es zu, daß im Gesellschaftsvertrag weitere Auflösungsgründe festgelegt werden.

§ 61 GmbHG sieht die Auflösung der GmbH durch ein gerichtli-
ches Gestaltungsurteil aufgrund einer Auflösungsklage vor, die von
einem oder mehreren Gesellschaftern erhoben werden kann, deren
Geschäftsanteil mindestens den zehnten Teil des Stammkapitals aus-
machen. Dieses Auflösungsrecht ist zwingend; es kann durch den Gesellschaftsvertrag auch nicht abgeschwächt werden. Es ist gegeben,
wenn die Erreichung des Gesellschaftszwecks unmöglich wird, oder
wenn andere in den Verhältnissen der Gesellschaft liegende, wichtige
Gründe für die Auflösung vorhanden sind (§ 61 Abs.1 GmbHG).
Auch ein tiefgreifendes unheilbares Zerwürfnis zwischen den Gesellschaftern kann einen wichtigen Grund zur Auflösung der GmbH bilden. Zwar müssen gemäß § 61 Abs.1 GmbHG die wichtigen Gründe,
die eine Auflösung der Gesellschaft rechtfertigen sollen, in den Verhältnissen der Gesellschaft – nicht der Gesellschafter – liegen. Bei einer GmbH aber, die auf die persönliche Zusammenarbeit aller Gesellschafter angelegt und angewiesen ist, sind diese Voraussetzungen
auch gegeben, wenn „Zerwürfnisse zwischen den Gesellschaftern
eine gedeihliche Zusammenarbeit unmöglich machen. In Fällen dieser Art wird unmittelbar der Bestand der Gesellschaft gefährdet"
(BGHZ 80, 346, 348).

260 ### VI. Der Stimmrechtsausschluß eines GmbH-Gesellschafters

Anders als bei der Aktiengesellschaft durch die Ausgabe stimm-
rechtsloser Vorzugsaktien kann durch die Satzung der GmbH das
Stimmrecht der Gesellschafter ausgeschlossen werden (RGZ 167,
65, 73; BGHZ 14, 264, 269). Allerdings kann der Stimmrechtsaus-

schluß nur für einzelne Gesellschafter, nicht aber für alle Gesellschafter eingeführt werden (so Immenga/Werner, GmbH-Rdsch. 1976, 53).

Das GmbH-Gesetz enthält in § 47 Abs. 4 einige Fälle, in denen Gesellschafter von Gesetzes wegen kein Stimmrecht haben und ausüben dürfen. So dürfen Gesellschafter, die von folgenden Beschlußgegenständen betroffen werden, nicht mitstimmen: Entlastung von Geschäftsführern und Aufsichtsratsmitgliedern, Vornahme von Rechtsgeschäften sowie Einleitung oder Erledigung eines Rechtsstreites, Befreiung von einer Verbindlichkeit. Außerdem darf ein Gesellschafter nicht an einer Beschlußfassung teilnehmen, die die Vornahme eines Rechtsgeschäfts oder die Einleitung oder Erledigung eines Rechtsstreits ihm gegenüber betrifft (§ 47 Abs. 4 S. 2 GmbHG). Diese Vorschrift beruht auf der Erwägung, „daß von einem selbst Beteiligten eine Zurückhaltung seiner eigenen Interessen nicht erwartet werden kann" (BGHZ 51, 209, 215). Allerdings kann dieser Gedanke nicht schon immer dann zu einem Stimmrechtsausschluß führen, wenn sich ein Gesellschafter überhaupt in einem Interessenkonflikt befindet; „eine solche Lösung ginge auf Kosten der Rechtssicherheit und könnte ein sachgerechtes Zusammenwirken der Gesellschafter entsprechend dem Gewicht ihrer Beteiligungen in Frage stellen" (BGHZ 68, 107, 109).

In der Praxis gewinnen zunehmend *Treuhandverhältnisse* mit *Vereinbarungen über die Ausübung des Stimmrechts* an GmbH-Anteilen an Bedeutung. Einen typischen Treuhandvertrag, der sich nach bestimmten Regeln richtet, gibt es nicht. Im Einzelfall sind die Rechtsbeziehungen jeweils aus den Umständen oder den ausdrücklich getroffenen Vereinbarungen zu entnehmen. Die Rechtsbeziehungen zwischen Treugeber und Treuhänder können durchaus so gestaltet sein, daß sich der Treugeber nicht mit einem schuldrechtlichen Weisungsrecht und der Möglichkeit, durch Kündigung des Treuhandverhältnisses das Treugut wieder an sich zu ziehen, zufrieden gibt, sondern zusätzlich bestimmte Befugnisse sich persönlich vorbehält oder tatsächlich wahrnimmt (vgl. BGH WM 1976, 1247). So kann u. a. jemand seinen Anteil an einer GmbH zu treuen Händen an einen Nichtgesellschafter abtreten, sich aber zumindest schuldrechtlich die

Ausübung des Stimmrechts wirksam vorbehalten (BGH WM 1976, 1247; vgl. zur Problematik Reuter, ZGR 1978, 633 ff.).

Die Gesellschaft selbst hat kein Stimmrecht für solche Geschäftsanteile, die sie selbst erworben hat. Das gilt ohne Rücksicht darauf, ob sie die Geschäftsanteile wirksam oder unwirksam erworben hat (RGZ 103, 64, 66. Zum Erwerb eigener Geschäftsanteile s. § 33 GmbHG).

§ 39. Die Einmann-GmbH

Schrifttum: Fezer, Die Einmanngründung der GmbH, JZ 1981, 608 ff.; K. Schmidt, Grundzüge der GmbH-Novelle, NJW 1980, 1769 ff.; Ulmer, Die Einmanngründung der GmbH – ein Danaergeschenk?, BB 1980, 1001 ff.

261 ### I. Begriff und Gründung der Einmann-GmbH

Schon nach bisherigem Recht war allgemein anerkannt, daß eine GmbH dadurch, daß sich alle Geschäftsanteile in der Hand einer Person vereinigten, auch nur aus einem Gesellschafter bestehen konnte. Zur Gründung einer GmbH waren allerdings mindestens zwei Personen erforderlich, was dazu führte, daß häufig der zweite Gesellschafter nur, um dem Erfordernis des GmbH-Gesetzes zu genügen, die Gesellschaft mitgründete und, wie verabredet, seinen Geschäftsanteil nach der Gründung an den anderen Gesellschafter abtrat (sog. Strohmann-Gründung).

Seit dem 1.1. 1981 ist nunmehr auch die Gründung einer Einmann-GmbH zulässig. An die Stelle des Gesellschaftsvertrages tritt die einseitige notariell beurkundete Erklärung desjenigen, der die Gesellschaft zu gründen beabsichtigt (§ 1 i.Vb.m. § 2 Abs.1 GmbHG). Der Gesetzgeber hat damit das wirtschaftliche Bedürfnis an der Einmann-GmbH als einer wichtigen Form der Unternehmensorganisation, das sich in der weiten Verbreitung der Einmanngesellschaften dokumentiert hatte, anerkannt. Zu den unterschiedlichen Zielsetzungen, denen der planmäßige Einsatz der Einmann-

GmbH zu dienen bestimmt und geeignet ist, zählen u.a.: die Haftungsbeschränkung im einzelkaufmännischen Unternehmen, die Sicherung der Unternehmenskontinuität, die Wahrnehmung der Geschäftsführung in einer Kommanditgesellschaft (Komplementär-GmbH) und der Einsätze der Einmann-GmbH als Instrument der Konzernbildung (vgl. Fezer, JZ 1981, 608, 611).

Um die Kapitalaufbringung bei einer Einmann-Gründung sicherzustellen, ist der Gründer zum Ausgleich für die fehlende Ausfallhaftung der Mitgründer gemäß § 24 GmbHG nach § 7 Abs. 2 Satz 3 GmbHG verpflichtet, über die in § 7 Abs. 2 Satz 1 und 2 GmbHG allgemein vorgeschriebenen Mindesteinzahlungen hinaus für den verbleibenden Teil der Geldeinlage eine Sicherheit zu bestellen.

Auch bei der Einmann-GmbH ist stets zwischen der GmbH als selbständiger juristischer Person und der Person, in deren Hand sich sämtliche Geschäftsanteile befinden, genau zu unterscheiden.

Beispiel: Müller und Schmitz gründen eine GmbH. Gegenstand des Unternehmens ist ein Getränkegroßhandel. Nach drei Jahren überträgt Schmitz seine Geschäftsanteile auf Müller. Die GmbH hat nun nur noch einen Gesellschafter, nämlich Müller. Es handelt sich um eine Einmann-GmbH. Wenn Müller als Geschäftsführer der Einmann-GmbH bei der Donau-Brauerei-AG 3 Hektoliter Bier kauft, so kommt der Kaufvertrag zwischen der GmbH und der Donau-Brauerei AG zustande. Vertragspartner der Donau-Brauerei AG ist nicht Müller, sondern die GmbH.

Die aufgrund der GmbH-Novelle nun möglich gewordene Einmanngründung ist in der rechtswissenschaftlichen Literatur nicht nur auf Zustimmung gestoßen. Nicht zu Unrecht wird darauf verwiesen, daß die Zulassung der Einmanngründung auch einen Schritt in ungesichertes Neuland bedeute, der erhebliche Risiken für alle Beteiligten in sich berge (vgl. Ulmer, BB 1980, 1001, 1005). Gläubiger der GmbH müssen die Gefahr in Kauf nehmen, daß die Einmann-GmbH ohne ausreichend gesicherte Kapitalaufbringung entsteht und der automatische Übergang der bereits erbrachten Einlagen auf sie nicht gewährleistet ist. Andererseits hat die GmbH-Novelle auch für denjenigen, der eine Einmann-GmbH gründen möchte, im Verhältnis zum vorherigen Rechtszustand Nachteile geschaffen. Der Einmanngründer muß in Kauf nehmen, daß das Registergericht zur Sicherung der Kapitalaufbringung zusätzliche, gegenüber den bisherigen Strohmanngründungen erheblich belastendere Anforderungen stellt. Dazu können die Einschaltung eines Treuhänders für das Gründungsvermögen oder die Bestellung eines Fremdgeschäftsführers im Gründungsstadium gehören (vgl. Ulmer, BB 1980, 1001, 1005).

Eine Einmann-GmbH ist auch für Bund, Länder und Gemeinden eine beliebte Rechtsform, in der sie ihre Versorgungsbetriebe, wie z. B. Verkehrsbetriebe, aber auch ihre gewerblichen Betriebe juristisch und kaufmännisch verselbständigen können, wenn sie alle Geschäftsanteile bei sich behalten wollen.

Bei einer Konzernbildung kann eine Einmann-GmbH die Aufgaben einer Dach-, Holding- oder Organgesellschaft übernehmen.

II. Die Verfassung der Einmann-GmbH

262 Bei der Einmann-GmbH hat der alleinige Gesellschafter alle diejenigen Rechte, die bei einer GmbH, an der mehrere Personen beteiligt sind, die Gesamtheit der Gesellschafter hat. Er kann also alle Beschlüsse fassen, für die gemäß §§ 46 und 47 GmbHG ein Gesellschafterbeschluß notwendig ist.

Beschlüsse, die der Gesellschafter (alleine) trifft, sind unverzüglich nach der Beschlußfassung durch eine von ihm unterzeichnete Niederschrift festzuhalten (§ 48 Abs. 3 GmbHG). Wegen der Gefahren, die damit verbunden wären, wenn sich der Gesellschafter in jedem Fall auf die Nichtigkeit eines formwidrig gefaßten Beschlusses berufen könnte, führt ein Verstoß gegen § 48 Abs. 3 GmbHG nicht zur unheilbaren Nichtigkeit des Beschlusses. Vielmehr ist davon auszugehen, daß sich der Gesellschafter Dritten gegenüber zwar auf beurkundete Beschlüsse berufen kann, sich aber nicht einseitig von formlosen Kundgabeakten distanzieren darf (vgl. K. Schmidt, NJW 1980, 1769, 1776).

263 Die bislang umstritten gewesene Frage, ob die Geschäfte, die der alleinige Gesellschafter der GmbH als Geschäftsführer der Gesellschaft mit sich selbst abschließt, dem Verbot des Selbstkontrahierens gemäß § 181 BGB unterliegen, ist vom Gesetzgeber nunmehr geklärt worden. Gemäß § 35 Abs. 4 GmbHG findet § 181 BGB Anwendung. Dies ist z. B. für den Fall bedeutsam, daß der Einmanngesellschafter als Geschäftsführer der GmbH mit sich selbst Darlehensverträge oder Kaufverträge abschließt. Eine Befreiung vom Verbot des § 181 BGB ist nur durch Aufnahme einer (notariell beurkundeten) Bestimmung

im „Gesellschaftsvertrag" möglich. Zweck des § 35 Abs. 4 GmbHG ist
es, durch die Publizität des Gesellschaftsvertrages (§ 9 HGB) Gläubiger der Gesellschaft auf die Möglichkeit solcher Geschäfte und damit
von Vermögensverlagerungen zwischen dem Gesellschafter und der
Gesellschaft hinzuweisen, damit sie sich darauf einstellen können
(BayObLG NJW 1981, 1565, 1566). Die Befreiung vom Verbot des
§ 181 BGB kann auch noch nach der Gründung durch eine entsprechende Änderung des Gesellschaftsvertrages (Satzungsänderung) geschehen.

§ 40. Die Haftung der Gesellschafter einer GmbH

Schrifttum: Coing, Zum Problem des sog. Durchgriffs bei juristischen
Personen, NJW 1977, 1793 ff.; Deutler, Änderungen des GmbH-Gesetzes
und anderer handelsrechtlicher Vorschriften durch die GmbH-Novelle
1980, GmbH-Rdsch. 1980, 145 ff.; Drobnig, Haftungsdurchgriff bei Kapi-
talgesellschaften, 1959; E. Rehbinder, Konzernaußenrecht und allgemeines
Privatrecht. Eine rechtsvergleichende Untersuchung nach deutschem und
amerikanischem Recht, 1969; Serick, Rechtsform und Realität juristischer
Personen, 1955; K. Schmidt, Fortschritte und Abstimmungsprobleme im
Recht der kapitalersetzenden Gesellschafterdarlehen, ZGR 1980, 567 ff.;
P. Ulmer, Gesellschafterdarlehen und Unterkapitalisierung bei GmbH und
GmbH & Co KG – Zehn Thesen. In: Festschrift für Duden, 1977, S. 661 ff.;
H. P. Westermann, § 826 BGB als Grundlage einer „Durchgriffshaftung"
des Gesellschafters, Jura 1980, 532 ff.; G. Winter, Die Haftung der Gesell-
schafter im Konkurs der unterkapitalisierten GmbH, 1973.

264   ## I. Die grundsätzliche Regelung

Fall 10: A, B und C gründen eine GmbH, deren Gegenstand der An-
und Verkauf von Düngemitteln ist. Das Stammkapital in Höhe von
DM 50 000,– ist voll eingezahlt und der Gesellschaft nicht wieder entzogen
worden. C ist Geschäftsführer der GmbH und nimmt im Namen der
GmbH bei der Südbank-AG ein Darlehen in Höhe von DM 200 000,– auf.
Es wird vereinbart, daß das Darlehen innerhalb von fünf Jahren zurückzuzahlen ist. Als die GmbH nach fünf Jahren nicht in der Lage ist, den Darle-
hensbetrag vollständig zurückzuzahlen, will sich die Südbank-AG an C halten. Zu Recht?

Rdnr. 264

Den Gläubigern der GmbH haftet grundsätzlich nur die GmbH mit ihrem Gesellschaftsvermögen. Die Gesellschafter haften nicht mit ihrem Privatvermögen (§ 13 Abs. 2 GmbHG). Es ist streng zu unterscheiden zwischen der GmbH als juristischer Person einerseits und den Personen der Gesellschafter andererseits.

Zu Fall 10: Die Südbank-AG kann sich mit ihrer Darlehensrückzahlungsforderung nach § 607 BGB nur dann an C halten, wenn dieser für die Verbindlichkeiten der GmbH auch mit seinem Privatvermögen haftet. Nach § 13 Abs. 2 GmbHG haftet jedoch für die Verbindlichkeiten der Gesellschaft allein das Gesellschaftsvermögen. Soweit Gesellschaftsvermögen nicht vorhanden ist, kann der Gläubiger keine Befriedigung erlangen. Etwas anderes könnte dann gelten, wenn ein Gesellschafter seine Einlage noch nicht oder noch nicht in voller Höhe erbracht hätte. Der Gläubiger könnte dann versuchen, aufgrund eines Titels gegen die Gesellschaft sich den Anspruch der Gesellschaft gegen den säumigen Gesellschafter pfänden und überweisen zu lassen. Nach dem Sachverhalt ist jedoch die Stammeinlage voll eingezahlt und der Gesellschaft nicht wieder entzogen worden. Aber selbst wenn der Gläubiger in einem solchen Fall gegen einen Gesellschafter vollstrecken könnte, handelte es sich nicht um eine persönliche Haftung des Gesellschafters; vollstreckt wird in das Gesellschaftsvermögen, zu dem der Anspruch gegen den Gesellschafter gehört. Das gleiche würde für den Fall gelten, daß im Gesellschaftsvertrag eine Nachschußpflicht vereinbart worden wäre und der in Anspruch genommene Gesellschafter diese Verpflichtung noch nicht erfüllt hätte. Hierüber sagt jedoch der Sachverhalt nichts aus, so daß davon auszugehen ist, daß eine solche Vereinbarung nicht getroffen ist. Die Südbank-AG hat daher keine Möglichkeit, sich wegen ihrer Darlehensrückzahlungsforderung an C zu halten.

Auch bei einer Einmann-GmbH ist das Vermögen der GmbH einerseits und das Vermögen des Alleingesellschafters andererseits streng auseinanderzuhalten. Grundsätzlich haftet für die Gesellschaftsschulden auch hier nur das Gesellschaftsvermögen der GmbH.

Beispiel: Die Strathmann Elektrohandlung GmbH, deren alleiniger Gesellschafter Strathmann ist, hat durch grobe Fehler so große Verluste erlitten, daß sie in Konkurs geht. Hier haftet den Konkursgläubigern nur das Vermögen der GmbH, nicht aber das Privatvermögen des Alleingesellschafters Strathmann.

II. Die Durchgriffshaftung bei der GmbH

265   ### 1. Der Begriff des Durchgriffs

Aktiengesellschaft und GmbH sind Sonderformen des Vereins. Nach Aktien- und GmbH-Recht sind deshalb Aktiengesellschaften und Gesellschaften mit beschränkter Haftung auf der einen und die Gesellschafter auf der anderen Seite verschiedene Rechtspersönlichkeiten. Das bedeutet vermögensrechtlich, daß den Gläubigern der Gesellschaft nur das Gesellschaftsvermögen haftet, nicht aber auch das Privatvermögen der Gesellschafter (Trennungsprinzip).

Durchgriff bedeutet Nichtanwendung des so verstandenen Trennungsprinzips, um den Gesellschaftsgläubigern den Zugriff auf das Privatvermögen der Gesellschafter zu ermöglichen (so u.a. Rehbinder, S. 107 ff.; Serick, S. 55 ff.). Rechtsprechung und Rechtslehre haben nur sehr zögernd einen Durchgriff bei der GmbH zugelassen. Die Möglichkeiten, eine Einmann-GmbH unmittelbar oder über einen Strohmann zu gründen, bieten für sich allein keinen ausreichenden Anlaß, die mit der Rechtsform der GmbH für den oder die Gesellschafter verbundenen Haftungsbeschränkungen zu durchbrechen. Das gilt auch für den Fall, daß ein Unternehmen nicht von einer GmbH betrieben wird, sondern von einer GmbH & Co. KG, deren persönlich haftende Gesellschafterin eine Einmann-GmbH und deren einziger Kommanditist der Inhaber sämtlicher Geschäftsanteile der GmbH ist (vgl. H. P. Westermann, Jura 1980, 532, 533).

2. Entwicklung und Stand der Rechtsprechung zu Trennungsprinzip und Durchgriff

266   ### a) Die Rechtsprechung des Reichsgerichts

Das Reichsgericht hat sich seit 1920 in einer Reihe von Fällen über das Trennungsprinzip hinweggesetzt, in denen es sich um Einmann-Gesellschaften (Gesellschaften mit beschränkter Haftung) handelte, dabei jedoch das Trennungsprinzip im Grundsatz stets bejaht (vgl. u. a. RGZ 99, 232 ff.; 169, 240, 248).

Das Reichsgericht hat sich mit der Problematik der Durchgriffshaftung vor allem unter zwei Gesichtspunkten befaßt:
– bei Einmann-Gesellschaften (Gesellschaften mit beschränkter Haftung) und
– bei unterkapitalisierten Gesellschaften mit beschränkter Haftung.
Serick (S. 45 ff.) ordnet die Fälle vorsätzlich unterkapitalisierter Gesellschaften mit Recht der sogenannten fraudulösen Schädigung Dritter zu (dazu Winter, S. 63 f.).

Das Reichsgericht hat den Gesichtspunkt der Unterkapitalisierung zunächst auch im Zusammenhang mit der Einmann-GmbH gesehen und behandelt (RG JW 1938, 862 ff.). Es knüpfte an die absichtliche anfängliche Unterkapitalisierung die Rechtsfolge einer auf § 826 BGB gestützten Arglisteinrede, weil es im Sinne der §§ 242 und 826 BGB sittenwidrig sei, wenn ein Einzelkaufmann eine GmbH nur zu dem Zweck gründe, um seine Haftung zu beschränken, Geschäfte mit der GmbH abschließen zu können und bei einem Mißerfolg möglichst viel für sich auf Kosten der wirklichen Gläubiger zu retten. Das Reichsgericht hat die Festsetzung des Stammkapitals der GmbH auf einen zu niedrigen Betrag als die Grundlage eines Planes angesehen, mit dem die Gläubiger geschädigt werden sollten (RG JW 1938, 862, 864).

Einen Mißbrauch, der eine Haftung begründete, sah das Reichsgericht (JW 1939, 355 ff.) auch in einem Fall als gegeben an, in dem ein Gesellschafter die Gesellschaft mit einem Kapital ausgestattet hatte, das für „den von vornherein geplanten Umfang des Unternehmens viel zu klein" war, und der Gesellschafter der Gesellschaft das erforderliche Kapital als Darlehen gegeben hatte, „um sich im Falle eines Mißerfolges die Rolle eines Gläubigers zu verschaffen". Das Reichsgericht hat hier letztlich das Darlehen des Gesellschafters als Einlage des Gesellschafters angesehen (vgl. dazu auch RGZ 166, 51 ff.).

267   b) Die Rechtsprechung des Bundesgerichtshofes

Auch die Rechtsprechung des BGH zur Durchgriffshaftung bei der GmbH ist vorwiegend an der Rechtsform der Einmann-GmbH orientiert (vgl. BGHZ 20, 4 ff.; 22, 226 ff.; 26, 31 ff.). Allerdings sind in diesen Entscheidungen einige grundsätzliche Ausführungen enthalten, die über die Einmann-GmbH hinausgehen.

Stets wiederholt hat der BGH den *Grundsatz, über die Rechtsform der juristischen Person dürfe nicht leichtfertig oder schrankenlos hinweggegangen werden;* die Rechtsfigur der juristischen Person könne allerdings nur in dem Umfang Beachtung finden, in dem ihre Verwendung dem Zweck der Rechtsordnung entspreche (BGHZ 20, 4, 11; 29, 385, 392f.; 54, 222, 224).

268   c) Zusammenfassung

Versucht man, die Rechtsprechung des Reichsgerichts und des Bundesgerichtshofes bis zum Inkrafttreten der GmbH-Novelle zu analysieren, so fällt auf, daß feste dogmatische Grundlagen fehlen. Immer wieder betont wird der Grundsatz, daß über die Rechtsform der juristischen Person nicht leichtfertig und schrankenlos hinweggegangen werden dürfe (vgl. BGHZ 68, 312ff.). Von diesem Grundsatz soll nur dann abgewichen werden, wenn die Rechtsfigur der juristischen Person in einer § 826 BGB oder § 242 BGB verletzenden Weise mißbraucht werde. Letzteres hat der BGH im wesentlichen nur in solchen Fällen bejaht, in denen in einer Treu und Glauben verletzenden Weise bei Einmann-Gesellschaften die Gewährung von Darlehen durch den Gesellschafter an die Gesellschaft zum Zwecke der Konkursabwendung zu Lasten der übrigen Gläubiger benutzt worden ist.

269   3. Die Unterkapitalisierung als Grund für die Durchgriffshaftung

Die Probleme, die mit der Unterkapitalisierung einer GmbH verbunden sind, haben seit langem Rechtsprechung und rechtswissenschaftliche Literatur beschäftigt.

270   Die Novelle zum GmbH-Gesetz hat nunmehr die Behandlung der unterkapitalisierten GmbH weitgehend im Sinne der bisherigen Rechtsprechung geregelt.

§§ 32a und 32b GmbHG enthalten Regelungen über die Behandlung kapitalersetzender Darlehen.

Ein Gesellschafter, der der GmbH in einem Zeitpunkt, in dem ihr die Gesellschafter als ordentliche Kaufleute Eigenkapital zugeführt hätten, stattdessen ein Darlehen gewährt, kann den Anspruch auf Rückgewähr des Darlehens im Konkurs über das Vermögen der Gesellschaft oder im Vergleichsverfahren zur Abwendung des Konkurses nicht geltend machen (§ 32a Abs. 1 GmbHG).

Erfaßt wird neben den Gesellschafterdarlehen durch § 32a Abs. 2 GmbHG ferner die Gewährung von Darlehen an die Gesellschaft durch einen Dritten in einem Zeitpunkt, in dem ihr die Gesellschafter als ordentliche Kaufleute Eigenkapital zugeführt hätten, und darüber hinaus ein Gesellschafter für die Rückgewähr des Darlehens eine Sicherung bestellt oder sich für die Rückgewähr verbürgt hat. In diesem Fall muß der Dritte, wenn die Gesellschaft in Konkurs gerät (entsprechendes gilt für das Vergleichsverfahren zur Abwendung des Konkurses), zunächst versuchen, aus der Sicherheit vorzugehen. Er kann nur wegen eines etwaigen Ausfalls aus der Konkursmasse verhältnismäßige Befriedigung verlangen.

Hat die Gesellschaft das Darlehen im letzten Jahr vor der Konkurseröffnung zurückgezahlt, so muß der Gesellschafter der Gesellschaft den zurückgezahlten Betrag in der Höhe erstatten, in der er die Forderung gesichert hatte (§ 32b GmbHG).

Ob ein ordentlicher Kaufmann anstelle eines Darlehens Eigenkapital zugeführt hätte, kann nur im jeweiligen Einzelfall entschieden werden. Ansatzpunkte für eine Entscheidung können sich aus der bisherigen Rechtsprechung ergeben (vgl. dazu BGHZ 75, 334 ff.; dazu eingehend K. Schmidt, ZGR 1980, 567 ff.).

Ein Gesellschafterdarlehen ist z.B. dann kapitalersetzend im Sinne von § 32a GmbHG, wenn es gewährt wurde, um den Konkurs der Gesellschaft abzuwenden, oder wenn die Gesellschaft im Zeitpunkt der Darlehensgewährung von Dritten keinen Kredit zu marktüblichen Bedingungen hätte erhalten können und deshalb ohne das Darlehen hätte liquidiert werden müssen (BGH WM 1980, 589 ff.).

Die ursprüngliche Entwürfe für eine GmbH-Reform hatten neben den beiden Tatbeständen des § 32a Abs. 1 und Abs. 2 GmbHG eine Anzahl weiterer Einzeltatbestände vorgesehen, die Fälle der Durchgriffshaftung regeln sollten. Anstelle der geplanten unübersichtlichen und doch nicht lückenlosen Kasuistik der Entwürfe (vgl. K. Schmidt, NJW 1980, 1769, 1772 m. w. N.), hat der Gesetzgeber nunmehr eine, die beiden Grundtatbestände des § 32a GmbHG ergänzende Generalklausel in das Gesetz aufgenommen:

Nach § 32 a Abs. 3 GmbHG gelten die Bestimmungen des § 32 a Abs. 1 und Abs. 2 GmbHG sinngemäß für alle Rechtshandlungen eines Gesellschafters oder eines Dritten, die der Darlehensgewährung wirtschaftlich entsprechen.

Unter § 32 a Abs. 3 GmbHG lassen sich etwa folgende Fälle subsumieren (vgl. dazu u. a. Deutler, GmbH-Rdsch. 1980, 145, 149):

— Darlehensgewährungen durch Ehegatten des Gesellschafters, die aus Mitteln stammen, die der Gesellschafter selbst seinem Ehegatten zur Verfügung gestellt hat;

— die Stundung einer Forderung, die einem Gesellschafter gegen die Gesellschaft zusteht;

— Sicherungen oder Bürgschaften eines mit einem Gesellschafter oder mit der Gesellschaft verbundenen Unternehmens.

271   ## § 41. Rechnungslegung und Bilanz

Schrifttum: Strobel, GmbH-Reform und Bilanzreform durch ein neues Bilanzrichtlinie-Gesetz, GmbH-Rdsch. 1980, 153 ff.

Die Vorschriften des GmbH-Gesetzes über Rechnungslegung und Bilanz sind im Vergleich zu den aktienrechtlichen Regelungen weniger streng. Der oder die Geschäftsführer sind verpflichtet, die Bilanz und die Gewinn- und Verlustrechnung für das vergangene Geschäftsjahr aufzustellen (§ 41 GmbHG). Für die Feststellung der Jahresbilanz und die Verteilung des sich daraus ergebenden Reingewinns sind die Gesellschafter zuständig (§ 46 Ziff. 1 GmbHG).

Eine GmbH, die nach dem Publizitätsgesetz vom 15. 8. 1969 zu den Großunternehmen zählt, unterliegt auch der Pflicht zur Offenlegung im Rahmen des Publizitätsgesetzes.

Zehntes Kapitel

Die eingetragene Genossenschaft

§ 42. Zweck, Begriff und Rechtsnatur der eingetragenen Genossenschaft

I. Der Zweck einer eingetragenen Genossenschaft

272   Die deutsche Genossenschaftsbewegung des 19. Jahrhunderts verfolgte das Ziel, in einer liberalen Wirtschaft die Schwäche einzelner im Konkurrenzkampf mit anderen, hauptsächlich wirtschaftlich Stärkeren, durch Zusammenschluß auszugleichen, ohne dabei die Selbständigkeit derjenigen, die sich zusammenschlossen, zu beseitigen. In Not geraten waren vor allem die Handwerker in den Städten und die kleineren Betriebe in der Landwirtschaft. Hier sollte im Wege des genossenschaftlichen Zusammenschlusses und der genossenschaftlichen Selbsthilfe die Selbständigkeit der in Not geratenen Unternehmen durch Vorteile gestärkt werden, die bis zu diesem Zeitpunkt überwiegend nur Großbetriebe hatten in Anspruch nehmen können. Dazu zählen z.B. der billige Einkauf von Rohstoffen, eine bessere Organisation des Absatzes und die Inanspruchnahme günstiger Kredite.

273   Die genannten Ziele sollten mit dem Gesetz betreffend die Erwerbs- und Wirtschaftsgenossenschaften vom 1. Mai 1889 erreicht werden. § 1 GenG nennt deshalb als Vereinigungen, die als „Gesellschaft von nicht geschlossener Mitgliederzahl, welche die Förderung des Erwerbs oder der Wirtschaft ihrer Mitglieder mittels gemeinschaftlichen Geschäftsbetriebes bezwecken (Genossenschaften)", definiert werden:

„1. Vorschuß- und Kreditvereine,

 2. Rohstoffvereine,

 3. Vereine zum gemeinschaftlichen Verkauf landwirtschaftlicher oder gewerblicher Erzeugnisse (Absatzgenossenschaften, Magazinvereine),

4. Vereine zur Herstellung von Gegenständen und zum Verkauf derselben auf gemeinschaftliche Rechnung (Produktivgenossenschaft),

5. Vereine zum gemeinschaftlichen Einkauf von Lebens- oder Wirtschaftsbedürfnissen im großen und Ablaß im kleinen (Konsumvereine),

6. Vereine zur Beschaffung von Gegenständen des landwirtschaftlichen oder gewerblichen Betriebes und zur Nutzung derselben auf gemeinschaftliche Rechnung,

7. Vereine zur Herstellung von Wohnungen."

Alle diese Vereinigungen können „eingetragene Genossenschaften" im Sinne des Genossenschafts-Gesetzes sein. Die Rechtsform der eingetragenen Genossenschaft darf nur zu dem in § 1 Abs. 1 GenG genannten Zweck, nämlich der „Förderung des Erwerbes oder der Wirtschaft ihrer Mitglieder mittels gemeinschaftlichen Geschäftsbetriebes" verwendet werden. Der gesetzlich festgelegte Förderungszweck bildet das entscheidende Abgrenzungskriterium zu anderen Vereinigungen. Er untersagt die Verwendung der eingetragenen Genossenschaft zu solchen Zielen, die ausschließlich oder überwiegend ideeller Natur sind oder aber für die Erzielung und Maximierung von Gewinnen benutzt werden (vgl. Kübler, § 13 I 1 b).

Gemäß § 1 Abs. 2 GenG ist eine Beteiligung an Gesellschaften und sonstigen Personenvereinigungen einschließlich der Körperschaften des öffentlichen Rechts zulässig, wenn sie „1. der Förderung des Erwerbes oder der Wirtschaft der Mitglieder der Genossenschaft oder, 2. ohne den alleinigen oder überwiegenden Zweck der Genossenschaft zu bilden, gemeinnützigen Bestrebungen der Genossenschaft zu dienen bestimmt ist".

Beispiele für Genossenschaften, die typischerweise die „Förderung der Mitglieder mittels gemeinschaftlichen Geschäftsbetriebes" zum Gegenstand haben, sind u. a.:

— Kreditgenossenschaften, wie z. B. Raiffeisenkassen und Volksbanken;

— Einzelhandelsgenossenschaften der Kaufleute;

— Absatz- und Bezugsgenossenschaften der Landwirte.

Rdnr. 273

II. Begriff und Rechtsnatur der eingetragenen Genossenschaft

274 Die eingetragene Genossenschaft ist eine rechtsfähige Körperschaft nach Art eines Vereins, die die Förderung des Erwerbs oder der Wirtschaft ihrer Mitglieder durch einen gemeinschaftlichen Geschäftsbetrieb zum Gegenstand hat und deren Mitgliederzahl nicht geschlossen ist (§ 1 GenG; vgl. zur Definition im einzelnen Kübler, § 13 I 1).

Wie die Aktiengesellschaft und die GmbH ist die Genossenschaft körperschaftlich organisiert, also Verein im rechtstechnischen Sinne. Die Zahl der möglichen Mitglieder ist nicht begrenzt. Von Aktiengesellschaft und GmbH unterscheidet sich die eingetragene Genossenschaft u.a. dadurch, daß die Mitglieder intensiver persönlich an der Genossenschaft beteiligt sind. Das wird z.B. daran deutlich, daß in den Vorstand und in den Aufsichtsrat nur Genossen gewählt werden können (§ 9 Abs. 2 GenG).

Ohne Rücksicht auf die Art ihres Betriebes ist die eingetragene Genossenschaft Kaufmann kraft Rechtsform (§ 17 Abs. 2 GenG). Sie tritt unter einer Firma auf, die stets eine Sachfirma sein muß und keinen Personennamen enthalten darf (§ 3 Abs. 1 GenG). Die Firma muß die Bezeichnung „eingetragene Genossenschaft", jedenfalls aber die Abkürzung „eG" enthalten (§ 3 Abs. 2 GenG).

275 Die eingetragene Genossenschaft ist juristische Person (§ 17 Abs. 1 GenG). Den Gläubigern der Genossenschaft haftet deshalb nur das Vermögen der Genossenschaft (§ 2 GenG).

Das *Statut* der Genossenschaft muß u.a. eine Bestimmung darüber enthalten, ob die Genossen für den Fall, daß die Gläubiger im Konkurs der Genossenschaft nicht befriedigt werden, Nachschüsse zur Konkursmasse leisten müssen und ob dies gegebenenfalls beschränkt oder unbeschränkt zu geschehen hat (§ 6 Nr. 3 GenG). Es besteht also die Möglichkeit, durch eine entsprechende Regelung im Statut eine Nachschußpflicht auszuschließen. Wenn eine beschränkte oder unbeschränkte Nachschußpflicht vorgesehen ist, kann diese lediglich Forderungen der in Konkurs gefallenen eingetragenen Genossenschaft gegen ihre Mitglieder begründen (§ 105 GenG), die der Konkursverwalter zur Konkursmasse einzuziehen hat. Unmittelbare Ansprüche der Gläubiger gegen die Mitglieder der Genossenschaft entstehen nicht.

Für das Entstehen der Genossenschaft ist die Eintragung in das *Genossenschaftsregister* erforderlich. Das Genossenschaftsregister wird bei dem Amtsgericht geführt, in dessen Bezirk die Genossenschaft ihren Sitz hat (§ 10 GenG).

Die *Errichtung* der Genossenschaft beginnt in der Regel damit, daß sich mindestens sieben Gründer auf ein Statut einigen, dessen Mindestinhalt gesetzlich festgelegt ist (§§ 6, 7 GenG). Danach sind Vorstand und Aufsichtsrat zu wählen.

§ 43. Die Mitgliedschaft

276   ## I. Erwerb und Beendigung der Mitgliedschaft

Die Mitgliedschaft einer eingetragenen Genossenschaft kann erworben werden:
— durch Teilnahme an der Gründung; die Gründungsmitglieder werden auf einer Liste geführt, die bei der Anmeldung der Genossenschaft zur Eintragung in das Genossenschaftsregister anzufügen ist. Die in der Liste aufgeführten Gründer werden mit der Eintragung Genossen;
— nach der Eintragung der Genossenschaft in das Register durch eine schriftliche Beitrittserklärung, die Zulassung des Beitretenden durch die Genossenschaft, die Einreichung der Beitrittserklärung zum Genossenschaftsregister und die Eintragung des Beitretenden in die Liste der Genossen bei dem Register.

Mit dem Tode geht die Mitgliedschaft auf den oder die Erben über. Sie endet allerdings mit dem Schluß des Geschäftsjahres, in dem der Erbfall eingetreten ist (§ 77 Abs. 1 GenG).

Die Mitgliedschaft endet u. a.:
— durch Tod;
— durch Kündigung (§§ 65 f. u. 67 a u. b GenG);
— durch Ausscheiden (§ 67 GenG);
— durch Ausschließung (§ 68 GenG).

277   **II. Rechte und Pflichten der Genossen**

Mit der Mitgliedschaft ist der *Förderungsanspruch*, der jedem Mitglied gegenüber der Genossenschaft zusteht, eng verbunden. Dieser
Anspruch ist entsprechend dem spezifischen Zweck der Vereinigung
auf Nutzung der genossenschaftlichen Einrichtungen und Inan-
spruchnahme der Leistungen des genossenschaftlichen Geschäftsbetriebes gerichtet (vgl. Reinhardt-Schultz, Rdnr. 914). Zu den Förder-
leistungen, die die Genossenschaft den Mitgliedern gegenüber erbringt und die in der Regel nicht unmittelbar auf genossenschafts-
rechtlicher Rechtsgrundlage, sondern in Form vertraglicher Rechtsverhältnisse, wie z.B. Darlehens- und Mietverträgen erfolgen, können zählen: billige Kredite, die Abnahme von Produkten und die Benutzung gemeinschaftlicher Einrichtungen. Außerdem stehen den
Genossen die Rechte auf Mitverwaltung, wie z.B. das Stimmrecht, zu.
Zu den Pflichten eines Mitgliedes zählt vor allem die Verpflichtung, Einlagen (Einzahlungen oder Gewinnanteilsgutschriften) zu erbringen. Das Statut muß eine entsprechende Bestimmung über Art
und Weise der Einlagen enthalten (§ 7 Nr. 1 GenG). Durch die Einlagen entsteht ein *Geschäftsguthaben,* das die effektive finanzielle Beteiligung des Mitglieds an der Genossenschaft kennzeichnet (vgl. Reinhardt-Schultz, Rdnr. 909; im Gesetz findet sich – leicht mißverständ-
lich – die Bezeichnung „Geschäftsanteil"). Je nach Art und Zweck der
Genossenschaft können die Mitglieder noch andere Verpflichtungen
übernehmen, wie z.B. die Pflicht, bestimmte Produkte zu liefern oder
abzunehmen.

278   **III. Die Verfassung der eingetragenen Genossenschaft**

Ähnlich wie die Aktiengesellschaft hat auch die Genossenschaft
drei notwendige Organe: den Vorstand, den Aufsichtsrat und die Generalversammlung.
Der Vorstand führt die Geschäfte der Genossenschaft und vertritt
sie nach außen. Anders als bei der Aktiengesellschaft wird der Vor-

stand allerdings von der Generalversammlung gewählt, falls das Statut keine andere Regelung enthält (§ 24 Abs. 2 GenG).

Der Aufsichtsrat hat ähnlich wie bei der Aktiengesellschaft den Vorstand zu kontrollieren.

Oberstes Organ der Genossenschaft ist die Generalversammlung, die eine stärkere Stellung als die Hauptversammlung der Aktiengesellschaft einnimmt. Sie ist zuständig für die Wahl und Entlastung des Aufsichtsrats, die Entlastung des Vorstands (der in der Regel auch durch sie gewählt wird), die Änderung des Statuts, die Entscheidung über den Jahresabschluß und den auf die Genossen etwa entfallenden Betrag des Gewinns oder Verlustes (§ 48 GenG).

Die *Mitbestimmung* der Arbeitnehmer erfaßt auch die Genossenschaften. Bei mehr als 500 Arbeitnehmern ist der Aufsichtsrat gemäß § 77 Abs. 3 BetrVG 1952 drittelparitätisch, bei mehr als 2000 Arbeitnehmern nach §§ 1 und 6 MBG „fast paritätisch" zu besetzen.

Elftes Kapitel

Die Umwandlung von Gesellschaften

§ 44. Gründe für die Umwandlung von Gesellschaften

279 Die Rechtsordnung stellt denjenigen Personen, die eine Gesellschaft gründen wollen, eine Vielzahl von Rechtsformen zur Verfügung, zwischen denen sie wählen können. Da auch im Gesellschaftsrecht in weitem Umfange die Privatautonomie gilt, sind die Gesellschaftsgründer dann, wenn sie sich für eine bestimmte Gesellschaftsform entschieden haben, in der Lage, auch abweichend von der gesetzlichen Regelung die Gesellschaft weitgehend nach ihren Bedürfnissen zu gestalten. Dabei können auch Mischgebilde entstehen, bei denen Merkmale verschiedener Gesellschaftsformen miteinander verbunden werden. Ein typisches Beispiel dafür ist die GmbH & Co KG.

Bei der Wahl der Gesellschaftsform spielen häufig die persönliche Haftung der Gesellschafter, steuerliche Gesichtspunkte, Art und Umfang der durch die Gesellschafter zu übernehmenden Pflichten und die Kreditwürdigkeit eine ausschlaggebende Rolle. Die Umstände, die bei der Gründung einer Gesellschaft für die Wahl einer bestimmten Gesellschaftsform ausschlaggebend waren, können sich im Laufe der Zeit durch die Veränderung der personellen Zusammensetzung, durch wirtschaftliche und technische Entwicklungen oder durch die Änderung der Steuergesetzgebung entscheidend wandeln. Das kann dazu führen, daß die Gesellschafter zu dem Ergebnis kommen, daß das Unternehmen nicht mehr in der zweckmäßigen Gesellschaftsform betrieben wird. Es besteht dann das Bedürfnis, die Gesellschaftsform den veränderten Umständen anzupassen. Das kann einmal dadurch geschehen, daß die vorhandene Gesellschaftsform beibehalten wird und diejenigen Veränderungen, die aufgrund der nun anderen Verhältnisse notwendig geworden sind, durch eine Umgestaltung des Gesellschaftsvertrages geschaffen werden. Es kann aber auch notwendig sein, die Gesellschaftsform als solche zu wechseln, indem etwa aus einer offenen Handelsgesellschaft eine GmbH oder aus einer GmbH eine Aktiengesellschaft gebildet werden muß. In diesen zuletzt genannten Fällen handelt es sich um echte Umwandlungen von Gesellschaften, um Wechsel der Unternehmensformen.

280   Es kommen im wesentlichen nur zwei Typen von Umwandlungen in Betracht:

a) Die *formwechselnde Umwandlung,* die die Identität der Gesellschaft unberührt läßt; die Gesellschaft ändert lediglich ihre Rechtsform.

b) Die *übertragende Umwandlung;* bei ihr wird das Vermögen der vorhandenen Gesellschaft auf eine andere Gesellschaft als Rechtsträger übertragen.

§ 45. Die formwechselnde Umwandlung

281   ### I. Begriff und Möglichkeiten

Da bei der formwechselnden Umwandlung die Gesellschaft lediglich ihre Rechtsform ändert, ohne ihre Identität einzubüßen, bleibt die vorhandene Gesellschaft Trägerin des Gesellschaftsvermögens. Sie haftet mit diesem Vermögen für die vorhandenen Verbindlichkeiten der Gesellschaft, deren Form gewechselt hat, weiter. Ebenso wie die umgewandelte Gesellschaft Trägerin der Pflichten bleibt, bleibt sie auch Trägerin der vorhandenen Rechte.

Formwechselnde Umwandlungen sind z. B.:

– die Umwandlung einer OHG in eine KG;

– die Umwandlung einer BGB-Gesellschaft in eine OHG oder eine KG;

– die Umwandlung einer Kapitalgesellschaft in eine andere Gesellschaft, wie z. B. die Umwandlung einer Aktiengesellschaft in eine GmbH.

282 II. Die Umwandlung einer OHG in eine KG als typisches Beispiel für eine formwechselnde Umwandlung

Häufig entsteht in der Praxis eine Kommanditgesellschaft nicht durch die Neugründung einer Gesellschaft, sondern durch Umwandlung aus einer OHG. Eine solche Umwandlung kann dadurch geschehen, daß

– neue Gesellschafter aufgenommen werden, die nur beschränkt haften wollen. Die bisherigen OHG-Gesellschafter werden dann persönlich haftende Gesellschafter der Kommanditgesellschaft, die neu hinzutretenden Gesellschafter Kommanditisten;

– bei den bisher unbeschränkt haftenden Gesellschaftern der OHG die Haftung später beschränkt wird. Allerdings muß ein unbeschränkt haftender Gesellschafter als persönlich haftender Gesellschafter der KG verbleiben;

– aus einer OHG eine KG wird, wenn ein Gesellschafter stirbt und der Gesellschaftsvertrag eine Regelung darüber enthält, daß die Gesellschaft mit den Erben fortgesetzt werden soll. Gemäß § 139 HGB steht dem Erben, der in die Gesellschaft einrückt, das Recht frei, sein Verbleiben in der Gesellschaft davon abhängig zu machen, daß er die Stellung eines Kommanditisten einnehmen kann.

In allen oben aufgezählten Fällen bleibt die Identität der Gesellschaft unberührt.

Beispiel: A, B und C haben eine OHG gegründet. Im Gesellschaftsvertrag ist vereinbart, daß die Gesellschaft mit den Erben der Gesellschafter fortgesetzt wird. Die OHG nimmt bei der X-Bank ein Darlehen in Höhe von DM 300 000,– auf. Als A stirbt, rückt sein Erbe N in die Gesellschaft als Gesellschafter ein. Gemäß § 139 HGB verlangt N, daß er Kommanditist wird. B und C sind damit einverstanden. Nunmehr ist aus der OHG eine KG geworden; es hat eine formwechselnde Umwandlung stattgefunden, ohne daß die Identität der Gesellschaft dadurch berührt worden ist. Deshalb haftet der X-Bank AG für die Darlehensrückzahlungsforderung weiterhin das gesamte Gesellschaftsvermögen. Darlehensnehmerin ist nun die Kommanditgesellschaft. B und C haften als persönlich haftende Gesellschafter der KG unbegrenzt, N lediglich als Kommanditist in Höhe seiner Einlage.

283   ## III. Die Umwandlung einer BGB-Gesellschaft in eine OHG oder KG

Für die Gründung von Gesellschaften bürgerlichen Rechts mit erwerbswirtschaftlichen Zielen hat der Gesetzgeber Grenzen gezogen. So kann der gemeinsame Zweck einer Gesellschaft bürgerlichen Rechts nicht der Betrieb eines vollkaufmännischen Handelsgewerbes sein. Ein vollkaufmännisches Handelsgewerbe kann von einer Personengesellschaft nur in der Form der OHG oder der KG betrieben werden. Deshalb wandelt sich eine Gesellschaft bürgerlichen Rechts, die zunächst kein Gewerbe oder lediglich ein Kleingewerbe betrieben hat, automatisch in eine OHG oder KG um, sobald der Geschäftsbetrieb den Stand eines vollkaufmännischen Handelsgewerbes erreicht. Auch hier handelt es sich um eine formwechselnde Umwandlung.

Wenn die Gesellschafter einer offenen Handelsgesellschaft nicht nur vorübergehend den Betrieb ihres vollkaufmännischen Handelsgewerbes aufgeben, so wird die Gesellschaft zu einer BGB-Gesellschaft (BGHZ 32, 307 ff.). Dabei ist es ohne Bedeutung, ob die Aufgabe des Geschäftsbetriebes aufgrund einer freien Entschließung oder unabhängig davon eingetreten ist (BGHZ 32, 307 ff.). Auch hier handelt es sich um eine formwechselnde Umwandlung. Allerdings kann diese Umwandlung Dritten gegenüber erst geltend gemacht werden, wenn die OHG im Handelsregister gelöscht ist (§ 5 HGB).

284   ## IV. Die Umwandlung einer Kapitalgesellschaft in eine andere Kapitalgesellschaft

Auch wenn eine Kapitalgesellschaft in die Form einer anderen Kapitalgesellschaft umgewandelt wird, handelt es sich um eine formwechselnde Umwandlung, bei der die juristische Person ohne Beeinträchtigung ihrer Identität erhalten bleibt; lediglich ihre Rechtsform wird geändert. Von großer praktischer Bedeutung sind die Umwandlungen von Aktiengesellschaften in Kommanditgesellschaften auf

Aktien und umgekehrt, die Umwandlungen von Aktiengesellschaften oder Kommanditgesellschaften auf Aktien in eine GmbH und die Umwandlung einer GmbH in eine Aktiengesellschaft oder Kommanditgesellschaft auf Aktien. Umwandlungen dieser Art werden vom Gesetz im wesentlichen als Satzungsänderungen der juristischen Person, die bestehen bleibt, behandelt. Wegen der zum Teil nicht unerheblichen Folgen für die betroffenen Gesellschafter sieht das Gesetz für alle formwechselnden Umwandlungen dieser Art gesetzliche Regelungen vor, die meist im Aktiengesetz enthalten sind.

285 So enthält das Aktiengesetz in den §§ 369 ff. genaue Regelungen über die *Umwandlung einer Aktiengesellschaft in eine Gesellschaft mit beschränkter Haftung.* Eine Aktiengesellschaft kann nur durch Beschluß der Hauptversammlung in eine GmbH umgewandelt werden. Diesem Umwandlungsbeschluß müssen grundsätzlich alle Aktionäre zustimmen (§ 369 AktG). Eine davon abweichende Regelung enthält § 369 Abs. 3 AktG.

Vor der Umwandlung muß der Vorstand der Aktiengesellschaft bekanntgeben, ob für die GmbH ein Aufsichtsrat gebildet werden soll oder nicht (§ 370 AktG). Der Umwandlungsbeschluß ist zur Eintragung in das Handelsregister anzumelden. Vom Zeitpunkt der Eintragung in das Handelsregister an besteht die Gesellschaft als juristische Person als Gesellschaft mit beschränkter Haftung weiter; das Grundkapital wird zum Stammkapital, die Aktien werden zu Geschäftsanteilen (§§ 371, 372 AktG). Abgesehen davon, daß bei der Umwandlung einer AG in eine GmbH die GmbH die Verbindlichkeiten der AG übernimmt, also für diese weiter haftet, sieht das Aktiengesetz in § 374 eine weitere Gläubigerschutzbestimmung vor: den Gläubigern der Aktiengesellschaft ist innerhalb einer sechsmonatigen Meldefrist Sicherheit zu leisten, soweit sie nicht Befriedigung wegen ihrer Forderungen verlangen können.

Das Aktiengesetz enthält auch eine eingehende Regelung über die Umwandlung einer GmbH in eine Aktiengesellschaft oder Kommanditgesellschaft auf Aktien (§§ 376 ff. AktG). Auch für diese Art der Umwandlung ist ein Beschluß der Gesellschafterversammlung notwendig. Es hat eine Gründungsprüfung im Sinne der §§ 26 ff. AktG stattzufinden. Die Umwandlung ist zur Eintragung in das Handelsregister anzumelden; von der Eintragung der Umwandlung an besteht die Gesellschaft als Aktiengesellschaft weiter (§§ 378, 379 und 381 AktG). Das Stammkapital der ehemaligen GmbH wird zum Grundkapital der AG; aus den Geschäftsanteilen werden Aktien (§ 381 AktG).

§ 46. Die übertragende Umwandlung

I. Begriff und Möglichkeiten

286   Bei der *übertragenden Umwandlung* wird die bestehende Gesellschaft aufgelöst und deren Vermögen auf einen anderen Rechtsträger übertragen. Mit dem Vermögen gehen auch die Verbindlichkeiten der umzuwandelnden Gesellschaft auf den anderen Rechtsträger über. Die aufgelöste Gesellschaft und der Rechtsträger, auf den das Vermögen der bisherigen Gesellschaft einschließlich deren Verbindlichkeiten übergeht, sind *nicht* identisch.

Die einzelnen Formen der übertragenden Umwandlung sind im Umwandlungsgesetz (UmwG) geregelt.

Als übertragende Umwandlungen kommen vor allem in Betracht:
— die Umwandlung einer Kapitalgesellschaft oder bergrechtlichen Gewerkschaft durch Übertragung des Vermögens auf eine Personengesellschaft oder einen Gesellschafter (§§ 1 ff. UmwG);
— die Umwandlung einer Personenhandelsgesellschaft durch Übertragung des Vermögens auf eine Aktiengesellschaft oder Kommanditgesellschaft auf Aktien (§§ 40 ff. UmwG);
— die Umwandlung einer Personenhandelsgesellschaft durch Übertragung des Vermögens auf eine Gesellschaft mit beschränkter Haftung (§§ 46 ff. UmwG);
— die Umwandlung des Unternehmens eines Einzelkaufmanns durch Übertragung des Geschäftsvermögens auf eine Aktiengesellschaft oder Kommanditgesellschaft auf Aktien (§§ 50 ff. UmwG).

Bei der übertragenden Umwandlung ist zu unterscheiden zwischen der *errichtenden Umwandlung* einerseits und der *verschmelzenden Umwandlung* andererseits.

287   Von einer *errichtenden Umwandlung* spricht man, wenn das Vermögen der Gesellschaft, die umgewandelt werden soll, auf eine Gesellschaft übertragen wird, die zu diesem Zweck errichtet wird.

Beispiel: Eine bestehende GmbH soll in eine Kommanditgesellschaft umgewandelt werden. Die Kommanditgesellschaft besteht bisher noch nicht. Ihr sollen diejenigen Personen angehören, die bisher die Gesellschaftsanteile der GmbH halten. Die Gesellschafter der GmbH gründen nun eine Kommanditgesellschaft, auf die das Vermögen der GmbH übertragen werden kann.

288   Bei der *verschmelzenden Umwandlung* besteht die Gesellschaft, auf die das Vermögen der umzuwandelnden Gesellschaft übertragen werden soll, bereits. Die Vermögen beider Gesellschaften werden miteinander verschmolzen.

Beispiel: Eine offene Handelsgesellschaft soll durch Übertragung des Vermögens auf eine bereits bestehende Gesellschaft mit beschränkter Haftung in eine GmbH umgewandelt werden. Die Gesellschafter der bisherigen offenen Handelsgesellschaft sollen Gesellschafter der bereits bestehenden GmbH werden. Die Umwandlung geschieht u.a. dadurch, daß die OHG-Gesellschafter einen Umwandlungsbeschluß herbeiführen und das Vermögen der Gesellschaft auf die GmbH übertragen.

II. Die Umwandlung einer Kapitalgesellschaft in eine Personenhandelsgesellschaft

289   Eine Aktiengesellschaft, eine Kommanditgesellschaft auf Aktien oder eine Gesellschaft mit beschränkter Haftung können gemäß §§ 1 ff. UmwG in eine offene Handelsgesellschaft, eine Kommanditgesellschaft oder Gesellschaft bürgerlichen Rechts umgewandelt werden. Die Umwandlung in eine Gesellschaft bürgerlichen Rechts kommt allerdings nur dann in Betracht, wenn die umzuwandelnde Gesellschaft kein vollkaufmännisches Handelsgewerbe betreibt.

Die einfachste Form der Umwandlung einer Kapitalgesellschaft in eine Personenhandelsgesellschaft ist die verschmelzende Umwandlung, die noch dadurch vereinfacht werden kann, daß sich bereits alle Aktien in der Hand des Übernehmenden, der eine offene Handelsgesellschaft oder eine Kommanditgesellschaft sein kann, befinden.

Bei der Umwandlung einer Aktiengesellschaft in eine offene Handelsgesellschaft kann die Hauptversammlung einer Aktiengesellschaft die Übertragung des Vermögens auf eine bestehende offene Handelsgesellschaft beschließen, wenn sich bereits alle Aktien in der Hand der offenen Handelsgesellschaft befinden, ohne daß es eines besonderen Veräußerungsvertrages bedarf (§ 3 UmwG). Der Umwandlungsbeschluß ist zur Eintragung in das Handelsregister anzumelden. Mit der Eintragung in das Handelsregister geht das Vermögen der Aktiengesellschaft einschließlich der Verbindlichkeiten der Gesellschaft auf die offene Handelsgesellschaft über. Die Aktiengesellschaft ist damit aufgelöst, ohne daß es einer besonderen Eintragung der Auflösung bedarf (§§ 4 und 5 UmwG).

290   Die Gläubiger der umzuwandelnden Gesellschaft werden durch § 8 UmwG geschützt. Danach dürfen die Vermögen der Aktiengesellschaft und der OHG erst vereinigt werden, wenn seit der Bekanntgabe der Eintragung des Umwandlungsbeschlusses 6 Monate verstrichen sind und die Gläubiger, die sich gemeldet haben, befriedigt oder sichergestellt worden sind. Bis zu diesem Zeitpunkt wird das Vermögen der umzuwandelnden Aktiengesellschaft noch als eine gesonderte Haftungsmasse behandelt (§ 8 Abs. 4 UmwG).

291   Wird eine Aktiengesellschaft unter gleichzeitiger Errichtung einer offenen Handelsgesellschaft in eine solche umgewandelt, so handelt es sich um eine sogenannte errichtende Umwandlung. Die Hauptversammlung der umzuwandelnden Aktiengesellschaft kann die Errichtung einer offenen Handelsgesellschaft beschließen, an der alle Aktionäre als Gesellschafter beteiligt sind, und zugleich die Übertragung des Vermögens der Aktiengesellschaft auf die offene Handelsgesellschaft mitbeschließen (§ 16 UmwG). Ein solcher Beschluß bedarf zur Wirksamkeit der Zustimmung aller Aktionäre (§ 17 UmwG). Der Umwandlungsbeschluß muß zur Eintragung in das Handelsregister angemeldet werden. Die offene Handelsgesellschaft entsteht erst mit der Eintragung des Umwandlungsbeschlusses in das Handelsregister (§ 18 UmwG).

Es steht der Hauptversammlung einer Aktiengesellschaft allerdings auch frei zu beschließen, eine offene Handelsgesellschaft zu errichten, an der nur diejenigen Aktionäre beteiligt sein sollen, die dem Beschluß zustimmen. Ein solcher Beschluß bedarf einer Mehrheit, die mindestens ¾ des bei der Beschlußfassung vertretenen Grundkapitals umfaßt (§ 19 UmwG).

III. Die Umwandlung einer Personenhandelsgesellschaft durch Übertragung des Vermögens auf eine Aktiengesellschaft oder Kommanditgesellschaft auf Aktien

292 Wenn eine offene Handelsgesellschaft oder Kommanditgesellschaft in eine Aktiengesellschaft oder Kommanditgesellschaft auf Aktien umgewandelt wird, so handelt es sich um eine übertragende Umwandlung, weil das Gesellschaftsvermögen, das Gesamthandseigentum der Gesellschafter der Personengesellschaft ist, auf die Aktiengesellschaft oder Kommanditgesellschaft auf Aktien als eine juristische Person übertragen wird.

Weil die Übertragung durch Gesamtrechtsnachfolge geschieht, erübrigt sich eine Liquidation der übertragenden Personenhandelsgesellschaft.

293 Zur Umwandlung bedarf es auch hier des Beschlusses der Gesellschafter der Personenhandelsgesellschaft (Umwandlungsbeschluß), der

a) die Gründung einer Aktiengesellschaft oder Kommanditgesellschaft auf Aktien, an der alle Gesellschafter beteiligt sind, und

b) die Übertragung des Vermögens der Personenhandelsgesellschaft auf die Aktiengesellschaft oder Kommanditgesellschaft auf Aktien (§ 41 UmwG) sowie

c) die Feststellung der Satzung der Aktiengesellschaft oder Kommanditgesellschaft auf Aktien enthalten muß.

Wirksam wird die Umwandlung mit der Eintragung der Kapitalgesellschaft in das Handelsregister (§ 44 UmwG). Die Personenhandelsgesellschaft ist damit aufgelöst, ihre Firma erloschen. Dies ist von Amts wegen in das Handelsregister einzutragen (§ 44 Abs. 1 UmwG).

Das Vermögen der OHG oder KG geht mit den Verbindlichkeiten

dieser Gesellschaft auf die Aktiengesellschaft oder Kommanditgesellschaft auf Aktien über. Die Haftung der Gesellschafter der Personenhandelsgesellschaft bleibt jedoch noch fünf Jahre lang bestehen (§ 45
UmwG).

294 IV. Die Umwandlung einer Personenhandelsgesellschaft
in eine GmbH

Die Umwandlung einer offenen Handelsgesellschaft oder Kommanditgesellschaft in eine GmbH geschieht ähnlich wie die Umwandlung einer Personenhandelsgesellschaft in eine Aktiengesellschaft oder Kommanditgesellschaft auf Aktien. Es bedarf eines Beschlusses der Gesellschafter der Personenhandelsgesellschaft, der die
Gründung einer GmbH, an der alle Gesellschafter beteiligt sind, und
die Übertragung des Vermögens der Personenhandelsgesellschaft auf
die Gesellschaft mit beschränkter Haftung umfassen muß. Was die
persönliche Haftung der Gesellschafter der OHG und KG wegen der
Verbindlichkeiten der umzuwandelnden Gesellschaft angeht, so gilt
§ 45 UmwG entsprechend (§ 49 Abs. 4 UmwG).

295   V. Die Umwandlung des Unternehmens eines
Einzelkaufmanns in eine Aktiengesellschaft oder
Kommanditgesellschaft auf Aktien

Auch in einem solchen Fall handelt es sich um eine übertragende
Umwandlung. Das Unternehmen des Einzelkaufmanns geht im
Wege der Gesamtrechtsnachfolge auf eine zu gründende Aktienge-
sellschaft oder Kommanditgesellschaft auf Aktien über.
Zur Umwandlung bedarf es einer Umwandlungserklärung des
Einzelkaufmanns, die die Gründung einer Aktiengesellschaft oder
Kommanditgesellschaft auf Aktien und die Übertragung des Ge-
schäftsvermögens auf die zu gründende Gesellschaft umfaßt (§ 51
UmwG). Diese Umwandlungserklärung bedarf der notariellen Beur-
kundung (§ 52 UmwG). Im übrigen gelten ähnliche Bestimmungen

wie bei der Umwandlung einer Personenhandelsgesellschaft in eine Kapitalgesellschaft.

296   VI. Die Umwandlung des Unternehmens eines Einzelkaufmanns in eine GmbH

In der Praxis besteht ein großes Interesse daran, das Unternehmen eines Einzelkaufmanns in eine GmbH umwandeln zu können. Weder das Umwandlungsgesetz noch ein anderes Gesetz ließen bisher eine solche Umwandlung zu.

Gleichzeitig mit der Novellierung des GmbH-Gesetzes hat der Gesetzgeber durch Einfügung der §§ 56a bis 56f in das Umwandlungsgesetz nunmehr diese Möglichkeit geschaffen.

Die Umwandlung bedarf einer notariell beurkundeten Erklärung des Einzelkaufmanns (§ 52 Abs. 1 UmwG). Mit der Eintragung in das Handelsregister gehen das Gesellschaftsvermögen und die Verbindlichkeiten im Wege der Gesamtrechtsnachfolge auf die GmbH über (vgl. §§ 56a bis 56f UmwG).

Der Vorteil gegenüber der normalen Gründung einer Einmann-GmbH durch den Inhaber eines einzelkaufmännischen Unternehmens besteht darin, daß die Vermögensgegenstände nicht einzeln auf die GmbH übertragen werden müssen.

297   § 47. Die steuerlichen Aspekte der Umwandlung

Schrifttum: Loos, Umwandlung von Kapitalgesellschaften auf Personengesellschaften oder natürliche Personen, BB 1977, 139 ff.

Der Übergang von einer Unternehmensform zur anderen kann u. a. steuerliche Probleme aufwerfen, wenn es dabei zur Aufdeckung und damit Versteuerung von stillen Reserven kommt. Um die Umwandlung von Gesellschaftsformen zu erleichtern, sind in der Form von Umwandlungsteuergesetzen steuerrechtliche Erleichterungen geschaffen worden, deren Besonderheit es sein sollte, die dem Wechsel der Unternehmensform entgegenstehenden steuerlichen Hindernisse durch begünstigende Abweichungen von den Normalregeln der Steuergesetze aus dem Wege zu räumen, um die volkswirtschaftlich erwünschte Wahl der sachgemäßen Unternehmensform zu ermöglichen.

Durch die Reform der Körperschaftsteuergesetzgebung mußte auch das Umwandlungsteuergesetz von 1969 geändert werden (Umwandlungsteuergesetz 1977), an dessen Grundkonzeption sich jedoch nichts geändert hat.

Zwölftes Kapitel

Verbundene Unternehmen

§ 48. Probleme und Bedeutung der verbundenen Unternehmen

Schrifttum: Emmerich, Das GmbH-Konzernrecht. In: Der GmbH-Konzern, 1976; Monopolkommission, Hauptgutachten 1973/75. Mehr Wettbewerb ist möglich. 2. Aufl. 1977; Raisch, Ist mehr Wettbewerb möglich? Betrachtungen zum ersten Zweijahresgutachten der Monopolkommission. 1977; Werner, Die Grundbegriffe der Unternehmensverbindungen des Konzerngesellschaftsrechts, JuS 1977, 141 ff.

I. Einleitung

298   Durch das Gesellschaftsrecht wird der Zusammenschluß mehrerer Personen zu einer bestimmten Organisation geregelt. Neben natürlichen Personen können sich auch juristische Personen zu einer bestimmten Organisation zusammenschließen. So können z.B. mehrere Gesellschaften mit beschränkter Haftung eine neue GmbH gründen. Die Vorteile, die natürliche Personen zu einer Beteiligung an einer Gesellschaft bewegen, gelten auch für juristische Personen.

So ist es z.B. möglich, daß eine AG durch eine beherrschte GmbH besonders risikoreiche Geschäfte vornehmen läßt, um die Haftung auf die GmbH zu begrenzen. Deshalb ist das Wirtschaftsleben in der Bundesrepublik Deutschland mit dadurch geprägt, daß nicht nur natürliche Personen, sondern auch viele Gesellschaften untereinander gesellschaftsrechtliche Verbindungen eingegangen sind.

Nach Schätzungen für das Jahr 1974 sollen 70% der in diesem Jahr vorhandenen 2 218 Aktiengesellschaften und der größte Teil der 122 248 Gesellschaften mit beschränkter Haftung mit anderen Unternehmen in irgendeiner Form verbunden gewesen sein (so Werner, JuS 1977, 141). Untersuchungen der *Monopolkommission* (Monopolkommission, S. 41) haben ergeben, daß schon vor Jahren die 100 größten Unternehmen in der Bundesrepublik 4 300 Beteiligungen an anderen Unternehmen hielten.

299   Verflechtungen von Unternehmen führen in der Regel zu Bindungen, aus denen Einfluß- und Abhängigkeitsverhältnisse zwischen den Unternehmen erwachsen, die die Entscheidungsfreiheit der verflochtenen Unternehmensführung beeinflussen. Hierdurch entstehen zahlreiche wettbewerbsrechtliche Probleme sowie Gläubigerschutz- und Aktionärsschutzprobleme.

Beispiel: Die Vogelsang Heizöl AG erwirbt an einer konkurrierenden GmbH 60% der Geschäftsanteile und benutzt anschließend ihren Einfluß dazu, daß die GmbH ihre Geschäftstätigkeit in den ehemaligen Konkurrenzgebieten einstellt.

In einem solchen Fall kann die *Wettbewerbsordnung* durch den Wegfall eines unabhängig handelnden Konkurrenten der AG beeinträchtigt sein. Der Zusammenschluß der beiden Gesellschaften unterliegt daher den Vorschriften über die Fusionskontrolle (§§ 23 ff. GWB).

Auch die Interessen der Minderheitsaktionäre der GmbH können beeinträchtigt sein: Verzichtet die GmbH aufgrund der Weisungen des Mehrheitsaktionärs auf gewinnbringende Geschäfte, erleidet sie einen Schaden, dem nicht wie bei der herrschenden AG ein Vorteil gegenübersteht.

Auch die Gläubiger einer Gesellschaft können benachteiligt sein, wenn die abhängige Gesellschaft nicht mehr selbständig gewinnbringende Geschäfte vornehmen kann.

II. Rechtsquellen

300   Das *Aktiengesetz* enthält in den §§ 15–19 sowie in den §§ 291 ff. Vorschriften über verbundene Unternehmen. Das eigentliche *Konzernrecht* ist in den §§ 291 ff. AktG geregelt. §§ 15–19 AktG enthalten Definitionen von Unternehmensverbindungen.

Das im Aktiengesetz enthaltene Konzernrecht findet allerdings nur Anwendung, wenn mindestens eines der miteinander verbundenen Unternehmen eine AG oder KGaA ist (§§ 291, 292 AktG). Durch das Konzernrecht geschützt sind *lediglich die abhängigen Aktiengesellschaf-*

ten, nicht aber abhängige Gesellschaften mit beschränkter Haftung oder Personengesellschaften.

301 Ein besonderes GmbH-Konzernrecht gibt es bisher nicht. Da man davon ausgehen muß, daß die GmbH in großem Umfang als Instrument der Konzernierung Verwendung findet, wird eine Regelung des GmbH-Konzernrechts als dringlich angesehen. Man kann in dem Aktienkonzernrecht allerdings schon jetzt den *Kern eines allgemeinen Unternehmenskonzernrechts* sehen (Emmerich, GmbH-Konzernrecht, S. 6).

Vorschriften über Konzerne enthalten auch das MBG und die Steuergesetze.

Die Verbindung von Unternehmen führt häufig zu größerer Marktmacht. Dies bringt die Gefahr mit sich, daß der Wettbewerb nicht unerheblich beeinträchtigt wird. Der Bekämpfung von Marktmacht, die durch Konzernbildungen entstehen kann, sollen die §§ 23 ff. GWB dienen, die die Fusionskontrolle regeln und dem Bundeskartellamt die Möglichkeit geben, Zusammenschlüsse, die zu marktbeherrschenden Stellungen führen oder eine marktbeherrschende Stellung verstärken, zu untersagen. (Hierzu Raisch, a.a.O.) Das GWB dient dem Zweck, auf allen Märkten Wettbewerb zu erhalten und Beeinträchtigungen des Wettbewerbs zu verhindern. Es wird damit auch das Ziel angestrebt, möglichst viele Unternehmen auf jedem Markt zu erhalten. Der Schutz vor übermäßiger Konzentration soll vermeiden, daß Produktion und Verkauf von Waren nur auf wenige Unternehmen, die den Markt beherrschen würden, beschränkt bleiben.

Sinn und Zweck der im Aktiengesetz enthaltenen konzernrechtlichen Regelungen ist es, die „Unternehmensverbindungen rechtlich zu erfassen, sie durch Publizitätsvorschriften durchsichtig zu machen und Schutzvorschriften für die außenstehenden Aktionäre und die Gläubiger der verbundenen Unternehmen zu treffen" (Deutscher Bundestag – 4. Wahlperiode, Drucksache IV 171, S. 94 f.).

§ 49. Die verschiedenen Verbundformen zwischen Unternehmen

Schrifttum: Emmerich-Sonnenschein, Konzernrecht, 2. Aufl. 1977; Werner, Die Grundbegriffe der Unternehmensverbindungen des Konzerngesellschaftsrechts, JuS 1977, 141 ff.; Würdinger, in Großkommentar zum Aktiengesetz, Vorbemerkungen und Anmerkungen zu §§ 15–19 AktG; Würdinger, Aktienrecht und das Recht der verbundenen Unternehmen, 4. Aufl. 1981; Zöllner, Zum Unternehmensbegriff der §§ 15 ff. AktG, ZGR 1976, 1 ff.

I. Überblick

302   Das Aktiengesetz definiert in § 15, was unter verbundenen Unternehmen zu verstehen ist.

Danach sind *verbundene Unternehmen rechtlich selbständige Unternehmen,* die im Verhältnis zueinander

— in Mehrheitsbesitz stehende Unternehmen und mit Mehrheit beteiligte Unternehmen (§ 16 AktG),

— abhängige und herrschende Unternehmen (§ 17 AktG),

— Konzernunternehmen (§ 18 AktG),

— wechselseitig beteiligte Unternehmen (§ 19 AktG)

— oder Vertragsteile eines Unternehmensvertrages (§§ 291, 292 AktG)

sind.

303   Die in § 15 AktG enthaltene Aufzählung ist die zusammenfassende Bezeichnung für alle Unternehmensverbindungen, für die eine Reihe von gesetzlichen Vorschriften gemeinsam gelten soll. Zu den wichtigsten Vorschriften, die auf alle verbundenen Unternehmen angewandt werden müssen, zählen z. B.

— § 90 AktG: Der Vorstand hat bei gegebenem Anlaß dem Aufsichtsrat auch über verbundene Unternehmen zu berichten.

— § 131 Abs. 1 Satz 2 AktG: Die Aktionäre haben das Recht, über die rechtlichen und geschäftlichen Beziehungen der Gesellschaft zu einem verbundenen Unternehmen Auskunft zu verlangen.

– § 160 Abs. 3 Nr. 10 AktG: Der Geschäftsbericht muß auch Angaben über die rechtlichen und geschäftlichen Beziehungen zu inländischen verbundenen Unternehmen enthalten und sich über geschäftliche Vorgänge bei diesen Unternehmen äußern, die auf die Lage der Gesellschaft von erheblichem Einfluß sein können.

II. Der Begriff des Unternehmens in §§ 15 ff. AktG

304   Die Vorschriften über verbundene Unternehmen finden nur Anwendung, wenn eine Aktiengesellschaft an der Verbindung beteiligt ist und dieser in der Verbindung ein rechtlich selbständiges *Unternehmen* gegenübersteht. Nur Unternehmen können einen Konzern bilden, voneinander abhängig oder wechselseitig beteiligt sein. Auch die meisten Unternehmensverträge i.S. der §§ 291 ff. AktG können nur zwischen Unternehmen abgeschlossen werden.

Beispiel: Treffen auf den Großaktionär die Merkmale des Unternehmens i.S. von §§ 15 ff. AktG nicht zu, so sind die gesetzlichen Vorschriften des AktG's (Konzernrecht), die vor Machtmißbräuchen eines Großaktionärs schützen sollen, nicht anwendbar.

305   Das Aktiengesetz enthält für das Konzernrecht keine Definition des Unternehmens (zum Unternehmensbegriff siehe Rittner, Wirtschaftsrecht, § 7 B). Von einer genaueren Umschreibung des Begriffs Unternehmen hat der Gesetzgeber wegen der großen praktischen Schwierigkeiten bewußt abgesehen (BGHZ 69, 334, 335). Auch in anderen Gesetzen findet sich kein einheitlicher Unternehmensbegriff. Dieser Begriff hat nicht nur je nach dem Rechtsgebiet, in dem er verwendet wird, einen unterschiedlichen Inhalt, auch im Aktienrecht selbst gab es eine nach Art und Zweck der einzelnen Vorschriften differenzierende Auslegung (BGHZ 69, 334, 336). Es nimmt deshalb nicht wunder, daß ein lebhafter Meinungsstreit zu der Frage geführt wird, was denn als Unternehmen i.S. der §§ 15 ff. AktG zu verstehen sei. (Zum Meinungsstand: Emmerich-Sonnenschein, S. 33 ff., Werner, JuS 1977, 141, 142 ff.) Es wird die Auffassung vertreten, daß ein *privater Großaktionär* (Einzelaktionär), der, ohne selbst ein Unternehmen zu betreiben, an einer AG beherrschend beteiligt ist, *nicht* ein Unternehmen i.S. des Konzernrechts betreibe (Würdinger, Vorbem. 3 b vor §§ 15–19 AktG), weil der Gesetzgeber davon ausgegangen sei, daß bei dem *Privataktionär* nicht die Gefahr bestehen könne, daß er die aus der Beteiligung erwachsenden Möglichkeiten für eigene unternehmerische Interessen nutze.

306   Bei einer natürlichen oder juristischen Person handelt es sich dann um ein Unternehmen i.S. der §§ 15 ff. AktG, wenn ein Aktionär nicht nur in der Gesellschaft selbst, sondern auch außerhalb der Gesellschaft unternehmerische Interessen verfolgt (so Emmerich-Sonnenschein, S.38). Da der Sinn der konzernrechtlichen Vorschriften darin besteht, die Interessen von Aktionären und Gesellschaftsgläubigern bei einem Interessenwiderstreit zwischen den verbundenen Unternehmen zu schützen, wird diese Definition des Unternehmensbegriffs dem Sinn und Zweck des Rechts der verbundenen Unternehmen gerecht.

307   Aus dieser Definition des Unternehmens folgt, daß ein Aktionär schon dann Unternehmen i.S. von §§ 15 ff. AktG ist, wenn er an einer weiteren Gesellschaft ebenfalls maßgeblich beteiligt ist; denn wer an mehreren Gesellschaften maßgeblich beteiligt ist, hat die *Möglichkeit* zur Ausübung eines beherrschenden Einflusses auf die Gesellschaften (so Emmerich-Sonnenschein, S.38).

Aus der Definition des Unternehmensbegriffs ergibt sich auch, daß die Rechtsform, in der das Unternehmen betrieben wird, unerheblich ist. Unter den Unternehmensbegriff der §§ 15 ff. AktG können deshalb fallen:

– Kapitalgesellschaften (AG, GmbH),
– Personengesellschaften,
– Einzelkaufleute.

308   Auch eine *Holding-Gesellschaft* – eine Gesellschaft, die selbst keinen Geschäftsbetrieb unterhält, sondern deren Hauptzweck darauf gerichtet ist, die Geschäftspolitik der verbundenen Unternehmen zu koordinieren – ist ohne Rücksicht auf die Rechtsform, in der sie betrieben wird, ein Unternehmen i.S. der §§ 15 ff. AktG (so zu Recht Emmerich-Sonnenschein, S.38).

309   Umstritten ist nach wie vor die Frage, ob der *Staat* (Bund, Länder und Gemeinden), der sich an privaten Kapitalgesellschaften beteiligt, als Unternehmer dem Konzernrecht unterworfen ist (zum Streitstand siehe Werner, JuS 1977, 141, 143). Die herrschende Meinung verneint eine Bindung des Staates an das Konzernrecht mit der Begründung, der Staat diene mit der Beteiligung an Kapitalgesellschaften der Erfüllung öffentlicher Zwecke (vgl. Literaturnachweise bei Emmerich-Sonnenschein, S. 39 ff.; Würdinger, Vorbem. 4 b vor §§ 15–19 AktG; Werner, JuS 1977 141, 143).

Demgegenüber vertreten *Emmerich-Sonnenschein* (S. 39) die Auffassung, daß allein das private Konzernrecht in der Lage sei, „nicht nur der Gesellschaft, sondern auch und gerade den übrigen Aktionären und den Gesellschaftsgläubigern einen wirksamen Schutz gegen die Einflußnahme des Staates auf die Gesellschaft zu verleihen und zwar auch und gerade, wenn der Staat seine durch die Beteiligung gewonnene gesellschaftliche Macht zur Verwirklichung sogenannter öffentlicher Zwecke" einsetze. Unter Hinweis darauf, daß der Staat kein Recht habe, mittels seiner Beteiligungen öffentliche Zwecke entschädigungslos auf Kosten der übrigen Aktionäre und der Gläubiger zu verwirklichen, kommen sie zu dem Ergebnis, daß auch der Staat, wenn er maßgeblich an mehreren Gesellschaften beteiligt ist, grundsätzlich als Unternehmer anzusehen sei, der an das Konzernrecht gebunden ist, was im Einzelfall Einschränkungen und Modifikationen mit Rücksicht auf die unverkennbaren Besonderheiten „öffentlicher Aktionäre" nicht ausschließe.

310 Weniger weit geht Werner (JuS 1977, 141, 143), der darauf abstellen möchte, inwieweit die Unternehmen der öffentlich-rechtlichen Körperschaften der Erfüllung öffentlicher Ziele dienen oder aber als konzernrechtliche Konfliktträger gewinnwirtschaftliche Ziele verfolgen. Letztlich verneint er die Unternehmereigenschaft des Staates, möchte aber gleichwohl eine analoge Anwendung konzernrechtlicher Normen auf den Staat im Einzelfall nicht ausschließen (so auch Zöllner, ZGR 1976, 1, 25 ff.).

Der BGH (BGHZ 69, 334 ff.) hat die Bundesrepublik Deutschland unter gewissen Voraussetzungen als herrschendes Unternehmen i. S. der §§ 17, 320 AktG angesehen und dies u. a. damit begründet, daß die spezifische Aufgabenstellung einer solchen juristischen Person durchaus mit dem wirtschaftlichen Interesse der Privataktionäre am Gedeihen der Gesellschaft typischerweise kollidieren kann.

Nach § 15 AktG zählen zu den verbundenen Unternehmen nur *rechtlich selbständige Unternehmen*. Dem Konzernrecht unterliegen deshalb nur Unternehmen, die trotz einer – mehr oder weniger weitgehenden – Aufgabe der wirtschaftlichen Selbständigkeit ihre rechtliche Selbständigkeit bewahrt haben.

Beispiel: Ist eine AG zu 100% an einer GmbH beteiligt, so bleibt die GmbH rechtlich selbständig. Macht die AG unter ihrem Namen neue Filialbetriebe auf, so sind diese nur Teile des Hauptunternehmens und rechtlich nicht selbständig.

III. In Mehrheitsbesitz stehende Unternehmen und mit Mehrheit beteiligte Unternehmen (§ 16 AktG)

311   1. Der Begriff

Verbundene Unternehmen liegen vor, wenn ein Unternehmen den Mehrheitsbesitz an einem anderen Unternehmen hat und eines dieser Unternehmen eine AG oder KGaA ist (§ 16 Abs. 1 AktG). Die Mehrheit kann eine Mehrheit der Anteile, aber auch eine Mehrheit der Stimmrechte sein. In der Regel dürfte beides zusammenfallen. Die Einzelheiten der Berechnung enthält § 16 AktG.

Unter *Anteilen* i. S. des § 16 Abs. 1 AktG sind alle in den verschiedenen Rechtsformen verwandten Bezeichnungen für die Beteiligungen der Gesellschafter am Kapital, wie z. B. Geschäftsanteil, Kapitalanteil und Anteil am Gesellschaftsvermögen, zu verstehen (vgl. Geßler, § 16 AktG Rdnr. 14). *Stimmrecht* i. S. des § 16 Abs. 1 bedeutet die Stimmen, die die Gesellschafter des Unternehmens bei Beschlußfassungen, wie z. B. in der Hauptversammlung oder in der Gesellschafterversammlung, haben. Ob die Stimmen auf Gesetz, Satzung oder Gesellschaftsvertrag basieren, ist unerheblich (vgl. Geßler, § 16 AktG Rdnr. 15).

Beispiel: Die Norddeutsche Bau AG ist zu 51% an der Ostsee-Ferienhaus AG beteiligt. Die Ostsee-Ferienhaus AG ist gemäß § 16 AktG ein in

Mehrheitsbesitz stehendes Unternehmen, die Norddeutsche Bau AG ein an diesem mit Mehrheit beteiligtes Unternehmen. Es handelt sich folglich um verbundene Unternehmen.

Beispiel: Die Bayerische Chemie Werke AG ist an der Pharma Dortmund AG mit 33%, die Hermann Keil Arzneimittel AG, ein Tochterunternehmen der Bayerischen Chemie Werke AG (abhängiges Unternehmen), mit 20% beteiligt. Nach § 16 Abs. 4 AktG – einer Zurechnungsvorschrift, die Umgehungen des Gesetzes verhindern soll – werden die Anteile der Bayerischen Chemie Werke AG und der von dieser abhängigen Hermann Keil Arzneimittel AG zusammengerechnet (53%). Demnach ist die Pharma Dortmund AG ein in Mehrheitsbesitz der Bayerischen Chemie Werke AG stehendes Unternehmen. Diese beiden sind verbundene Unternehmen.

Gemäß § 17 Abs. 2 AktG wird *vermutet,* daß ein in Mehrheitsbesitz stehendes Unternehmen von dem mit Mehrheit beteiligten Unternehmen abhängig ist. Diese Vermutung ist widerlegbar. Dies hat durch den Nachweis zu erfolgen, daß das mehrheitsbeteiligte Unternehmen nicht in der Lage ist, das in seinem Mehrheitsbesitz stehende Unternehmen aufgrund der Beteiligung zu beherrschen. Bis zur Widerlegung der Vermutung sind auf die in Mehrheitsbesitz befindlichen Unternehmen alle konzernrechtlichen Vorschriften anwendbar, die sich auf herrschende und abhängige Unternehmen beziehen.

312   2. Die Rechtsfolgen

An die Mehrheitsbeteiligungen i. S. des § 16 AktG sind eine Reihe von Rechtsfolgen geknüpft, zu denen u. a gehören:
– Publizitätspflichten gemäß §§ 20, 21 AktG, wie z. B. die Mitteilungspflicht;
– Ausweisungspflicht in der Bilanz (§ 151 AktG);
– Verpflichtungen, die der Kapitalsicherung durch Verhinderung einer Umgehung des verbotenen Erwerbs eigener Aktien dienen (z. B. § 56 Abs. 2 AktG).

IV. Abhängige und herrschende Unternehmen
(§ 17 AktG)

313   1. Der Begriff

Ein Unternehmen wird als *herrschend* bezeichnet und ein anderes als *abhängig*, wenn das eine Unternehmen auf das andere unmittelbar oder mittelbar einen beherrschenden Einfluß ausüben kann.

Infolge der Möglichkeit der entscheidenden Beeinflussung der Abstimmung in der Hauptversammlung wird gemäß § 17 Abs. 2 AktG vermutet, daß ein in Mehrheitsbesitz befindliches Unternehmen von dem an ihm mit Mehrheit beteiligten rechtlich selbständigen Unternehmen abhängig ist.

Es gibt eine Reihe von Kriterien der Abhängigkeit – bzw. des beherrschenden Einflusses –, die jedes für sich allein oder in Verbindung mit anderen den Tatbestand der Abhängigkeit im Sinne des § 17 Abs. 1 AktG erfüllen. Als solche kommen in Betracht:

– organisatorische und rechtliche Mittel, die geeignet sind, bestimmenden Einfluß auf die Unternehmenspolitik, Geschäfts- und Personalpolitik auszuüben;

– Minderheitsbeteiligungen i. Vb. mit Satzungsbestimmungen bzw. Regelungen in einem Gesellschaftsvertrag, wie z.B. die Gewährung von mehrfachen Stimmrechten in dem Gesellschaftsvertrag einer Personenhandelsgesellschaft, die für ein beteiligtes Unternehmen trotz einer Minderheitsbeteiligung eine *Stimmenmehrheit* sichert;

– die wirtschaftliche Abhängigkeit von einem Unternehmen dann, wenn sie sich nach außen klar erkennbar zu einem speziell auf die Unternehmensleitung gerichteten beherrschenden Einfluß konkretisiert hat (so Geßler, § 17 AktG Rdnr. 40);

– die Einflußnahme über Kontroll- und Einsichtsrechte von stillen Gesellschaftern und Kreditgebern, allerdings in der Regel nur dann, wenn sie die Unternehmenspolitik oder die Geschäftsführung im ganzen betreffen;

— Einflußmöglichkeiten aus schuldrechtlichen Verträgen nichtgesell-
schaftsrechtlicher Art jedenfalls dann, wenn sie eine wirtschaftliche
Abhängigkeit entstehen lassen und diese von dem anderen Ver-
tragsteil dazu benutzt wird, auf die Unternehmenspolitik und die
Geschäftsführung des anderen Unternehmens Einfluß zu nehmen
(vgl. Geßler, § 17 AktG Rdnr. 14 und 56).

Ein Abhängigkeitsverhältnis kann auch durch persönliche Verbindungen zwischen den Unternehmen geschaffen werden. Dieser Zustand ist erreicht, wenn die leitenden Persönlichkeiten in den Vor-
stands- und Aufsichtsratsstellen identisch sind.

Der beherrschende Einfluß eines Unternehmens kann auch durch
einen Vertrag zwischen herrschendem und beherrschtem Unternehmen hergestellt werden. Das geschieht in der Regel durch einen sogenannten *Beherrschungsvertrag* i. S. des § 291 AktG, durch den eine AG
oder KGaA die Leitung einer Gesellschaft einem anderen Unternehmen unterstellt. Aufgrund dieses Vertrages ist das herrschende Unternehmen berechtigt, dem Vorstand der anderen Gesellschaft Weisungen im Hinblick auf die Leitung der Gesellschaft zu erteilen (§ 308
AktG).

314   2. Die Rechtsfolgen

Aus dem Tatbestand der Abhängigkeit erwachsen eine Reihe von
Rechtsfolgen.

Wenn die Abhängigkeit auf Beteiligungsbesitz des herrschenden
Unternehmens beruht, ergeben sich bereits die oben unter Rdnr. 312
genannten Rechtsfolgen (z. B. §§ 20, 21 AktG).

Im einzelnen sind dies:

— Ein Organmitglied (gesetzlicher Vertreter) eines von der AG abhängigen Unternehmens kann nicht Mitglied des Aufsichtsrats der
herrschenden AG werden (§ 100 Abs. 2 Nr. 1 AktG). Hierdurch soll
eine Loslösung des Konzernmanagements von den Aktionären der
AG verhindert werden.
— Durch §§ 311 ff. AktG soll versucht werden zu verhindern, daß das
herrschende Unternehmen seinen Einfluß zum Nachteil des ab-

hängigen Unternehmens mißbraucht. § 311 AktG sieht deshalb vor, daß ein herrschendes Unternehmen, wenn kein Beherrschungsvertrag besteht, seinen Einfluß nicht dazu benutzen darf, eine abhängige Aktiengesellschaft oder KGaA zu einem für sie nachteiligen Rechtsgeschäft zu veranlassen oder Maßnahmen zu ihrem Nachteil zu treffen. Nach § 317 AktG ist das herrschende Unternehmen, wenn es gegen § 311 AktG verstößt, zum Ersatz des dem abhängigen Unternehmen daraus entstehenden Schadens verpflichtet, es sei denn, daß es den der abhängigen Gesellschaft entstehenden Nachteil tatsächlich ausgleicht. Es ist auch den Aktionären zum Ersatz des ihnen entstehenden Schadens verpflichtet.

— Gemäß § 136 Abs. 2 AktG kann das Stimmrecht nicht so ausgeübt werden, daß die herrschende Gesellschaft über das abhängige Unternehmen in ihre eigene Hauptversammlung hineinregiert.

Beruht die Abhängigkeit auf einem Beherrschungsvertrag i. S. des § 291 AktG, ergeben sich einschneidende Rechtsfolgen aus §§ 300 ff. AktG.

V. Konzern und Konzernunternehmen (§ 18 AktG)

315   1. Der Begriff des Konzerns

In § 18 AktG ist definiert, was unter einem Konzern zu verstehen ist:

§ 18 AktG lautet:

„Sind ein herrschendes und ein oder mehrere abhängige Unternehmen unter der einheitlichen Leitung des herrschenden Unternehmens zusammengefaßt, so bilden sie einen Konzern; die einzelnen Unternehmen sind Konzernunternehmen. Unternehmen, zwischen denen ein Beherrschungsvertrag (§ 291) besteht oder von denen das eine in das andere eingegliedert ist (§ 319), sind als unter einheitlicher Leitung zusammengefaßt anzusehen. Von einem abhängigen Unternehmen wird vermutet, daß es mit dem herrschenden Unternehmen einen Konzern bildet.

Sind rechtlich selbständige Unternehmen, ohne daß das eine Unternehmen von dem anderen abhängig ist, unter einheitlicher Leitung zusammengefaßt, so bilden sie auch einen Konzern; die einzelnen Unternehmen sind Konzernunternehmen."

Danach sind im wesentlichen zwei Arten von Konzernen zu unterscheiden: der Unterordnungskonzern (vertikaler Konzern) und der Gleichordnungskonzern (horizontaler Konzern).

316   2. Der Unterordnungskonzern

Der *Unterordnungskonzern* (§ 18 Abs. 1 AktG) setzt voraus:
- Unternehmen mit rechtlicher Selbständigkeit,
- ein herrschendes Unternehmen,
- ein oder mehrere Unternehmen, die i. S. des § 17 AktG von dem herrschenden Unternehmen abhängig sind, und
- die Zusammenfassung unter der einheitlichen Leitung des herrschenden Unternehmens.

Leitung ist die unternehmerische Entscheidung über die Unternehmensführung. Unter einer fremden Leitung steht ein Unternehmen bereits dann, wenn die Leitungsaufgaben auf irgendeinem Entscheidungsbereich nicht mehr von ihm selbst, also nicht mehr eigenständig bestimmt werden (vgl. Geßler, § 18 AktG Rdnr. 32).

Wegen der vielfältigen Formen, die die Wirtschaft für die Leitung eines Konzerns herausgebildet hat, hat das Aktiengesetz bewußt davon abgesehen, den Begriff der einheitlichen Leitung zu definieren. Aus der Begründung zum Regierungsentwurf zum Aktiengesetz 1965 ergibt sich allerdings, daß eine Zusammenfassung unter einheitlicher Leitung angenommen werden kann, wenn die Konzernleitung die Geschäftspolitik der Konzerngesellschaften und sonstige grundsätzliche Fragen ihrer Geschäftsführung aufeinander abstimmt. Es ist jedoch umstritten, welche Mindesterfordernisse dazu führen sollen, daß bereits eine einheitliche Leitung anzunehmen ist. Im Schrifttum wird der Begriff der einheitlichen Leitung im allgemeinen recht weit ausgelegt (vgl. dazu Emmerich-Sonnenschein, S. 63 mit weiteren Hinweisen). Für die Annahme eines Konzerns soll grundsätzlich schon eine lockere Koordinierung der zusammengefaßten Unternehmen in den wichtigsten Fragen der Unternehmenspolitik, also eine einheitliche wirtschaftliche Planung für die zusammengefaßten Unternehmen zumindest in einzelnen, grundsätzlichen Fragen der Unternehmenspolitik genügen. Zu diesen Fragen der Unternehmenspolitik zählen insbesondere die Finanz- und Investitionsplanung sowie die Organisation und Struktur des Konzerns und seiner Glieder (vgl. Emmerich-Sonnenschein, S. 63). Einheitliche Leitung ist deshalb in vielfältiger Form möglich. Sie kann eine sehr feste oder aber auch eine nur recht lockere Bindung schaffen (vgl. Geßler, § 18 AktG Rdnr. 27). Mögliche Formen sind u. a.:

— ständige Fühlungnahme;
— ständige Anweisungen;
— die Behandlung der Geschäftsleiter der abhängigen Unternehmen als nur ausführende Organe;
— die Erteilung von lediglich grundsätzlichen Richtlinien für die zu verfolgende Unternehmenspolitik und die Geschäftsführung sowie für die Überwachung ihrer Einhaltung, wobei die Erteilung der Richtlinien oder der einzelnen Wünsche nicht in der Form von Weisungen geschehen muß; es genügen lockere Formen der gemeinsamen Beratung sowie mehr oder minder ausdrücklich geäußerte Empfehlungen (vgl. Geßler, § 18 AktG Rdnr. 27).

Einheitliche Leitung bedeutet nur Leitung der Konzernunternehmen im einheitlichen Sinn. Sie meint nicht, daß die Personen, die die Konzernunternehmen führen, identisch sein müssen. Die Leitungsorgane können vielmehr völlig verschieden besetzt sein (vgl. Geßler, § 18 AktG Rdnr. 28). Die Leitung ist eine einheitliche, wenn das herrschende Unternehmen sie auch gegenüber dem abhängigen Unternehmen ausübt und dieses dadurch mit dem eigenen Unternehmen zusammenfaßt und der gemeinsamen Planung unterstellt (Würdinger, § 65 IV 1 d).

Möglichkeiten für eine einheitliche Leitung im Sinne des § 18 AktG bieten u. a.:

— die Gründung eines gemeinsamen Geschäftsführungsorgans, das die Geschäftspolitik der beteiligten Unternehmen bestimmt, koordiniert und kontrolliert. Zu diesem Zwecke können die beteiligten

Unternehmen eine GmbH oder Gesellschaft bürgerlichen Rechts gründen;
— die Personalunion in den Verwaltungsorganen;
— die Schaffung eines gemeinsamen Verwaltungsrates.

Da die Unterordnungskonzerne auch unter § 17 AktG fallen, finden auf sie auch alle Vorschriften, die für die abhängigen und herrschenden Unternehmen gelten, Anwendung.

317 3. Der Gleichordnungskonzern

Der Gleichordnungskonzern (§ 18 Abs. 2 AktG) ist dadurch gekennzeichnet, daß
— die zum Konzern gehörenden Unternehmen rechtlich selbständig und voneinander unabhängig sind und
— die Konzerneigenschaft letztlich durch die einheitliche Leitung begründet wird.

Auf welche Art und Weise die *einheitliche* Leitung, die das typische Merkmal des Konzerns ist, erreicht und verwirklicht wird, ist unerheblich.

Verträge, mit denen sich gleichgeordnete Unternehmen auf die geschilderte Art und Weise eine gemeinsame (einheitliche) Leitung schaffen und sich verpflichten, sich dieser Leitung zu unterstellen, sind keine Beherrschungsverträge; sie schaffen keine Abhängigkeit (§ 291 Abs. 2 AktG).

318 4. Vertragskonzern und faktischer Konzern

Außer zwischen Unterordnungs- und Gleichordnungskonzernen wird noch zwischen Vertragskonzernen und faktischen Konzernen unterschieden. *Vertragskonzerne* werden nur durch den Abschluß eines Beherrschungsvertrages begründet, weil daraus ein echtes Weisungsrecht erwächst. Alle anderen Arten von Konzernen, wie sie z.B. aufgrund faktischer Leitungsmacht durch Beteiligung bestehen können, sind *faktische Konzerne.*

319   5. Die Rechtsfolgen

Auf den Konzernbegriff i.S. des § 18 AktG beziehen sich eine Reihe von gesetzlichen Vorschriften, die sowohl auf den Unterordnungs- als auch auf den Gleichordnungskonzern Anwendung finden. Zu den wichtigsten zählen:

— die Vorschriften über die *Rechnungslegung* im Konzern (§§ 329 ff. AktG);

— die Auskunftsrechte der Sonderprüfer und Abschlußprüfer gegenüber verbundenen Konzernunternehmen (§§ 145, 165, 168 AktG);

— gemäß § 160 Abs. 3 Nr. 10 AktG muß aus dem Geschäftsbericht hervorgehen, welche Stellung die berichtende Gesellschaft im Konzern innehat. So muß z. B. mitgeteilt werden, ob sie herrschend oder abhängig ist. Liegt der Unternehmensverbindung ein Unternehmensvertrag i.S. der §§ 291, 292 AktG zugrunde, ergeben sich einschneidende Rechtsfolgen aus §§ 293 ff., insbesondere §§ 300 ff. AktG.

VI. Wechselseitig beteiligte Unternehmen (§ 19 AktG)

320   1. Der Begriff

Um verbundene Unternehmen in Gestalt wechselseitig beteiligter Unternehmen handelt es sich, wenn zwei inländische Kapitalgesellschaften oder bergrechtliche Gewerkschaften untereinander mit jeweils mehr als 25% beteiligt sind. Für die Berechnung der Höhe der Beteiligung ist die Zurechnungsvorschrift des § 16 Abs. 4 AktG anzuwenden (§ 19 Abs. 1 AktG).

Im Gegensatz zu den bisher genannten Möglichkeiten, verbundene Unternehmen zu bilden, ist § 19 AktG auf inländische Kapitalgesellschaften und bergrechtliche Gewerkschaften beschränkt.

321   2. Die Rechtsfolgen

Die wechselseitige Beteiligung zweier Kapitalgesellschaften kann durch die Massierung des Grundkapitals zu einer Gefährdung für die Gläubiger der Gesellschaft werden. Zudem kann es auch zu einer Herrschaft der Unternehmensverwaltung in der Hauptversammlung kommen, weil die Rechte aus wechselseitigen Beteiligungen durch die Unternehmensverwaltung ausgeübt werden, die dadurch die Willensbildung in der Hauptversammlung der anderen Gesellschaft erheblich, bei größerer Beteiligung sogar maßgebend, beeinflussen kann und dann keiner Kontrolle durch die Aktionäre der Gesellschaften mehr unterliegt. Um diesen Gefahren zu begegnen, sind an den Tatbestand der wechselseitigen Beteiligung i.S. des § 19 AktG eine Reihe von Rechtsfolgen geknüpft, zu denen u.a. die Angabe der wechselseitigen Beteiligung im Geschäftsbericht gemäß § 160 Abs. 3 Ziff. 3 AktG zählt. Die Bestimmungen der §§ 20, 21 AktG, wonach ein Unternehmen, dem mehr als der 4. Teil der Aktien einer Aktiengesellschaft, der Anteile einer anderen Kapitalgesellschaft oder der Anteile einer bergrechtlichen Gewerkschaft mit Sitz im Inland gehört, dies der betroffenen Gesellschaft unverzüglich mitzuteilen hat, gilt auch für wechselseitig beteiligte Unternehmen. Nach § 328 Abs. 1 AktG können bei wechselseitig beteiligten Unternehmen die Rechte aus Anteilen, die dem einen Unternehmen an dem anderen gehören, nur für höchstens den 4. Teil aller Anteile des jeweils anderen Unternehmens ausgeübt werden, sobald dem einen Unternehmen das Bestehen der wechselseitigen Beteiligung bekannt geworden ist oder ihm das andere Unternehmen eine Mitteilung nach § 20 Abs. 3 oder § 21 Abs. 1 AktG gemacht hat. Wechselseitig beteiligte Unternehmen haben darüber hinaus nach § 328 Abs. 3 AktG einander unverzüglich die Höhe ihrer Beteiligungen und jede Änderung schriftlich mitzuteilen.

Weitere Rechtsfolgen, wie z.B. Mitteilungspflichten, die der Feststellung der wechselseitigen Beteiligung und ihrer Höhe dienen, sowie eine Reihe von Beschränkungen der Rechte ergeben sich aus §§ 20, 21 und 328 AktG.

Wird bei einer wechselseitigen Beteiligung i. S. von § 19 Abs. 1 AktG eine *einheitliche Leitung* geschaffen, entsteht ein Konzern i. S. des § 18 AktG.

VII. Vertragsteile eines Unternehmensvertrages gemäß §§ 291, 292 AktG

322   1. Überblick

Gemäß § 15 AktG kann eine Unternehmensverbindung auch auf einem Unternehmensvertrag i. S. der §§ 291, 292 AktG beruhen.

In den §§ 291, 292 AktG sind abschließend die Verträge aufgezählt, die zwischen Unternehmen, von denen jedenfalls eines eine AG oder KGaA sein muß, abgeschlossen werden können und als Unternehmensverträge eine Reihe von Rechtsfolgen hervorrufen. Zu diesen Verträgen zählen:

1. Beherrschungsverträge (§ 291 AktG)
2. Gewinnabführungsverträge (§ 291 AktG)
3. Gewinngemeinschaftsverträge (§ 292 Abs. 1 Ziff. 1 AktG)
4. Teilgewinnabführungsverträge (§ 292 Abs. 1 Ziff. 2 AktG)
5. Betriebspacht- und Betriebsüberlassungsverträge (§ 292 Abs. 1 Ziff. 3 AktG).

323   2. Der Beherrschungsvertrag (§ 291 AktG)

Unterstellen eine AG oder KGaA durch einen Vertrag die Leitung ihrer Gesellschaft einem anderen Unternehmen, so handelt es sich dabei um einen Beherrschungsvertrag i. S. des § 291 AktG. Die durch den Vertrag verbundenen Unternehmen bilden einen *Konzern* i. S. von § 18 AktG.

Aufgrund des Beherrschungsvertrages erhält das herrschende Unternehmen ein *Weisungsrecht* gegenüber dem Vorstand der durch den Vertrag abhängig gewordenen Gesellschaft (§ 308 Abs. 1 AktG).

324   3. Der Gewinnabführungsvertrag (§ 291 AktG)

Durch einen Gewinnabführungsvertrag verpflichtet sich eine AG
oder KGaA, ihren gesamten Gewinn an den Vertragspartner oder einen Dritten abzuführen.

**325   4. Die Kombination von Beherrschungs- und
Gewinnabführungsvertrag**

Häufig werden ein Beherrschungs- und ein Gewinnabführungsvertrag aus steuerlichen Gründen miteinander verbunden. Bekannt-
lich haben oft steuerliche Auswirkungen mehr Einfluß auf die zivil-
rechtliche Gestaltung von Konzernen als sonstige betriebswirtschaft-
liche Überlegungen.

Der Abschluß eines kombinierten Beherrschungs- und Gewinnab-
führungsvertrages führt zu einer *finanziellen, wirtschaftlichen und orga-
nisatorischen Integration,* die man als *Organschaft* bezeichnet. Das
Steuerrecht ermöglicht es, auf dieser Grundlage die einzelnen Kon-
zernmitglieder trotz deren rechtlicher Selbständigkeit als unselbstän-
dige Abteilungen zu behandeln und steuerlich an den Konzern als
Wirtschaftseinheit anzuknüpfen (vgl. Emmerich-Sonnenschein,
S. 118 ff.; Werner, JuS 1977, 141, 148). Das hat zur Folge, daß allein
das herrschende Unternehmen als Organträger einkommensteuer-
bzw. körperschaftsteuerpflichtig ist, §§ 14 ff. KStG 1977 (Werner, JuS
1977, 141, 148).

326   5. Der Gewinngemeinschaftsvertrag (§ 292 AktG)

Dieser Vertrag hat die gesamte oder teilweise Poolung von Gewinnen der Unternehmen und die Aufteilung der Gewinne zum Gegenstand. Der Abschluß eines solchen Vertrages führt zur Entstehung einer Gesellschaft bürgerlichen Rechts i.S. von § 705 BGB (so Emmerich-Sonnenschein, S. 130; Würdinger, § 68 I 1 a; Werner, JuS 1977,
141, 149).

Sinn und Zweck solcher Verträge bestehen in der Regel darin, das Risiko unternehmerischer Tätigkeit zu vermindern. Das kann dazu führen, daß ein Unternehmen, das Vertragspartner eines oben geschilderten Vertrages ist, auch in einem Fall, in dem es selbst Verluste hinnehmen muß, dennoch an einem Gewinn teilhaben kann, den das andere Unternehmen erwirtschaftet hat.

327   6. Der Betriebspacht- und der Betriebsüberlassungsvertrag (§ 292 AktG)

a) Durch *Betriebspachtvertrag* überläßt sich eine AG oder KGaA einem Pächter zu Besitz und Nutzung, so daß dieser gegen Zahlung eines Pachtzinses den Betrieb im eigenem Namen und für eigene Rechnung betreibt (vgl. Würdinger, § 68 III 1). Ein solcher Vertrag liegt nur dann vor, wenn das *gesamte Unternehmen* verpachtet wird, ohne daß die verpachtete AG oder KGaA selbst noch geschäftlich tätig ist.

Auf den Pachtvertrag finden die §§ 581 ff. BGB Anwendung, sofern die Vereinbarungen davon nicht abweichen oder diese ergänzen.

In der Regel sind die Partner des Pachtvertrages *konzernverbunden*. Deshalb kann häufig zwischen den als Steuersubjekten selbständigen Partnern durch eine steuermindernde Festsetzung des Pachtzinses für den einen und eine steuererhöhende Festsetzung des Pachtzinses für den anderen Vertragspartner eine im Endergebnis steuersenkende Gewinnverschiebung erreicht werden.

328   b) Der *Betriebsüberlassungsvertrag* unterscheidet sich von dem Betriebspachtvertrag dadurch, daß die AG oder KGaA ihren Betrieb mit den erwirtschafteten Gewinnen dem Vertragspartner überläßt, im Innenverhältnis der Übernehmer das Unternehmen selbst und für eigene Rechnung betreibt, nach außen aber im Namen der ihr das Unternehmen überlassenden Gesellschaft auftritt (sog. Innenpacht).

Der Überlassungsvertrag kann auch so gestaltet sein, daß eine AG ihr Unternehmen nicht selbst betreibt, sondern damit für ihre Rechnung ein anderes Unternehmen beauftragt, das nach außen im eige-

nen Namen oder im Namen der Überlassenden handelt (vgl. Würdinger, § 68 IV a).

Beispiel: Ein privates in der Rechtsform einer AG betriebenes Omni-
bus-Unternehmen überläßt die Führung seines Betriebes dem Verkehrsun-
ternehmen einer Großstadt.

329 7. Die Besonderheiten von Unternehmensverträgen

Unternehmensverträge haben in der Praxis eine große Bedeutung.
Sie bergen allerdings für die daran beteiligten Unternehmen sowie
für die Gesellschafter und Gläubiger dieser Unternehmen eine große
Anzahl von Gefahren. Deshalb sieht das Aktiengesetz eine Reihe von
Vorschriften vor, die vor diesen Gefahren schützen sollen.
Hierzu gehören u. a.:

— Um wirksam zu sein, bedürfen die Unternehmensverträge bei der
  beteiligten AG oder KGaA eines zustimmenden Beschlusses der
  Hauptversammlung mit mindestens einer ¾-Mehrheit des vertretenen Kapitals (§ 293 AktG); der Vertrag bedarf der Schriftform
  und wird erst mit der Eintragung in das Handelsregister wirksam
  (§ 294 AktG).

— Es existieren besondere Vorschriften über die Auffüllung gesetzlicher Rücklagen (§ 300 AktG) und die Beschränkung der Gewinn-
  abführung (§ 301 AktG).

— Zum Schutze außenstehender Aktionäre muß ein Beherrschungs-
  oder Gewinnabführungsvertrag die Verpflichtung des herrschenden Unternehmens enthalten, auf Verlangen der Aktionäre die
  Aktien gegen eine angemessene, im Vertrag verankerte Abfindung
  zu erwerben.

— Ebenfalls zum Schutz der Aktionäre muß der Vertrag zwischen den
  Unternehmen eine Ausgleichszahlung der herrschenden an die abhängige Gesellschaft vorsehen, wobei diese Zahlung unter die Aktionäre zu verteilen ist, oder unmittelbar an die Aktionäre selbst
  geleistet wird, damit die Ertragsaussichten der Aktionäre im Vergleich zu dem bis zum Vertragsschluß vorhandenen und zu erwar-

tenden Gewinn nicht unangemessen verringert werden (§ 304
AktG).
- Bei einem Beherrschungs- oder Gewinnabführungsvertrag hat das
  herrschende Unternehmen jeden während der Vertragsdauer ent-
  stehenden Jahresfehlbetrag auszugleichen (§ 302 AktG).
- Wenn ein Beherrschungs- oder Gewinnabführungsvertrag endet,
  hat das herrschende Unternehmen den Gläubigern der abhängigen
  Gesellschaft Sicherheit zu leisten (§ 302 AktG).

330   **VIII. Probleme eines GmbH-Konzernrechts**

In der Konzernpraxis spielt die GmbH eine wichtige Rolle, zumal
die Möglichkeiten, die GmbH in den Konzernkonstruktionen zu
verwenden, recht vielfältig sind.

Gesetzlich geregelt ist das GmbH-Konzernrecht bisher noch nicht;
ein entsprechender Gesetzesentwurf wird seit 1974 nicht mehr weiter
verfolgt. Trotzdem geht man von der Existenz eines GmbH-
Konzernrechts aus. Allerdings ist es im Einzelfall schwierig, entsprechende Rechtsgrundlagen zu finden. Einige Aspekte der Konzernpro-
blematik bei der GmbH sind durch das Aktiengesetz mit geregelt. Die
meisten und wichtigsten Fragen sind bisher ungelöst. Hier muß zunächst geprüft werden, ob eine Analogie zum Aktienrecht in Betracht
kommt, wobei nicht außer Acht gelassen werden darf, daß wegen der
rechtstatsächlichen und normativen Unterschiede zwischen der AG
und der GmbH eine generelle Übernahme des Aktienkonzernrechts
in das GmbH-Recht nicht zulässig ist. Scheidet auch diese Möglichkeit der Problemlösung aus, müssen besondere GmbH-konzern-
rechtliche Regeln durch Rückgriff auf allgemeine kapitalgesellschafts-
rechtliche Grundsätze entwickelt werden (Emmerich-Sonnenschein,
S. 232).

Die allgemeinen Vorschriften, die das Aktiengesetz, insbesondere
in den §§ 15 ff., für verbundene Unternehmen enthält, gelten von
Ausnahmen abgesehen unabhängig von der Rechtsform für alle Unternehmen, also auch für diejenigen, die in der Rechtsform der
GmbH betrieben werden. Anwendbar auf die GmbH sind auch die

Vorschriften der §§ 20, 21 AktG über die Mitteilungspflichten. Unter der Voraussetzung, daß die GmbH eine Aktiengesellschaft oder GmbH beherrscht, finden auf die GmbH darüber hinaus auch die eigentlichen konzernrechtlichen Vorschriften der §§ 291 ff. AktG Anwendung. Der für die Praxis wichtige Fall, daß eine Aktiengesellschaft eine GmbH beherrscht, ist im Aktiengesetz nicht geregelt. In diesem Fall ist ebenso wie bei reinen GmbH-Konzernen zunächst zu prüfen, ob Vorschriften des Aktienrechts analog angewendet werden können. Dabei ist jedoch stets zu berücksichtigen, daß es, was die Verfassung der Gesellschaften, die Vermögensbindung und die Mitverwaltungsrechte anbetrifft, wesentliche Unterschiede zwischen Aktiengesellschaft und GmbH gibt (vgl. Emmerich-Sonnenschein, S. 232 ff.).

§ 50. Die unternehmerische Mitbestimmung im Konzern

Schrifttum: Bayer, Der Anwendungsbereich des Mitbestimmungsgesetzes, ZGR 1977, 173 ff.; Duden, Zur Mitbestimmung in Konzernverhältnissen nach dem Mitbestimmungsgesetz, ZHR 141 (1977), 145 ff.; Geßler, Mitbestimmung im mehrstufigen Konzern, BB 1977, 1313 ff.; v. Hoyningen-Heune. Der Konzern im Konzern, ZGR 1978, 515 ff.; Lutter, Der Anwendungsbereich des Mitbestimmungsgesetzes, ZGR 1977, 195 ff.

331

I. Überblick

§ 5 MBG behandelt den wirtschaftlichen Gegebenheiten folgend den Konzern als Einheit. Für die Anwendung des MBG auf die herrschenden Unternehmen von Unterordnungskonzernen fingiert § 5 MBG, daß die Arbeitnehmer sämtlicher Konzernunternehmen zugleich Arbeitnehmer der mitbestimmten Konzernspitze sind. Daneben ist auf abhängige Unternehmen, die für sich selbst die Voraussetzungen des § 1 MBG erfüllen, das MBG voll anwendbar.

§ 5 MBG erweitert den Anwendungsbereich des MBG in zweifacher Hinsicht:

– Wenn das herrschende Unternehmen seiner Rechtsform wegen

unter § 1 Abs. 1 Nr. 1 MBG fällt – also z. B. eine Aktiengesellschaft,
GmbH oder bergrechtliche Gewerkschaft ist –, so muß ein Aufsichtsrat auch dann gebildet werden, wenn das herrschende Unternehmen selbst nicht mehr als 2 000 Arbeitnehmer hat, im Konzern
insgesamt aber mehr als 2 000 Arbeitnehmer beschäftigt sind.

– Die Arbeitnehmer abhängiger Konzernunternehmen, die wegen
   ihrer Rechtsform oder wegen ihrer geringen Arbeitnehmerzahl
   selbst nicht die Voraussetzungen des § 1 Abs. 1 MBG erfüllen,
   nehmen an dem Mitbestimmungsrecht in dem herrschenden Konzernunternehmen teil (vgl. Fitting-Wlotzke-Wißmann, § 5 MBG
   Rdnr. 1).

Wegen des hohen Verflechtungsgrades der deutschen Wirtschaft
ist die praktische Bedeutung des § 5 MBG erheblich. Nach Schätzungen ist davon auszugehen, daß etwa die Hälfte aller von § 1 Abs. 1
MBG erfaßten Unternehmen Konzernunternehmen sind, z. T. als
herrschende und z. T. als abhängige (vgl. Fitting-Wlotzke-Wißmann,
§ 5 MBG Rdnr. 3).

§ 5 MBG siedelt das Mitbestimmungsrecht der Arbeitnehmer dort
an, wo bei einer Konzernkonstruktion die wesentlichen Entscheidungen fallen, nämlich im Aufsichtsrat des herrschenden Unternehmens
(Emmerich-Sonnenschein, S. 67).

332   ## II. Der Konzernbegriff des § 5 MBG

Das Mitbestimmungsgesetz verwendet den Begriff Konzern, ohne
ihn zu definieren. Durch die Bezugnahme auf § 18 Abs. 1 AktG wird
jedoch klargestellt, daß mit Konzern im MBG ausschließlich Unterordnungskonzerne im Sinne des § 18 Abs. 1 AktG gemeint sind.
Damit entspricht der Konzernbegriff des § 5 Abs. 1 MBG grundsätzlich dem allgemeinen gesellschaftsrechtlichen Konzernbegriff (vgl.
Fitting-Wlotzke-Wißmann, § 5 MBG Rdnr. 8 ff. mit Literaturhinwei-
sen; Geßler, BB 1977, 1313, 1314). Die ohnehin seltenen Gleichord-
nungskonzerne im Sinne des § 18 Abs. 2 AktG sind also nicht Konzerne im Sinne des MBG.

Ist das herrschende Unternehmen eine Aktiengesellschaft oder

Kommanditgesellschaft auf Aktien, so erfaßt § 5 MBG abhängige
Unternehmen in jeder beliebigen Rechtsform. Abhängige Unternehmen können deshalb u. a. auch eine offene Handelsgesellschaft und
eine Kommanditgesellschaft sein (vgl. Fitting-Wlotzke-Wißmann,
§ 5 MBG Rdnr. 17).

333   ### III. Das Problem des Konzerns im Konzern

Ein Konzern kann so strukturiert sein, daß unterhalb der Konzernspitze, in der im Regelfall nur die großen Linien der Konzernpolitik
bestimmt werden, auf einer niedrigeren Konzernebene weitere Entscheidungszentren bestehen, die für Teile des Konzerns mit einem
mehr oder minder erheblichen Maß an Selbständigkeit ausgestattet
sein können. Unterhalb dieser letztgenannten Entscheidungszentren
sind dann Unternehmen angesiedelt, bei denen die Frage auftauchen
kann, unter welchen Voraussetzungen die Arbeitnehmer dieser Unternehmen eines Konzerns nicht nur der Konzernspitze, sondern auch
der zwischengeschalteten Unternehmensorganisation zuzurechnen
sind.
    Streitig ist schon, ob überhaupt innerhalb eines Konzerns weitere
Konzernverhältnisse bestehen können (Problem des Konzerns im
Konzern). Im wesentlichen geht es bei dieser Frage um die Auslegung
des Begriffes der „einheitlichen Leitung" im Sinne des § 18 Abs. 1
AktG (vgl. zum Streitstand: Fitting-Wlotzke-Wißmann, § 5 MBG
Rdnr. 30 ff. mit ausführlichen Hinweisen).

Ein wesentlicher Teil des Schrifttums verneint, daß ein Konzern im
Konzern existieren kann (vgl. z. B. Lutter, ZGR 1977, 195, 212; von Hoy-
ningen-Huene, ZGR 1978, 515, 528 ff.). Eine einheitliche Leitung im Sinne des § 18 Abs. 1 AktG – so die Vertreter dieser Auffassung – könne nur
bestehen, sofern es eine originäre unternehmerische Leitung gebe. Diese
liege aber auch bei einem mehrstufigen Konzern allein bei der Konzernspitze, während die Leitungsbefugnis der Zwischenobergesellschaft stets
auf Delegation beruhe.
Andere Autoren bejahen für den Geltungsbereich des Mitbestimmungsgesetzes, zum Teil unter Modifikation des gesellschaftsrechtlichen
Konzernbegriffs, die Möglichkeit eines Konzerns im Konzern (vgl. Fitting-

Wlotzke-Wißmann, § 5 MBG Rdnr. 30 ff.). Sie begründen ihre Auffassung insbesondere mit dem Zweck des § 5 MBG, der die Mitbestimmung der Arbeitnehmer auf diejenigen Aufsichtsräte zu erstrecken beabsichtige, die die Geschicke der abhängigen Unternehmen bestimmen bzw. kontrollieren.

Das OLG Düsseldorf (WM 1979, 956) hat sich der Auffassung angeschlossen, nach der ein Konzern im Konzern bei Vorliegen bestimmter Voraussetzungen möglich sein soll.

Die theoretische Anerkennung des Gebildes eines Konzerns im Konzern führt nicht dazu, daß innerhalb eines jeden mehrstufigen Konzerns automatisch weitere Konzernverhältnisse anzuerkennen sind. Vielmehr muß in jedem Einzelfall geprüft werden, ob die Voraussetzungen des § 18 Abs. 1 AktG gegeben sind, d. h. insbesondere, ob zwischen dem Enkelunternehmen und der Zwischenobergesellschaft ein Abhängigkeitsverhältnis besteht und diese beiden Unternehmen unter der einheitlichen Leitung des letztgenannten zusammengefaßt sind. Da bereits bei der Konzernspitze eine einheitliche Leitung besteht (andernfalls würde es sich nicht um einen Konzern handeln), bereitet die Beantwortung der Frage, ob bei einer Tochtergesellschaft im Hinblick auf eine oder mehrere Enkelgesellschaften eine einheitliche Leitung im Sinne von § 18 Abs. 1 AktG existiert, Schwierigkeiten. Vielfach wird darauf hingewiesen, daß abweichend vom Normalfall eines einfachen Konzerns erhebliche qualifizierte Anforderungen an das Vorliegen einer einheitlichen Leitung durch eine Unterkonzernspitze zu stellen sind (vgl. z. B. Bayer, ZGR 1977, 173, 185). Ein Konzern im Konzern dürfte daher in der Praxis nur selten vorkommen (vgl. Fitting-Wlotzke-Wißmann, § 5 MBG Rdnr. 38).

Nach welchen Kriterien zu entscheiden ist, ob eine einheitliche Leitung im Sinne von § 18 Abs. 1 AktG durch ein zwischengeschaltetes Tochterunternehmen gegeben ist, ist ebenfalls umstritten. Einigkeit besteht nur insofern, als auf die innere Ordnung des Konzerns abzustellen ist, wobei die Ausgestaltung der Leitungsmacht maßgeblich sein soll. Erforderlich ist, daß zwischen der Konzernspitze und der Zwischenobergesellschaft die Konzernleitung in der Weise aufgeteilt ist, daß letztere mit *selbständiger* Leitungsmacht ausgestattet ist (Bayer, ZGR 1977, 173, 185).

Nach einer Auffassung setzt das voraus, daß die Leitungsbefugnis *originär* ist (Geßler, BB 1977, 1313, 1316 ff. und ihm folgend OLG Düsseldorf,

WM 1979, 956). Das soll nur dann der Fall sein, wenn feststellbar ist, daß die von einer Zwischenobergesellschaft abhängigen Konzernunternehmen unter deren Leitung auf einem anderen unternehmenspolitischen Geschäftsbereich zusammengefaßt sind, als dies die Konzernspitze ihrerseits getan hat.

Nach einer anderen Auffassung ist dagegen ausschließlich auf die Intensität der Leitungsausübung durch die Konzernspitze abzustellen (vgl. Fitting-Wlotzke-Wißmann, § 5 MBG Rdnr. 37; Duden, ZHR 141 (1977), 145, 151). Entscheidend soll danach das Maß der Dezentralisation sein, wobei sich diese nicht auf die einzelnen unternehmenspolitischen Geschäftsbereiche beziehen muß. Ein Konzern im Konzern besteht – folgt man dieser Ansicht – auch in anderen dezentralen Gestaltungen, bei denen sich die Konzernspitze auf generelle Richtlinien oder weniger verbindliche Empfehlungen beschränkt und die Mehrzahl der Leitungsentscheidungen auf der Zwischenstufe erfolgt (Duden, ZHR 141 (1977), 145, 160).

§ 51. Die Gemeinschaftsunternehmen

Schrifttum: Emmerich-Sonnenschein, Konzernrecht, 2. Aufl. 1977; Geßler, Das „Unternehmen" im Aktiengesetz. In: Festschrift für Knur, 1972, S. 145 ff.; Monopolkommission, Hauptgutachten 1973/75: Mehr Wettbewerb ist möglich, 2. Aufl 1977; Monopolkommission, Hauptgutachten 1978/79; Rasch, Deutsches Konzernrecht, 5. Aufl. 1974; Richardi, Konzernzugehörigkeit eines Gemeinschaftsunternehmens nach dem Mitbestimmungsgesetz, 1977.

I. Die wirtschaftliche Bedeutung von Gemeinschaftsunternehmen

334   Zu den wichtigsten Erscheinungsformen der Unternehmensverflechtungen gehören nach den Untersuchungen der Monopolkommission heute die *Gemeinschaftsunternehmen* (Monopolkommission, S. 491). Gemeinschaftsunternehmen sind dadurch charakterisiert, daß sich ihre Organisation nicht nur als Gründung einer juristischen Person oder als Neuordnung von Beteiligungsverhältnissen an einer juristischen Person erfassen läßt. Grundlage eines Gemeinschaftsunternehmens ist vielmehr in der Regel ein Vertrag, der eine Reihe wichtiger Fragen für die gemeinsame Arbeit, wie z. B. die Organisation, die

Ausstattung des Gemeinschaftsunternehmens durch die Gesellschafter, die Gründung einer oder mehrerer juristischer Personen, die zu
erbringende Tätigkeit und die Leistung sowie das Verhältnis der Gemeinschaftsunternehmen zu den anderen Gesellschaften und die Regelung von Konflikten festlegt (Monopolkommission, S. 491). Man
kann Gemeinschaftsunternehmen auch als solche Unternehmen
definieren, die von zwei oder mehreren anderen Unternehmen beherrscht werden.

335 Die Untersuchungen der Monopolkommission vor einigen Jahren
haben ergeben, daß die 100 größten Unternehmen in der Bundesrepublik Deutschland ca. 4300 Beteiligungen an anderen Unternehmen
hielten. Unter diesen Beteiligungen befanden sich 739 (das sind 17%)
Gemeinschaftsunternehmen. Davon waren 445 (= 60%) Töchter
von Gemeinschaftsunternehmen (Monopolkommission, S. 41). Die
Beteiligungen an Gemeinschaftsunternehmen konzentrierten sich auf
nur wenige Unternehmen unter den sogenannten 100 Größten. Auf
40% von den 100 Größten entfielen 98% der festgestellten Verflech-
tungsfälle. Die höchste Verflechtungsintensität über Gemeinschaftsunternehmen zeigte sich bei Unternehmen der Stahlerzeugung, der
Elektrizitätserzeugung und Elektrizitätsverteilung, der Mineralölver-
arbeitung, der NE-Metallerzeugung und des Maschinenbaus (Monopolkommission, S. 41 f).

Typische Beispiele für Gemeinschaftsunternehmen in den Bereichen Transport und Verarbeitung sind die Gemeinschaftsunternehmen, die Pipelines betreiben. In der Bundesrepublik Deutschland
werden alle Pipelines von den größten internationalen Mineralöl-
Gesellschaften kontrolliert.

Ein anderes bekanntes Beispiel für ein Gemeinschaftsunternehmen
ist die Deutsche Grammophon-Gesellschaft, die eine gemeinsame
Tochtergesellschaft von Phillips und Siemens ist.

II. Zweck und Organisation der Gemeinschaftsunternehmen

336 **1. Der Zweck**

Die Monpolkommission ist aufgrund ihrer Untersuchungen vor einigen Jahren zu dem Ergebnis gelangt, daß sich typische Tätigkeiten für Gemeinschaftsunternehmen nicht feststellen lassen (Monopolkommission, S. 491). Sie hat allerdings herausgefunden, daß Gemeinschaftsunternehmen häufig Hilfs- oder Vorprodukte herstellen, die der Produktion der Gesellschafter dienen, die an dem Gemeinschaftsunternehmen beteiligt sind. Deswegen werden häufig Abreden über Verrechnungsweise sowie über die Rechtsfolgen bei Abnahme oder Lieferung von Mindermengen und die Risikoverteilung bei unzureichender Kapazitätsauslastung sowie über die Voraussetzungen und Bedingungen von Geschäftsbeziehungen zu Dritten getroffen (Monopolkommission, S. 493). Manche Gemeinschaftsunternehmen lassen sich als Forschungs- und Entwicklungsgemeinschaften qualifizieren.

2. Die Organisationsgrundlagen

337 Die Monopolkommission hat auch die Organisationsgrundlagen der Gemeinschaftsunternehmen untersucht und ist dabei zu folgendem Ergebnis gelangt (Monopolkommission, S. 491): Die Grundlage eines Gemeinschaftsunternehmens ist in der Regel ein Vertrag, der die Regelung folgender Punkte zum Gegenstand hat:
– den Gegenstand der Kooperation,
– die Organisation,
– die Gründung einer oder mehrerer juristischer Personen,
– die Ausstattung des Gemeinschaftsunternehmens durch die Gesellschafter,
– die von Gemeinschaftsunternehmen zu erbringenden Tätigkeiten und Leistungen,

- das Verhältnis der Gemeinschaftsunternehmen zu den Gesellschaftern,
- die Willensbildung der Partner des Gemeinschaftsunternehmens einschließlich der Regelung von auftretenden Konflikten,
- das Ausscheiden und Eintreten von Gesellschaftern,
- die Auflösung der Zusammenarbeit.

Als Bezeichnungen für solche Verträge finden sich: Kooperationsvertrag, Partnerschaftsvertrag, Grundsatzvertrag und Konsortialvertrag.

Die Monopolkommission hat festgestellt, daß kein Gemeinschaftsunternehmen, das der Fusionskontrolle unterlag, in seiner wirtschaftlichen Tätigkeit von den Unternehmergesellschaftern unabhängig war (Monopolkommission, S. 492).

338   Die *Satzung* von Gemeinschaftsunternehmen ist in der Regel ein unselbständiger Bestandteil der *Grundvereinbarung,* die die Fragen der Stimmenverhältnisse bei Grundsatzentscheidungen sowie die Einrichtung und Besetzung von Entscheidungsgremien einschließlich der Kompetenzen von Gesellschaftsorganen regelt. Deshalb läßt sich auch nicht allein anhand des Gesellschaftsrechts für das Gemeinschaftsunternehmen feststellen, wie sich die Willensbildung vollzieht (Monopolkommission, S. 492). In der Regel existieren noch ein oder mehrere Ausführungsverträge zur Regelung schuldrechtlicher Austauschbeziehungen, die zwischen den Gesellschaftern und den Gemeinschaftsunternehmen abgeschlossen werden. Darin werden u.a. die Abgrenzung des Tätigkeitsbereiches des Gemeinschaftsunternehmens im Verhältnis zu den Gesellschaftern des Gemeinschaftsunternehmens, die Leistungen, die das Gemeinschaftsunternehmen aufgrund von Bezugs- oder Lieferungsverträgen, Dienstleistungs-, Beratungs- oder Lizenzverträgen an die Gesellschafter erbringt, festgelegt. Bestand und Inhalt solcher Verträge werden nur durch Kenntnis des übergreifenden gemeinsamen Zweckes der Kooperation verständlich. Deshalb wird häufig ausdrücklich ein Bezug auf die Grundsatzvereinbarung hergestellt (Monopolkommission, S. 492).

339   Die Monopolkommission hat sich mit der Erscheinungsform des Gemeinschaftsunternehmens in erster Linie im Hinblick auf die Auswirkungen der in immer größerem Umfange entstehenden Unter-

nehmungen dieser Art auf das *Wettbewerbsrecht* befaßt. Allein schon
die Untersuchung über die Gemeinschaftsunternehmen, an denen die
100 größten deutschen Unternehmen beteiligt sind, zeigt die weitreichenden strukturellen Wirkungen, die von dieser Art der unternehmerischen Zusammenarbeit ausgehen. Mit Recht weist die Monopolkommission darauf hin, daß die Wahrscheinlichkeit wirksamen
Wettbewerbs zwischen diesen Unternehmen auch auf anderen Märkten desto geringer sein wird, je höher der Anteil der Investitionen ist
(Monopolkommission, S. 504). Letztlich dürfte kein Unternehmen
bereit sein, einen Wettbewerber, der zugleich Mitgesellschafter auf
anderen wichtigen Tätigkeitsbereichen ist, in wirtschaftliche Schwierigkeiten zu bringen (Monopolkommission, S. 504; vgl. auch Monopolkommission, Hauptgutachten 1978/1979, S. 154).

340   Die Monopolkommission hat versucht, die Gemeinschaftsunternehmen wie folgt zu qualifizieren: Sie beruhen auf kooperativen Regelungen, „soweit die dauernde Abstimmung der wirtschaftlichen
Tätigkeiten auf die Interessen aller Beteiligten stattfindet; es handelt
sich um einen Zusammenschluß, soweit zu diesem Zweck Beteili-
gungsrechte erworben werden oder beherrschender Einfluß ausgeübt
wird; der Zusammenschlußtatbestand seinerseits läßt sich jedoch
nicht auf die Ausübung von Leitungsmacht reduzieren, weil er inhalt-
lich auf die Zwecke der Kooperation bezogen und organisatorisch
dem übergreifenden Zweck der Kooperation untergeordnet ist."
(Monopolkommission, S. 493)

III. Die rechtliche Einordnung der
Gemeinschaftsunternehmen

341   Die Monopolkommission hat festgestellt, daß die vorherrschende
Rechtsform der in die Untersuchung einbezogenen Gemeinschaftsunternehmen die Gesellschaft mit beschränkter Haftung ist. Bei
knapp der Hälfte dieser Gemeinschaftsunternehmen hält ein Gesellschafter mehr als 50% des Kapitals. Bei einem Drittel der Gemeinschaftsunternehmen sind die Gesellschafter mit gleich hohen Beteili-

gungen – meist im Verhältnis von 50% zu 50% – verbunden (Monopolkommission, S. 41).

Gemeinschaftsunternehmen bereiten konzernrechtlich eine Reihe
von Problemen. Im Hinblick auf die Klärung der Frage, inwieweit
Gemeinschaftsunternehmen zu den verbundenen Unternehmen im
Sinne der §§ 15 ff. AktG zu zählen sind, sei der Begriff Gemeinschaftsunternehmen hier auf Unternehmen beschränkt, bei denen
zwei oder mehrere andere Unternehmen ein Unternehmen gründen
oder erwerben und damit den Zweck verfolgen, Aufgaben zu ihrem
gemeinsamen Nutzen durch dieses Unternehmen ausführen zu lassen
(dieser Begriff des Gemeinschaftsunternehmens findet sich bei Emmerich-Sonnenschein, S. 53).

342   Würdinger (§ 18 AktG Anm. 8) vertritt die Auffassung, daß ein
Gemeinschaftsunternehmen in der Regel weder ein Unterordnungskonzern noch ein Gleichordnungskonzern sei. Ein Unterordnungskonzern liege deshalb nicht vor, weil es in der Regel schon an der
Voraussetzung der Abhängigkeit des Gemeinschaftsunternehmens
von einem ihrer Gesellschafterunternehmen fehle. Dazu komme, daß
die Verständigung über die Führung des Gemeinschaftsunternehmens keine einheitliche Leitung im Sinne des § 18 AktG darstelle,
„weil der Begriff einheitliche Leitung die Einbeziehung des abhängigen Unternehmens in die Leitung des eigenen Unternehmens, der
Obergesellschaft, zur Voraussetzung hat, eine solche aber beim Gemeinschaftsunternehmen nicht vorliegt". Nach Ansicht von Würdinger (a. a. O.) wird aber auch durch die einheitliche Leitung des Gemeinschaftsunternehmens kein Gleichordnungskonzern begründet,
weil dieser gemäß § 18 Abs. 2 AktG die Zusammenfassung rechtlich
selbständiger Unternehmen unter einheitlicher Leitung voraussetze;
bei einem Gemeinschaftsunternehmen verständigten sich hingegen
die Gesellschafter dieses Unternehmens lediglich über die Führung
dieses Unternehmens, während die Gesellschafter hinsichtlich ihrer
eigenen Unternehmen keine einheitliche Leitung ausübten.

Rasch (S. 37 f.) rechnet die Gemeinschaftsunternehmen zu den
„Teilunternehmergemeinschaften", die sich auf bestimmte Teile des
Produktionsprogramms von Gesellschaften beziehen. Sie sind nach
Rasch im allgemeinen keine Konzerne im Sinne des § 18 AktG,

wenngleich sie sich konzernähnlichen Verhältnissen nähern könnten. Ebenso wie nach Würdinger fehlt es nach Meinung von Rasch regelmäßig an einer einheitlichen Leitung, wie auch ein Abhängigkeitsverhältnis gewöhnlich nicht festzustellen sei.

Zu Recht weisen Emmerich-Sonnenschein (S. 56 ff.) demgegenüber darauf hin, daß eine generelle Verneinung der Abhängigkeit der Gemeinschaftsunternehmen von ihren Gesellschafterunternehmen zu untragbaren Ergebnissen führen würde, wie z. B. dem, daß Gemeinschaftsunternehmen Aktien der Gesellschafterunternehmen zeichnen oder sonst erwerben oder aus ihnen abstimmen dürften (§§ 56 Abs. 2, 71 Abs. 4 und 163 Abs. 2 AktG).

343 In jedem Fall ist eine differenzierte Beurteilung der Gemeinschaftsunternehmen notwendig. Wenn ein Gesellschafterunternehmen bei dem Gemeinschaftsunternehmen über die Mehrheit der Anteile verfügt oder aber die anderen beteiligten Unternehmen gezwungen sind, sich stets nach den Weisungen des einen Gesellschafterunternehmens zu verhalten, ist das Gemeinschaftsunternehmen von dem einen Gesellschafterunternehmen abhängig im Sinne des § 17 AktG und infolgedessen ein verbundenes Unternehmen, vorausgesetzt, daß keine weiteren Abreden vorliegen, welche die durch die Mehrheitsbeteiligung geschaffene Abhängigkeit wieder einschränken. Wie bereits erwähnt, werden nach den Erhebungen der Monopolkommission viele Gemeinschaftsunternehmen mehrheitlich von einem Gesellschafterunternehmen gehalten.

344 Weit schwieriger sind diejenigen Fälle zu beurteilen, in denen zwei Unternehmen zu je 50% an einem Gemeinschaftsunternehmen beteiligt sind oder aber bei unterschiedlich hoher Beteiligung am Gemeinschaftsunternehmen einen Vertrag geschlossen haben, der zum Inhalt hat, das Mehrstimmrecht nicht allein und auch nicht nach eigenem Gutdünken geltend zu machen, sondern sich mit den übrigen Gesellschafterunternehmen zum Zwecke einer einheitlichen Ausübung aller Stimmrechte zu verständigen, also das Ziel zu verfolgen, ihr Vorgehen in den Gemeinschaftsunternehmen zu koordinieren. Während manche Autoren die Abhängigkeit des Gemeinschaftsunternehmens verneinen, weil keines der Gesellschafterunternehmen in der Lage sei, allein seinen Willen bei dem Gemeinschaftsunternehmen durchzusetzen (so u.a. Würdinger, § 17 AktG Anm.11 und § 18 AktG Anm.8), meinen andere, aus der Sicht des Gemeinschaftsunternehmens könne an dessen Abhängigkeit kein Zweifel bestehen (so OLG Karlsruhe BB 1972, 979ff.; Geßler, in: Festschrift für Knur, S.145, 160ff.; siehe zum Meinungsstand Emmerich-Sonnenschein, S.55ff. mit den dort vertretenen Lösungsmöglichkeiten).

Wie ein Gemeinschaftsunternehmen konzernrechtlich zu qualifizieren ist, hat tiefgreifende Auswirkungen auf die Anwendung des MBG (siehe dazu Richardi, a.a.O.).

Sachverzeichnis

Die Zahlen verweisen auf die Randnummern des Buches